BUR

Biblioteca Universale Rizzoli

Pierre Daco in BUR

Che cos'è la psicanalisi

Che cos'è la psicologia

La nuova psicologia

Pierre Daco

CHE COS'È LA PSICANALISI

La scienza che ha rivelato l'uomo a se stesso

BUR

PSICOLOGIA E SOCIETÀ

ISBN 88-17-10765-4

Titolo originale dell'opera:
Les triomphes de la psychanalyse

Traduzione di Silvana Gottardi

Prima edizione BUR: febbraio 1982
Prima edizione BUR Supersaggi: luglio 1992
Seconda edizione BUR Psicologia e Società: aprile 2006

La traduzione di Silvana Gottardi ci è stata gentilmente concessa dalla RCS Sansoni Editore S.p.A., Firenze.

INTRODUZIONE

La psicanalisi mette in evidenza le Dimensioni umane, permette lo schiudersi di una nuova morale, spinge gli uomini gli uni verso gli altri e, infine, realizza quel legame e quell'accordo indispensabili in un secolo che vuole essere sempre più comunitario e autentico. E se la psicanalisi spaventa ancora certuni, è che essi hanno paura, non di ciò che acquistano, ma di ciò che se ne va.

Non intendo fare qui un'opera di "volgarizzazione": non è possibile farlo in una scienza umana così difficilmente comunicabile. Per altro, la psicanalisi è sempre più vasta, profonda, esatta. Indaga l'individuo e la società; come tale deve essere messa alla portata di tutti, in modo che ognuno vi attinga quello che può: secondo ciò che egli è, o desidera diventare.

Parrebbe giusto tracciare il piano di un libro. Ma un piano di che cosa? Dell'Essere umano, così da rinchiuderlo entro definizioni e compartimenti dalle etichette multicolori? Senza dubbio, avrete talvolta l'impressione di leggere delle ripetizioni ma queste saranno giustificate, poichè non si possono porre dei limiti all'infinità dell'essere umano.

Attraverso questo libro, noi vedremo l'uomo alla scoperta di se stesso. Con fraternità e rispetto cercheremo di seguirlo nella affannosa ricerca della sua totalità. Vedremo svolgersi nelle sue grandi linee un'analisi in profondità. Vedremo come l'uomo si distrugge, come si ritrova; e anche come, in molti casi, per la prima volta nella vita, incontri se stesso. Lo vedremo attraverso le sue aggressività, le sue sottomissioni, il suo senso di colpa o di inferiorità, i suoi fallimenti, i suoi orgogli, i suoi masochismi. Constateremo quali giganteschi mezzi egli adopera per cercare — talvolta disperatamente — di adattarsi alla realtà.

A chi si rivolge quest'opera? A tutti coloro che cercano, soffrono, educano, si sforzano di conoscersi, di andare incontro a se stessi e agli altri. Tale, infatti è l'atteggiamento di molta gente che potrebbe ripetere queste ammirevoli parole di una giovane studentessa: "Voglio fare un'analisi per arrivare a vivere, ad aiutare, ad amare, a morire, nel modo migliore".

E in realtà, ogni persona che ricerca sinceramente se stessa dà alla psicanalisi un senso di profonda umanità, senza la quale non ci sarebbe che tecnica e non psicologia nella più alta accezione del termine.

P. Daco

In questo volume, saranno evidentemente ripresi alcuni motivi già trattati nella mia prima opera: "Che cos'è la Psicologia". Tuttavia l'angolo visuale sarà completamente diverso. I problemi saranno esaminati, qui, sotto il profilo psicanalitico, mentre nell'opera citata sono visti in modo più descrittivo e generale. Comunque, al fine di evitare ripetizioni, ho indicato numerosi richiami al mio primo libro. E benché ogni opera sia indipendente, l'una completerà l'altra.

UN PUNTO DI VISTA UMANISTICO E CRISTIANO

È quasi impossibile che la lettura di quest'opera non faccia sorgere degli interrogativi molto importanti. Le scoperte di Freud, poi di Jung e di Baudouin, non stanno sconvolgendo, non devono per forza sconvolgere, il nostro concetto di morale e di religione? Da tempi immemorabili, il rimorso, il senso di colpa, nell'animo del peccatore sono stati considerati come l'ultimo resto di una dignità ormai degradata, come l'unica speranza di rinnovamento. Si sa che i giurati, in Corte d'Assise, si mostrano sensibili ai sentimenti espressi dall'accusato. Ora, agli occhi dello psicanalista, il senso di colpa è piuttosto sospetto.

Pierre Daco ha desiderato presentare qui la mia reazione: quella di un primo lettore che, da lungo tempo, si è interessato molto da vicino della psicanalisi, ma che non è uno specialista in materia; un lettore che, inoltre, è un cristiano convinto.

Il compito dello psicanalista è di diventare "punto d'incontro": il luogo dove l'Altro potrà incontrare la sua verità. Questa prefazione non ha altra ambizione: avviare un incontro fra l'autore di questo libro e il lettore, ma su un piano del tutto diverso da quello psicologico.

Così pure le riflessioni che seguono non pretendono affatto di formulare una verità definitiva, né di precisare in qual modo la psicologia del profondo è in armonia con "la" Verità. Nessuno potrebbe pretendere di possedere la Verità; al contrario, è la Verità che, a poco a poco, deve prendere possesso di noi. E ciò rimane valido per un cristiano: non si "è" mai un cristiano; tutt'al più possiamo, umilmente, cercare di "diventarlo". Miguel de Unamuno diceva: "Una fede che non dubita è una fede morta".

In questa prefazione, un uomo tenta di dire in che modo ha cercato, su alcuni punti essenziali, di accordare le scoperte della psicanalisi con la sua concezione del mondo e la sua fede, sperando che il lettore vi veda semplicemente un invito a intraprendere, per conto proprio, un'analoga riflessione. È possibile, d'altronde, che questa riflessione giunga a tutt'altre conclusioni. Ma, riprendendo le parole di Saint-Exupéry: "Nella mia civiltà, colui che differisce da me, lungi dal danneggiarmi, mi arricchisce"

IL FINE DI QUEST'OPERA

Sebbene sia scritto con una terminologia accessibile a tutti, questo libro non è un'opera di volgarizzazione. Pierre Daco l'ha sottolineato ed è un'osservazione, a mio parere, molto importante.

L'autore ha scartato di proposito tutto un apparato scientifico e l'elaboratissimo linguaggio che la psicologia del profondo si è creata, similmente a tutte le altre scienze, come uno strumento indispensabile. Egli si rifiuta di darci solo un'idea approssimativa di ciò che è la psicanalisi, come scienza e come tecnica. Secondo lui, il concetto stesso di volgarizzazione è ambiguo e comporta una svalutazione della scienza e disprezzo per il lettore.

L'intento di Daco è un altro: egli vuole introdurci in una determinata visione dell'uomo e del mondo, in un nuovo umanesimo che il mondo moderno sta creandosi e di cui la psicanalisi rappresenta una dimensione essenziale. È infatti importante notare che questo nuovo modo di vedere, di sentire, d'immaginare e di vivere ciò che noi siamo, questa prospettiva nuova, ha trovato la sua espressione in molte altre forme al di fuori della psicanalisi. La fenomenologia, una certa teologia moderna, il marxismo (almeno in un certo senso), varie forme artistiche (letterarie, musicali, figurative), le matematiche, hanno espresso quest'ampia visione nei diversi settori dell'esistenza.

Poche parole potrebbero definire questa nuova concezione dell'uomo e del mondo: "violenta rottura col vecchio sistema e nuova sintesi". Come gli scienziati hanno disintegrato l'atomo, come i pittori hanno dissolto l'immagine del reale per ricomporne un quadro infinitamente complesso, così Freud ha distrutto lo psichismo, ma per fare scaturire da esso un'energia ancora sconosciuta, incomparabilmente più attiva.

Per attenerci ad una scienza assai vicina alla psicologia, mi sembra che niente, meglio di una pagina di Mircea Eliade (*Aspects du Mythe*, pp. 11-12), possa definire questo "atteggiamento di coscienza", al quale ci invita la psicanalisi. Ricordando le barbare manifestazioni che hanno contrassegnato l'indipendenza del Congo, egli scrive:

"Quello che ci interessa, prima di tutto, è afferrare il senso di questo comportamento singolare, di comprendere la causa e la giustificazione di quegli eccessi. Poiché comprenderli equivale a riconoscerli quali fatti umani, fatti di cultura, creazione dello spirito, e non irruzione patologica degli istinti, bestialità e infantilismo. Non c'è altra alternativa: e ci si sforza di negare, minimizzare e dimenticare tali eccessi, considerandoli come casi isolati di "barbarie", che scompariranno non appena le tribù saranno "civilizzate"; oppure ci diamo la pena di comprendere gli antecedenti mitici che spiegano, giustificano eccessi di questo genere e conferiscono loro un valore religioso. Quest'ultimo atteggiamento è, a nostro parere, il solo che merita di essere considerato. È soltanto in una prospettiva storico-religiosa che simili manifestazioni sono suscettibili di rivelarsi come fatti di cultura e perdono il loro carattere aberrante o mostruoso di giuoco infantile o di atto puramente istintivo".

Nello stesso modo, il comportamento dell'uomo nevrotico, malato o pervertito, ci apre delle singolari prospettive su ciò che "tutti" noi cerchiamo nel profondo. Come dice Pierre Daco, "molti dei comportamenti umani, siano essi grandiosi o macchiettistici, inibiti o 'orribilmente pervertiti', partecipano di una medesima incosciente ricerca: ritrovare la pace profonda, la sicurezza, essere in armonia con se stessi, con i simboli inconsci, e con una matura ricerca di Dio". (cap. 13).

E questo è di un'importanza capitale se si vuole arrivare a far emergere ogni dimensione umana. Pensiamo alla sessualità (cap. 13): "il fondo dominante è identico, sia che si tratti di un uomo-bambino che vuole 'tornare nel ventre materno' per ritrovarvi una beatitudine senza problemi, o dell'uomo che ha realizzato le sue potenzialità e si trova in felice armonia con la Natura (la Grande Madre!)".

È evidente che questa stessa sessualità assume allora un significato particolarmente più vasto. Cito ancora Pierre Daco (cap. 13): "Da Jack lo Sventratore agli eterni amanti, non vi è che una differenza di livello. Jack lo Sventratore cerca inconsciamente di "rientrare" nel ventre materno per ritrovarvi la pace di prima della nascita e il senso di eternità che vi è legato. Gli amanti, se hanno realizzato in modo autentico la loro fusione, formano una sola unità, ritornano, avvinti, verso il senso di un'eternità e di una pace ritrovata. È la differenza fra il livello totalmente infantile e quello della (rarissima) realizzazione adulta".

Si vorrà osservare che il passaggio ad un altro livello comporta un vero 'mutamento', una differenza 'qualitativa' *delle attitudini di coscienza*. Già qui è possibile vedere come la psicanalisi è profondamente religiosa. Da un lato, noi possiamo andare verso gli altri solo nella misura in cui ci siamo liberati dai 'falsi-Io' infantili; dall'altro, quando si accede alla sfera religiosa, è proprio il nostro Io adulto che dobbiamo abbandonare nelle mani della pietà divina. E se è vero che anche un nevrotico può essere un autentico "figlio di Dio", lo è nella misura in cui avrà saputo adottare un'attitudine vera in rapporto alla nevrosi stessa.

Se la scienza propriamente detta, col suo gergo e la sua specializzata attrezzatura, è assolutamente insostituibile per l'elaborazione teorica di questo nuovo umanesimo, la cosa è del tutto diversa quando si tratta di introdurre un uomo concreto in una prospettiva di vita nuova. Solo il nostro linguaggio di tutti i giorni — quello attraverso il quale passano le nostre aspirazioni più oscure, quello che "collima" con ciò che siamo realmente — può essere il veicolo di un tale 'messaggio' fino a quel centro dell'essere che comanda al nostro pensiero e al nostro comportamento.

Inoltre, — e questo punto di vista è tutt'altro che trascurabile — solo un discorso diretto, facilmente comprensibile, poteva permettere di preparare eventualmente il lettore a considerare un lavoro psicologico in profondità: sia allo scopo di eliminare dei "complessi" che a poco a poco invadono tutto il campo dell'esistenza, come un tumore che prolifera a spese dell'organismo; sia come misura profilattica: per esempio, alcuni coniugi che pensano al divorzio, potrebbero trovare nella psicologia del profondo un soccorso inestimabile per ciò che riguarda la propria condotta e l'atteggiamento che sarà necessario adottare di fronte ai figli; sia infine, al semplice scopo di meglio assolvere il nostro compito umano.

Perché non vi è adulto nel quale non sussista qualche traccia dei conflitti dell'infanzia o dell'adolescenza; e noi sempre ci alieniamo, più o meno, in quello che è il nostro compito; infine, è di una diversa "libertà" di cui devono disporre lo scapolo, i coniugi, il capo di un'azienda, l'uomo di Stato. Come la dietetica suggerirà un regime alimentare diverso per lo sportivo, l'operaio, lo studioso o il diplomatico, così la psicologia può aiutarci a conquistare quella libertà interiore richiesta dal compito che ci siamo assunti.

Infine, attraverso il linguaggio dell'autore, trapela l'affermazione che l'analista non è e non può essere un tecnico. Il rapporto che si stabilisce fra l'analista e il soggetto da analizzare è immediatamente e soprattutto un rapporto umano. Indubbiamente, esistono alla base una vera scienza e tutta una tecnica; ma l'analista deve "dimenticarli" al momento in cui entra in contatto col suo paziente: così, come il pianista deve "dimenticare" ogni tecnica quando poggia le dita sulla tastiera, quelle dita che sono state sciolte attraverso innumerevoli scale: ora, solo la musica è regina. Così nelle "sedute" d'analisi, sussiste solo il rapporto umano. E umani devono essere anche (e soprattutto?) i silenzi dell'analista.

MORALE E PSICANALISI

La Morale e il Super-Io

Pierre Daco scrive (cap. 4): "In psicologia non c'è morale nel senso in cui viene intesa generalmente. La morale, in psicologia, è il Super-Io". Sarebbe fraintendere l'autore deducendone che la morale non interessa lo psicologo. Al contrario, è necessario affermare che la psicanalisi può apportare un aiuto incomparabile per l'elaborazione di una morale veramente umana — parlo di una psicanalisi autentica, quella che non scivola nel disumano, sia come pura tecnica, sia oltrepassando indebitamente i suoi limiti.

Questo fermo proposito di ristabilire e di risvegliare nell'uomo il senso di responsabilità, appare evidente quando lo psicologo studia la dinamica del Super-Io. (Durante l'infanzia e l'adolescenza, abbiamo incorporato i comandi e le interdizioni esterne e ormai questi "tabù" hanno dentro di noi un'esistenza quasi autonoma).

Il Super-Io è la Legge

Si sa che la legge morale naturale non fa che formulare la struttura della realtà umana, nello stesso modo in cui le leggi fisiche esprimono la struttura della materia. Quanto alla legge positiva, essa precisa quale modo di vita ha voluto darsi la società. Un esempio di legge naturale: la vita associata è impossibile senza il rispetto del bene altrui. Legge positiva: la comunità cristiana ha deciso di astenersi dalla carne il venerdì, in ricordo della morte di Cristo. La legge esprime sempre un fatto, e il suo modo naturale d'espressione è l'indicativo presente e non l'imperativo.

È essenziale mettere in rilievo che la Legge non potrà mai abbracciare interamente la realtà: prima di tutto, perchè la nostra conoscenza del reale è sempre insufficiente e in sviluppo; inoltre, perchè una legge che si rivolge a tutti trascura necessariamente il lato unico e indefinibile dell'individuo. È per questo che la Legge, per definizione, *deve* cambiare: deve cambiare man mano che aumenta la nostra conoscenza dell'uomo e in base al processo evolutivo della società; inoltre la Legge deve avere infinite sfumature dal momento che ogni individuo personalizza la legge generale per accordarla con la sua situazione reale, con tutto ciò che questa situazione comporta di incredibile e di incomparabile.

Ora, per uno strano processo, poichè abbiamo una istintiva paura della grande avventura della Vita, noi tendiamo continuamente a fare di questa Legge un qualcosa di molto vago, che poniamo al di sopra di noi stessi, in lontananza, e che in fin dei conti finisce per identificarsi con Dio. È a questo punto che la Legge cambia di coniugazione, abbandona l'indicativo e adotta l'imperativo: "Tu devi!". Invece di restare un mezzo (necessario) per introdurci in tutta la dimensione e le esigenze del reale, invece di restare un appello per adattarci continuamente a questo reale sempre imprevedibile e fluente, la Legge diventa la regola della realtà invece di esserne un'umile espressione.

Uno dei punti essenziali della psicanalisi è di rendere viva questa legge dittatoriale e sclerotica che esprime non più un dinamismo, ma uno stato per sempre fossilizzato.

La coscienza torturata

Quando la Legge si trasforma in una specie di Dio onnipotente, di giudice inflessibile, come può un essere umano — il cui Io è ancora fragile e inconsistente — non essere terrorizzato nel caso che avverta in sè un qualche impulso sessuale o di odio verso i genitori, per esempio? Quando i genitori sono in qualche modo l'incarnazione stessa di quella Legge! Questo orrore impossibile da affrontare è subito ricacciato nell'ombra; ma, diventato anonimo, questo senso di colpa si riflette su tutto il comportamento: da ciò l'innumerevole folla di tutti coloro che sono torturati e oppressi da un senso morboso di indegnità, da un senso di colpa generalizzato.

Vediamo il processo; per non dover affrontare una situazione troppo penosa, ci si riconosce colpevoli di tutto, cioè di niente. La rinuncia di fronte a una situazione che appare troppo spaventosa (l'odio contro il padre, per esempio) degenera, a poco a poco, in una rinuncia di fronte a tutta la vita.

La funzione della psicanalisi è quella di seguire un'anima torturata fino a metterla di fronte a questo "delitto nascosto", così, come si accompagna un bambino in una stanza buia per mostrargli che non ha niente da temere. In tal modo il soggetto, avendo rivissuto questo avvenimento terrificante e avendolo accettato, potrà tornare di nuovo nella vita con cuore leggero e assumersi le responsabilità che lo attendono.

La solida pace di una buona coscienza

Una volta gli Ebrei — che non erano certo senza peccato e la cui vita era interamente dominata da una Legge sacrosanta — avevano risolto la questione a modo loro. "E Aaron, posando le due mani sulla testa del capro vivo, confesserà su di lui tutte le iniquità dei figli d'Israele, e tutte le loro colpe, secondo tutti i loro peccati, e li metterà sulla testa del capro e lo invierà nel deserto, guidato da un uomo. E il capro porterà su di sé tutte le iniquità di una terra inabitabile; poi l'uomo lascerà il capro nel deserto". (*Levitico*, XVI, 21-22). Mosè era davvero un grande psicologo. Tanto più che questo rito comportava un immenso passo avanti in confronto ai sacrifici umani che si praticavano nelle tribù intorno a Israele.

Oggi, è questo stesso bisogno di riversare i propri errori sugli altri che spinge certi giornali a esprimere regolarmente una qualche indignazione; spinge la folla sempre pronta a linciare un "criminale", l'anticlericale per cui la Chiesa è all'origine di tutti i mali che ci opprimono, e certi cattolici che scoprono ovunque un tanfo di modernismo, qualche intrigo della Frammassoneria o, ancora, l'occhio di Mosca.

La psicanalisi distrugge questa falsa coscienza; essa ci riconduce ai nostri precisi doveri; ci insegna a prendere su di noi le responsabilità che sono solo nostre.

Oltre la Legge e il Super-Io

La Legge (il Super-Io) è generata dall'uomo che ricerca se stesso; il ruolo della Legge è quello di una mente che indaga nel corso di quella immensa avventura che è la storia dell'umanità. Ma l'importante non è la Legge, è l'uomo.

L'uomo la cui storia comincia con le origini della vita; l'uomo che è solo *possibile* nel periodo giurassico; l'uomo che diventa *probabile* con l'apparizione degli antropoidi; l'uomo che, una volta "inventato", ha dovuto inventare a sua volta la propria vita: il linguaggio, il fuoco, gli utensili, la scrittura; l'uomo che, oggi, deve creare la grande comunità mondiale e, forse, cosmica.

E fu sempre la Legge (il Super-Io) a registrare il salto in avanti che l'uomo aveva fatto.

Ma, per essere precisi, se questa marcia in avanti è stata possibile, è perchè l'uomo ha sempre una sua sovrabbondanza rispetto a questa Legge, in rapporto al Super-Io. E la nostra fedeltà alla Legge diventa tradimento quando, per stanchezza, e per paura dell'avventura, noi vogliamo mummificare questa Legge (questo Super-Io) e pretendere di aver definito l'assoluto.

L'obbiettivo ultimo della psicanalisi è di liberare, di togliere dal pantano le sorgenti della Vita, le sorgenti della nostra creatività, perchè sempre l'umanità possa andare avanti. E non è certo per puro caso che la psicanalisi di C. G. Jung è apparsa al momento in cui, nella storia dell'uomo, i problemi propriamente umani prendevano uno slancio straordinario; al momento in cui si faceva strada l'ecumenismo — cioè il desiderio del vero dialogo — sotto tutte le sue forme: invenzione della "coppia", dinamica di gruppo, intesa fra i popoli, le razze e le comunità religiose.

La psicanalisi rimuove tutto questo fango?

Nel 1949, Paolo Ricoeur scriveva: "Il freudismo ha per le coscienze deboli qualcosa di affascinante, come dimostra il suo succeso mondano". (*Filosofia della volontà*, Aubier).

Ed è senza dubbio un'esperienza assai curiosa quella di assistere come osservatore a una conferenza pubblica dove uno specialista cerca di spiegare a dei profani i sottili meccanismi che scatenano e alimentano una nevrosi, e quali sono i processi del trattamento psicanalitico.

L'atmosfera della sala si fa leggera e distesa mentre lo psicologo parla di quei determinismi interiori che spesso guidano la nostra condotta: seguendo il discorso, ognuno degli ascoltatori coglie al volo quel dettaglio che gli spiega (lo crede almeno) certi comportamenti, certe reazioni che gli erano sembrati fino ad allora del tutto incomprensibili. È molto se non si sentirà qua e là un "ah!" di sollievo; poichè chi ascolta interpreta così queste analisi: "No, voi non siete responsabili di questi atti assurdi! Agli occhi del profano, spiegare un comportamento umano partendo da motivi psicologici o attraverso un giuoco di reazioni ormonali, è la stessa cosa. In ogni caso, noi non siamo responsabili (pensano loro), e questo non può non essere gradito alla nostra paura, quella paura che proviamo di fronte ai difficili impegni che esige da noi l'esistenza.

Quando poi il conferenziere affronta la seconda parte della sua esposizione e prende a trattare di incesto, di feci, di castrazione, di impulsi di distruzione, si sente quasi fisicamente il silenzio della sala farsi pesante e teso: questa volta non è più un giuoco; si fanno scattare dei tabù. Gli astanti sentono correre lungo la schiena un leggero brivido, pensando (molto vagamente) a che cosa potrebbe venire fuori se a loro volta dovessero stendersi sul divano. E tutte queste repressioni, queste abreazioni (l'esprimere, attraverso la parola e con turbamento, rappresentazioni sessuali e aggressive la cui carica emotiva era stata soffocata) compaiono come un rigurgito.

Non è una delle minori qualità di quest'opera — attraverso gli innumerevoli resoconti di sedute che ci vengono presentati, e sebbene l'autore chiami sempre le cose con il loro nome — che l'atmosfera che si sviluppa nel corso di queste pagine sia radicalmente diversa e ci permetta di ritrovare il senso del vero pudore.

"Il pudore" diceva mirabilmente E. Mounier "nei confronti del disgusto, si trova in una posizione analoga a quella del raccoglimento rispetto al rifiuto. Il pudore è un ritrarsi misto a un certo timore, ma questo suo gesto protegge più che non respinga. Contro l'istintiva tendenza a esteriorizzare, esso è il contrappeso naturale che mantiene questa esteriorizzazione al limite dell'abbandono, la comunicabilità al limite della promiscuità... Vedere o essere visti, come toccare e essere toccati è, per tutte le religioni, un atto sacro, perchè emana una trascendenza.

Il vero pudore è come se vegliasse alle porte di un tempio. Sacerdote e non portiere, non è avaro, cupo e autoritario come la rigidezza puritana; non respinge, custodisce; nella flessibilità del suo gesto vi è tanta accoglienza quanta riservatezza e, più che un avvertimento, l'invito a una più alta venerazione. Si differenzia da certe ritrosie orgogliose e malaticce, compensazioni eccessive di una troppo vulnerabile sensibilità, che tradiscono la loro fragile natura per la rapidità con la quale crollano, volta a volta, bruscamente, come tutte le cose artificiose". (*Trattato del Carattere*, p. 492).

E perchè questa diversità di atmosfera rispetto a tante altre opere che trattano, come questa, di psicanalisi?

La ragione è che Pierre Daco è un discepolo di C. G. Jung e di C. Baudouin. Egli ammira profondamente le geniali scoperte freudiane; ma vi è tutto uno sfondo di grandiosi simboli che "tematizzano" in una direzione completamente diversa ognuna delle reazioni sessuali o aggressive del paziente.

Ciò sarà meglio compreso con un esempio. Si sa che il

desiderio di un ritorno nel ventre materno assume facilmente presso il malato un'immagine estremamente precisa e fisica: riproducete questo in immagini verbali ed otterrete una scena che prenderà un carattere difficilmente sopportabile per una sensibilità che vuole essere umana. Jung non nega affatto l'esistenza di tali rappresentazioni immaginative, ma per lui, l'immagine del sesso della madre non è che la concretizzazione di un'altra immagine, senza confronto più vasta e profonda: poichè nostra madre incarna un archetipo universale.

E ancora: quando un paziente afflitto da un complesso di castrazione, proietta la sua frustrazione sull'analista, egli invidia quest'uomo che gli appare onnipotente, invidia in lui lo strumento di questa potenza: il suo sesso, la sua verga. E di nuovo, se ci si ferma qui, l'abreazione del paziente (e la spiegazione dello psicanalista che non si deve dimenticare) prendono un andamento spiacevole e cinico nel senso originale della parola. Dal punto di vista di Jung le cose vanno in tutt'altro modo, poichè il sesso maschile è la manifestazione, la più vicina a noi, dell'archetipo del Padre e di Dio (cioè di questo sfondo che trasfigura segretamente ogni nostro atto, virtuoso e perverso).

Jung ha capito che questi impulsi sessuali o aggressivi nascondono una "trascendenza". Senza dubbio, questa trascendenza è del tutto relativa, e diremo più avanti come sarebbe ridicolo pretendere di identificare gli archetipi con le realtà propriamente religiose. Nondimeno, grazie agli archetipi, la sessualità e l'aggressività non si presentano più come un sistema rigorosamente chiuso in se stesso, ma come una realtà aperta a tutti i prolungamenti spirituali e religiosi.

Perciò, di fronte alle peggiori deviazioni, possiamo ripetere le parole di Pascal: "Tutte queste miserie provano la sua grandezza (dell'uomo). Sono miserie da gran signore...".

PSICANALISI E RELIGIONE

Senso di colpa nevrotico e senso del peccato

Il solo fatto di credere che la psicanalisi, aggrappandosi al senso di colpa nevrotico, possa mettere in questione il concetto di peccato, mostra a qual punto può degradarsi a volte il senso cristiano del peccato. Qui, possiamo solo proporre al lettore qualche argomento di ricerca e di meditazione.

Noi conosciamo il nostro peccato solo nella misura in cui conosciamo Dio; cioè nella misura in cui Dio si rivela a noi e ci rivela a noi stessi. Il peccato esiste solo in rapporto a Dio. "Ho peccato contro Te solo, è davanti a Te che ho commesso il male", canta il salmista.

Già la ricerca dell'esistenza ci conduce fino a un al di là, a un Tu assoluto. Ma questo Dio rimane sconosciuto. Tace. E quando, dialogando con se stesso sul filo della propria coscienza, l'uomo è costretto a riconoscere che in certi momenti della sua vita egli fa una parodia dell'amore, non ravvisa in questo un vero peccato, ma piuttosto una colpa verso se stesso o verso la comunità, insieme al disordine, si rivesta di una serietà in qualche modo assoluta.

È nella sfera cristiana che il peccato assume tutta la sua dimensione. Gesù, l'Amore infinito fatto uomo, muore per i nostri peccati. Del resto:

— *il peccato è oggetto di fede*, come l'amore di Dio per noi e come la nostra risposta a questo amore;

— il peccato, oggetto di fede non può essere l'oggetto di una esperienza diretta;

— la coscienza del nostro peccato non è che il rovescio del nostro amore verso Dio;

— la coscienza del peccato è una grazia che ci è donata insieme all'amore;

— la coscienza del peccato è nello stesso tempo certezza del perdono e reca la pace;

— la coscienza del peccato è una forma di preghiera.

Senso di colpa nevrotico	*Senso reale del peccato*
— attenzione fissata sull'"io"	— attenzione fissata sugli altri, su Dio
— l'"io" si sente in pericolo	— inquietudine per il male fatto agli altri, per l'offesa fatta a Dio
— apprensione per la propria "purezza"	— oblio di sé
— continuo ritorno al passato	— credere nel perdono di Dio
— il senso di colpa si rivolge soprattutto ai pensieri e ai desideri	— rifiuto di ogni interiorità ossessionante
— immaginaria spiritualità	— spiritualità concreta
— attacco agli altri sotto una sembianza di virtù	— accettazione e comprensione
— invidia segreta	— verso l'altro, in quanto altro
— primato della Legge	— primato dell'amore
— paura dell'azione, per timore di contaminarsi	— l'amore è impegno totale
— paura degli altri	— il prossimo è la mia sorgente.

Perciò, il senso morboso di colpa è l'opposto di un senso reale del peccato. E la psicologia, eliminando questi falsi sensi di colpa, "chiarificando la Colpa", prepara la via a una autentica religione.

Confessione e senso di colpa nevrotico

Non c'è da stupirsi se un falso senso di colpa contamina spesso il sacramento della Penitenza e lo trasforma in una pratica formalistica, magica e feticistica.

Uno *stimolo alla confessione* che non ha niente a che fare col vero pentimento, può essere all'origine di certe confessioni, soprattutto quando le colpe riguardano il campo sessuale. Il sacramento della Penitenza non è uno scaricatoio in cui noi possiamo riversare il peso intollerabile di una qualche colpa.

E in ogni caso il confessore renderebbe un pessimo servizio al penitente, anche sul piano propriamente religioso, se egli entrasse in questo gioco e se considerasse come "gravissimi", trattandosi di un adolescente per esempio, degli atti di masturbazione, atti omosessuali, desiderio di crudeltà.

S. Tommaso d'Aquino ha destinato un intero articolo della *Summa* per dimostrare che, se il peccato può essere definito una lordura dell'anima, è solo in questo senso che esso altera la visione della ragione e della fede. Molti penitenti si sentono "immondi" in tutt'altro modo per i loro peccati, e indegni di ricevere l'Eucarestia.

Il pentimento che esige il sacramento della Penitenza non è il rimorso (moderno): inutile rimpianto del peccato, ferita sentimentale ed orgogliosa. Il peccato deve essere accettato, come una esperienza volta verso l'avvenire e piena di speranza, anche se si è trattato di un fallimento. Il pentimento diventa menzogna quando promettiamo di "non ricominciare più", sapendo di non poter cambiare, almeno per il momento. Altra cosa è la promessa di cercare di risanare, a poco a poco, la nostra condotta. A questo punto il concetto di rimorso diventa ambiguo, e il teologo Karl Rahner scrive in proposito: "Sarebbe forse una buona cosa se, per una cinquantina d'anni, si evitasse di usare la parola 'pentimento'; poichè troppo facilmente per pentimento si intende rimpianto, un mediocre desiderio che le cose fossero andate diversamente, così come si prova rimpianto per delle cose che si vorrebbero diverse, quando non si può affatto cambiarle".

Un cristianesimo limpido e vigoroso ricorderà in primo luogo che le espressioni "confessare la propria fede" e "confessare i propri peccati" sono parallele. La confessione è l'affermazione della nostra certezza che Dio ci ama, prima di essere la dichiarazione delle nostre miserie. In questa confessione non può esserci vergogna: la vergogna si presenta quando manca l'amore. Naturalmente, devo accettare la responsabilità delle mie azioni con le loro conseguenze: ma Dio non mi condanna, poichè Egli mi ama. La confessione dovrebbe essere prima di tutto un *Magnificat*, un rendimento di grazia e d'amore.

E perchè ci rivolgiamo ad un uomo? Perchè non sussurrare tutto questo, in ginocchio magari, ma nell'intimo del nostro cuore, soli davanti a Dio? Il confessore rappresenta la comunità. "Fuori della Chiesa non c'è salvezza!": questa mirabile formula non vuol dire che quelli che non fanno parte della Chiesa cattolica sono perduti per sempre. Essa significa che non possiamo salvarci da soli; abbiamo bisogno di tutti i nostri fratelli. Il mistero della salvezza del Cristo ci viene attraverso gli altri (cattolici e non cattolici). Non possiamo uscire dalla nostra miseria se non integrandoci sempre più nella comunità di cui facciamo parte. Per esempio, è realizzando il meglio possibile i loro rapporti coniugali, accrescendo la loro intimità, diventando sempre meno estranei, che gli sposi possono infrangere i circoli viziosi del male; non è mai fuggendone e rifugiandosi in un isolamento orgoglioso che potremo liberarci dal nostro fango. Non c'è che un peccato: rifiutare l'amore, rifiutare l'Altro.

GLI ARCHETIPI

Scegliamo due passaggi che possono sembrare particolarmente "sconvolgenti".

A proposito dell'amore umano. "Noi scopriamo così il significato dei vari Tristano e Isotta, dei Romeo e Giulietta, dei Don Giovanni che cercano disperatamente *la* donna. Questi personaggi *credono* di amare l'altro mentre cercano *se stessi* nell'altro e tentano di ridiventare completi (uomo *e* donna ad un tempo). Così, ci imbattiamo negli amanti *che sono un essere solo*, *che se ne vanno uniti nella morte*, negli amori impossibili e maledetti (come gli amori fra fratelli e sorelle, spesso disperati e tragici)" (cap. 13).

A proposito della religione. "Adamo voleva diventare tanto forte, tanto potente quanto i capi di tribù (proiettati "in alto" = Dio). Egli mangia il frutto di un albero (della conoscenza). E facendolo, mangia il Padre (simbolicamente), per diventare come lui (invincibile, potente). È dunque un cannibalismo e un parricidio... con l'immenso senso di colpa che ne deriva. Si ritrova d'altra parte questo rito cannibalesco nell'Eucarestia (mangiare l'ostia = avere Dio dentro di sé = diventare forte quanto Dio)". (cap. 13).

Perchè ciò è sconvolgente? Perchè si ha l'impressione che l'autore denunci l'amore umano e la religione in quanto illusioni. Crediamo di indovinare fra le righe un altro contenuto:

scettico, distruttore. Ma se leggiamo con calma e con intelligenza il capitolo che Pierre Daco dedica agli archetipi, saremo presto convinti che l'intenzione dell'autore, e della psicologia analitica, non è affatto quella di minare l'amore umano e la religione.

Il fine è doppio:

1) smascherare un falso amore umano, una falsa religione;

2) dimostrare come sia estremamente importante che la luce degli archetipi non sia offuscata, perchè l'amore e la religione possano diffondere la loro luce in modo autentico.

Un pazzo è colui che ha perduto tutto fuorché la ragione (Chesterton).

Nell'esperienza religiosa come nell'amore, noi avvertiamo una presenza che, a volte ci invade e ci disorienta. È così d'altronde che avviene ogni volta che prendiamo contatto con la realtà. Questo reale col quale entriamo in contatto ci è certamente presente, ma nello stesso tempo deve restare l'Altro, cioè l'ignoto, il mistero, l'inesauribile. Nella conoscenza, nella religione, nell'amore si discopre a noi una presenza; ma nello stesso tempo questa presenza resta velata, perchè si prolunga all'infinito; e non finiremo mai di scoprirla.

Perciò, accanto a delle idee chiare, ben definite, che esprimono ciò che abbiamo percepito di questa presenza, è necessario che vi siano delle "immagini", dei simboli, che sono come il cordone ombelicale e la matrice dove si genera la chiarezza dei nostri pensieri.

La grandezza di C. G. Jung è d'aver scoperto, nelle profondità di quell'universo che è la nostra vita, gli Archetipi: che sono come le nebulose dell'universo astrale dalle quali sorsero i diversi sistemi planetari. L'archetipo è l'essere che comincia a tematizzarsi; è la materia prima delle future idee; è il ceppo di legno grezzo che può diventare, nelle mani dell'artigiano, mobile, statua e giavellotto. Perciò non c'è da stupirsi se si incontrano, all'origine dei fenomeni religiosi, gli stessi archetipi, gli stessi simboli che ritroveremo alla base di altre esperienze umane, come l'amore, la vita sociale, l'arte, ecc.

Possiamo ora comprendere le parole di Chesterton. Un pazzo è qualcuno che pretende di fare dei mobili senza nessuna materia prima, con una forma pura, è colui che vorrebbe creare un lavoro artistico partendo da niente. Un pazzo è colui che ha innalzato un muro fra la ragione e i simboli che, nel fondo del nostro essere, sono i soli che possono collegarci col Reale e dare un contenuto ai nostri pensieri.

Rileggiamo da questo punto di vista le frasi "scandalose". l'Eucarestia è una forma di cannibalismo; mangiare l'ostia = avere Dio dentro di sé = essere forti quanto Dio. E ancora: il peccato di Adamo è (simbolicamente, nel senso di mangiare il frutto dell'albero) un cannibalismo e un parricidio.

Non c'è nessun tentativo di ridurre il sacramento dell'Eucarestia a un rito primitivo di cannibalismo; e l'autore non vuole affatto asserire che il peccato di Adamo si riduce a un tentativo selvaggio di cannibalismo-parricidio. L'autore dice semplicemente che il rito dell'Eucarestia e il "mito" (nel vero senso del termine) del peccato originale costituiscono degli archetipi, cioè *simboli polivalenti*, predeterminati, *aperti a significati sempre più elevati*. E dobbiamo stare attenti a non negare e rinnegare il significato più modesto. Non siamo degli angeli.

Vi è qui un richiamo estremamente prezioso per chi vuol vivere un'autentica religione. La religione ci raggiunge nel nostro vero essere, arriva al nostro substrato biologico; è fino al profondo di noi stessi che il mistero della salvezza vuole invaderci. Io vedo qui una doppia lezione. In primo luogo, esiste per ogni cristiano un vero pericolo di regresso, un vero pericolo di vivere i sacramenti ad un livello molto primitivo. Chi oserebbe pretendere, per esempio, che fra quelli che ricevono il sacramento dell'Eucarestia non vi sia qualcuno che ne fa una sorta di rito magico pensando che il ricevere l'ostia significa acquistare automaticamente la forza che gli manca per meglio condurre la propria esistenza, senza doversi così costruire la propria vita? Questa è la prima lezione: siamo invitati a purificare le nostre profonde intenzioni. La seconda lezione è che l'accostarsi, nel senso più alto, ai sacramenti esige da noi un vero travaglio, quel genere di travaglio che cercheremo di definire qui sotto.

Ma prima vorremmo sottolineare che è proprio in questa prospettiva che occorre misurare certe associazioni che sembrano facilmente assurde: quando, ad esempio, lo psicologo vede un medesimo archetipo (il "Salvatore") sotto realtà così diversi, come il Cristo, i dischi volanti e Hitler. Ma tali affermazioni significano unicamente che l'esperienza della nostra finitezza, l'esperienza della nostra radicale impossibilità a salvarci da soli, spinge gli uomini a cercarsi un salvatore. Colui che ha inteso la parola di Gesù cercherà la salvezza nella fede; ma la massa fanatica griderà "Heil Hitler!", l'avaro riporrà ogni speranza nel denaro.

Ed è con particolare turbamento che vediamo deviata in tal modo un'aspirazione così profondamente umana.

Gli archetipi e i riti

Poichè gli archetipi (i simboli) sono alla base di tutta la vita umana, l'uomo non potrebbe fare a meno dei riti. E questo, qualunque sia la dimensione dell'esistenza che si consideri: i rapporti sociali, i rapporti sentimentali, la vita religiosa.

Lo studio di Paul Ricoeur sull'ermeneutica (l'interpretazione dei simboli) è a questo proposito istruttivo. I grandi simboli, dice, esprimono i sotterranei del nostro desiderio e ciò a cui mira fondamentalmente il nostro essere. Sono le grandi immagini del desiderio umano, ed è per questo che affondano in ciò che di più riposto c'è in noi, ma nello stesso tempo si servono di questo scavare nel profondo per esplorare le nostre possibilità. Ci fanno rivivere le nostre infanzie (la propria e quella dell'umanità) e contemporaneamente proiettano le nostre possibilità. Anche perché vi è nei simboli un vero capovolgimento del linguaggio. "Dirò che bisogna passare in qualche modo da un linguaggio parlato, che *noi* parliamo, a *un linguaggio rivelante in cui l'Essere stesso si rivolge a noi*... Non è più semplicemente una specie di chiave che noi usiamo per aprire, ma *è piuttosto l'Essere che ci apre con la chiave dei linguaggi simbolici*".

Perciò *non servirebbe a niente contemplare intellettualmente*, studiare intellettualmente e dal di fuori, i simboli: per comprenderli bisogna crederci, viverli.

Un rito non è altro che un simbolo o un archetipo vissuti.

È attraverso un vero rito che ci avviciniamo alla poesia; la musica è un rito incantatore; i giochi amorosi sono dei riti di presenza; i sacramenti sono riti che ci rendono Dio presente.

Il razionalismo degrada e rende sclerotico il rapporto fra gli amanti, perché disprezza i riti amorosi, perché si è allontanato dai riti viventi e vissuti; ed è ancora questo razionalismo che ordina l'abbandono della pratica religiosa, l'abbandono dei sacramenti.

Così, per uno strano rovesciamento, vediamo questa psicanalisi a volte tanto screditata, sospettata di essere segretamente antireligiosa, raccomandare l'umile pratica dei riti religiosi. L'uomo-tecnico rischia continuamente di diventare puro intelletto, pura logica (il Kantismo ha le mani pure, ma non ha mani, diceva Péguy); e con l'assenza dei riti si inaridiscono le sorgenti stesse della vita.

Sono i simboli, gli archetipi — e quindi i riti — che "ci procurano il movimento per andare avanti" (Malebranche).

C. Jamont

1. - DALLA PSICOLOGIA ALLA PSICANALISI

«Essi costruiscono con pietre e non si accorgono che ogni loro gesto per posare la pietra nella calcina è accompagnato da un'ombra di gesto che posa un'ombra di pietra in un'ombra di calcina. Ed è la costruzione d'ombra che conta».

(*Jean Giono*)

La sofferenza psichica è miseria e tortura. L'inconscio è vasto. Così, non cercate nessun "piccolo consiglio" in questo libro; non ne trovereste, per la semplice ragione che niente è superficie in un essere umano. Se un uomo è preda della nevrosi e dell'angoscia esistono, certo, dei preziosi palliativi; ma occorre soprattutto sapere che cosa sono la nevrosi e l'angoscia e da quali sottofondi risalgono. Se si prevede un terremoto si evacua la popolazione; ma un palliativo non servirà mai a prevenire definitivamente il male.

La sofferenza psichica è una grande miseria. Lo sanno bene coloro che sono oppressi da timidezza acuta, da senso d'inferiorità o di colpa, da fobie, angosce, idee fisse, e da altre deviazioni della personalità.

Non è mai semplice arrivare all'origine di una nevrosi, né guarirla. Per questo la faciloneria ha buon gioco. "Si dovrebbe uccidere chi va smerciando la volontà", diceva un giorno un uomo energico affetto da nevrosi. I suoi amici gli rifilavano (sorridendo!) delle "opere" del genere: "Come acquistare la volontà in trenta lezioni". E quest'uomo era a due passi dal suicidio, perchè sua moglie credeva di possedere una volontà, mentre era un'autoritaria nevrastenica; perché suo padre si credeva un volitivo, mentre era solo aggressivo, impaurito e angosciato. Ma nessuno si chiedeva se l'agorafobia non fosse il trapelare in superficie di una nevrosi profonda che aveva avuto tutto il tempo per svilupparsi.

Estirpare la radice di una nevrosi è un compito gravoso. Per questo la faciloneria di certa gente procura sempre, per di più gratuitamente, delusione e disperazione.

Non sarete perciò stupiti se vi farò entrare nello studio di uno psicanalista, né se leggete a grandi linee un trattato di psicologia. Se ho scelto questa strada è perché nella psicanalisi si concreta la maggior parte dei comportamenti profondi. In tal modo, forse ognuno potrà più facilmente ritrovarsi e comprendersi. Inoltre, attraverso numerosi casi ed estratti di sedute potremo esaminarci, dall'Io cosciente all'Inconscio profondo.

Così, seguendo il gravoso e magnifico lavoro dello psicanalista e dei suoi pazienti, andremo alla scoperta delle grandi profondità umane. Se il soggetto è malato vedremo emergere la nevrosi con le sue angosce, il suo senso di inferiorità e di colpa, i suoi stati depressivi e i suoi mille altri sintomi. Se il soggetto non è malato vedremo come, molto spesso, mantenga chiusa a doppio giro di chiave la porta che conduce alle sue ricchezze e alle sue energie interiori.

Speriamo che questo libro aiuti a comprendere meglio e a prevedere le conseguenze (immediate o lontane) di certi comportamenti. Dopo tutto, non vi sono milioni di persone che cercano se stesse senza dirlo a nessuno? Ci auguriamo anche che questo libro permetta di afferrare l'immensa portata di una scienza divenuta estremamente precisa, ma rimasta oscura a molti: *la psicologia del profondo.*

La psicanalisi si diffonde: un problema!

È sempre più evidente la potenza della psicanalisi. È il modo ideale per discendere nell'inconscio umano. Da una parte, il bisogno di una psicanalisi è sempre più sentito: ognuno si rende conto della sua portata terapeutica, preventiva, individuale, sociale, artistica, religiosa, e delle possibilità che essa offre per lo sviluppo di se stessi. Ma, d'altro canto, non vi sono sufficienti analisti ([1]), trattandosi di una professione fra le più difficili (e fra le più belle) che ci siano. Ci troviamo quindi davanti al seguente problema: molto fuoco, ma non abbastanza camini per assorbirlo.

---

[1] Nel corso di questo libro chiameremo spesso *analisi* la psicologia del profondo (psicanalisi o psicologia analitica, p. 29), e *analista* lo psicologo specializzato (psicanalista o psicologo analista, p. 32).

Allora che fare, se chiedendo un appuntamento a un analista vi sentite rispondere che non può 'cominciare' prima di quattro o cinque mesi? (E non perché è "carico" di pazienti, ma perché una psicanalisi esige che il paziente si presenti almeno una volta alla settimana per un dato tempo).

Se si intraprende un'analisi non per guarire, ma per capire la propria personalità, non c'è nessuna urgenza. Ma se una persona soffre di nevrosi (e Dio sa se ve ne sono) o se un genitore ritiene che il suo comportamento rischia di ripercuotersi sui suoi figli? (E bisogna dire che vi è un numero sempre maggiore di persone sincere di fronte a se stesse). Si deve aspettare che vi siano più analisti? Ciò non avverrà l'indomani. Allora?

Allora bisogna dire che non c'è *solo* l'analisi, come vedremo. Per esempio: alcuni colloqui dello psicologo con un genitore sono sufficienti a volte perché un figlio cessi di essere nevrotico, ancor più se questo figlio è rimasto saggiamente con lui (penso a quei genitori che, avendo capito il meccanismo dell'angoscia infantile, riescono a cambiar di spalla lo schioppo; questo non è che un esempio fra mille).

Ma prima di esaminare i primi dati dell'analisi propriamente detta vediamo dove essa si colloca nella psicologia in generale.

Le diverse branche della psicologia

In generale, il pubblico è male informato sulle diverse branche della psicologia. È disorientato davanti a dei termini che, sempre più, si leggono un po' dappertutto: *psicanalisi*, *psicologia analitica*, *psicoterapia*, *psicologia del profondo*, ecc.

Di che si tratta?

Come abbiamo già detto, ci occuperemo qui unicamente di psicologia *terapeutica* (psicoterapia). Essa va dalla psicologia come consulenza alla psicanalisi. In psicologia (come in ogni professione), esistono delle gerarchie. Il fine della psicologia? Esplorare i comportamenti umani (sani o malati), raddrizzarli se sono deviati, e ridare a un individuo la sua profonda autenticità e la sua libertà interiore.

L'anima umana possiede delle profondità insondabili. E se azioni umane vanno dalla superfice visibile agli abissi dell'inconscio, è chiaro che la psicologia deve essere capace di esplorare e di curare ognuno di questi strati.

Perciò passeremo rapidamente in rivista gli strumenti di cui disponiamo. Ma prima diciamo che la professione dello psicologo-terapeuta è anche una professione di fede nel valore essenziale dell'uomo. Tuttavia, una "professione di fede" senza una solida esperienza terapeutica non servirebbe a niente; non più che la tecnica senza la professione di fede, del resto! Vedrete che lo studio dello psicologo è uno dei rari luoghi in cui l'individualità umana è rispettata in modo assoluto e il segreto professionale è quasi sacro.

Ma se uno psicologo autentico sa tutto questo, il pubblico, nove volte su dieci, lo ignora e così vanno avanti le idee preconcette e false.

Insomma: perchè uno psicologo, uno psicanalista, uno psicologo-analitico, uno psicologo del profondo? Le diverse Scuole sono d'accordo tra di loro o no? E il divano: cosa non si è detto su questo oggetto che fa parte della strumentazione obbligatoria dell'analista? E la cosidetta oscurità che regna presso di lui? Niente di più semplice da rispondere che se uno intraprende un trattamento psicologico è per discendere dentro di sé; cosa che non può essere fatta al suono di una fanfara.

LA PSICOLOGIA DI SUPERFICIE

La psicologia come consulenza

Spesso accade che alcune persone abbiano bisogno di speciali consulenze; sia che desiderino "fare il punto", veder chiaro in un problema interiore, sia per parlare con uno specialista dell'educazione dei figli, o ancora per cercare di rinsaldare un matrimonio che vacilla, ecc. Questi esempi, evidentemente, potrebbero moltiplicarsi all'infinito.

Lo psicologo-consulente è, come dice il termine, uno specialista che apporta un aiuto *pratico* e *immediato* a chi lo consulta. Molto spesso si tratta di una vera "direzione di coscienza". La consulenza psicologica può estendersi dal semplice buon senso alle direttive date da uno specialista che tiene conto dell'inconscio profondo del suo cliente o di quelli che gli stanno vicino (rapporto genitori-figli, per esempio). Lo psicologo-consulente può essere religioso o laico. L'importante è che abbia avuto una solida formazione in psicoterapia.

Ogni forma di trattamento psicologico è difficile e delicata. Anche la consulenza psicologica. Un praticante inesperto, o dotato di una cultura scientifica o psicologica insufficiente, rappresenta un reale pericolo; e questo, che sia medico o no. Perciò è bene che uno psicologo-consulente sia stato analizzato in profondità, affiché non "proietti" (v. cap. 7) i suoi problemi inconsci sui suoi clienti, affinché sia capace di esaminare la loro personalità prima ancora della sua. È evidente che quanto più conoscerà l'essere umano nel suo profondo, tanto più precisi e vasti saranno i suoi consigli. Egli può aiutare nello stesso tempo due persone vicine fra di loro (due coniugi, per esempio), caso che si verifica raramente presso un analista.

La psicoterapia di gruppo

In un gruppo, sia esso di due o di cento persone, ogni azione di un individuo si ripercuote sugli altri. È un'evidenza.

La psicoterapia di gruppo è dunque una psicoterapia in comune. Essa permette all'individuo di prendere coscienza del suo comportamento in società e di conseguenza di rendersi conto dei lati positivi e negativi della sua personalità. Essa permette anche (attraverso lo psicodramma) di far risalire "alla superficie" certe difficoltà interiori di cui il soggetto non aveva coscienza. Il principio fondamentale: ogni persona facente parte di un gruppo deve essere un agente terapeutico per ogni altro elemento del gruppo. Occorre dunque selezionare i pazienti, dirigerli; occorre determinare la dimensione del gruppo, scegliere la tecnica, fissare la frequenza e la durata delle sedute. Bisogna anche vedere per certe persone, se si può combinare la psicoterapia di gruppo con l'analisi individuale. Lo specialista deve possedere una grande esperienza. Egli resta "neutro"; ma ogni membro del gruppo deve sentire di quale autentica carica di calore umano sia capace e come si identifichi con ciascuno degli elementi del gruppo. È evidente che dirigere un gruppo è un'arte difficile da imparare, tanto più che certe reazioni, a volte molto violente, hanno luogo fra gli elementi del gruppo; a meno che il gruppo intero non concentri la sua aggressività sullo psicoterapeuta.

Alla psicoterapia di gruppo si associa lo psicodramma. Esso ha inizio con un colloquio fra il paziente e lo psicoterapeuta. Ad esempio, il paziente descrive certe difficoltà che prova verso altri (il padre, la madre, il suo superiore, ecc.). A questo punto egli ''entra in scena''. La sua azione diventa allora completamente libera; può rappresentare la sua parte in una determinata situazione. L'ambiente è costituito dagli altri membri del gruppo: vi troviamo il padre, la madre, il coniuge, l'amico, il nemico, ecc. Ci si rende subito conto come certe inibizioni, certi ''blocchi'', certe aggressività, possono fare rapidamente la loro apparizione (si tratta evidentemente di una situazione spesso angosciosa, ma da cui ne consegue un beneficio). Terminato lo psicodramma, cessa l'''interpretazione'' propriamente detta: il paziente si ritrova di fronte agli altri, ma *in contatto diretto*. Ciascun partecipante può così confrontare le sue impressioni con quelle degli altri. Ciascuno può essere sincero, può barare, riprendere una maschera, sentirsi libero o inibito, credersi giudicato o criticato, o credersi ammirato, e così via. È dunque un primo passo verso una presa di coscienza di ciò che ''non va''. Inutile dire che le interazioni fra i membri del gruppo possono essere innumerevoli. Spesso il gruppo è in subbuglio; una intensa aggressività si dirige verso lo psicoterapeuta, che deve restare assolutamente neutro e impersonale.

La psicoterapia di gruppo non permette di arrivare all'inconscio profondo, come accade per l'analisi individuale. Ma permette di prendere coscienza, in misura assai larga, dei problemi verso gli altri, di avere una chiara coscienza di sé e di operare alcune importanti modificazioni.

LA PSICOLOGIA DEL PROFONDO

Il termine non ha bisogno di essere definito. Lo psicologo del profondo si consacra all'essere umano in ciò che ha di più vasto e recondito. È ad un tempo umanista, ''speleologo'', chirurgo dell'anima umana. Egli può essere teorico (studioso delle religioni, dei miti, dei simboli, delle leggende, dei meccanismi inconsci, ecc.), o pratico (in questo caso ci troviamo di fronte all'analista).

La psicoterapia simbolica

Si tratta di un metodo spesso molto efficace, che può essere adottato sia in corso d'analisi che da solo. Lo psicologo si basa sull'immaginazione del paziente. Propone dei simboli per scoprire le rimozioni, i complessi, i ricordi sprofondati nell'inconscio, ecc. Questo metodo simbolico serve anche a ricostruire una personalità al termine dell'analisi. Ma di questo parleremo a lungo in seguito.

L'analisi

Raggrupperemo sotto questa denominazione sia la *psicanalisi* (Scuola di Freud), che la *psicologia analitica* (Scuola di Jung), e la *psicagogia* (Scuola di Baudouin).

Un *analista* pratica la psicologia nella sua più alta specializzazione: la guarigione in profondità dell'essere umano.

Ecco una domanda che il pubblico si pone spesso: le diverse scuole hanno punti di vista contrari? È chiaro che esse hanno differenti concezioni di ciò che riguarda l'accostamento dell'inconscio umano. Inoltre, nessuna persona somiglia a un'altra. E non è il paziente che deve adattarsi per forza a un metodo, ma il metodo che deve adattarsi al paziente. L'analista deve dunque possedere una levatura e un'esperienza sufficienti per realizzarlo. In realtà, le Scuole di Freud, di Jung e di Baudouin (per non citarne che tre) si completano e si arricchiscono a vicenda, ponendosi in prospettive diverse. E diciamo pure che il patrimonio terapeutico che queste scuole ci hanno lasciato è di un'ampiezza e di una coesione straordinarie. Dunque, cosa fa il "grande" analista? Qual'è la sua tecnica? Quali sono le sue conoscenze? Esse sono evidentemente *indispensabili*. Del resto, la levatura di un analista deriva dalla sua levatura interiore. Poiché nessuno può condurre qualcuno più lontano di quanto sia arrivato lui stesso.

Analisi ortodossa

L'analisi ortodossa è l'analisi classica. È la più profonda, la più bella, la più difficile. In generale il paziente si stende sopra un divano (niente di strano: su un divano ci si rilassa molto meglio). L'analista è seduto dietro il paziente; rimane quindi invisibile, ma estremamente "presente". In tal modo il paziente non può vedere alcuna reazione dell'analista (di conseguenza può immaginarle tutte). Ciò è molto importante e provoca numerose ripercussioni durante il trattamento analitico, come vedremo nel corso di questo libro. Inoltre, gli interventi dell'analista sono *praticamente nulli* per un tempo assai lungo del trattamento. Il paziente è invitato a dire tutto ciò che gli passa per la testa, tutto ciò che gli viene alla mente, secondo il momento. È assolutamente libero. È soltanto dopo un certo tempo che l'analista interviene per trarre, dal "materiale" offertogli dal paziente, delle interpretazioni che conducono alla *consapevolezza* (v. cap. 9). In questo tipo di analisi il paziente resta solo con se stesso; le parole dell'analista sono di carattere puramente clinico, non sono mai personali.

Quest'analisi può aver luogo anche senza il divano. Per esempio, il paziente può essere seduto in una poltrona e l'analista in un'altra, un po' più indietro. Ciò che soprattutto importa questo tipo di analisi è l'atteggiamento dell'analista, come vedremo. È la forma d'analisi più difficile da sopportare per il paziente, ma spesso la più "redditizia" in profondità.

Oltre all'analisi ortodossa, di che cosa disponiamo ancora?

La psicologia a base analitica

È questo un trattamento in cui vengono applicati tutti i dati della psicologia del profondo. Ma la tecnica è più flessibile, più attiva. Invece di restare solo con se stesso, il paziente è seduto di fronte all'analista che vediamo in un'attività maggiore; parla col paziente e lo porta a una presa di coscienza dei suoi turbamenti interiori. *Mai* però lo dirige; *mai* gli dà dei consigli. Lo conduce verso una generale maturità, lasciando sempre a lui la cura di scegliere le proprie responsabilità secondo il grado di questa interiore maturazione.

Quand'è che viene impiegato un simile trattamento? La risposta è che ogni soggetto differisce da un altro e l'analista deve essere capace di adattare ad ogni personalità il suo metodo di lavoro. Un'analisi ortodossa, a volte, non può esser presa in considerazione, sia perchè il paziente è troppo vecchio, sia perché è incapace di sopportare il duro metodo di tale analisi. Tuttavia, dopo un certo tempo di "allenamento" è possibile procedere verso l'analisi ortodossa.

Una cosa deve essere sottolineata: ogni analisi, qualunque sia il metodo adottato, *viene fatta sempre a titolo strettamente individuale*. Perciò un analista non può mai (salvo in casi del tutto speciali) trattare due persone che siano in stretta parentela, come non darà *mai* il minimo ragguaglio ad alcuno, chiunque sia, riguardo al suo paziente.

E il gergo?

Il gergo dello specialista è necessario? In meccanica un ingranaggio non si chiama una rotella coi denti; in chirurgia il bisturi non è un temperino. Lo stesso accade in psicologia. La psicanalisi, per esempio, sembra irta di parole barbare, come queste: il *Super-Io*, *Io*, i *complessi di Edipo*, le *frustazioni di Edipo*, lo *stadio anale sublimato*, l'*identificazione al pene*, l'*angoscia di castrazione*, il *Seno Materno*, gli *archetipi*..., eccetera. Sono indispensabili? Sì. Possono essere sostituite da circonlocuzioni? No. Perché? Perché ciascuna di esse "sintetizza" con precisione delle situazioni umane a volte immense, che avvolgono intere esistenze e che possono avere infinite sfaccettature.

Perciò il gergo qualche volta è indispensabile; ma non deve essere segno di impotenza o di mistero dietro il quale lo specialista può trincerarsi.

Vediamo qualche semplice esempio. Supponiamo un processo in Corte d'assise. E supponiamo ancora che un osservatore consideri la pena inflitta di gran lunga superiore alla pena meritata. Cosa può essere successo? Questo: che il giudice abbia *proiettato* la sua *Ombra* sull'accusato. Due termini di "gergo"? Niente affatto. Il giudice ha *proiettato*, vuol dire che ha visto l'accusato attraverso i suoi propri sentimenti inconsci, le sue rimozioni e i suoi complessi. È possibile che il comportamento dell'accusato abbia corrisposto a delle emozioni penose, rimosse in profondità dal giudice; o che questi abbia "detestato" l'accusato, perchè detestava la propria *Ombra*, parte negativa inconscia della sua personalità, ecc. Un caso di questo genere (e ve ne sono milioni) si riscontra nel film *La parola ai giurati*, di cui parleremo nel cap. 8. Nell'esempio del quale ci occupiamo, il giudice, dunque, crede di condannare l'accusato... *mentre condanna se stesso attraverso l'accusato, e senza saperlo.* Perciò non è l'accusato che odia: è se stesso. Eccoci quindi lontano dall'obiettività.

Il senso del gergo

Esso mostra come un termine può sintetizzare delle situazioni estremamente vaste. Supponiamo che uno dica:

— Quest'uomo di cinquanta anni è ossessionato dal ritorno al ventre materno... — Ciò significa che desidera rientrare nel ventre di sua madre? È questo, se volete; ma che significa il "ventre materno"? Ne parleremo a lungo, poiché esso "blocca" spesso esistenze intere. Ma diciamo, grosso modo, che rappresenta l'*incoscienza felice di prima della nascita.* Rappresenta una "marcia indietro", spesso più desiderabile del penoso cammino verso l'avvenire. Non è più facile rifugiarsi in grembo alla madre, con tutte le situazioni simboliche che ciò presuppone? Il ventre materno? È il periodo in cui regnava l'incoscienza, in cui l'uomo-feto stava al caldo, tranquillamente, senza problemi. È così che per milioni di uomini, il sonno (o il suicidio!) significa un ritorno nel ventre materno: quindi un ritorno all'incoscienza, un oblio delle difficoltà e delle lotte, ecc. Abbiamo perciò a che fare con un potente simbolo, con una *profonda nostalgia* che è impressa in ogni essere umano o alla quale ciascuno rischia di cedere quando non scorge altre possibilità.

Anche una clinica può rappresentare lo stesso ventre materno, perché qui l'uomo si sente come sotto l'ala della chioccia, protetto, al riparo, sotto la custodia del "padre" (i medici) e della "madre" (le infermiere) e sente che può abbandonarvisi come un bambino. Il malato può quindi, in misura enorme, a volte, desiderare inconsciamente di rimanere in clinica più a lungo possibile... e, di conseguenza, prolungare la sua malattia in modo perfetto. Infatti, uscire da questo "ventre materno" significherebbe tornare alle difficoltà adulte. Di questo passo si possono portare numerosi esempi (v. cap. 12).

Come si diventa analista?

Si tratta probabilmente di una delle strade più difficili. È il momento di citare le parole giustamente celebri di Nacht:

''Quello che conta prima di tutto, non è ciò che l'analista *dice*, ma ciò che egli *è*".

Avviarsi allo studio psicanalitico è un po' come entrare in seminario. Ed è soltanto durante il cammino che la fede nell'analisi (e nell'uomo!) si consolida o scompare. Gli studi psicanalitici sono una specie di ''lascia o raddoppia" e ne diremo le cause.

Per diventare analista bisogna diventare prima di tutto psicologo, poi psicologo del profondo. Cosa significa? Per diventare psicologo è sufficiente ottenere un diploma in psicologia; basta studiare forte, sostenere degli esami, superarli. È una prima tappa durante la quale si impara a rinchiudere l'Uomo in formule, test, misurazioni, ecc. A questo punto si possiede un diploma in psicologia, ma si è ben lontani dall'essere uno psicologo nel più alto senso del termine. Tutto dipende, quindi, da ciò che si vuole. È chiaro che se si vuole andare verso la psicoterapia bisogna liberare se stessi prima degli altri. Anche solo trattandosi di consulenza psicologica, è bene che il professionista sia stato analizzato.

Ma tutto si complica quando si tratta di psicologia del profondo. Come si diventa analista?

Prima di tutto bisogna essere accettato come ''candidato" dal Didatta (l'''analista-formatore") al quale è stato affidato l'incarico, dall'Istituto da cui dipende, della formazione del futuro analista. Il candidato deve ''fare il giro" del comitato degli analisti che esamina la sua candidatura in base all'età, alle ragioni per le quali desidera diventare analista, alla sua cultura, alla sua formazione scientifica, al suo valore morale e umano, ecc. È evidente che i criteri di scelta, in partenza, *devono* essere di un'estrema severità. Bisogna che il candidato presenti un bagaglio psicologico, un'umanità, un'intelligenza, una levatura molto superiore alla media. La sua candidatura sarà perciò esaminata, discussa, passata al vaglio, accettata, rifiutata o rimandata. È comprensibile che si debba esigere in partenza un massimo di garanzie prima di considerare qualunque altra cosa.

E poi? Un analista è "un chirurgo dell'anima". Ed è forse la sola professione in cui si deve essere stati ''operati" prima di operare gli altri... Perciò il candidato, come ogni altro paziente, deve sottoporsi a un'analisi individuale destinata a ''raschiare" il suo inconscio. Deve comprendere il funzionamento del suo inconscio... senza di che non potrebbe mai comprendere quello degli altri. Si imbarca quindi nell'avventura dell'analisi individuale *a titolo di paziente*; è un'avventura che dura a lungo. In seguito, quando l'analisi individuale è sufficientemente avanzata, comincia un'analisi "didattica", durante la quale il candidato apprende il suo mestiere, a titolo scientifico e umano. E qui ci troviamo di fronte agli studi psicanalitici intensi.

Il candidato è certo di riuscire? Tutt'altro. Egli può rivelarsi non idoneo a superare a fondo la sua analisi individuale, come può rivelarsi incapace di diventare analista, pur superando la sua analisi individuale. Ciò pressuppone molti anni di studio, centinaia di ore d'analisi in ragione di almeno due sedute per settimana. Dunque, per due o trecento ore il candidato subirà un'analisi ortodossa; si troverà (solo con se stesso) disteso su un divano, con dietro di sé l'analista-didatta muto, e non saprà mai se il suo "destino" si consolidi o crolli. È dunque un lavoro di tenacia, di coraggio e di rafforzamento di sé. Si comprende in tal modo come il didatta non possa tollerare la mediocrità nel suo allievo, né dal punto di vista scientifico, né da quello umano. È anche evidente che la comprensione che può avere il professore per le difficoltà del suo allievo, non può *mai* prendere il sopravvento sul giudizio dei valori che si esigono da un futuro analista.

E poi? Dopo questo vasto lavoro, il candidato stesso deve intraprendere lui stesso l'analisi di un altro, ma sotto il controllo di un analista sperimentato e designato a questo scopo (difficilmente è la stessa persona che ha compiuto la sua formazione). Se il candidato è già capace di trattare diversi casi alla volta, è possibile che abbia più analisti supervisori. E prima di lavorare da solo, dovrà ricorrere a questi ultimi per alcuni anni; ed è comprensibile. Dunque, il candidato che ha superato la sua analisi individuale, l'analisi didattica, i corsi teorici, gli anni d'analisi sotto controllo, arriva alle porte dell'Istituto dal quale dipende.

Ecco a grandi linee il cammino che conduce al lavoro analitico. Ci si può rendere conto come questi studi siano estremamente costosi, in denaro e in tempo. L'ideale (dal punto di vista del tempo) è di cominciare l'analisi individuale insieme agli studi per una laurea in medicina, in psicologia, in filosofia, in pedagogia, o in un'altra branca prossima alla psicologia.

È certo che alcuni giovani si sentono (o si credono) chiamati a diventare analisti. Per molto tempo sentono questo richiamo, perchè hanno essi stessi dei problemi. Tutto questo è normale e non costituisce affatto una ragione di rifiuto *in partenza*. Ma è evidente che, per prima cosa, questi problemi devono essere eliminati per mezzo dell'analisi individuale. Si può ben dire che in questa difficile strada pochi sono gli accettati e ancora meno gli eletti. La selezione deve essere spietata; e i criteri d'accettazione e di formazione sono evidentemente decuplicati in rapporto alle precauzioni prese in ogni altro genere di studio. E non scherziamo affatto parlando di "seminario". Anche provvisti di una tecnica eccellente come si potrebbe essere analisti senza una profonda disposizione verso l'uomo?

Intraprendere una psicanalisi

Se un individuo non soffre troppo per la sua nevrosi, è necessario intraprendere un'analisi? Supponiamo un individuo carico di "compensazioni", che gli permettono di vivere senza sforzo. Pensiamo a un soggetto molto aggressivo, per esempio: *è aggressivo per non aver paura*. Ha dunque l'impressione di vivere più o meno normalmente, ma ciò non impedisce che debba tenersi aggrappato alla sua aggressività. Se questa aggressività gli sfugge, ricade nella paura. Quindi, quest'individuo soffre "sia pure inconsciamente"; egli deve sostenere una parte permanente per sfuggire alla paura. Inoltre le barriere che si costruisce (e mantiene in piedi) contro la paura, gli richiedono una quantità considerevole di energia.

D'altra parte se una persona nevrotica riesce a vivere, è certo che la sua falsa personalità si ripercuote su tutto il suo ambiente. In questo caso l'analisi che è un trattamento *individuale*, è anche una profilassi *sociale* (basta pensare alle relazioni fra genitori e figli).

Un bel vantaggio!

Alcune persone quando dicono nel loro ambiente che vogliono intraprendere un'analisi, si sentono rispondere: "Te ne verrà un bel vantaggio dal sapere ciò che avviene nel tuo inconscio!" Non servirebbe dunque a gran che "prendere coscienza" delle rimozioni, dei complessi e della maggior parte dei meccanismi inconsci che deviano e torturano la personalità? Ma si dimentica che i complessi sono delle personalità separate, profondamente nascoste nell'inconscio. Così, invisibili, *lavorano per conto loro e la volontà del soggetto non ha alcuna presa su di esse*. Inoltre si dimentica che ogni complesso e ogni rimozione (parleremo a lungo di questo) bloccano una quantità considerevole di energie che in tal modo rimane non disponibile invece di essere impiegata dall'Io volontario.

Ora, in analisi (v. cap. 9) la "presa di coscienza" è essenziale. Ripetiamo ancora che *ogni* complesso e *ogni* rimozione sono inconsci. Perciò è come se si dicesse: "Sarà proprio un bel vantaggio avere il medico di fronte invece di averlo alle spalle e possedere delle armi infinitamente più potenti di questo medico che si mostra finalmente alla luce del sole..." Un simile modo di pensare è assurdo. Inoltre, alcune "prese di coscienza" fanno, a volte, crollare in un attimo tutto un aspetto della nevrosi.

In sostanza, e per concludere, sarebbe come dire: «Un bel vantaggio, se ti togli la vecchia medicazione per scoprirvi sotto un ascesso in buona e dovuta forma che poteva comodamente roderti l'osso...» Tanto più che un ascesso, anche psichico, si cura... E dunque?

A chi si rivolge la psicologia?

Siamo profondamenti convinti che la psicologia debba "scendere nella strada". Ma d'altra parte, la psicologia del profondo non sopporta alcuna mediocrità. Del resto i mediocri non s'interessano a lei.

In ogni essere umano si trova un potenziale di energia e di lucidità spesso non sfruttato perchè inesplorato. È come se ognuno possedesse sotto il suo orticello una falda di petrolio che aspetta soltanto la sonda per scaturire. Lo constaterete voi stessi quando parleremo degli "Archetipi", le potenti costellazioni dell'inconscio collettivo.

Inoltre, la psicologia non è soltanto individuale. Essa è anche (soprattutto) sociale. Perciò non conosce né partito, né religione, nè morale tradizionali. Il giudizio "morale", qualunque sia, è così lontano da essa quanto il polo Sud dal polo Nord. Lo psicologo non giudica mai. Non ammira mai, poichè in tal caso dovrebbe anche disprezzare. E come potrebbe essere possibile, quando si conoscono le motivazioni profonde?

Non crediamo di essere idealisti dicendo che il rinnovamento di una società dipende dal rinnovamento (interiore) degli uomini che la compongono. E poi, non dobbiamo mai dimenticare che l'uomo di Neanderthal è ancora dietro la porta, e che il profondo inconscio non è cambiato d'uno iota dal principio dei tempi.

La psicologia è individuale e sociale. Ogni essere umano, dalla nascita, è come un corpo lanciato in un lago, con le onde, le interferenze e le ripercussioni che ciò comporta. Un uomo fra gli altri, è una "interazione" continua, rumorosa o silenziosa, cosciente o incosciente. E tutto questo ha inizio quando l'uomo è ancora solo un feto.

La psicologia è quindi prima di tutto un mezzo di *investigazione*. Milioni di uomini camminano senza saperlo ai margini della loro vera strada. La maggior parte di essi giustifica le proprie azioni adducendo falsi motivi. Ma, intanto, essi sono carichi di angoscia, di senso di colpa, di aggressività; quindi, per gran parte delle loro azioni sono obbligati a trovare delle spiegazioni razionali. E ne trovano, non c'è dubbio; vere o false, ne trovano sempre. Ma i motivi inconsci sono spesso agli intipodi dei motivi che uno si crea.

Una volta appurato che la nevrosi è una "rottura" con se stesso e con gli altri, è evidente l'importanza della psicologia, se essa è capace di stabilire nuovamente un collegamento... La psicologia è questo: uno strumento *religioso*.

E comunque il mondo ha sofferto abbastanza per tutti quelli che non conoscendo la parte buia, infantile, negativa della loro personalità, "proiettano" questa parte sugli altri e trascinano sulla loro scia milioni di persone infantili come loro (v. cap. 7).

Questo libro vi mostrerà degli estratti di sedute, di casi, di monologhi di pazienti, di dialoghi fra analista e paziente. Naturalmente tutto ciò è basato sul rispetto assoluto dell'individualità umana. E questo rispetto profondo che la psicologia ha verso ogni personalità (sana o malata) ciascuno di voi lo condividerà quando si sarà convinto che un'analisi rappresenta una situazione "unica" nella vita di un uomo.

Un'analisi è una cosa bella, difficile, dura. Essa esige che si entri "in collisione" con se stessi, che si mettano a nudo le parti più "oscure" della propria personalità al fine di risultarne unificati. Ma "ritrovarsi" è una vera rinascita. Questo è l'analisi: una rinascita, una rivelazione di sé a se stesso e l'ascesa di quel sentimento "religioso" di cui vi parlavo. Ma è anche una liberazione d'*energia* a volte fantastica; ed è logico, se si pensa alla quantità considerevole di questa energia "bloccata" dai complessi, le rimozioni, le angosce!

Si constata allora con sorpresa che si è vissuto su delle basi false, in una prospettiva deviata, appoggiandosi ad un'Io deformato, spaccato, indebolito, guidato da complessi di cui s'ignorava l'esistenza, ma che, in superficie, producevano dei sintomi più o meno penosi.

Il sintomo e la radice

Un impiegato affetto da "depressione nervosa"

Lui dice: «È perchè lavoro troppo». Ora, la depressione nervosa è una specie di cestino dove si ficca tutto ciò che è indefinibile; e questo, attraverso una massa enorme di sintomi possibili. In breve, qui, lo si attribuisce all'"eccesso di fatica". E infatti è vero che questo impiegato lavora molto; lavora anche *troppo ma non per le ragioni che lui pensa.* Si accerta che egli soffre di permanente angoscia davanti ai suoi superiori e davanti agli altri in generale. Ha sempre paura di essere "in errore" anche nelle azioni più banali. Il suo affaticamento cambia dunque aspetto; diventa un sovraffaticamento emotivo, il che è tutta un'altra cosa. Si osserva poi che questo impiegato agisce sempre come se fosse "inseguito" da "qualcosa". Egli cade, evidentemente, nel senso di colpa inconscia, nel senso d'inferiorità, di angoscia, di aggressività repressa, ecc. In ogni modo quest'uomo deve proteggersi senza sosta contro la sua angoscia; deve dunque presentare agli altri un'apparenza che è costretto a mantenere a gran fatica, cioè consumando molta energia. Perciò non è affatto il sovraffaticamento la causa, ma la paura e l'angoscia.

Una ragazza che soffre di una nevrosi da insuccesso

Tutto avviene *come se* essa cercasse l'insuccesso. Sembra esser sollevata quando "fallisce" qualcosa. *Ma tutto questo resta inconscio.* Non sa che il fallimento definitivo rappresenterebbe una specie di "pace dovuta al vuoto", ma nello stesso tempo una "punizione" inconsciamente ricercata. Dunque siamo ancora al senso di colpa. Ma cosa dice questa ragazza? Cerca di giustificare il fatto di non partecipare a nessuna riunione, di non avere nessun amico: "Detesto la società che è ipocrita". Ecco una ragione tra le altre che non corrisponde affatto alla realtà profonda. Intanto è la solitudine, il desiderio forse di suicidio, e varie sofferenze ancora *che non sono altro che sintomi.*

Si potrebbero moltiplicare gli esempi, e del resto ne ritroveremo in questo libro. Allora, non credete che ci sia troppa gente menata per il naso da un inconscio ingombro e turbato, troppa gente il cui "Io" è immerso in un lago di pianto, d'angoscia, di colpa e troppe esistenze sclerotiche?

La psicanalisi si rivolge soltanto ai malati?

Niente è più fuori luogo di ciò! L'analisi è, prima di tutto, un umanesimo e un potente mezzo di investigazione. È un modo di congiungere; è anche un bisturi. L'opinione secondo la quale chi intraprende un'analisi è malato o nevrotico è falsa. In numero sempre maggiore pervengono alla psicologia del profondo le persone che devono occuparsi degli altri: professori, secerdoti, direttori, giovani psicologi, studenti in medicina, ecc.; anche quei medici che desiderano realizzare nel miglior modo possibile il contatto coi loro pazienti; quei genitori che si rendono conto dell'esistenza di grandi profondi problemi, e desiderano realizzare un equilibrio e una chiarezza da poter comunicare ai loro figli, ecc.

L'analisi, ripetiamo, è destinata ad accrescere la personalità, a conoscere le motivazioni profonde, spesso agli antipodi con quelle apparenti. La psicologia del profondo è ad un tempo materiale e spirituale. È materiale, perché è uno strumento umano di precisione che si rivolge sia alle sofferenze psichiche, a volte considerevoli, sia a quelle fisiche. Ma è anche spirituale, perché permette ad alcuni uomini di ritrovare le loro sorgenti profonde, spesso inaridite. La psicologia del profondo permette di beneficiare di ciò che rimane nascosto in noi, sotto degli strati di scorie che le circostanze della vita hanno accumulato. La psicologia moderna ha esplorato i canali che conducono all'inconscio, ha fatto saltare le frontiere dell'individuale, per lanciarsi verso il sociale e il culturale, quindi verso tutti gli uomini. Così si giunge all'esplorazione dell'anima profonda, le cui potenzialità restano spesso nascoste come delle sorgenti. Poiché oggi si sa che la perdita della coscienza e della ragione significa alienazione, si sa anche che un inconscio umano che resta incolto, significa povertà e mediocrità umane. Un uomo che vive *soltanto* sulla sua ragione non è che la metà di un uomo.

Spesso si dice che la psicanalisi si rivolge solo a una *élite*. È vero, ma non nel senso "sociale" del termine. Fa parte dell'élite ogni persona che cerca e che si cerca. Sono malati tutti coloro che pensano in modo limitato e meschino, che sono irrigiditi, che hanno bisogno di dominare o di essere dominati. *È malato chiunque resti come schiuma alla superficie di se stesso.* È così che alcune persone cosidette "normali" sono più malate dei nevrotici, se vivono un'esistenza sclerotica, interioramente bloccata. In tal modo, la domanda: "Nevrotico o no?" acquista, crediamo, tutto il suo significato.

L'analisi è una panacea?

Niente è panacea. Ma bisogna riconoscere che spesso un'analisi possiede enormi possibilità e costituisce il miglior trattamento (conosciuto fino ad ora) delle nevrosi, di cui si può guarire o migliorare, in ogni loro forma. Bisogna anche rendersi conto che un'analisi è una cosa importante, lunga e costosa. Spesso le conseguenze sono profonde: il paziente "si ritrova", acquisisce una nuova morale (non più una morale convenzionale o nevrotica) e un acuto senso delle vere responsabilità (mentre prima dipendevano quasi sempre dal Super-Io (v. cap. 11); trova un nuovo dinamismo che gli permette di sviluppare le proprie attività e di estenderle.

Esistono delle controindicazioni? Sì. Il paziente non può essere introdotto in una situazione sociale inestricabile; poiché un'analisi "rimette tutto in questione". Egli deve usufruire di un'intelligenza interiore che gli permetta di sapere ciò che fa e perchè. Inoltre *un'analisi non è mai un trattamento d'urgenza*. È così che si può, in certi casi, combinare l'analisi e l'elettroshok, l'analisi e la psicoterapia di gruppo, l'analisi e il trattamento clinico, ecc.

L'analisi è un lavoro estremamente delicato, giacché è destinata a eliminare le false strutture della personalità (e Dio sa se ce ne possono essere!). Un'analisi ben riuscita è una vera rinascita. È ovvio che essa può essere intrapresa con uno psicologo-analista sperimentato, dal momento che mira a modificare le relazioni dell'individuo con se stesso e con la società, sia eliminando il loro carattere nevrotico, sia estendendole e approfondendole. In ogni modo, un individuo ne esce trasformato, con una "prospettiva" del tutto nuova.

Cosa avviene in un matrimonio?

Cosa avviene se uno dei due coniugi intraprende un'analisi che lo sta cambiando considerevolmente? Nella maggior parte dei matrimoni si realizza una specie di "bilancia" fra due personalità. Un esempio banalissimo: un uomo "forte" tende a sposare una donna "debole"; una donna aggressiva sposa un uomo effemminato; un uomo tirannico sposa una donna masochista ([1]), ecc. Molti matrimoni quindi formano un equilibrio di compromesso (spesso a base nevrotica; ci troviamo allora di fronte alla favola del cieco e del paralitico, in qualche modo... Ma se il cieco smette di esserlo, o se il paralitico si rimette a camminare?...).

Supponiamo che un uomo tirannico cambi considerevolmente in seguito a un'analisi. Cessa dunque di essere tirannico e aggressivo... semplicemente perché è stato sbarazzato della sua nevrosi. A questo punto il falso equilibrio che sosteneva il suo matrimonio, crolla. Quest'uomo che, prima, aveva *bisogno* della sottomissione della sua sposa, ora non ha più tale necessità. Si potrebbe quasi dire che la sua sposa gli diventa mentalmente inutile. Egli non ha più bisogno della sua "preda". I caratteri che erano "complementari", cessano di esserlo. Lo sposo non è più nevrotico e non soffre più, d'accordo, ma il suo matrimonio non ha più senso (o, almeno, non ha

---

1 Masochismo significa qui: sottomissione patologica.

più il senso nevrotico che aveva prima!). Qual è la soluzione? Accade spesso che anche l'altro coniuge, se è intelligente, si sottoponga ad un'analisi. *Si vedono allora degli sposi che, imbarcati in un matrimonio "nevrotico", sfociano, dopo un'analisi, in un'altra forma di matrimonio, serena ed equilibrata, e totalmente diversa dalla prima.* Ciascuno degli sposi diventa "completo" per se stesso; il suo coniuge, invece di essere un complemento della sua nevrosi, diventa un supplemento pressoché reale... È raro ciò? Infinitamente meno di quanto si creda.

Un analista può trattare due coniugi nello stesso tempo?

No; salvo casi molto particolari, come abbiamo detto. Se il coniuge desidera intraprendere un'analisi contemporaneamente all'altro, l'analista lo invierà sempre da un collega, a meno che non consigli di aspettare che l'analisi del primo sia quasi terminata. E ciò è abbastanza comprensibile. Un analista non darà mai neppure la più piccola informazione a chicchessia; perciò non riceverà mai una persona che sia vicina al suo paziente. In analisi il segreto è assoluto nel senso più sacro del termine. Inoltre, ci si rende ben conto che se un analista dovesse ricevere (e non potrebbe accadere che una sola volta) un congiunto del paziente, si creerebbero immediatamente delle interferenze, che voterebbero il trattamento all'insuccesso. Questo, anche se il paziente dovesse dare il suo consenso (che d'altra parte sarebbe respinto dall'analista). Tuttavia ciò non va preso in senso assoluto. Tutto dipende dalla comprensione e dalla intelligenza dei coniugi; qualche volta è desiderabile dare qualche consiglio a chi non fa l'analisi, per aiutarlo ad assumere un atteggiamento valido verso l'altro.

E la religione?

Un cattolico può essere analizzato da uno specialista non cattolico, e viceversa? Personalmente crediamo di sì. Un analista deve essere "al di fuori" di ogni morale tradizionale e di ogni religione. Può appartenere a una religione, evidentemente, ma deve essere capace di "togliere il contatto" della sua personalità quando lavora. Deve essere completamente sgombro dai normali pregiudizi. Quando diciamo normale pregiudizio, intendiamo parlare delle idee acquisite con l'educazione in un dato paese, in una data cultura, in un dato clima religioso. Un analista deve essere "al di fuori", e provare un assoluto rispetto per qualsiasi personalità, sia essa malata o atea o infantile o completamente l'opposto di ciò.

E la fede?

Si sente spesso dire: "È vero che un'analisi fa perdere la fede?"

Questa domanda non ha più senso della precedente. Un'analisi è destinata ad eliminare la nevrosi e a restituire un'autentica personalità. Un'analisi spinge un essere umano verso la sua completezza, verso un flessibile adattamento alla realtà. Ma supponiamo che una persona *creda* di possedere la fede, quando questa "fede" è un sintomo nevrotico (per esempio: superstizione, senso di colpa esagerato, fobie, scrupoli patologici, infantilismo, ecc.)? In questo caso è evidente che la *falsa fede* di questa persona si perderà per strada. *Tutto dipende, quindi, dall'autenticità e dalla profondità della fede.* Numerosi sacerdoti intraprendòno un'analisi. Perche? Per conoscersi meglio, prima di tutto; per "uscire da se stessi"; per eliminare la nevrosi se ne hanno una; per diventare "religiosi" (in stretto legame con gli altri). In ogni modo, da un'analisi dovrebbe uscirne un autentico prete. Tuttavia, è possibile che durante il trattamento si accorga di avere abbracciato il sacerdozio a causa di una nevrosi (in tutta sincerità); per esempio, perché la sua nevrosi e la sua angoscia lo spingevano a fuggire la realtà e le respònsabilità, a chiudersi nel bozzolo, a ritornare al "ventre materno" (un convento, per esempio), ecc. Quindi, la *falsa fede* di questo prete scomparirà; ma è anche possibile che scopra, in fondo a se stesso, uno strato religioso potente, nuovo, mille volte più bello di quello vecchio.

Si vedono dei cattolici diventare, dopo un'analisi, cattolici autentici... o atei. Ma si vedono anche degli atei uscire da un'analisi, provvisti di una fede solida e splendente. Perciò è impossibile dire in partenza quale sarà per un cattolico (o una persona appartenente a una religione qualsiasi) il punto d'arrivo. Un'analisi, come diremo spesso, è una grande avventura. È una "ascesi", destinata ad eliminare gli infantilismi e a ristabilire l'autenticità e lo stato adulto di una personalità. È, in fondo, il Capo di Buona Speranza.

Un'analisi distrugge?

Spesso si sente dire che l'analisi ([1]) può essere pericolosa. Si sente allora parlare di analisi fallita, di pazienti che si suicidano, ecc. Cosa vi è di possibile in tutto questo?

Certamente un'analisi mira a "distruggere" per ricostruire. Ma distruggere che cosa? Per ricostruire che cosa? È anche vero che milioni di persone arrivano all'età adulta senza aver mai conosciuto la loro vera personalità e, di conseguenza, senza averla mai usata. La vita ha accumulato scorie, rimozioni, inibizioni, angosce, ecc. Contro tutti questi fattori negativi, l'individuo si è protetto con una serie di sovrastrutture che, alla fine, hanno "mangiato" la sua vera personalità. L'analisi, dunque, non vuol togliere qualcosa, ma vuol far scaturire ciò che si trova sepolto. Gli esseri umani sono carichi di potenzialità che ignorano a volte per sempre; perché giorno dopo giorno, sono occupati a proteggersi contro angosce profonde, a sostenere delle parti che devono mantenere per non affondare nell'angoscia, e così via. Questo libro, infatti, vi mostrerà come la maggior parte degli esseri umani sono divorati dalla paura, cosciente o inconscia. Quindi, è chiaro che l'analisi non mira a distruggere le varie personalità, ma a stroncare la nevrosi che demolisce il vero "Io"... *nevrosi che spesso viene scambiata per il carattere reale*. Ma è anche evidente che tutto questo travaglio interiore non si fa sensa profondi sconvolgimenti. Vi mostreremo come un'analisi riesca a congiungere armoniosamente le parti di una personalità che, prima, era disperata e divisa in tronconi spesso contraddittori.

L'analisi degli adolescenti

Un adolescente può intraprendere perfettamente un'analisi, allo stesso titolo di un adulto. Tuttavia, è estremamente difficile realizzarla. Perchè? Perchè un adolescente, non es-

[1] Ripetiamo ancora che usiamo il termine *analisi*, quando si tratta di psicanalisi (di Freud) o di psicologia analitica (di Jung), v. p. 25.

sendo maggiorenne, resta sotto il controllo dei genitori. Di conseguenza, l'analista è obbligato a "render conto" ai genitori del lavoro che si viene svolgendo. Quindi, è impossibile rispettare il sacro principio del segreto professionale e del trattamento individuale. Si creano perciò rapidamente delle interferenze fra genitori e analista, genitori e adolescenti, che rendono un'analisi praticamente impossibile, nel vero senso della parola.

NO

ALCUNE QUESTIONI PRELIMINARI

È necessario credere nell'analisi per intraprenderla?

È necessario soprattutto sapere cos'è l'analisi e perché ci si sottopone. L'analisi è un lavoro di intensa collaborazione fra lo specialista e il paziente. È un compito che non si contenta di nessuna mediocrità, né da parte dell'analista, né da parte del suo paziente. L'analisi è, prima di tutto, una ricerca profonda in vista di una costruzione (o di una ricostruzione) della personalità.

Si deve scegliere il "proprio" analista?

Sì. Ripetiamo che un'analisi è una collaborazione permanente e assolutamente sincera. Essa rappresenta una situazione unica nella vita. È un lavoro durante il quale la libertà è totale. È quindi evidente che il paziente deve avere in partenza una fiducia massima nel "suo" analista; nello stesso tempo l'analista deve avere fiducia nelle possibilità del suo paziente. L'analisi non ha dunque niente a vedere con l'intelligenza, la cultura, il livello sociale, ecc. ma unicamente con l'intelligenza *interiore* del paziente. L'analisi è, prima di tutto, una scuola di umiltà.

Un trattamento psicologico è lungo?

Tutto dipende dal metodo impiegato. Se si tratta di un metodo di superficie, in cui lo specialista dà consigli e direttive, il trattamento è assai breve. Naturalmente, questo trattamento non investe che i sintomi. Anche se il paziente si adatta meglio alla vita, la sua nevrosi resta praticamente intatta in profondità e rischia di produrre altri sintomi.

Un lavoro in profondità dura molto tempo. E ciò è facilmente comprensibile. Se un albero, durante gli anni, si è piegato per sottrarsi a un vento potente, è chiaro che non si può raddrizzare questo albero d'un sol colpo senza rischio di troncarlo netto (d'altronde, è il vento che bisogna sopprimere!). Inoltre, *una nevrosi è una malattia.* Come tutte le malattie, è un tentativo fatto dall'organismo per ristabilire l'equilibrio. Una nevrosi è una soluzione di compromesso; è un tentativo mancato di adattamento. Per anni, il soggetto si è aggrappato a una falsa sicurezza interiore; si è aggrappato a un rampone piantato in un muro per non cadere nell'abisso che credeva di avere sotto di sé. Quando una persona intraprende un'analisi, novanta volte su cento è per eliminare dei *sintomi* penosi. Ora, questi sintomi sono spesso agli antipodi della nevrosi stessa (che si trova in profondità). È facile comprendere che se si volesse eliminare troppo rapidamente una nevrosi, *l'organismo si rifiuterebbe.* Un lavoro che volesse essere troppo rapido darebbe l'unico risultato di sprofondare il paziente in angosce insostenibili che lo farebbero aggrappare ancora di più alle sue false sicurezze. Supponiamo che uno scassinatore armato (*le angosce inconsce*) si trovi dietro la porta chiusa a chiave (*le sicurezze contro l'angoscia*) e che il vostro compagno (*l'analista*) voglia aprire bruscamente questa porta senza che abbiate le armi necessarie; aggiungereste rapidamente due o tre colpi di chiavistello, e avreste ragione (v. cap. 4). L'analista deve dunque "dosare" il suo lavoro in vista di un procedimento armonioso del trattamento.

Bisogna quindi avanzare dolcemente. Per questo un'analisi *classica* dura sempre almeno da uno a due anni, in ragione di almeno una seduta per settimana. Ciò spaventa molte persone. Hanno torto. Pensiamo a una semplice frattura: ognuno trova normale che occorra ingessare l'arto fratturato, per un mese (o anche più) e che siano indispensabili numerose ore di rieducazione! Questa ingessatura rappresenta, a 24 ore al giorno, circa 800 ore... Ma se si pensa che una nevrosi costituisce una "frattura" di tutta la personalità, che spesso dura da molti anni, non ci si deve meravigliare che un'analisi profonda richieda da 50 a 200 ore. Queste sedute vengono estese nel tempo, è vero: ed è ciò che dà questa impressione di lunghezza (e d'altra parte è per questo che un'analisi non è mai un trattamento d'urgenza).

Se non c'è nevrosi, esiste tuttavia un insieme di comportamenti, di modi di vedere, di pensare e d'agire, che fu costruito dagli altri (e in reazione agli altri): gli educatori e l'educazione, in senso lato. Non c'è praticamente nessuno che possa pretendere d'aver seguito *da sé* la sua strada, poichè dalla nascita è stato preso nella gigantesca ragnatela della società.

Ripetiamo quindi che, in confronto alla riduzione di una banale frattura, una psicanalisi richiede relativamente ben poco tempo. Inoltre, e sicuramente, non occorre aspettare uno o due anni prima di ottenere i primi grandi risultati dell'analisi. Questi risultati si fanno sentire dal momento in cui certe energie, bloccate dalla nevrosi, vengono liberate, diventano disponibili e rafforzano la personalità. E poi, non vale la pena di passare due anni a plasmare la propria libertà, quando si sono passati "in prigione" numerosi anni, e resta tutta la vita per gioire di una riacquistata personalità?

Si possono prendere importanti decisioni durante un'analisi?

In principio, no. Ecco, per esempio, una ragazza che intraprende un'analisi, perché, fidanzata per la terza volta, ogni volta prova un'angoscia panica di fronte al matrimonio che si avvicina; rimanda allora indefinitamente il matrimonio, poi rompe. È quindi evidente che "qualcosa non va". Che deve fare? L'analista non può darle un consiglio, che sarebbe personale. La decisione dovrà essere presa dalla ragazza. Ora, è evidente che nel corso dell'analisi questa persona va cambiando: va eliminando delle masse di sintomi nevrotici. Cosa avverrebbe allora di un matrimonio che essa decidesse bruscamente al fine di "superare" la sua angoscia? Tale matrimonio fallirebbe. È dunque solo dopo un certo tempo che una decisione, degna di questo nome, potrà essere presa.

Come abbiamo detto, non bisogna prendere decisioni importanti durante un'analisi, ma si deve aspettare che emerga la personalità libera, A questo punto la persona prende una decisione con perfetta cognizione di causa. È il suo Io cosciente, volontario, razionale che decide, invece d'essere, come prima, diretto da false motivazioni.

E l'ambiente?

Che accade nell'ambiente di una persona che intraprende un'analisi? Certamente un'analisi non sempre è una cura armoniosa. Nel corso di un'analisi, la persona si vede "così com'è". Certe angosce rimaste fino allora inconsce risalgono alla superficie. A poco a poco il soggetto prende coscienza della sua nevrosi; si rende conto che ciò che egli è non corrisponde a quello che credeva di essere. È facile capire come si producano delle perturbazioni, e come il paziente possa essere temporaneamente aggressivo, angosciato, di cattivo umore, ecc. Evidentemente tutto ciò si ripercuote sul suo ambiente *la cui comprensione è di fondamentale importanza*. Abbiamo detto che un'analisi è sempre individuale e che è fuori questione, per un'analista, dare sia pure il minimo ragguaglio a una persona di quello stesso ambiente. È quindi comprensibile che quest'ultimo deve essere capace di una enorme comprensione. Del resto, riprendiamo l'esempio portato in precedenza. Se una donna *troppo sottomessa* ha sposato un uomo *tirannico*, ci troviamo di fronte a un matrimonio nevrotico. Se questa donna cessa di essere sottomessa, il marito tirannico sarà lungi dall'essere soddisfatto, poichè la sua preda gli sfugge. Ma se questo marito è intelligente e si rende conto che la sua tirannia è una nevrosi, non c'è niente da temere in questo caso.

Ecco alcune domande udite spesso, che si riferiscono al problema dell'ambiente:

«Essendo falsamente dolce e falsamente gentile (perché ho paura), che accadrebbe dopo una mia analisi? Non ho represso, per tanti anni, la mia aggressività? Durante lo sprigionarsi di questa aggressività, resterò sopportabile per i miei familiari? Come sarò verso di loro, man mano che prenderò coscienza di me stessa?».

«Non sarà meglio che resti quella che sono (anche se ne soffro) per la tranquillità di mio marito, poiché mi ha sposata in funzione delle mie apparenze?».

Ma altre considerazioni equilibrano la bilancia:

«Se la mia analisi avesse successo, diventerei autentica; allora, probabilmente, i rapporti con i miei parenti diverrebbero più profondamente veri».

«Credo che sarebbe sufficiente che cambiassi io, perché tutto cambi intorno a me. Se l'angoscia si trasmette, se la nevrosi si riflette sull'educazione dei figli, è naturale che allo stesso modo si rifletta l'equilibrio».

In ogni caso se una persona intraprende un'analisi, si può solo consigliare ai familiari di lasciarla tranquilla e di non farle alcuna domanda. Se questa persona ne parla spontaneamente, tanto meglio; altrimenti, lasciate che "si ritrovi" a suo agio, e siate certi che un'analisi seppure è un'avventura magnifica, non ha tuttavia nulla di divertente, poiché essa rappresenta un vero "raschiamento" psichico... Siamo dunque ben lontani dalla psicologia della domenica.

Cambia un individuo?

Cambia un individuo in seguito a un lavoro psicologico profondo? Sì, poiché ne esce diverso da come era. Tuttavia, non "cambia": "si ritrova" così come avrebbe *dovuto* essere. La psicologia del profondo ha lo scopo di mettere in evidenza ciò che restava nascosto in fondo alla personalità, ciò che vi era sepolto, inutilizzato, camuffato, ridotto al minimo. Il fatto è che spesso ci si perde durante il cammino (della vita); e molti cercano di adattarsi bene o male, proteggendosi come possono (non di rado per mezzo della nevrosi, come vedremo).

D'altronde, l'analista e il suo paziente diventano rapidamente una "associazione" fra le più belle: *diventano compagni di viaggio*.

L'analista conosce il viaggio, le insidie, le tempeste, per averle affrontate. A sua volta, il suo compagno deve prendere la strada di cui l'analista conosce la meta luminosa.

Ma l'altro ignora ancora il *suo* vero cammino, per aver vagato, per anni, su strade indefinite, dove tutto era nebbia, insidie, paure, illusioni, deformazioni, angoscia, passando continuamente ai margini di se stesso e trovando naturale la sua abiezione.

Allora, compagni di viaggio e di libertà?...

Si può "operare" se stessi?

Cioè: ci si può auto-analizzare, intraprendere da soli un'analisi? No. È impossibile. Perché? Prima di tutto è, evidentemente, una questione di conoscenza. Non verrebbe in mente a nessuno di eseguire su di sé l'asportazione di un'organo, ammettendo di sapere dove si trova. Inoltre, analizzarsi significa "vedersi". Ora, una persona si vedrebbe attraverso i suoi prismi interiori e tenderebbe presto a chiudere gli occhi. Non dimentichiamo (pensiamo a un soggetto nevrotico) che la personalità è irta di difese inconsce. Questa persona si scontrerebbe quindi rapidamente con una serie di "sbarramenti" (che formano le sue false sicurezze), con una serie di chiusure ermetiche interiori. Tutto questo si rivelerebbe un'ostacolo insormontabile senza una "guida" esterna.

Inoltre si confonde spesso il sintomo e la nevrosi stessa. Non si possono scorgere solo le rimozioni e i complessi (che sono inconsci). Chi intraprendesse un'auto-analisi arriverebbe dunque rapidamente a "filare per la tangente" e a giustificarsi ai suoi propri occhi (ciò sarebbe ben comprensibile, perché gli permetterebbe di sfuggire all'angoscia di *vedersi*). Inoltre rischierebbe di cadere in inganno, sia per un'ammirazione sperduta di sé (di fronte a tale "scoperta" che crederebbe sensazionale), sia per un disprezzo o un odio diretto sempre contro se stesso... ([1]).

In breve un'auto-analisi giungerebbe rapidamente a delle false piste *molto pericolose*, a delle introspezioni larvate, a delle ruminazioni senza fine, a perdite di energia e angosce permanenti (che è tutto l'opposto della psicanalisi reale).

È qui che bisogna ripetere di star attenti a chi cerca di vendere illusioni od altre promesse di "efficienza in otto giorni". I mezzucci di questo genere non solo non servono a niente, *al contrario*: riducono l'essere umano a ciò che non è: una circonferenza senza cerchio né centro. Partire da prospettive terribilmente ristrette significa anche disprezzo per la psiche umana; lo sfruttamento commerciale può così facilmente appoggiarsi su degli arcaismi medievali ma tuttora in uso.

[1] Ciò significherebbe che il *transfert* non sarebbe più diretto verso l'analista ma verso se stesso, producendo una situazione inestricabile (v. cap. 8).

Cosa fare dunque?

Ecco, per esempio, una persona che dice:

«Questo dura da parecchi anni. Ecco: esco di casa, faccio una cinquantina di metri. Poi mi domando se non ho lasciato cadere qualcosa sulla soglia, mentre *so* di non aver lasciato cadere niente. Ma "é più forte di me": torno sui miei passi, verifico. Riparto. Poi ritorno, arrabbiandomi contro la mia stupidità. Verifico di nuovo. Riparto. Torno ancora impiegando mille astuzie perché i passanti non si accorgano di niente... Ancora verifico; è molto (l'ho già fatto!) se non depongo qualcosa sulla soglia per potermi dire: "Ecco, c'era qualcosa: ora lo raccolgo. In questo modo sono certo che non c'è più niente". Ogni nuova verifica mi prende un po' più di tempo della precedente. A volte passo le dita negli angoli delle pietre quando so bene che non c'é niente che possa avervi perduto, ma lo stesso! È grottesco. Mi batterei la testa contro il muro, ma non c'é niente da fare; sono spinto a farlo fino a sentirmi completamente spossato».

È quindi un caso di "mania della verifica". Si aggiungono altre "manie" molto diffuse, che riguardano la verifica della chiusura del gas, dell'acqua, della corrente elettrica, delle porte, ecc.

Questa persona dirà:

«Ma che posso fare contro questa mania?».

Ora, tale mania non è che un sintomo fra gli altri; un sintomo che, per il soggetto è spettacoloso e sfibrante, ma comunque un sintomo. E si troverebbero certamente centinaia di altri comportamenti, meno visibili, ma che tradiscono tutti un turbamento profondo dell'*intera* personalità. Ci sono molte probabilità che questo soggetto soffra di un senso di colpa generico (e inconscio), possieda un Super-Io avvelenato (v. cap. 11), abbia sempre la sensazione d'essere "in colpa". Lo vedremo spesso.

Allora? Spiegargli tutto questo *razionalmente?* Dirgli che il sintomo è lontano dalla causa profonda? Come volete che il paziente lo comprenda *ora*, se non soffre *che* del suo sintomo? Come volete che prenda *immediatamente* coscienza di ciò che è sepolto nel suo inconscio da numerosi anni? E se gli si dirà che ha *bisogno* del suo sintomo, perché la sua mania gli permetta di dire a se stesso:

«Ho fatto il mio dovere; non sono quindi in colpa; sono in regola e nessuno ce l'ha più con me; dunque non sono più colpevole».

Egli riderà sul naso allo specialista... ed avrà ragione, *almeno per il momento*.

Che occorre fare dunque? Occorre guidarlo a prendere coscienza di ciò che avviene nell'intimo della sua personalità. In che modo? Dicendogli che ciò è assurdo?

Sarebbe puramente stupido, perché egli lo sa bene quanto voi e non è per puro piacere che si esaurisce in questa "mania". Usare la suggestione? Sarebbe grottesco: la suggestione rimane in superficie, mentre la causa è in profondità. Sarebbe come rastrellare delicatamente il giardino per togliere un blocco di pietra infossata a cento metri di profondità.

Ragionare? Ma quest'uomo non si sforza già di farsene una ragione? E nondimeno la mania ha il sopravvento. D'altra parte, la famiglia del paziente non lo risparmia! Lo tratta da "nevropatico che non ha volontà" e altre stupidaggini del genere. Ma credete che questa persona non impieghi per lottare, una volontà di cui ben altri sarebbero incapaci? E poi ragionare su che cosa? Sul sintomo in superficie? Ma tutto accade in profondità, ancora una volta! E quest'uomo avrebbe diritto di dire:

«Tutto questo lo so bene quanto voi, e non ho aspettato le vostre esortazioni per cercare di uscirne!».

Ciò significa ancora una volta che bisogna scavare nelle gallerie inconsce e che il rastrello non serve assolutamente a niente.

Per questo la psicologia del profondo deve essere conosciuta.

2. - I PRIMI CONTATTI CON L'ANALISTA

Ad ogni seduta ho un appuntamento con me stesso
(*Un paziente*)

È molto semplice: il primo contatto avviene quasi sempre per telefono. Dopodiché, lo psicologo riceve il paziente per fare una "messa a punto". Si tratta di vedere chi è il soggetto, cos'è che cerca e desidera. Il paziente parla allora dei sintomi di cui soffre o, se non soffre di niente, delle ragioni per le quali desidera sottoporsi a un trattamento psicologico o ad un'analisi.

Il campo che si apre fin dai primi contatti è quindi vasto. Esso va dalla psicologia come consulenza, all'analisi profonda, passando per la psicoterapia di superficie, i consigli pratici relativi a crisi matrimoniali, ecc.

Le ragioni di ciascun soggetto sono, evidentemente, diverse. Ripetiamo che si può andare dalla semplice richiesta di un consiglio alla enumerazione di situazioni tragiche o vecchie. A meno che il soggetto non chieda immediatamente e senza preamboli, alla psicologia, il suo più elevato "rendimento":

«Vorrei intraprendere un'analisi per diventare un miglior sacerdote (o migliore come genitore, o come medico, o come uomo...».

Non c'è nessun contatto che non sia emozionante. Infatti è il momento in cui una persona può dire, spesso per la prima volta nella sua vita:

«Sto cercando di mostrarmi quale io sono; posso, se ne ho la forza, lasciar cadere la maschera. E se non lo posso, il mio interlocutore lo comprenderà, al di là delle mie parole e del mio atteggiamento. Avrò finalmente la certezza di non essere giudicato, nè biasimato, nè criticato, nè punito. Per la prima volta non correrò alcun rischio e potrò non recitare una parte. Cercherò di gettar via questa falsa personalità che da tanti anni mi sta incollata addosso. Questo primo contatto sarà quello della non-paura».

Il primo contatto è sempre personale, anche se, più tardi, s'intraprende un'analisi ortodossa (in cui l'analista diventa "neutro"). Ma se lo psicologo osserva il soggetto, non deve mai dimenticare che questi l'osserva del pari con tutte le antenne puntate. Lo psicologo deve quindi essere disponibile al massimo e saper che ogni "parte" che volesse recitare verrebbe inconsciamente (ma inesorabilmente) smascherata dal suo paziente. Ed è anche giusto.

Ci sono degli uomini che tentano di far il punto sulla loro vita. Delle persone responsabili che dicono:

«Se "si" sapesse che non sono altro che un povero tipo e come ho paura...».

Un vecchio dirigente dice:

«Dottore, ho sessantaquattro anni. Da quaranta anni mi sento colpevole e preso da angoscia non appena smetto di lavorare come un forzato. È idiota, ma aspetto la pensione per realizzare un vecchio sogno: imparare a suonare il flauto... questo sarà, per la prima volta nella mia vita, l'inizio della libertà. Ma oserò essere libero?».

Questo è un uomo che dice:

«Mentalmente, io cammino con le stampelle. Nessuno ne sa niente, perchè le mie stampelle sono dorate e perchè sono un uomo "riuscito". Ma io so che si tratta di stampelle e voglio vedermi come sono veramente. Vedete, ho sempre paura di perderle e così sono sempre in angoscia. E poi, ne ho abbastanza di gettare la polvere negli occhi, a me stesso e agli altri, e di aver paura fingendo di non provar mai alcun timore. Allora, vorrei fare il giro di me stesso e vedermi nel mio giusto valore...».

Questi sono dei giovani e delle ragazze che dicono:

«Ho avuto dei genitori talmente nevrotici e un'educazione così orribile che vorrei, prima di tutto, tornare ad essere me stesso...».

Vi sono delle coppie che vogliono ritrovarsi (o trovarsi per la prima volta). Ci sono anche delle persone che vengono classificate sotto varie "etichette": nevrasteniche, psicasteniche, ossessionate...

Chi sono questi uomini, queste donne, queste ragazze? Essi sono grandi, piccoli, tesi, nervosi, ansiosi, disinvolti, ironici, sottomessi, irti di difese. Si trascinano dietro un'infanzia, un'adolescenza, un sacco pieno della loro storia. Sono carichi di riflessi da difesa, di abitudini, di modi di vita, di angosce. Ognuno di essi è immenso e unico. Nessuno somiglia a un altro. Molti di loro sono passati a lato della loro strada che vorrebbero ritrovare al più presto.

Essi sanno cos'è la psicologia del profondo? Alcuni sì. Altri no. Alcuni sanno che è tutta la personalità che deve essere rifatta; altri vanno a trovare un analista perchè hanno sentito dire che "fa bene". Alcuni chiedono un consiglio, di sfuggita... D'altronde, anche affrontando un'analisi profonda, certe persone credono ingenuamente che gli venga "rivelato il proprio carattere" dicendo loro: «Lei ha il tale difetto e la tale qualità»; credono che gli vengano assegnate delle etichette che non vogliono dire niente, come: lei è vanitoso, nervoso, oppure buono, cattivo, orgoglioso, temerario, forte, debole, ambizioso, ecc. Tutto questo è ridicolo, evidentemente, e la persona si rende rapidamente conto che ciò significa confondere la schiuma col mare.

Il caso di Momo...

Vi sono anche dei primi contatti tragici, sotto un'apparenza di farsa umana. Eccone uno. Sarete tentati di ridere; non ridete. Poichè se c'è una sorta di caricatura tragica, siate certi che delle copie più o meno conformi si trovano largamente diffuse. È tutta una profilassi che è in gioco: quella dei genitori nevrotici, tirannici, svirilizzanti, e quella dei figli o delle figlie che hanno dovuto metter da parte la loro personalità, incalzati com'erano dalla paura.

Personaggi per ordine d'entrata: l'ombrello, puntato come una spada fallica; la madre, il figlio (o almeno ciò che ne resta...), il padre (diventato un fantasma). La madre: circa cinquant'anni; il figlio: sui venticinque: il padre: senza età.

Trambusto. Si cercano le sedie. Abbiamo l'abitudine di ricevere una persona, non un reggimento. La madre si sprofonda in una poltrona. Gli "altri"... bè, gli altri si arrangiano.

Calma improvvisa. La madre, olimpica, al figlio:

«Siediti là, "grand'uomo!" Davanti al "signor psicologo", che ti veda».

Poi:

«Dottore, ho creduto opportuno compilare una lista di ciò che mio figlio mi ha fatto subire in tanti anni. Ho fatto tutto per lui. La ricompensa? Il suo sporco carattere. Vorrei che si sposasse. "Io ho" in vista una ragazza; ma quando ne parlo, lui spacca tutto!».

Al figlio:

«Prendi i fogli, Momo. Leggili al "signor psicologo"».

Noi aspettiamo.

«Preferisco che li legga lui stesso, capisce? Così, forse, si renderà conto...».

Il figlio, soffocato dalla vergogna, castrato al massimo, incapace di reagire:

«Ma mamma, io...».

La madre:

«Leggi, Momo».

E "Momo", venticinque anni, si mette a leggere un fascio di appunti:

«Dall'età di sedici anni, mio figlio...».

La madre, tagliente come la ghigliottina:

«È vero, dottore. Dall'età di sedici anni, non ha fatto più niente a scuola. Suppongo che vi siano delle ragioni, non è vero? Io...».

Arrischiamo, fra un rovescio e l'altro:

«Ma, signora, suo figlio è il solo in grado di dire cosa prova».

Il figlio: un barlume di speranza. La madre:

«Prende le sue parti? Ma io...».

Non ascoltiamo più. Guardiamo "Momo", schiacciato dall'odio rimosso, dalle angosce, malato di complessi. Ci getta delle piccole occhiate complici e impaurite, aspettandosi di esser salvo a un contatto, annientato da una madre assillante, amante e tirannica e che evidentemente non ha mai capito nulla, e magari in assoluta buona fede...

«Potrebbe "dargli" un carattere migliore? E "poiché noi stiamo sempre insieme", potrei assistere alle sedute?».

«Lei scherza, signora?».

«Come? Ah va bene! Le telefonerò dopo ogni seduta».

«Mi dispiace, signora, suo figlio è maggiorenne. Perciò il segreto individuale è assoluto, senza alcuna eccezione. Sarebbe quindi inutile telefonarmi. Sono certo che lei comprende, vero?».

La madre:

«Se è così... Ma ritengo che un figlio non debba avere segreti per sua madre. Andrò a trovare qualcuno che "lo scuoterà". Io sono per le soluzioni nette».

E si pensa:

«Per le soluzioni nette, infatti, fino alla castrazione completa e forse definitiva...».

Si alzano. Il figlio ci guarda, ci mostra rapidamente l'orecchio: "Vi telefonerò".

Escono. In ordine: l'ombrello, la madre divorante, il figlio divorato, il padre smaterializzato.

In mezzo a tutto questo, solo l'ombrello ha conservato la sua personalità.

"Momo" non ha mai telefonato. Sarà potuto diventare Maurizio, dopo tanti anni?

Cosa sa il paziente?

In generale sa, della psicologia, ciò che ha letto o appreso. Tutto dipende, quindi, dalle fonti di informazione (libri, riviste buone o cattive, ecc.). Dipende anche da quel che *è* il soggetto, o da ciò che egli *cerca*. Il termine "psicoterapia" si è assai diffuso. Ma, per molti, di che si tratta? Per alcuni si tratta di un incoraggiamento di questo tipo: "non vi tormentate; fate uno sforzo e tutto andrà bene"; il che è assurdo e corrisponde a una "psicologia paternalistica". Altri sanno che si tratta di ricercare le cause del male, ma ignorano come ciò avviene. Oppure, si crede che la psicologia consista nell'"analizzare il carattere", ma non ci si rende conto che la psicologia-clinica non ha niente a che fare con i *test*.

Ma niente da fare quando si tratta di psicanalisi. Il termine si è diffuso come una scia di polvere, ma basta leggere certe riviste a forte tiratura per rimanervi stupiti. Vi si leggono cose del genere: "Nell'antro dello psicanalista"... Oppure, alcune riviste parlano del "Viaggio conturbante verso l'inconscio, nell'oscurità dello studio di uno psicanalista", o ancora: "Dai misteriosi medici dell'anima" (eh, sì...). Ci si trova allora davanti a un gigantesco guazzabuglio che non si sa se è opera di un giornalista brillo o di un occultista ubriaco. E non ci si domanda neppure se questa "oscurità" non sia una luce attenuata... semplicemente perchè il paziente non abbia una grossa lampada negli occhi; esattamente come a casa sua quando si riposa. In breve, un sacco di stupidaggini.

E tuttavia, con queste stesse persone, male informate per quanto è possibile, risultano spesso delle eccellenti analisi; ciò significa che il "clima" è presto compreso da chi ci si tuffa.

Oppure si sente dire: "In psicanalisi si passa il tempo a ricercare ciò che è successo all'età di tre anni". Ciò è assolutamente ridicolo e il perché lo vedremo più avanti. Ma bisogna anche dire che una nevrosi risulta da una vita che si è protratta negli anni e che, se l'infanzia è importante, la rimanente esistenza lo è altrettanto. Una nevrosi non è un "residuo" dell'infanzia, ma una malattia che il soggetto ha custodito inconsciamente. (v. cap. 14).

Alcuni pazienti sono, al contrario, molto informati, sia che s'interessino profondamente alla psicologia, sia che l'abbiano studiata in senso "accademico" (medici, laureati in psicologia o in pedagogia, ecc.). Altri, anche, conoscono quasi a memoria le grandi opere di base. E tuttavia, è *impossibile* sapere ciò che è un lavoro psicologico profondo senza essere "passati per il laboratorio"; per la semplice ragione che si tratta di un'esperienza unica e indescrivibile, e che i più grandi sforzi — anche quelli che stiamo facendo in questo momento — non arrivano mai a spiegare il "clima" profondo, difficile e costruttivo di un'analisi.

Torniamo ai primi contatti

Un lavoro in profondità è spesso sconvolgente... nel senso che sconvolge le false strutture della personalità per liberare l'essere autentico. Si cercano, sotto la crosta superficiale, le radici marce, i sassi inutili, le scorie accumulate, per raggiungere le sorgenti ostruite di cui vi parlavo.

Alcune persone chiedono giustamente:

«Se io cambio, se torno ad essere me stesso, come potrò adattarmi ancora a tutto ciò che ho amato per tanto tempo?».

«Sono nevrotico; ma questa nevrosi mi ha obbligato a vivere, a scegliere, a sposarmi o a lavorare in un modo o in un altro; dopo la mia analisi, non mi resterà che cenere?».

«Ho quarant'anni, ma sono rimasta una ragazzina piena di paura. Credo che questo piaccia a mio marito... Che accadrà del mio matrimonio se torno ad essere me stessa?».

Naturalmente, si potrebbero citare infiniti esempi. Ma queste domande denotano una certa paura che provano alcune persone a ridiventare se stesse... e ciò mostra chiaramente come la visione e la costruzione della loro vita hanno potuto essere falsate, deviate, diminuite, nel corso di tanti anni.

Malgrado tutto, queste domande sono pertinentissime. Ecco un caso che aiuterà a comprendere meglio.

Il caso di Jean P.

«Il mio medico vorrebbe che facessi un'analisi» dice Jean «Anche io lo vorrei molto; sono nevrastenico, senza volontà, senza gusto per alcuna cosa. Sessualmente sono impotente. Non ho niente dall'esistenza, tranne la pittura. Dipingere è per me la sola ragione di vita. Voglio guarire, tornare me stesso, non essere più angosciato. Ma spero che lei non mi "toglierà" la mia pittura! È grazie ad essa che ho potuto resistere...».

Che succede? Prima di tutto, Jean P. considera *l'avvenire* in base a ciò che lui è *attualmente*. Tutto questo non ha perciò alcun senso; come se un cieco dalla nascita potesse sapere, prima di essere operato, come vedrà i colori un mese più tardi. Così, Jean, in avvenire non sarà più come è ora. Vedrà le cose e le persone in un'altra prospettiva.

Per il momento si "aggrappa" alla sua pittura come a una boa di salvataggio, ma che avverrà il giorno in cui non avrà più *bisogno* della boa? È evidente che, se si aggrappa alla pittura *unicamente* perchè è nevrotico, cesserà di dipingere quando la nevrosi sarà sparita (in questo caso non fu così).

Ma vediamo il seguito. Dopo un certo tempo Jean arriva dall'analista e dice:

«Sono sgomento... Da un mese non dipingo più... E la cosa più terribile è che non ho più voglia di dipingere... Una completa indifferenza... e ciò che mi rende disperato non è l'aver smesso di dipingere, ma che questo fatto mi lasci indifferente...».

Allora? La pittura rappresentava per quest'uomo una fuga, un rifugio. Era quindi la sua "ragione di vita" (ma vista sotto una falsa luce). La pittura gli impediva di essere sommerso dalla disperazione. Aveva intrapreso l'analisi per eliminare dei sintomi penosi. Ora, un'analisi, come mostreremo spesso, *orienta totalmente la personalità* in un modo nuovo. È chiaro che, nello stesso tempo, spariscono i sintomi.

Nel caso di questo pittore *l'arte era un sintomo nevrotico, una compensazione, un appiglio*. Perchè cessa di dipingere? Perchè non ha più *bisogno* di farlo (nevroticamente parlando). Perchè? Perché il suo Io si rafforza; perché comincia ad adattarsi alla realtà e non ha più bisogno di "rifugiarsi" nella pittura. Perchè è spaventato dall'indifferenza verso ciò che era stata la sua "ragione di vita?". Perché è come un paralitico che, mettendosi bruscamente a camminare da solo, getta uno sguardo ansioso sulle stampelle che l'anno sostenuto per tanti anni. In altri termini: *Jean si teneva aggrappato a dei mezzi di sicurezza... di cui cominciava a poter fare a meno.*

Jean P. tornò a dipingere? Sì, perchè era veramente un pittore. Ma lo fece in un modo del tutto diverso, che esprimeva la sua nuova (e vera!) personalità. Si trattò semplicemente di un arresto temporaneo, una "terra di nessuno", durante il quale Jean si trovò "fra due fuochi": la vecchia personalità (nevrotica) e la nuova (adulta e autentica).

Accade lo stesso per le altre cose. Un uomo può perdere la fede... se si tratta di una fuga nevrotica, ma può anche accrescerla considerevolmente se questa fede è autentica, ecc.

matrimonio può conoscere grosse difficoltà, specialmente se i *due* coniugi sono nevrotici. Prendiamo un caso già presentato: un uomo aggressivo (quindi nevrotico) sposato a una donna troppo sottomessa (e quindi nevrotica). Se l'uomo si sottoponesse a un'analisi la sua aggressività sparirebbe (poichè cesserebbe d'essere nevrotico). Ma, allora, il "masochismo" della sua compagna non ha più di che alimentarsi... perchè non è più tiranneggiata da suo marito! La soluzione? Che i *due* sposi intraprendano un'analisi; il matrimonio ripartirà allora su nuove basi, poggiando su un amore autentico, invece di procedere alla meno peggio su due nevrosi che si completano vicendevolmente.

Ma se si perde una "ragione di vita" nevrotica, cosa rimane? La domanda non ha senso, perchè questa ragione di vita era falsa e, d'altro canto, il soggetto torna ad essere sufficientemente forte per poter fare a meno di appigli, infantilismi, stampelle.

Ci si rende conto degli sconvolgimenti temporanei — e

spesso penosi — che un'analisi profonda può generare. E, per tornare a Jean P.:

prima dell'analisi *si rifugiava nella* pittura, essendo torturato;

dopo l'analisi, *si espresse attraverso* la pittura, essendo felice.

Come vedete, c'è una differenza enorme.

Ma cosa resterà?

È la continuazione logica di ciò che precede. Una persona che intraprende un lavoro psicologico profondo potrebbe dunque domandarsi:

«Le mie compensazioni mi aiutano a vivere. Se queste compensazioni se ne vanno, che mi resterà?».

La domanda è chiaramente pertinente. Qualche volta l'essere umano arriva a un'età in cui non si tratta più di eliminare delle compensazioni importanti, ma piuttosto di equilibrarle.

Pertanto, vediamo i casi più frequenti. Molte persone si sottopongono a un'analisi per eliminare una nevrosi. Chi dice nevrosi, dice automaticamente che vi sono delle *compensazioni*. Portiamo ancora un esempio, sempre lo stesso, perchè aiuta a comprendere meglio (bisogna dire che ciò non è *mai* così semplice nella realtà).

Supponiamo dunque un soggetto *aggressivo*. Questa aggressività rappresenta una *compensazione* contro la paura. Ha compensato la sua debolezza con una falsa forza e la sua angoscia con un'apparenza di grande sicurezza. L'aggressività è dunque un *bisogno*, una *sicurezza*. Ma cosa accade se l'analisi gli toglie la sua aggressività?

È qui che la domanda non ha più senso. *Perchè non è l'aggressività che viene eliminata, ma il bisogno di aggressività.* Non è l'aggressività che si toglie, *ma la paura*. È quindi evidente che eliminata la paura se ne va anche l'aggressività... *poichè quella persona non ne avrà più bisogno*. Si potrebbe dire che la fortezza, irta di cannoni, non ha più ragione d'esser, quando il pericolo non esiste più. E ciò vale per tutti i meccanismi nevrotici. (Del resto, si può vedere un esempio meno semplice a cap. 4: quello di un uomo che è sessualmente impotente, perchè ha *bisogno* di esserlo).

Un paragone (che faremo spesso): non è il pus che si deve togliere, ma la spina che ha provocato il pus. Tolta la spina, il pus se ne andrà da sé. Vedremo che ciò è fondamentale per la comprensione della nevrosi, *che è una malattia come un'altra e obbedisce alle stesse leggi* (v. cap. 14).

La diagnosi del paziente

Spesso accade che alcune persone che hanno letto libri di psicanalisi stabiliscono una diagnosi "precisa" e dicono:

«Voglio fare un'analisi. Soffro di... (per esempio, un complesso di Edipo)».

L'analista diffida, giustamente. Prima di tutto, perchè è impossibile "mettere insieme" una diagnosi umana con tre colpi di mestolo. Inoltre, accade assai spesso che una persona, ponendo decisamente il problema, speri di poter spesso "evitare" di guardare più profondamente in se stessa. Vuole sì guarire di certe cose... a condizione che non sia obbligata a rimettersi *tutta intera* in questione. Questo è umano, e spesso inconscio. D'altra parte, tutto questo passa rapidamente col progredire dell'analisi e con lo stabilirsi di una totale confidenza fra i due compagni della "grande avventura"

3. - I PRIMI PASSI DI UN'ANALISI

Un'antica pozza silenziosa.
Una rana vi si tuffa.
Splasch!
(*Poema giapponese*)

All'inizio (e talvolta per molto tempo) il paziente ha l'impressione che l'analista sia un ''mago'', che deve fare tutto ''da solo''. Non si rende ancora conto a qual punto la sua partecipazione dovrà essere *attiva*. Tende a considerare l'analista come un onnipotente; allo stesso modo che un fanciullo considera il padre un dio per il quale niente è impossibile.

Altri come già detto, si aspettano dall'analista una rivelazione:

«Lei ha il tale carattere, il tale temperamento, le tali qualità o difetti, ecc.».

Oppure desiderano che l'analista incoraggi, si congratuli, dia delle direttive o dei consigli. Ebbene, un incoraggiamento sarebbe una suggestione superficiale e senza alcun valore. In più: essa non rispetterebbe la personalità del paziente e gli ispirerebbe qualcosa che non è ancora dentro di lui.

Il paziente deve quindi rendersi conto che la riuscita dipende da una profonda collaborazione: poichè è il fondo del pozzo che conta, non l'acqua della superficie.

D'altronde, immaginiamo un dialogo fra due amici di cui uno ha iniziato un'analisi ortodossa (v. cap. 1), senza averne compreso ancora il senso.

«Sai? Ho cominciato un'analisi ieri!».

«Ah? E cosa dice l'analista?».

«Niente».

«Nemmeno una parola? Non ti ha detto che la cosa andrà bene? Non ti ha detto come sei? Non ti ha rivelato il tuo carattere?».

«Non una parola».

«E tu?».

«Io? Ho dovuto dire tutto quello che mi passava per la testa».

«Qualunque cosa? In qualunque modo?».

«Si. Liberamente».

«A cosa serve questo?».

«Non lo so ancora. Suppongo che l'analista mi abbia sottoposto dei *test*, abbia fatto la sua diagnosi...».

«E quando sei venuto via?».

«Mi ha detto "arrivederci", senza aggiungere altro».

Cosa avviene rapidamente? La persona che "debutta" in analisi comincia a porsi domande del genere:

«Cos'ha pensato l'analista di me?... Ho truffato, ho deformato la verità; avrà visto chiaro? Come mi considera? Mi disprezza? Avrò fatto ciò che lui voleva? Aveva un'aria asciutta quando me ne sono andato (oppure: aveva un'aria cordiale, gentile, cattiva, indifferente, distratta, ecc.)».

Come si vede il paziente, fin dall'inizio *proietta* (v. cap. 7) certi sentimenti sull'analista. Gli attribuisce comportamenti che non ha affatto (per esempio: l'asciuttezza, il cattivo umore, l'ammirazione, il disprezzo, ecc.). Supponiamo un paziente che ha paura degli altri (e quindi, timido, afflitto da un senso d'inferiorità o d'aggressività, ecc.). Questo paziente, evidentemente, si mette a "concentrare" i suoi sentimenti sull'analista. Per esempio, avrà l'impressione che l'analista stia "in agguato", lo giudichi severamente, lo "succhielli fino in fondo all'anima", e così via. Di fronte al *silenzio* dell'analista, il paziente non ha alcun punto di riferimento; niente gli dà la "temperatura" della seduta. È solo con se stesso. A questo proposito, saranno presentati più avanti numerosi esempi ed estratti di sedute. Le angosce compaiono rapidamente. Spesso sono basate su domande che il paziente si pone inconsciamente:

«L'analista non sarà irritato?

La tale parola che ho detto non l'avrà urtato? Non mi sarò fatto vedere in un brutto giorno? ecc.».

Anche i sentimenti di colpa fanno la loro apparizione. Succede allora spesso che un paziente telefoni all'analista con un pretesto qualsiasi (verifica di un appuntamento, per esempio). È questa la *vera* ragione? Raramente. Telefonando il paziente cerca inconsciamente di verificare, se l'analista è "irritato", se "gliene vuole", ecc. Il fatto di credersi biasimato dall'analista lo faceva piombare nell'angoscia. La telefonata fa sparire l'angoscia (poichè l'analista risponde "gentilmente")... Si tratta dunque di una reazione che il paziente subisce cento volte al giorno, e spesso senza rendersene conto.

E dopo?

Alla seduta successiva, il paziente *dovrebbe* parlare di ciò che ha provato dopo la seduta precedente. Qui, sono già possibili migliaia di biforcazioni. Dire anche, così presto, che si è stati angosciati per una "sciocchezza"? Che si è stati "terribilmente male" senza sapere perchè? Che si è agito "come un bambino"... il che permetterà già di mettere il dito su certi meccanismi inconsci? Mettiamoci al posto di un paziente. Egli *pensa*:

«Dovrei dire *che, l'ultima volta, ero angosciato e agitato per una stupidaggine... perchè non ero certo di essere stato abbastanza cortese... quest'idea mi ha perseguitato per ore intere...*Dovrei dire *che ho terribilmente paura di essere considerato male... paura di mostrarmi quale veramente sono... dovrei togliermi la maschera... ecc.*».

Egli *pensa* tutto questo, ma non lo *dice*. E spesso parla di tutt'altre cose per evitare, una volta di più, di essere "malvisto". E il gioco continua... A poco a poco, si fanno le prime discese nei sotterranei dell'inconscio.

Ecco, per esempio, cosa diceva un paziente alla terza seduta d'analisi:

«Sa? È idiota, eh? Ma ho avuto una piccola reazione dopo l'ultima seduta! È assolutamente ridicolo che l'inconscio possa giocarci di questi tiri!».

E qui il paziente si mette a parlare delle sue reazioni (vedi sopra). Ma osserviamo ciò che dice:

Sa? Egli interpella l'analista; lo prende a testimonio... e questo gli evita la penosa impressione di essere come un bambino "colpevole" che si accusa. Spera così un'acquiescenza dell'analista, che lo rassicurerebbe (acquiescenza che non arriva).

È idiota? Il paziente cessa di essere solidale col suo inconscio. Cerca di salvaguardare la sua "superiorità". È come se dicesse: "Tutte queste bambinaggini che avvengono in me, non rappresentano il mio Io".

Piccola. Il paziente cerca di salvaguardare la sua superiorità... quindi di evitare l'angoscia.

Ridicolo. La stessa cosa. Il paziente vuol dare l'impressione che disprezza il suo inconscio. Sottinteso: «Nostro malgrado, ci passano per il capo di questi infantilismi!» Ricerca di superiorità, ancora una volta.

Giocarci. Il paziente mette in gioco l'analista. Sottinteso: "Anche il vostro inconscio vi fa di questi scherzi... siamo pari...". Egli ricerca ancora l'approvazione dell'analista per essere rassicurato a sfuggire all'angoscia.

Già si vede che fin dall'inizio la mente può "partire" in mille direzioni diverse. L'esempio portato ora, potrebbe far credere che l'analista sia "in agguato" e passi il tempo a analizzare la minima parola. Non è così. *Ma l'analista è presente in ogni secondo di ogni seduta, con tutta la sua comprensione, la sua ricerca, la sua disponibilità, la sua sostanza umana.*

Se intraprendete un'analisi, siete dunque *liberi.* Liberi di parlare, di tacere, di essere ironici, aggressivi, di parlare dei vostri sintomi e dei ricordi d'infanzia. Siete liberi di mantenere il silenzio per una mezz'ora, di pensare con ostilità che perdete il vostro tempo o di credere, con angoscia, che lo fate perdere all'analista (vedremo degli esempi più avanti).

Ognuno comincia secondo quello che è. Dal momento che potete dire tutto ciò che vi passa per la testa, molte "barriere" intervengono rapidamente: *la morale* (se pensate qualcosa di "brutto" che non osate dire, mentre non c'è niente di brutto o di bello in psicologia); *la ragione* (se pensate delle "assurdità", per esempio, mentre le assurdità hanno spesso maggior valore, in analisi, che i più bei ragionamenti del mondo); *i ricordi penosi* che uno preferisce tenere per sè, ecc.

Accade spesso che il paziente si "blocchi" su un'angoscia o su una rimozione (v. cap. 13). Le sue idee cambiano strada, ritornano, ripartono, si arrestano, si incatenano in associazioni, riafferrano un ricordo, brancolano. L'emozione, l'aggressività, l'angoscia, fanno presto la loro apparizione. Non è normale? *tutto* deve essere detto, *tutto* ciò che viene alla mente, *tutto* ciò che passa per la testa. Il paziente è in analisi, per cambiare, per ritornare se stesso. Deve abbandonare, come abiti vecchi, molte illusioni su di sé, molti modi di vedere e di pensare. Deve abbandonare i suoi infantilismi per giungere all'età adulta.

È difficile? Sì, lo è. Per tutti. "Lasciarsi andare" crea automaticamente delle inibizioni e delle resistenze, finchè il paziente non si rende conto che l'analisi è una situazione *unica* nella vita: quella in cui le maschere sono inutili e in cui il giudizio morale non ha alcun senso.

Ma, intanto, nessuno accetta facilmente di togliersi le varie maschere, coscienti o inconsce. E poi, ognuno ha, — coscientemente o no — l'impressione (falsa!) di un possibile rimprovero da parte dell'analista.

Ma ecco qualche esempio di seduta iniziale. Si tratta di persone che hanno terminato l'analisi e che oggi sono ripartite per una nuova vita. Questi esempi, naturalmente, vengono dati nei limiti di un assoluto rispetto verso ogni paziente. Vedremo in questi esempi come i cervelli più razionali sono attraversati da caleidoscopi di idee. Vi vedremo già apparire certi sentimenti e complessi di cui parleremo. Vedremo anche come ogni persona cerchi se stessa dopo essersi perduta, come ciascuno aspiri alla completezza, alla spiritualità, ad andare verso gli altri e, soprattutto, a non avere più paura... Pensiamo ancora a una giovane donna che, al primo colloquio, diceva:

«Sono come uno scorpione che si morde la coda, ripiegata su me stessa, perchè sono una donna che indossa un mantello di paura...».

Non faremo alcun commento a questi esempi che portiamo al fine di mostrare come è difficile (e coraggioso...) abbandonarsi a se stessi, condizione essenziale per vedersi e trasformarsi.

QUALCHE INIZIO D'ANALISI

La seconda seduta di una giovane donna

Attraverso il suo "lasciarsi andare" essa esprime un ideale di vita. Terminata l'analisi, si è diretta, magnificamente, verso gli altri.

«Senso di disperazione... molto profondo... e di gioia nello stesso tempo. Vado verso una porta che sta per aprirsi. Sarà duro. Diventare finalmente Io!... Le dico quel che mi viene, eh?... Questa porta che si sta aprendo... L'analisi, è come entrare in convento, parola d'onore... Ma non mi viene messo un velo, mi viene tolto! Sono meno tesa da una settimana. Ho l'impressione che qualcosa si muova dentro di me; qualcosa che mi ha tenuta prigioniera senza che me ne rendessi conto. Qualcosa che mi impediva di vivere, d'andare verso gli altri, di amare gli altri... Da una settimana comincio a poter riposare, ciò che non ho più fatto da anni... sempre tesa, in agguato, impaurita, aggressiva... Sempre la paura di morire in stato di peccato, e non sono cattolica! Dove sta il bene? Dove sta il male? Stanotte ha sognato mio padre; questo sogno mi ha lasciato una penosa impressione. Mio padre rappresenterebbe forse un problema per me? Se lei mi chiedesse dei ricordi d'infanzia... niente... non ne troverei... almeno non così... Non ho ricordi, ecco. Oppure non ne voglio avere? Morire nel proprio letto, è terribile. È un pensiero che mi viene spesso. Vede? Non c'è niente di tangibile, eh? Ci si raccapezzi un po'. Vorrei poter trovare delle cose importanti e dirgliele. Ma niente. Un buco nero. L'impressione di vivere giorno per giorno, con una tenda che si abbassa su ogni ieri. Nel suo libro ho studiato i meccanismi di difesa interiore. Devo essere rimpinzata, io, di difese. Ma quali? E se mi difendo — e lo so bene che lo faccio — è contro qualcosa. Ma contro che cosa? Mio padre si lamentava sempre degli altri, mi diceva sempre di fare attenzione ai vicini, alla portinaia, a tutto... di essere molto garbata, molto gentile. Moriva di paura, mio padre. Quando muoio, voglio che tutto sia stato messo a punto, che sia tutto chiaro per me. Voglio anche che tutto sia chiaro per quelli che mi seguono. Non voglio andarmene e che gli altri poi si smerdino dietro di me — mi scusi, ma è la parola che mi viene . Non si fa quel che si vuole, lo so bene, ma... Penso a questa analisi che ho iniziato... Possibilità di conoscermi, di riconoscermi, di nascere per la prima volta... È proprio così! Mi sento come una bambina piccola vicino a suo padre. Lei diventa mio padre. Non si secca? Nascere a trent'anni! Ed è così per milioni di persone che ignorano d'essere morte, che sono state condizionate a non essere mai se stesse. Ma io, voglio essere me stessa. Voglio, per il momento, dire... dire merda a tutti e diventare Io. Dopo, so che andrò verso gli altri. Si crede di andarvi, in generale, ma è perchè si crepa di paura...».

Un uomo di quarant'anni, dirigente

Ecco una sofferenza tradizionale di fronte all'incomprensione anch'essa tradizionale.

«Lasciami andare? È duro... non faccio che lottare e innervosirmi... Quanto ho lottato nella mia vita! Soffro di manie ossessive, verifico tutto dieci volte, lottando come un arrabbiato contro me stesso... Ma niente da fare, queste manie sono più forti della mia volontà. E dire che la mia famiglia, quando mi vede verificare (fino ad essere completamente sfinito), le porte e il gas, i conti e il resto, mi dice di fare uno sforzo! E lo dice sorridendo! Li ucciderei. Ma non capiscono niente, dunque? Niente? Sono dieci anni che mi batto, con una volontà che auguro a molti, e mi si viene a sussurrare che devo fare uno sforzo e aver volontà! Ma è... è, come dire? È al di fuori della mia volontà... è un altro campo, profondo, che non posso raggiungere da solo... E mi dicono: "Eppure hai una buona cera, com'è che non riesci a toglier di mezzo queste sciocchezze?"... Se sapesse...».

Eh, sì. Lo psicologo lo sa e lo sente ripetere più spesso — ahimè — di quanto si creda. Ma quello che uno dimentica, vedete, è che *una nevrosi non è una malattia della "mente". È una malattia come un'altra, che segue le stesse leggi di qualunque malattia.* Si dimentica anche che una nevrosi affonda le radici nell'*inconscio*, e che sono visibili solo i *sintomi coscienti.* Allora, come può la ragione cosciente aver presa su delle turbe inconsce, finchè queste non sono "risalite" alla superficie?

Una seconda seduta di un uomo di trent'anni

Già in questa seconda seduta si vedono spuntare i sentimenti di colpa e atteggiamenti di "masochismo" ([1]).

«La più piccola cosa, e sono come un treno che deraglia. La minima cosa: se mi dicono qualcosa di traverso, se mi rivolgono una critica, se... Non sono comunque il centro dell'universo! Guardi, proprio ora ho visto il mio capo

[1] "Masochismo" deve essere inteso qui nel senso di eccessiva sottomissione che permette di sfuggire all'angoscia, poichè dà l'impressione di essere accettato dagli altri.

per un affare. Mi ha fatto delle critiche, normalissime. È là per questo. Ora, io avevo ragione; il mio progetto era di prima qualità. Ebbene, ho lasciato dire. Ho detto sempre "Sì, amen, bene signore, sissignore". Questo lavoro che mi era costato sei mesi, è stato spazzato via senza che abbia detto una parola. È molto se non ho detto grazie. Era pronto a discutere; un progetto, è fatto per questo. Sei mesi di lavoro buttati a mare, così. È come se... ecco... come dire? È come se fossi sconvolto di vederlo interessarsi al mio lavoro! Per una buona parola del mio capo, per una congratulazione o un ringraziamento, camminerei sul cadavere di mio padre e di mia madre... Ora, io me ne infischio del mio capo. Ma non oso mai dir di no, mai controbattere. Allora?».

Una seduta iniziale di un uomo giovane, energico

«Dunque, devo dare il via alle mie idee? Stella, la mia stella è spacciata; un film che ho visto ieri sulla Grecia; cacchio, perché penso alle colonne. Il terrore che ho della morte, così grande che di notte mi devo alzare; vescovo... ma che viene a cacciarsi qui? Religione, Dio, quel fottuto scocciatore là, che non si sa se esiste o non esiste; i miei difetti, il mio entusiasmo per questa analisi... ammesso che essa riesca, che io ne sia capace e che il ricordo di mia madre non venga a buttarmi completamente a terra, perchè, se sapeste come mi ha tagliato ogni possibilità! Tutto sommato, ci ritornerò.

Occorre essere umile e sincero, è difficile; schiaffi, fregarsene degli schiaffi, ho sempre la gola stretta dall'angoscia; la mia fidanzata, l'amo? Anche lei mi fa paura quanto mia madre; veder chiaro, conoscermi... Quando avevo sedici anni, mia madre voleva ancora farmi il bagno, e io non osavo dir di no, come un bamboccio... nascondevo le parti sessuali stringendo le gambe; incesto, attaccamento a mia madre, e ciò mi rende furioso come un pidocchio; mio padre era un debole... tutto questo, sono io che l'ho incassato; un bel complesso di Edipo, probabilmente; che ne dice?».

Si rialza bruscamente e guarda. Silenzio dell'analista. Riprende la sua posizione e continua:

«Avverto il suo silenzio come un rimprovero e tuttavia so che lei mi vuole bene e che farà di tutto perchè ne esca. Del resto, mi sembrano tutti ostili. Io gioco al "ragazzino", perchè gli altri siano benevoli con me... Complessi... Ripenso sempre che ero nudo nel bagno, e che (il suo pugno si serra) per mille fulmini, ero perfettamente capace di lavarmi da solo, perdio! E sempre la stessa cosa. Non potevo far niente senza di lei, senza che lei fosse là! Intanto, sono impotente, ho trent'anni, e la mia fidanzata lo sa; sono certo che è a causa di tutto questo, in fondo... Matrimonio... se mi sposerò!».

Si rialza:

«Dovevo pur trovare un arrangiamento con la vita!».

Silenzio dell'analista.

«Senta... spero di non urtarla e che lei non prenda in senso cattivo quello che le dico. Cosa sono ai suoi occhi? Un povero diavolo? Io sono un povero diavolo. Tutti sono dei poveri diavoli. È una fortuna che la abbia trovata, perché voglio diventare un uomo. Il mio cervello si blocca... penso alla mia fidanzata... cacchio, sarà una bella roba... Ho paura di annoiarla, come se lei stesse per cacciarmi fuori dalla porta... Confessione: quel tanto che ho potuto confessarmi, con quali angosce, giorno e notte! E poi, la voglia di insultare il confessore, e me ne andavo in giro con una sensazione di sacrilegio... Il mio lavoro quotidiano, dirigere cento operai e degli impiegati... sono un buon padrone, probabilmente perchè soffro, è così? Confessione:... mentre mi confessavo, mi attraversavano la mente parole sacrileghe... Bestemmie; più desideravo eliminarle, più esse venivano... A volte anche contro la mia mamma... nonostante tutto è la mia mamma, non le pare? anche se si è aggrappata a me. Mi burlano quando dico "la mia mamma", ma non posso dire "mia madre"... Crisi di scrupoli; ho fatto un sogno, stanotte, ma non me lo ricordo più; penso alla mia infanzia, merda! Penso che lei sia seccato con me, e so che è idiota. Ne deve sentirne di storie, eh?».

Continua:

«Ho capito. All'inizio devo restare solo con me stesso, davanti a lei. D'altronde è bene così. Penso all'acqua: orinare, sgorgare, fecondare, campo, il mio campo è lavorato in modo strano, vorrei realizzare ciò per cui sono fatto e che Dio mi indicasse la strada, ma me l'ha indicata, poichè mi ha condotto da lei, a questa analisi...».

Si alza.

«Non ne posso più... Sono, ad un tempo, angosciato e

sollevato. Non avrei mai creduto di potermi lasciare andare così...».

Una ragazza (terza seduta)

«A volte passo il tempo a comportarmi peggio di una bambina, sia rassegnata o passiva; in altri momenti lo passo a distruggere tutto, me compresa... Distruggere... Come una casa che si demolisce perchè altri l'hanno costruita male... La mia casa interiore, sono i miei genitori che l'hanno fatta; poi mi è stata attribuita... Quando penso ai miei genitori, penso a mia madre. Mio padre è come se non esistesse... Mia madre, io le rassomiglio fisicamente e moralmente e colui che me lo dicesse, credo che lo ucciderei. Adoro e odio mia madre. Ha fatto di tutto per... so cosa vorrei dire, ma non posso... Questo mi angoscia; posso fumare?».

Accende una sigaretta, tira qualche boccata.

«Auf! È meglio. È strano dover parlare così nel vuoto, senza che lei mi dica una sola parola... Sarà sempre così?».

Silenzio.

«Cosa sta pensando di me? È la domanda che mi assilla, e le giuro che non è facile da dire... morire, paura di morire... ma, nello stesso tempo, lo desidero profondamente... Ho sempre paura ad affrontare qualcosa, perchè sono sempre stata adorata da mia madre, come se fossi una dea. Ho venticinque anni e solo ora comincio a rendermi conto che vi sono cose che posso fare personalmente senza l'aiuto di nessuno... Ma, quando le faccio, ho sempre voglia di domandare il permesso a qualcuno... come se fossi in colpa...».

Una seduta di un uomo di venticinque anni

«Avevo letto nei libri cos'era un'analisi. Lei me l'aveva spiegato un po', e sapevo che non poteva dire di più all'inizio. Adesso comincio a rendermi conto. È duro. Occorre essere umili. Non bisogna aver paura di sé, né del proprio inconscio, né dei pensieri nascosti; ne vengono alla mente in una giornata! Mi rendo già conto delle corazze che mi ricoprono, delle parti che recito (senza poter dire quali), delle paure che ho represso (di cui non so dire di più), delle mie fughe... Tutto si ingarbuglia... Sento per la prima volta che odio la mia fidanzata, la mia adolescenza. La odio; dunque ho dovuto essere molto infelice senza saperlo. Molto infelice, o un'altra cosa? Rivedo mio padre... un despota, un Napoleone che non ammetteva niente che non venisse da lui... Mia madre, sempre belante e impaurita... E io, là dentro, detestando la casa, ma ritornandovi al minimo pericolo... È quello che faccio ancora adesso, malgrado le mie arie... Buon Dio, se uno sapesse... E ci dicono liberi...».

Prima seduta di Paola, una brillante ragazza che esercita la professione di chimico

«Mi sento come un frutto guasto. Vengo a domandarle aiuto, perché sento che non è possibile uscirne da sola, né vedere chiaro in me. Quando si cerca si trova sempre un mezzo di filare per la tangente, è vero? Perchè si rifiutano di vedere? Ma io non voglio scappare né fuggire. Voglio essere me stessa; voglio che lei mi costringa a calarmi dentro di me. Voglio diventare ciò che sono. Almeno, voglio essere in pace. È meglio essere un bandito in pace che un santo torturato. Infine... non ne so niente; un uomo in pace non sarebbe mai un bandito; ma io voglio uscirne. Ho venticinque anni e sono dieci anni che lotto. Ne ho abbastanza. Ed è a causa di mia madre. È questo, ne sono sicura. Glielo spiegherò in lungo e in largo, se vuole».

«Certamente».

«Grazie. Lei deve vederne di tutti i colori. Non è disgustato dell'umanità?».

«No...».

«Quando lei va in vacanza, analizza la gente che incontra? Non deve incontrarne mai di bei visi».

«... (sorriso)».

«Io non potrei mai essere analista. Perderei la fede in tutto. Sempre nevrosi, angosce... E cosa non viene scaricato su di lei!».

«Comunque, lei non è analista».

«Oh, è vero. Non lo sono, e ho ugualmente perduto la fede in tutto. Forse è perchè non sono analista, che non ho capito niente?».

«(Sorriso). Forse...».

«Sì, è vero. Chiacchiero a tutto spiano. D'altra parte mia

madre non faceva che ripetermi che ero più stupida di un merlo. So che è falso, ma...».

«Sua madre?».

«Quando penso a lei, vedo una specie di buco nero che mi aspira, mi divora, mi distrugge, che succhia le mie energie, che mi lascia come uno straccio... che (Paola singhiozza bruscamente). Malgrado lei, ho cercato di costruirmi, mattone su mattone, tentando di domare le mie rivolte, di provare a me stessa che valevo qualcosa...».

«Suo padre?».

«Avrebbe voluto un figlio. Per lui ero "un caso disgraziato", niente più. Quanto ho dovuto lottare per sfuggire a tutto questo! Quand'ero a scuola sembravo la "castigamatti". In realtà, dentro di me, crepavo di paura. Ne crepavo, ecco. E mi detestavo. Ma dovevo lo stesso cercare di essere diversa dai giudizi che mi sentivo buttare continuamente sulla faccia a casa mia, no? Tutto ciò che ho fatto era compensazione, tutto! E la solitudine! E Dio, che mi sembra più lontano di tutto... Sono stufa di fare sforzi sovrumani per sfuggire a me stessa, a mia madre, al dubbio verso Dio, verso gli altri... Come vorrei poter andare verso gli altri!».

«Che età ha sua madre?».

«Non ha età per me. È un... un simbolo di distruzione. Il mio problema è quello dell'amore, di Dio, del senso della vita, del senso della mia vita. Ma ora ho una certezza: tutto questo mi ha portato all'analisi, e ho fede che un giorno il mio passato non mi apparirà così perduto come lo credo ora...».

Isabella, una ragazza di ventisette anni

«Ha una bella vista da qui?».

«Sì...».

«Deve essere pieno di sole, al mattino, con molta luce...».

«Sì...».

«Allora, devo dirle tutto?».

«Sarebbe bene...».

«Una confessione senza restrizioni?».

«Sì».

«Perbacco, è difficile!».

«In realtà, lo è abbastanza...».

«E la gente, così, dice ciò che pensa?».

«Non sempre avviene subito».

«Questo mi rassicura. Ecco. Ho bisogno di lei, perché non va assolutamente, sa? non va niente. L'idea di compiere un gesto è gia troppo per me. E mi disprezzo per questo. Lei mi disprezza?».

«Perchè?».

«Ma perchè sono vile! Vile e aggressiva verso tutti. Ogni giorno ho voglia di morire o di ubriacarmi. E dire che avevo tanta energia! Com'è facile accettare un dolore fisico in confronto all'accettazione di ciò che sono e di ciò che provo! Posso lasciarmi andare? E cominciare subito?».

È giovane. Pallida. Pieghe amare alla bocca. Chiude gli occhi.

Silenzio dell'analista.

«Bisogna che me ne liberi... È terribile, una nevrosi... È terribile questa fatica, questa mancanza di volontà, questa indifferenza verso tutto... È talmente inconsistente... talmente inumano... Uno è sommerso... soffoca... ha paura di sé e degli altri... Io sono come un vegetale o un minerale... Si recita una parte, senza saperlo, per salvare la faccia, ed è terribile quando ci se ne rende conto... Si ha paura degli amici come dei nemici... Se devo fare uno sforzo in un senso o nell'altro, è impossibile... Allora, lotto come un naufrago... Ci sono gli altri che ti osservano e ti giudicano... Ho sempre paura... La gente non sa comprendere la nevrosi, mentre tanti di essi ne soffrono!... Vi sono tante contraddizioni in me... C'è chi fugge le proprie contraddizioni lavorando accanitamente... io non posso più; ma l'ho fatto per anni senza saperlo... Lei sta zitto? È ad un tempo meraviglioso e terribile... È come un silenzio pesante e dolce. Lei non dice niente, ma so che ascolta... che non giudica... che... Forse è la prima volta in vita mia che mi lascio andare... Niente maschera, Isabella, vecchia mia, è così che ne uscirai! Se tutti fossero psicanalisti la vita sarebbe bella! Si potrebbe essere ciò che siamo, così, senza giudizi, senza paura, senza angoscia... Sarebbe la comprensione e l'accettazione della vita tale quale essa è... Lei sta zitto, e temo che mi faccia una domanda...».

«...».

«Non ne fa, allora continuo, va bene... Se avessi potuto lasciarmi andare con mia madre, che felicità!... Ma non è mai stato così... Si hanno dei genitori, ma si resta soli... Si dovrebbe essere vicino ai genitori, come a Dio... Ma ne siamo ben lontani... Forse questo avverrà quando non avrò più paura degli altri, quando avrò ritrovato la mia energia, quando mi conoscerò, quando non dovrò più fare giochi di prestigio con un personaggio che non è me? Voglio diventare quella che sono. Ma (Isabella piange) sono così debole! E passo per una donna forte, aggressiva, che sa ciò che vuole! E devo continuare a sostenere questa parte per nascondere la mia situazione, è orribile! Che solitudine!...».

Si alza bruscamente.

«Voglio vivere, lei capisce dottore?».

«Sì».

«Vivere, quale sono, come sono, e nient'altro. Essere interiormente libera, ecco cosa voglio... E da tanto tempo non sono quella che veramente sono... Capisce?».

«Sì».

«Tutto questo deve cambiare. Sarà difficile?».

«Forse...».

«Per me è lo stesso. Se sono interiormente più brutta di quanto credo, non ci posso far niente. Se sono più bella, tanto meglio. No?».

Un uomo di quarant'anni

«Non arriverò mai a lasciarmi andare, ma lei non è un estraneo, è un amico... mai avuti amici... mai uno solo che mi aiuti a vivere... Il suicidio, cos'è? Che cosa è permesso? Perchè non è permesso? Che cosa è vero, falso? Giusto, ingiusto? Perchè vivo? Perchè si muore? A che serve tutto ciò? È la prima volta che sono sincero con me stesso... Non sono niente, non valgo niente... vorrei mettere ordine... Una pattumiera... e dire che dirigo un'impresa... mi temono, urlo tutto il giorno... sono un povero diavolo... un povero diavolo... se gli altri sapessero... Mi tuffo nel lavoro come il diavolo nella pila dell'acqua santa, per sfuggire a me stesso, a mia moglie, ai miei amici... E forse ne ho? E in fondo, sono capace di amare? e si potrebbe amare? Non ho fiducia in me... allora muggisco; mi temono, ma non mi amano. Vorrei che mi si amasse... ho fatto un sogno la notte scorsa, con un castello, e mi scacciavano... Quando vedo una donna aggres-

siva, sprofondo sotto terra... La mia segretaria è u
allora io mi sforzo di detestarla per essere più a
di lei e per farla tacere... È così il mondo... la paura.
urla e tutti chinano la schiena... Questo mi fa schifo.
gente ha bisogno del bastone, sennò vi cammina sul c
Penso a Saint-Exupéry; anche io vorrei essere un giardiniere.
essere in pace... che mi lasciassero in pace... che lasciassero in pace un poveraccio come me... nessuno vede che sono un coglione... neppure io... non l'ho mai detto a nessuno, neanche a me stesso... Ma io voglio uscirne, non essere più disgustato, poter comandare senza aver paura, senza dover gridare per farmi obbedire... Non ci sono anche delle persone alle quali uno obbedisce, perchè le ama, le rispetta, perchè sono interiormente forti? Voglio essere uno di loro. Voglio purgarmi a fondo. Voi mi aiuterete, lo so... bisogna veder chiaro... luce... lampadina tascabile... per un attimo nel buio... scala che scende verso un cupo sotterraneo... i miei genitori... tutto questo deve essere accaduto a mia insaputa durante la mia adolescenza... avevo la tremarella davanti a mio padre... e mia madre, allora, con l'aureola di martire? Chi potrebbe amarmi e comprendere... uno se ne infischierebbe di me... non un uomo, ecco cosa sono; non sono ancora uscito dall'adolescenza e devo comandare trecento tipi che hanno paura come me...».

Vedete dunque che, fin dall'inizio, un'analisi è una scuola di personalità. Inoltre il paziente cerca di "valutare" il *suo* analista. Pone delle domande. Cerca di sapere ciò che egli è, chi è. Ebbene, risponderemo a queste domande.

CHI È L'ANALISTA?

Un analista è, in partenza, un "chirurgo dell'anima". Egli constata ogni giorno i meccanismi profondi che governano l'essere umano... Vive, se così si può dire, in contatto permanente con l'inconscio degli altri... e col suo. Come ho già detto, un'analisi è un lavoro di tenace collaborazione fra analista e analizzato. L'analista quindi, non può *niente* senza il suo paziente, come il paziente non può niente senza l'analista. Un'analisi è un lavoro comune verso la miglior riuscita possibile. È un lavoro "a due" durante il quale due personalità si impegnano a fondo.

...o una "tecnica" uguale, quello che possederà ..., una maggiore capacità di comunicabilità, ... sé, forza interiore, sarà quello che farà un

... bisogna credere che il paziente sia ...de niente e ha perduto ogni intui-...ché, se la sofferenza è insopportabile, ... intuizione (che raramente inganna) ...amato, accettato e non giudicato (a volte, ... gioco una specie di "telepatia" che fa "sentire" acutamente al paziente l'anima profonda dell'analista).

Ed è forse interessante segnalare, a questo punto, ciò che progressivamente rappresenta l'analista per il suo paziente.

Il paziente compie, grosso modo, quattro tappe:

1) l'analista è considerato come un "mago" onnipotente, dio o demonio, capace di tutti i miracoli;

2) l'analista è considerato come uno specialista che "forza" e "obbliga" a lavorare. Il paziente proietta sull'analista Il Padre castratore o benevolo, la Madre amorosa o divorante, colui che giudica, ricompensa, ammira, punisce, ecc. L'analista fa parte del Super-Io del paziente;

3) l'analista diventa l'"Io di soccorso" del paziente, sul quale ci si può appoggiare senza timore. Un motore ausiliario, in qualche modo, che supplisce nel caso di un difetto di funzionamento;

4) l'Io del paziente si separa dall'Io dell'analista, conquista la sua libertà e la sua autonomia.

Con quale diritto?

Una domanda che alcune persone pongono, è questa:

«Ma a che titolo uno psicologo si arroga il diritto di analizzare gli altri? È uno specialista, d'accordo, ma che diritto ha di scavare in fondo alla vostra anima?».

Siccome si sente spesso questa domanda, rispondiamo... perchè essa non ha alcun senso. Questo diritto è dato allo specialista dalla persona che viene a consultarlo e che, quindi, ha fiducia in lui. Del pari, perchè il paziente sa il motivo per cui si fa analizzare (sia egli equilibrato o no) e che una analisi in profondità è una delle cose più importanti che si possono realizzare nella vita.

Ogni analisi sta a cavallo della Scienza e dell'Amore. Inoltre, chi dice "analisi" dice "speranza". È il Capo di Buona Speranza con le sue mareggiate preliminari e la sua calma finale. L'analisi non è un tornare indietro, come dicono alcuni (perchè si risale nel proprio passato per ritrovare certe cause), ma un "riprendere in mano" la personalità, una maturazione. Ed è normale, poichè l'analisi *rimette in questione* i motivi che si attribuiscono alle nostre azioni.

L'analista è "neutro"

Si dice spesso che un profano che assistesse a delle sedute d'analisi se ne fuggirebbe via spaventato di fronte a certe aggressività dei pazienti. In una qualche misura, è vero. Riportatevi al *transfert* (v. cap. 8). In ogni caso l'analista deve poter dominarsi *senza sforzo*. Aiutato dall'esperienza, deve sapere quando può dire una data parola, fare un determinato gesto o un sorriso, ecc. (e senza mai "recitare una parte"). L'analista, dunque, deve mettere tutto in opera per acquistare una specie di "genio umano"... e deve aver lavorato su di sé per lunghi anni.

Ecco quindi una regola: un'analista deve essere "neutro" davanti alle reazioni del paziente, siano queste manifestazioni ostili o troppo affettuose. Ogni analista sa che la *propria persona* non è in causa (almeno nella grande maggioranza dei casi), ma che si tratta di "proiezioni" (v. cap. 7) che si dirigono verso di lui. Per esempio, un paziente dice all'analista: «La odio, vorrei che lei fosse rovinato, disonorato, ecc.». Non è all'analista che si indirizza, ma a *ciò che l'analista rappresenta per lui in quel momento.* Spesso un paziente reagisce seguendo certe sue fissazioni su situazioni passate. *Egli "concentra" sull'analista la massa della sua affettività.* Si comporta con lui come si comporta nella vita di ogni giorno, ma con una forte accentuazione... e con un minore camuffamento.

Un analista che si innervosisse sarebbe pertanto un cattivo analista. È evidente che nessun analista prenderà per "oro colato" la dichiarazione d'amore che gli verrà fatta o la scarica di ostilità che gli sarà diretta. Egli sa che quando il paziente sarà liberato dai suoi complessi, non serberà verso di lui che normali sentimenti di affetto. A meno che non lo dimentichi completamente (come accade il più delle volte). *Del resto è un problema che l'analista deve superare*, dato l'energia, il tempo e l'amore che ha speso per guarire il suo paziente...

Ecco un esempio. Dopo un silenzio assoluto da ambo le parti, il soggetto (intelligente ed abbastanza equilibrato) si mise a piangere e disse:

«Se mi lasciassi andare, mi getterei fra le sue braccia...».

Ancora un silenzio abbastanza lungo, poi:

«Non ho mai avuto un padre, io...».

Di nuovo un silenzio prolungato, poi una fase di aggressività:

«E poi, se ne sta lì senza dir niente e a spiarmi!».

Nuovo silenzio.

«È come sempre. Ho continuamente l'impressione che non mi si prenda sul serio, che non mi si voglia. Esattamente come mio padre...».

Tutto questo avviene comunemente in analisi. È ovvio che il soggetto reagisca *in quel momento di fronte al suo analista*, come reagirebbe davanti a suo padre, e che l'analista rappresenta il padre (idealizzato). Tuttavia, bisogna dire *che reagisce in questo modo in ogni circostanza, con i suoi superiori, suo marito, la portinaia, ecc., ma che "concentra" sull'analista la totalità delle sue reazioni*.

L'obiettività dell'analista

Un analista è, prima di tutto, *obiettivo*. Deve poter sentire, nella frazione di un secondo, qualsiasi reazione da parte sua che non sia obiettiva. La "simpatia" o "l'antipatia" non possono entrare in azione. Significa che è sempre di una neutralità *assoluta?* Sarebbe assurdo... poichè si tratta di un essere umano, con sentimenti, emozioni, ecc.

Occorre però intendersi sul termine "neutralità". Il metodo psicanalitico prescrive al medico una "neutralità benevola". Ma la benevolenza già sopprime la neutralità. Si dice anche che l'analista deve essere uno "schermo bianco" sul quale si proietta il paziente. Ora, è impossibile sopprimere la relazione profondamente emozionale che lega sempre due esseri umani.

Del resto, spingiamo fino all'assurdo la "neutralità" e immaginiamo "lo psicanalizzato dell'anno 3.000" che fa l'analisi davanti a un... microfono, a un magnetofono, e un cervello elettronico perfezionato che darà, al tempo voluto, le interpretazioni...

Devono esserci delle regole tecniche? Alcune. Della rigidezza? Mai. Freud stesso scriveva:

«Credevo che la cosa più importante da dire fosse *ciò che non si deve fare*, per evitare tutto quello che può tener lontano dallo "spirito" dell'analisi. Il risultato è che gli analisti non hanno compreso l'elasticità delle regole che ho stabilite e ne hanno fatto dei tabù».

Se un'analista dovesse essere di una rigidezza tecnica completa, dovrebbe necessariamente eccedere per soffocare la sua umanità in favore di una regola tabù. Perchè lo farebbe? Perchè dubita della propria efficienza terapeutica? Per bisogno di ripararsi dietro il Padre? Per la paura inconscia di una castrazione proveniente dall'ombra del geniale precursore?

Da tutto questo risulta, una volta di più, che oltre alla tecnica l'analista deve possedere una adattabilità e una disponibilità totali verso ogni paziente.

Torniamo però alla sua neutralità e immaginiamo che un analista non abbia "liquidato" la sua aggressività e la "proietti" sul suo paziente, discutendo, contrattaccando, e così via. Sarebbe un pasticcio.

Un analista deve quindi cercare, ogni giorno, di raggiungere un ideale quasi sovrumano. Deve sapersi dominare in modo perfetto, qualunque cosa gli si dica. Deve essere disponibile. Deve essere capace di non giudicare mai, qualunque sia il pensiero o l'azione descritti dal suo paziente.

Una domanda che ci si pone spesso: un analista si impone di non giudicare? Per lui è una regola?

La risposta è: no. Non è un dovere che si impone; *ciò deve essere spontaneo*. Sa che la salute e la malattia sono dovute alle circostanze, e che ogni persona "capta" le circostanze (buone o cattive che siano) da quel soggetto che è. Una nevrosi è una malattia come un'altra; se nessuno è "responsabile" di una tubercolosi, perchè dovrebbe esserlo di una nevrosi? Ciò significherebbe che ognuno "fabbrica" il suo cervello, il suo sistema nervoso, i suoi genitori, la sua infanzia, la sua educazione, la sua adolescenza, la sua salute, la sua malattia.

Il coraggio dell'analizzato

Se non occorre coraggio per cominciare un'analisi, ce ne vuole per continuarla! Generalmente si termina un'analisi ritrovandosi del tutto diversi da quel che si era. Perchè? Perchè prima di tutto la nevrosi è stata eliminata; poi, perchè è emersa la personalità profonda, mentre era rimasta nascosta per un notevole numero di anni.

In analisi, delle motivazioni che sembrano solidissime crollano. Tutto appare più "bello" o più "brutto" di quel che si credeva. Ci si mette a nudo. Le rimozioni e i complessi, che si erano aggirati a lungo nell'inconscio, salgono alla superficie. Appaiono dei "mostri" inconsci. Si capisce quindi come non sia piacevole rivivere delle penose emozioni che erano state accuratamente sepolte nel corso degli anni. (v. cap. 13). Ed è a questo punto che alcune persone abbandonano l'analisi (è raro).

Ecco, per esempio, *un sogno classico* fatto da un uomo all'inizio dell'analisi:

«Ho sognato che un ladro pericoloso si introduceva in casa mia. Voleva rubarmi tutti i gioielli che erano racchiusi in un armadio».

Si capisce immediatamente che il "ladro" è l'analista, che vuol "rubare i gioielli racchiusi", cioè che vuole eliminare la "facciata" del suo paziente per aiutarlo a tornare ad essere se stesso. (Questo sogno può avere ugualmente un significato sessuale o aggressivo, di cui non parleremo qui).

Bisogna capire bene questo: sottoponendosi a un'analisi il soggetto vuole (*consciamente*) eliminare i sintomi che lo fanno soffrire. La volontà e la speranza sono tese verso questo fine: guarire. Eppure accade spesso che se consciamente dice "sì", dice "no" inconsciamente. Perchè? Perchè rifiuta di vedersi come veramente è? Può darsi, ma anche perchè la nevrosi è una protezione, una stampella alla quale si tiene. Lo sappiamo già: per anni una persona ha vissuto su *difese* e *false sicurezze inconsce*. Si aggrappa a un chiodo piantato nel muro, con l'impressione che quel chiodo sia l'unica salvezza...

Evidentemente, non è piacevole vedere crollare l'universo di illusioni che aveva su se stessa e sulla vita, né vedere le sue chimere dileguarsi. Ma non si sa ancora, a quel punto, che l'"uomo nuovo" nasce dalle ceneri... Ma non è un lavoro ammirevole, questo duro compito del paziente connesso alla grave responsabilità dell'analista?

4. - VERSO LA SORGENTE DEL FIUME

«Oh! dit l'homme, il ne faut pas t'étonner; les racines, c'est éternel».
(Jean Giono)

Eccoci arrivati al vero punto di partenza del lavoro in profondità. Il primo contatto ha già avuto luogo (v. cap. 2); è stata fatta una messa a punto. L'analista e il suo paziente hanno considerato sotto ogni aspetto i sintomi e le sofferenze (coscienti). Lo specialista può già giudicare la possibile collaborazione del paziente.

A questo punto l'analista deve decidere il metodo da adottare. Dunque: chi è questa persona? Cosa vuole? Qual'è la sua intelligenza *interiore*? Quale il suo livello mentale? Quali sono le "maschere" visibili a occhio nudo? Qual è la sua *reale* forza di carattere, quali sono i sintomi? Come reagirà il paziente quando si accorgerà che tutto un modo di vita deve essere rimesso in discussione e che forse dovrà fare "tabula rasa" di tutto ciò che ha concepito? Come reagirà, per esempio, un artista nevrotico quando saprà che la sua arte è una fuga e rappresenta una compensazione? O quel dirigente agitato quando si renderà conto che le sue funzioni costituiscono e mantengono la sua nevrosi, che d'altra parte lo fa molto soffrire? Come reagiranno questi individui? Che sarà del loro attuale modo di vivere? In che modo ricostruiranno la loro nuova esistenza?

Si affacciano anche altre considerazioni. Cosa vuole questa persona? Desidera solo la sparizione dei sintomi, o vuole arrivare nell'intimo della sua personalità impiegandovi il tempo necessario?

Come abbiamo già detto, generalmente si consulta uno psicologo per eliminare un sintomo. Talvolta si crede che basterà un colpo di bacchetta magica. Questo evidentemente, è falso.

Un sintomo fa parte di una catena, spesso molto lunga, ma di cui certi anelli sono più evidenti di altri. Perché ciò sia più chiaro citeremo un caso.

Il caso del sig. P.

Il signor P. è dirigente d'azienda. Durante la prima seduta, dice:

«È ridicolo! Avevo un'amica; ero di una sessualità normale ed ecco che, dall'oggi al domani, tutto è finito. Sono diventato impotente. Potrà "sistemare" rapidamente questa faccenda, spero?».

Già qui noi vediamo il caso-tipo: P. si preoccupa fortemente di un sintomo evidente (l'impotenza sessuale), ma non si domanda affatto se questo sintomo non provenga da profondi disturbi della personalità.

Sarà utile schematizzare questo caso.

Il padre e la madre di P. erano tirannici, dominatori, castratori ([1]). P. è arrivato alla vita adulta pieno di un senso di inferiorità, dubitando di sé, traboccante di sentimenti di colpa, ecc. E, evidentemente, pieno d'angoscia. *Ma tutto questo era a livello dell'inconscio.*

E P. continua:

«Dopo tutto dirigo un'azienda, sono intelligente, ho una cultura abbastanza estesa. Non sono scontento di me. Tutto ciò che posso dire è che ho un po' di paura con le donne, soprattutto con le donne intelligenti e *chic*».

«Non ha mai avuto relazioni sessuali fino all'età di 29 anni?».

«No, certamente no. Avevo troppo rispetto verso le donne per bene, per avere la minima relazione sessuale con esse».

In realtà, P. ha una paura angosciosa del matrimonio che lo metterebbe a confronto con la sessualità. Vediamo in che modo.

Un giorno incontra una donna:

«È bella, molto graziosa, ma non intelligente *e* un po' volgare. Non credo di amarla profondamente; tuttavia mi sento stranamente bene con lei...».

---

[1] Si veda "Il complesso di castrazione", in *Che cos'è la psicologia*, p. 185.

«La donna sa cosa fa lei nella vita? È a conoscenza della sua cultura?».

«No, non le ho detto niente di tutto questo».

«Perchè?».

«Non lo so... Le ho detto che ero un giornalista, o qualcosa del genere...».

Dunque P. ha mentito alla sua amante, e per delle ragioni ben precise (ma soprattutto inconsce) come vedremo.

Riassumiamo il caso:

Nella vita, P. non si sente a posto se non è ammirato. Perchè è vanitoso? Niente affatto. Ma, sentendosi ammirato, sfugge ai suoi sentimenti di inferiorità e di colpa. Nel suo inconscio avviene questo ragionamento: «Se mi ammirano, non mi disprezzano. Quindi non mi respingono. E quindi mi amano...».

Perciò P. ha bisogno di essere ammirato, perchè l'ammirazione gli permette di sfuggire all'angoscia. *Poiché ha bisogno di essere ammirato, è evidente che farà di tutto per esserlo!*

Essere ammirato, significa dunque per P. una *sicurezza*. Egli deve perciò continuare ad ogni costo ad essere ammirato. Dunque non può mai "lasciarsi andare", soprattutto ai suoi istinti sessuali che, inconsciamente per lui, rappresentano una cosa meschina e spregevole.

Sempre inconsciamente, egli si dice;

«Se mi lascio andare, commetto un errore; perdo la mia padronanza. Se non sono più padrone di me, cesso di essere ammirato; quindi, cado nell'angoscia».

Perchè ha mentito (a proposito della professione) all'amante?

Perchè la professione di "giornalista" gli permetteva di "fare lo scapigliato"... quindi di lasciarsi andare... e quindi di non dover più recitare una parte.

Sessualmente, va tutto bene, sotto questo aspetto.

Ma un giorno... ecco che *l'amante si mette ad ammirarlo perdutamente*; questo, in seguito ad una conversazione assai prolungata che aveva avuto con lei, conversazione nel corso della quale aveva manifestato la sua cultura e la sua grande intelligenza. *Dall'oggi al domani*, l'impotenza sessuale completa.

Perchè? Tale impotenza non è che un sintomo, evidentemente. Ma perchè questa impotenza fa la sua apparizione *nel momento in cui la donna si mette ad ammirare l'amante?*

Sempre inconsciamente, P. si dice allora:

«Mi ammira. Se io ora mi lascio andare, cesserà di ammirarmi. Quindi mi respingerà; perciò devo riprendere la mia parte. Devo ridiventare il personaggio padrone di sé, senza passione, che non cede ai suoi istinti, il personaggio perfetto».

È quindi logico che, a quel punto, faccia la sua apparizione l'impotenza sessuale, poiché P. rimuove i suoi istinti.

Ricordiamoci che all'inizio, P. aveva domandato all'analista se si poteva "sistemare rapidamente la faccenda". Ora, ripetiamo: questa impotenza sessuale non è che un piccolo sintomo in mezzo ad altri. Ma questo sintomo è cosciente, mentre centinaia d'altri sintomi sono inconsci. Allora, *quando* se ne andrà questa impotenza? Quando P. non avrà più bisogno di recitare una parte! Quando non avrà più bisogno di mostrarsi perfetto in ogni campo: perfettamente colto, perfettamente educato, perfettamente padrone di sé, perfettamente degno, ecc. Questa impotenza sessuale se ne andrà quando P. accetterà di essere imperfetto. Quindi, l'impotenza scomparirà, quando P. ridiventerà capace di abbandonarsi a se stesso.

Come si vede, è *tutta la personalità inconscia* di P. che deve risalire alla superficie.

Dopo l'analisi, P. ha conservato le sue qualità? Certamente! Con la differenza che queste qualità ritornarono autentiche; non gli servirono più da difesa. Potè quindi abbandonarsi a se stesso e ricomparve una sessualità normale.

Si vede anche che P. *aveva bisogno della sua impotenza sessuale, perchè questa lo proteggeva contro l'angoscia.* Ma questa è un'altra storia di cui parleremo più avanti.

Fallimento o successo?

A questo stadio si è sulla linea di partenza. Una volontà di collaborazione si è stabilita fra due esseri umani: l'analista e il suo paziente.

Tuttavia, è impossibile per lo specialista abbracciare con un solo colpo d'occhio, tutta la personalità del paziente, in tutto il suo complesso e la sua profondità. Prendiamo un esempio fra i tanti: *supponiamo che il paziente sia un "masochista".* Si presenta quindi come un uomo schiacciato, che inconsciamente ricerca il fallimento, il piacere attraverso la sofferenza, la punizione, ecc. Si potrebbe anche credere che la sua "forza di carattere" non esista affatto. Sorge allora la domanda: questo bisogno di fallimento e di sofferenza non permane durante tutto il lavoro psicologico? E di conseguenza, l'analisi non è votata all'insuccesso? Inoltre, il masochista è spesso un essere capace, in fondo a se stesso, di una "fredda determinazione" (v. cap. 14). Spesso si direbbe che "attende la sua ora". Perciò un masochista presenta una buona dose di "sadismo". Ma questo sadismo non verrà diretto contro l'analista, nel senso: «Tu, puoi sempre cercare di farmi uscire da questo: io, non lo voglio, mi farà piacere di vederti incagliato; mi farà piacere fallire in pieno e trascinarti con me nella caduta...?».

Quindi non è facile individuare dall'inizio la piega che prenderà l'analisi.

Si tende a credere che una persona nevrotica possieda un'insufficiente forza di carattere. È vero solo apparentemente. Senza dubbio, essa dispensa una considerevole *energia* per *mantenere* la sua nevrosi. Ma non dimentichiamo — e lo vedremo — che una nevrosi è, prima di tutto, un *mezzo di protezione* (come il pus è una protezione accordata dall'organismo per eliminare l'infezione).

Il gioco vale la candela?

Ecco cosa diceva una persona dopo tre mesi di analisi: «Ora che comincio a veder chiaro, mi domando come ho potuto vivere tanti anni ignorando tutto di me... avendo paura, senza saperlo... come ho potuto essere così incapace di amare, di dare, di ricevere... Come ho potuto credere vero il mio comportamento? Esso era soltanto un comportamento nevrotico e la mia reale personalità era da un'altra parte... Avevo costruito un grattacielo sulle sabbie mobili. Ero angosciato, mi imbattevo continuamente nella mia nevrosi e le mie inibizioni. Ero impegnato senza tregua a difendermi, contro tutto e niente. Tutte le persone erano dei nemici per me ma non me ne rendevo conto... Tuttavia ciò non impediva che agissi di conseguenza e che rendessi infelici tutti quelli che mi stavano vicino. So che restano ancora molte cose da spazzar via, ma spero che dopo tutto questo lavoro si avrà un'ottima zuppa!».

Questa persona ha avuto, in realtà, un'ottima zuppa...
E un altro paziente:

«Dire che si fanno tante storie per un'influenza che ti costringe a letto per una settimana! Mentre poi c'è una massa di gente che ha tutta la propria personalità influenzata senza saperlo, e io c'ero dentro senza accorgermene, tutto ripiegato su di me, e sempre con la paura addosso... È incredibile, sentire la paura che se ne va...».

La difficoltà è evidente. A poco a poco, il soggetto sta "lasciando la presa"; dovrà abbandonare i suoi nevrotici "mezzi di difesa". Quindi, è necessario a questo punto che il suo Io sia tornato sufficientemente forte per affrontare ciò che nel passato, gli faceva paura. Un'analisi è dunque un cammino molto bello, ma un cammino difficile, di cui noi esamineremo la tappa successiva.

L'ANAMNESI

L'anamnesi è l'inizio di un lavoro psicologico. Sono i primi gradini verso le profondità dell'inconscio. Come abbiamo già detto una personalità umana è di una complessità enorme. È quindi evidente che non si prende il via tanto facilmente! Prima di tutto si tratta di ricostruire "la storia" del paziente. E questa storia è lui che la racconta all'analista. Secondo il metodo impiegato, lo specialista porrà numerose domande... o tacerà, lasciando il paziente a quatt'occhi con se stesso. L'anamnesi è dunque l'esame dei contenuti *coscienti*. È l'inizio del grande viaggio.

Accade di frequente che i sintomi se ne vadano velocemente... per far posto ad altri problemi. Per esempio, un paziente può dire: «*Sono terribilmente timido*» (questo non è che un sintomo) e trovarsi a tu per tu (molto presto) con problemi ai quali non aveva mai pensato. Ecco un esempio. Esso evidentemente non riporta che una piccolissima parte del dialogo, del resto non in profondità.

Il caso di una ragazza di venticinque anni

«Io sono molto timida. Ora, la mia professione esige sicurezza, poichè mi occupo di relazioni pubbliche. Ogni volta che devo prendere la parola, è una vera paralisi. Ci penso delle settimane prima, con un'angoscia di cui solo i timidi possono farsi un'idea... Mi trovo sprofondata in un perpetuo panico, a tal punto che mi domando se potrò continuare la mia professione. Ne sono sgomenta. Ho lavorato come una bestia per arrivare alla mia posizione attuale; e ora che ci sono...».

«Lei parlava di panico? E che cosa ancora?».

«Bene... Un blocco. Ah! se gli altri non mi osservassero. Se non mi giudicassero! Ho continuamente l'impressione di essere giudicata. Temo il minimo passo falso».

«E perchè?».

«Ma non lo so!».

«Com'erano i suoi genitori?».

«Ero la maggiore. Giovanissima, mio padre mi ha posto su un piedistallo».

«E ha continuato a farlo?».

«Questo sì. Se lei sapesse come mi ha stomacato vedere tutta la famiglia incensarmi!».

«Ma in principio vi faceva piacere?».

«(Ride). Sì, Pensi! Ma presto ne ho avuto abbastanza di dover essere sempre come un animale raro! Durante l'adolescenza, se non ero la prima mi sentivo... come dire...».

«Colpevole?».

«Sì, Proprio così! Colpevole! Anche oggi, agisco sempre come se fossi colpevole. Ma colpevole di che?».

«...»

«C'era qualcosa che mi vietava di scadere agli occhi di mio padre. Essere la seconda della classe? Nemmeno da parlarne! Era una catastrofe. Mi teneva il muso per un mese perche ero battuta da qualcun altro!».

Il dialogo continua. Comunque eccoci già lontano dalla "timidezza". Questa ragazza, infatti, non era timida più dell'Arco di Trionfo (questo si verifica spesso, perchè la timidezza non è che un sintomo). Infatti si trattava di "perfezionismo" ([1]) che le era stato imposto, che poi aveva imposto a se stessa. Doveva conservare ogni giorno, ad ogni secondo, *un'apparenza esteriore* di perfezione. Altrimenti, era l'errore, l'angoscia, la colpa...

---

[1] Si veda più oltre e anche: *che cos'è la psicologia* a p. 80.

Che cosa era cosciente in partenza? Niente, se non la timidezza, la paura, il panico, la paralisi delle proprie possibilità. Ma questa ragazza era lontano dall'immaginare che alla base si trovassero potenti angosce; e che, contro queste angosce essa aveva fatto scattare dei mezzi di protezione.

Abbiamo dunque:

Mostrarsi impeccabile in tutti i campi, non commettere mai errori, non essere mai battuta, mostrarsi padrona di sè.	Non angoscia
Mostrarsi imperfetta, incompetente, esitante, essere criticata o battuta.	Angoscia, senso di colpa, panico, ecc.

Un altro caso

Ecco ancora un esempio in cui il sintomo è lontano dalla realtà. Si tratta di una donna giovane, molto bella, sposata. Desidera un "semplice consiglio". Vediamo cosa avviene.

«Ho molte difficoltà con mio marito: lui vuole dei figli. Abbiamo numerose discussioni e ho paura che il mio matrimonio si avvii verso il fallimento».

«Lei non vuole figli?».

«No. Non amo i bambini. Faccio tutti gli sforzi, ma è più forte di me».

«Che cosa rimprovera loro?».

«Io? Oh niente. È quasi istintivo. disturbano... (un lungo silenzio). Eppoi, vede... detesterei essere incinta».

«Perchè?».

«Veramente, non lo so...».

Ecco dunque le "ragioni" in partenza. Il sintomo? Delle semplici difficoltà con il marito. Sembra banale. Ma a guardar meglio?

«Veramente ho riflettuto. Ne ho parlato a mio marito... Penso che vi sia qualche altra cosa oltre ciò che ho detto... Lei vuole aiutarmi, vero?».

«Certamente. Come va il vostro matrimonio?».

«Ebbene, non so dove ero rimasta... Mio marito trova che i miei motivi non hanno alcun valore e... e io sono d'accordo con lui. Allora?».

«Si sente a posto nella vita, voglio dire: moralmente?».

«Ho un buon aspetto non le pare? Distinta? Dimostro trent'anni?».

«(Sorriso)...».

«Ebbene sono ancora una ragazzina che ha paura».

«E di fronte ai bambini più grandi, lei come reagisce?».

«Reagisco meglio; accetterei d'aver un bambino... "già fatto", di sei o sette anni...».

«Per non dover passare attraverso la gravidanza?».

«Sì. Quando vedo una donna incinta per la strada passo dalla parte opposta. È più forte di me. Una specie di disgusto... E la parola... "gravidanza" mi dà nausea».

Ormai tutto si biforca. Questa persona sentendosi tormentata da un conflitto profondo, decide d'intraprendere un'analisi. Tracciamo qui uno schema e ritorniamo nel passato della paziente. Noi vediamo intervenire la madre di questa giovane donna. E avvertiamo ugualmente un clima che *diventa simbolico* e che porta alla situazione attuale.

Dunque, è cominciata un'analisi. All'inizio tutto si svolge normalmente (si trattava di un trattamento a base analitica; v. cap. 1). Ricordi in massa... senonché la signora Z. non parla quasi mai di sua madre, tranne che per dire: «Mia madre? Una donna autoritaria!». Poi, con rabbia e singhiozzi, dopo certe "stimolazioni" da parte dell'analista, ciò che si ha sepolto nell'inconscio si libera:

«Mia madre era tirannica fino alla punta delle unghie, non lasciandomi mai compiere un'azione personale, sorvegliandomi nei minimi fatti e gesti, come se fossi un'incapace o un'imbecille; mi teneva il muso per quindici giorni se osavo andare al cinema senza di lei (e avevo vent'anni!), rinfacciandomi tutto ciò che aveva fatto per me, per la sua vita sacrificata per me, obbligandomi (sempre sotto pena di musonerie) a giocare alla "ingenua" molto saggia, facendo di tutto perchè io restassi attaccata come un cardo alle sue sottane...».

«E questo ogni giorno?».

«Oh, sì! La notte rimuginavo ciò che le avrei detto con furore, perchè non si rendeva conto di niente... E poi, tacevo... Quanti rimproveri le ho fatto davanti allo specchio... Se sapesse!».

E il lavoro prosegue. Si vede delinearsi, chiaramente, l'*odio rimosso* di questa donna verso sua madre. Un giorno, la signora Z. arriva dall'analista, pallida, angosciata.

«Sa, dottore? Da due giorni mi sto osservando. I miei gesti. Il mio modo di camminare, di discutere, di lamentarmi. Come mia madre! Io... io somiglio a mia madre. Sono come lei (singhiozza), e per questo mi odio!».

Poi esplode:

«Ma io mi rifiuto di somigliare a mia madre! Io odio mia madre che mi ha sempre schiacciata e impedito di essere me stessa! Ella ha sempre riversato la sua angoscia su di me; è lei che avrebbe dovuto essere curata! Quando...».

Un prolungato silenzio. La donna piange. Esita a lungo, poi:

«Quando... quando guardavo il petto di mia madre... provavo una specie di orrore dicendomi che... che quel petto mi aveva...».

Silenzio. La parola "allattato" non passa.

Fermiamoci qui. Ciò porterebbe troppo lontano (v. l'archetipo della madre, cap. 13).

Un altro giorno, la signora Z. mostra un disegno fatto a diciotto anni. Eccolo:

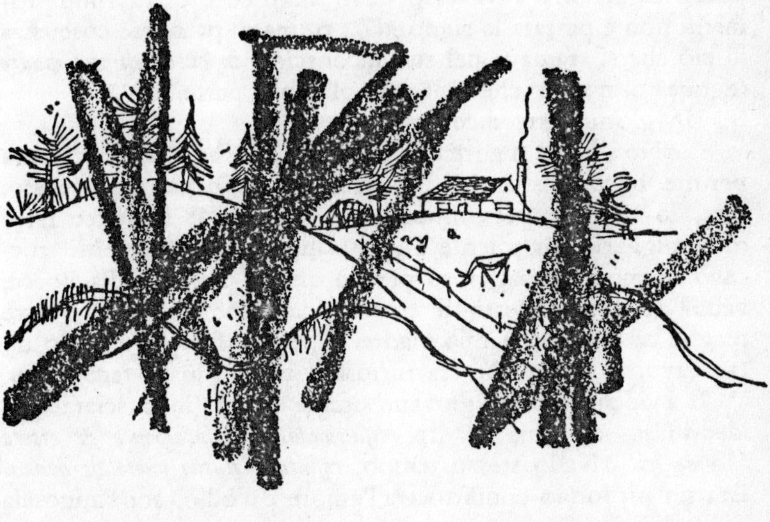

Una catena di piccole valli tondeggianti, cancellate con rabbia.

Essa spiega:

«Queste montagne, erano dei capezzoli. La parola mi disgustava. Avevo disegnato, poi cancellato con collera. Non volevo dei capezzoli... Ora capisco che è una forma rotonda chè ho cancellato, rotonda come il ventre di mia madre. Mi rifiutavo di essere uscita da mia madre... del resto quando mi si avvicinava, avevo un brivido di ripugnanza...».

È da notare come la ragazza, a diciotto anni, odiasse tutto ciò che le ricordava (d'altronde del tutto incosciamente) la *dolcezza* e la *rotondità* materna. Per esempio; amava i picchi montani (simboli del fallo "eretto"), ma detestava i laghi e l'acqua in generale (simboli della madre e della Donna). Non avrebbe mangiato per niente al mondo, né un uovo, né un pesce contenente delle uova. Respingeva lo zucchero (dolcezza che simboleggia il ritorno alla madre), ma "andava matta" per i biscotti salati, ecc. Ugualmente, si rifiutava di uscire nella nebbia o nell'acqua (simboli del ventre materno nel quale ci si nasconde, e simbolo femminile), ecc.

Vediamo dunque a qual punto il "sintomo" di partenza ha fatto posto a una situazione totalmente diversa. Senza dubbio, tutto questo sembra assai semplice leggendo queste poche righe. Ma attraverso quali angosce e quali rimuginamenti non è passata la signora Z., prima di prendere coscienza di ciò che si tramava nel suo inconscio *e in quello di sua madre* (e questo non è che una piccolissima parte...).

Un giorno essa dice:

«Non è mia madre che odio... è ciò che ella rappresenta per me. Io sono come lei. Per cambiare, devo accettare questo. Ora, io l'ho sempre rifiutato con collera. Il semplice fatto di somigliarle fisicamente mi dava una rabbia folle. Mi truccavo in modo oltraggioso perchè queste pieghe della bocca, vede? sparissero sotto il trucco; dal momento che queste pieghe ce l'ha anche mia madre. E lei era furiosa quando mi truccavo. E tanto più era furiosa e tanto più lo facevo...».

È evidente che la giovane donna si era (inconsciamente) identificata con sua madre, *rifiutandosi assolutamente di essere "come lei"*. Nello stesso tempo, *rifiutava il suo ruolo di donna.* Era un profondo conflitto tra l'amore e l'odio, con l'angoscia che ne derivava...

Dunque la signora Z. rifiutava la gravidanza. *Era arrivata a odiare la "Madre"* (in generale) e a non sopportare più *il principio della madre* (andava dall'altra parte della strada quando incontrava una donna incinta). “*Essere madre*” *era diventato per lei un simbolo che le era odioso* (*come sua madre*).

E in seguito? A mano a mano che si operarono delle “consapevolezze” (v. cap. 9), la signora Z. si liberò delle sue complicazioni interiori. Adesso? Ha due bambini ed è madre ammirevole.

Per tutti la stessa anamnesi?

No, evidentemente. Ciò significherebbe che mille persone diverse comincerebbero un'analisi del profondo nello stesso modo. Mille persone: mille vite differenti, duemila genitori differenti... quando non navighino nell'infanzia del paziente fratelli e sorelle! Ogni persona rappresenta per lo psicologo un problema che non ha *mai visto*. Le circostanze di questa persona non le ha *mai udite*. Ciò permette all'analista di essere ogni giorno un po' più umile e prudente davanti ai casi che gli presentano. È quindi evidente — ripetiamo — che l'analista deve possedere una disponibilità a tutta prova, e ogni essere umano è il risultato di circostanze personali, ereditarie, educative, sociali, culturali; possiede una storia che non è simile a nessun'altra, anche se le profondità umane sono quasi identiche per tutti. Ne parleremo più avanti. Intanto, c'è l'Io di ciascuno, i genitori di ciascuno, l'inconscio di ciascuno, la nevrosi di ciascuno, il modo in cui ciascuno reagisce alle circostanze, ecc. Tutto questo si presenta, all'inizio, come un grande punto interrogativo.

Uno psicologo che fosse irrigidito su *un* metodo si chiuderebbe in trappola. La sua immutabile ortodossia sarebbe una botola che si richiude sul suo lavoro. Questo equivarrebbe a bloccare il suo paziente in un quadro di idee preconcette. La nevrosi dell'uno non è la nevrosi dell'altro. Tuttavia, ognuna di queste nevrosi è destinata a proteggere il signor X o la signora Y contro qualche cosa. Ma contro che cosa? E com'è questa nevrosi? Corrisponde ai sintomi descritti dal soggetto che si fa analizzare? A che serve questa nevrosi? A che cosa è servita nel passato? Perchè si è scatenata? Perchè è continuata? Perchè esiste ancora attualmente mentre le circostanze che l'hanno provocata sono probabilmente scomparse? Ogni persona è, nel profondo, una foresta di punti interrogativi, sia questa persona nevrotica o no. Ognuno presenta un fondo psichico incommensurabile. Al contrario, certe persone presentano in superficie dei sintomi che sembrano molteplici, mentre la radice della nevrosi è semplicissima...

All'inizio di un lavoro psicologico profondo, analista e analizzato sono perciò come dei tenaci minatori. Il pozzo di discesa è stretto e buio. Ciò non toglie che ci si incammini, e al più presto possibile. È in un dedalo, che a prima vista sembra spaventosamente complicato, in cui bisogna scendere, un passo dietro l'altro, alla ricerca dei grandi temi di una vita.

Le "reazioni" dell'analista

Esteriormente l'analista sembra *passivo*. Non parla o lo fa molto poco. Pone opportunamente alcune domande per "colmare" eventuali "lacune" che si trovano in ciò che dice l'analizzato, fa qualche sondaggio e cerca di realizzare una continuità nel discorso del suo paziente. In ogni caso, l'analista resta *neutro*; ma non indifferente. Interiormente l'analista è sempre *intensamente attivo*. Niente può sfuggirgli: nè un tono di voce, nè un silenzio, nè un lapsus, nè un'esitazione, nè un'angoscia. Ma se da un lato deve essere attento, dall'altro la sua personalità e le sue opinioni non possono intervenire in alcun modo. In nessun caso, qualunque siano le circostanze, può sentirsi "toccato" da un'opinione che sia data dal suo paziente. È evidente che se un paziente cattolico lavora con un analista cattolico, quest'ultimo non può, *sia pure inconsciamente*, reagire con scetticismo o ironia di fronte a quello che dice il paziente. Ciò è ovvio: ma è anche una condizione fondamentale. Non può reagire secondo le sue opinioni; non può mettere sulla bilancia la propria personalità.

Le reazioni dell'analista variano secondo il metodo scelto. Risponderà a certe domande, ma manterrà il silenzio di fronte a certe altre, sorriderà o no, farà o non farà un gesto. Tutto questo, dipenderà dall'analista, dal metodo scelto e dalla circostanza del momento. In ogni caso (come vedremo più avanti) non ci saranno mai, all'inizio, spiegazioni sui meccanismi profondi per la semplice ragione che il soggetto non è affatto preparato a comprenderle, nè ad accettarle, nè a digerirle, poichè la sua situazione psichica, nella maggior parte, è ancora inconscia.

L'EUFORIA DELL'INIZIO

Spesso l'inizio di un lavoro psicologico in profondità produce una euforia di un tipo tutto speciale. Ciò è normalissimo, come vedremo. Accade del resto, che in casi di nevrosi recenti, è sufficiente qualche seduta a eliminare i disturbi. Ed è comprensibile: la nevrosi non ha avuto il tempo di svilupparsi, nè le compressioni di rafforzarsi. Perciò tutto dipende dalle corazze successive di cui la persona si è rivestita, e *che le fanno apparire reale il suo carattere apparente*.

In ogni caso, all'inizio, compaiono i tre elementi che si ritrovano in tutte le nevrosi, qualunque siano: *il senso di colpa*, *l'angoscia*, *l'aggressività* (vedremo numerosi casi).

Certamente, le "consapevolezze" (v. cap. 9) sono ancora lontane, quelle che alla fine permettono di liberare il carattere vero, autentico, nascosto in profondità. Attualmente, il soggetto vive secondo un carattere che non è affatto il suo. Questo carattere è stato formato da una serie di difese e di maschere che l'hanno protetto contro la paura, contro l'angoscia, contro i sentimenti di inferiorità, ecc. *Il soggetto incomincia dunque l'analisi con le sue corazze e le sue difese.* Qual è la prima porta che si aprirà? Semplicemente quella di *certi segreti coscienti*, ma che soffocano letteralmente il paziente: segreti che si è tenuto per sé, che non ha mai osato dire a nessuno, neanche ai più intimi. Ed ecco che ora osa riconoscere davanti ad altri (cioè all'analista) e davanti a se stesso, come egli si vede. Forse per la prima volta nella sua vita *non deve recitare una parte...*

Torniamo ai caratteri "falsi". Sono caratteri "apparenti" che proteggono contro la paura. Se una persona si protegge è perché si sente minacciata. Ora, non c'è alcun motivo che la minaccia cessi... poichè questa persona vive ogni giorno fra gli altri. Ogni giorno dunque i meccanismi di difesa devono rinforzarsi, mantenersi, ricrearsi; ogni giorno una lamina si aggiunge alla corazza, una pietra alla fortezza (v. lo schema a p. 119). In tal modo, queste persone hanno tentato di eliminare il pus (psichico)... senza sapere che una potente spina restava piantata in fondo al loro inconscio...

Per la prima volta...

Eravamo dunque rimasti all'euforia che si riscontrava all'inizio di un'analisi. Ecco, per esempio, ciò che dice il paziente:

«È la prima volta che oso confidare a qualcuno i miei turbamenti, perché so che in psicologia si comprende tutto e non si giudica niente. Il suo studio mi dà l'impressione di un'isola in cui niente può colpirmi...».

Si direbbe un bambino che cerchi la pace e la sicurezza. In realtà, si tratta di un uomo che possiede una considerevole energia, un'intelligenza eccezionale, e che è venuto dall'analista per deviazioni sessuali. Ma, dal momento che questo uomo è affetto da nevrosi, vi è in lui una parte di personalità rimasta infantile, quindi bloccata; questa parte infantile si aggrappa all'analista, che diventa il suo "padre" analitico (con tutto il profondo simbolo che vi è legato) (v. cap. 8). "*Il suo studio è un'isola dove sto bene e dove niente può colpirmi...*" ricorda il calore del ventre materno. Ma questo è un altro argomento di cui parleremo più avanti.

Dunque, quest'uomo che per anni ha vissuto rattrappito comincia a immergersi nell'euforia. Perché? Prima di tutto perché *sa e sente* che l'analista l'accetta e l'ama *così com'è, senz'ombra di giudizio morale.*

Quest'uomo dice ancora:

«Per la prima volta sento che non sono un mostro di perversione, ma che sono stato deviato dalla mia strada in seguito a circostanze che non ho visto. Potrò quindi dirle senza vergogna tutto ciò che provo. È straordinario!».

Allora, un ragionamento si fa posto piano piano in quest'uomo: «L'analista m'accetta e mi ama. Quindi, in fondo, potrei forse anche io accettarmi e amarmi così come sono attualmente, in attesa di diventare me stesso? Se l'analista mi accetta e mi rispetta è perché non sono responsabile di ciò che sono; il mio solo "difetto" è d'aver un inconscio... ma sono veramente ciò che credo di essere? In ogni modo devo cercare di veder chiaro e di toglier via ciò che blocca la mia libertà interiore...».

E quest'uomo ha ragione. Se si fa analizzare non è per distruggere la sua personalità. È per distruggere le corazze infantili che nascondono il suo vero Io (anche se queste corazze infantili hanno spesso *apparenza* di forza!), corazze che spesso vengono scambiate per il carattere reale. Ora, nella vita di tutti i giorni, un soggetto nevrotico è spesso obbligato a mostrarsi nel modo in cui gli altri vorrebbero che fosse. Per esempio:

«Sono vent'anni che interpreto un personaggio e porto una maschera. Vi sono obbligato, altrimenti gli altri mi vedrebbero come sono. E mi disprezzerebbero. Io sono un debole. Ma non posso mostrarlo agli altri. Perciò devo sembrare forte. Se gli altri sapessero come sono realmente mi disprezzerebbero e mi abbandonerebbero. È sfibrante recitare una parte a ogni momento. Il solo giorno in cui posso essere un po' me stesso, è la domenica, quando mi riposo in campagna. Ma anche allora è così angoscioso dirsi: "Io sono un debole, ma domani dovrò di nuovo rappresentare la mia parte e riprendere la mia maschera..."».

Continua l'euforia?

No certamente. L'inizio dell'analisi ([1]) consiste nel passare in rassegna la "materia cosciente": i sintomi, l'infanzia, l'adolescenza, i genitori, ecc. Il paziente esplora la superficie, ma non tocca ancora il suo inconscio (le interazioni fra il cosciente e l'inconscio sono frequenti ma non sono avvertite dal paziente. D'altronde non si può mai separare il conscio dall'inconscio, poichè il primo si impregna *continuamente* del secondo, come una spugna fa con l'acqua; v. cap. 12).

Ma a poco a poco la materia cosciente si esaurisce. È il momento in cui l'analizzato dichiara: «Non ho più niente da

---

[1] È possibile paragonare gli inizi di una analisi con la confessione cattolica? Da una parte e dall'altra vi è una liberazione causata dalla confessione di segreti soffocanti (la confessione religiosa comporta un aspetto umano non trascurabile). D'altro canto, vi è un opposizione apparente: la confessione religiosa apporta il perdono dei peccati, mentre l'analisi tende a sopprimere i sentimenti di colpa. Ma occorre osservare che le parole "peccato" e "colpa" non assumono sul piano psicologico e quello religioso, il medesimo significato (si veda la prefazione).

In psicologia non c'è morale nel senso in cui viene intesa generalmente. La morale è il Super-Io. È solo dopo un'analisi completa che, sul piano psicologico, *appare uma vera morale individuale.* È una morale naturale costruita non più su proibizioni, ma su regole di vita scelte con cognizione di causa e con piena libertà interiore.

dire», oppure: «Non mi ricordo altro». È il momento in cui comincia a scendere nel pozzo dell'inconscio, stretto e ottuso da principio, poi sempre più largo. È qui dunque che cominciano le difficoltà, le resistenze, i blocchi, il "transfert" ([1]). Del resto è facile comprenderlo. Riprendiamo il caso di cui parlavamo. Quell'uomo possiede una serie di angosce inconsce sempre più profonde. Fra queste angosce, si trova quella di essere riconosciuto un uomo debole. Per anni, ha dunque fatto di tutto per *apparire* forte, ai propri occhi e a quelli degli altri. Può darsi che esteriormente appaia un uomo "forte"; ma di fronte alla moglie, per esempio, recita la parte del "ragazzino tenero". Se ciò è inconscio, è chiaro che il fatto di rendersene conto provocherà un'emozione spiacevolissima ed una nuova angoscia. Perciò, egli *farà il possibile per aggirare l'ostacolo*..e per non rendersene conto. *Del resto ognuno farebbe la stessa cosa.* Ma ciò non toglie che questa angoscia blocchi una parte d'energia che si libererà nel momento in cui l'uomo "prenderà coscienza" di ciò che sta succedendo.

IL PAZIENTE RESISTE

Di fronte a che cosa resiste? Di fronte a se stesso. Ecco una parte di seduta che si riferisce al paziente di cui si è parlato sopra:

«Mondo cane, i miei turbamenti, benissimo, ma dopo...? Mi avete detto che un'analisi è dura. Comincio a rendermene conto... È tutto il mio Io che è in gioco, o meglio, i miei falsi-Io! Sta risalendo un sacco enorme di cose... le credevo archiviate in fondo a un vecchio cassetto... più comodo cercare di dimenticarle... di dimenticarsi... di non veder come si è in realtà... sì... più comodo... È come, se internamente ogni cosa si mettesse in moto... un vero baccano... Se mollo un rampone, sento che tutti gli altri cedono e ruzzolano uno dietro l'altro... Io sono quello che sono? Questa analisi non butta tutto all'aria? Ma io soffro, e voglio uscirne! Mi sembra che se arrivo a vedere chiaramente tutto ciò che sento in modo confuso, la cosa andrà da sé... Ma Dio buono com'è difficile andare in fondo a sè stessi! Più la porta della prigione si apre,

[1] Questi diversi punti sono esaminati più avanti.

e più m'afferro alle sbarre... Paura di vivere? Paura di essere adulto e responsabile?...».

Dunque, il paziente resiste. Ma, prima di tutto, cos'è che resiste? Cos'è una resistenza? *La resistenza* è una sorta di rimozione (v. cap. 13). *Ciò che resiste soprattutto, sono le parti nevrotiche della personalità.* Ciò che dovrebbe "uscir fuori" e diventare cosciente, è rimosso nell'incoscio... *finché il paziente non è diventato sufficientemente forte per sopportare certe "rivelazioni" su se stesso.* Perché?

Per anni, un uomo si è chiuso in una fortezza ed ha puntato i cannoni verso la pianura dove erano sparsi dei nemici. Ma ecco che si avvicina l'analista con l'intenzione di demolire quella fortezza diventata inutile... perché non ci sono più nemici (tranne che nella mente del paziente). Cosa fareste al posto del paziente, se non cercare di consolidare il mattone che l'analista vuol togliere e serrare a chiavistello la porta che vuole aprire? In questo caso l'*aggressività e l'angoscia* appaiono quasi sempre... Il che è abbastanza logico. Ricordatevi quello che diceva il paziente: «Più la porta della mia prigione si apre, più mi afferro alle sbarre...».

Un altro diceva:

«Va molto meglio. Ma è strano: Spesso, ho l'impressione di entrare finalmente nella vita, di passare una grande porta... eppoi di tornare indietro a tutta velocità, di ripiegarmi nelle mie fughe, il mio lavoro accanito che mi serve da rifugio, le mie maschere...».

Due specie di resistenze

Ci sono resistenze che vengono dalla personalità vera e autentica. *In questo caso, non si tratta di vere resistenze* ed è certo che l'analista non ci farà mai caso. *Un esempio*: se un buddista si fa analizzare da un cattolico, è evidente che il suo atavico buddismo resisterà a qualsiasi "intrusione" cattolica da parte di un cattivo analista. E questo buddista avrebbe ragione... *a meno che la sua religione non sia un sintomo nevrotico.*

Il criterio migliore: se è un sintomo nevrotico, si tratta di una falsa sicurezza. Perciò, a un esame attento, si vedranno apparire *l'angoscia e l'aggressività.* Se non è questo, si tratta allora di un modo di vita autentico, a meno che questo "modo di vita" sia talmente fossilizzato e sclerotico da resistere alle armi più potenti. *Ricordiamo quindi una domanda molto difficile: quest'azione fa parte di una nevrosi o no?*

Dicevamo che "resistere" significa "rimuovere" e impedire all'inconscio di risalire alla superficie (al fine di evitare la sofferenza, poichè una rimozione è sempre legata a sentimenti penosi). Supponiamo ora (ne parleremo più avanti) che l'analista mostri troppo presto al paziente ciò che è patologico nel suo inconscio. È chiaro che questi reagisca con una *resistenza*; è normale, *poichè viene attaccata una sicurezza che, pur essendo falsa, è stata essenziale per lui fino ad ora e della quale ha ancora bisogno per proteggersi.*

Dunque, *se l'analista vuol correre troppo*, se tutto gli è chiaro ed ha voglia di far capire rapidamente al paziente ciò che avviene dentro di lui, *è il modo migliore di fare sopraggiungere un'angoscia e una resistenza che bloccherebbero tutto il trattamento.*

Ecco d'altronde ciò che diceva un uomo con considerevole aggressività:

«È facile il suo compito! Lei non dice niente; ascolta; allora può essere chiunque lo psicanalista!».

Ma due mesi più tardi:

«Mi rendo conto per la prima volta come il suo silenzio mi frustrava. Mi dicevo senza osare confessarlo: "Chi crede di essere?" Mi rendevo anche conto che all'inizio l'analista non può dire niente e deve stare terribilmente attento. Mi accorgo ora come i suoi silenzi, le sue parole, i suoi gesti, la sua stretta di mano, avessero una ripercussione su di me. Vi rimuginavo vagamente per giorni. Mi dicevo: "Cosa pensa di me? Ho risposto bene?" (È da notare che non aveva affatto da "rispondere", poichè non gli era stata posta alcuna domanda; ma questa impressione di "esame" è molto comune nella fase iniziale). Se lei mi avesse detto allora ciò che mi ha fatto scoprire ora, attraverso leggerissimi tocchi, mi sarei divertito un mondo, avrei fatto Dio sa che cosa...».

ALCUNI ESEMPI DI RESISTENZA

Un paziente esageratamente bene educato

È un caso frequente all'inizio di un'analisi. Il paziente si dimostra spesso di una educazione "inattaccabile", di una cortesia che non presenta la minima incrinatura che arriva fino alla totale sottomissione.

Popolarmente si direbbe «troppo educato per essere onesto». In analisi si può dire: «Questa estrema cortesia nasconde una grande aggressività e una forte angoscia». Per questa sua garbatezza il paziente si rende dunque "inattaccabile". Ora, egli fa un'analisi per essere "attaccato", cioè per distruggere il suo falso carattere. È evidente che nella vita quotidiana la perfetta cortesia è "ben vista". In analisi il paziente fa lo stesso: si nasconde dietro la sua cortesia per "essere ben visto" dall'analista (cioè amato e non criticato), e per non dare nessun appiglio.

In questo caso, quindi la cortesia è una difesa. Ogni volta che l'aggressività tende a comparire, il paziente la rimuove... e rinforza la cortesia. Si ha dunque a che fare con un comportamento che rischia di diventare un circolo vizioso se non lo si spezza rapidamente.

Ecco un estratto di seduta: esso ci mostra un giovane che "si nasconde" dietro la cortesia, come altri si nascondono dietro la disinvoltura, lo scherzo, ecc.

«Buona sera dottore. Come sta? (Stringe la mano con troppa cordialità; insiste troppo; sorride troppo; è troppo gentile. Fa tre passi avanti poi si volta). Ha passato una buona giornata? Sta bene?».

«Sì, grazie».

«Sono veramente desolato di essere ricevuto così tardi, ma (un torrente di spiegazioni, o piuttosto di "giustificazioni"). Spero di non affaticarla troppo...».

«(Sorriso e segno di diniego con la testa)».

«(Troppa cordialità, come se fosse "terribilmente" sollevato): Ah tanto meglio! perchè, vede, ho terrore di causare il minimo disturbo alla gente (sorriso)... soprattutto a lei!».

Cosa vediamo qui? Prima di tutto, questo giovane *si sente colpevole*; prova il bisogno di *giustificare* la sua presenza e il "favore" che gli è stato fatto d'essere ricevuto così tardi. Durante le sedute cosa avviene? Non osa mai contraddire l'analista. Non esprime mai un'opinione personale. *Si rifugia nella gentilezza e nella sottomissione*. Quindi abbiamo qui una "resistenza" importante, poichè oppone sempre questo atteggiamento: accettare immediatamente ciò che dice l'analista, dire "amen" a tutto...

Dice: «Ho orrore di disturbare la gente».

Inconsciamente pensa: «Ho paura d'aver l'impressione di disturbare. Del resto ho sempre la certezza di disturbare, d'essere "di troppo", di non essere al posto giusto. Dicendo "ho il terrore di disturbare", spero, con la mia cortesia, di essere considerato come una persona "molto perbene". D'altronde è la mia principale sicurezza; perciò fare di tutto per conservarla, non solo, devo continuamente rafforzarla. Se sono aggressivo o spontaneo, "uno" rischia di volermene e di considerarmi male; e questo mi procura angoscia. Ora, io voglio evitare l'angoscia: quindi, devo mantenermi gentile e non essere aggressivo...».

Inoltre, il paziente prende numerosi appunti con *troppo* impegno.

Dice: «Ecco. Ho preso molti appunti ieri per la mia seduta di oggi. In questo modo, lei guadagna del tempo, spero».

Inconsciamente pensa: «Mostrando di lavorar bene, spero che l'analista mi amerà e mi ammirerà. Così mi sentirò meno colpevole. In più, questi appunti già preparati mi permettono di mostrarmi brillante e di farmi "ammirare" dal mio analista... dal momento che i silenzi mi angosciano tanto durante la seduta; questi appunti mi permettono di sfuggirvi».

D'altra parte a questo punto l'analista ha domandato: «Perché lei prende degli appunti prima della seduta?».

«Oh... cosa vuole, dottore! Pensavo di aiutarla; ma se lei desidera che non li prenda smetterò!».

È ancora lo stesso gioco. Inoltre il paziente ha l'impressione che con la sua domanda, l'analista "smascheri" la difesa. *Il giovane dovrebbe quindi mostrarsi aggressivo. Invece, rafforza la cortesia e la sottomissione.* Ricadiamo di nuovo in ciò che si è detto prima.

Si tratta di un giovane allevato da genitori autoritari che l'hanno obbligato a nascondere la sua personalità sotto un'apparente obbedienza.

Dal lapsus all'atto mancato

Si comprende benissimo come un paziente possa resistere in modi assai diversi. Le resistenze si producono spesso quando si viene a contatto con un problema fondamentale che rimette in discussione una parte importante della personalità, o quando il paziente ha la sensazione che il suo analista lo sta "smascherando". È allora che si manifesta tutta una serie di azioni che denotano la resistenza inconscia del soggetto.

I lapsus o gli atti mancati fanno parte *della vita quotidiana*, come pure del *trattamento psicanalitico*. Freud, del resto, ha acquistato gran parte della sua popolarità, dimostrando che fra la vita psichica normale e la patologia, esistono dei "ponti"; che molti comportamenti patologici non sono che l'esagerazione di comportamenti normali.

In pubblico, si parla molto degli *atti mancati* e dei *lapsus*. Ed è giusto, perchè non si creda che tutta la psicanalisi si riduca a questo. In ogni modo Freud nella *Psicopatologia della vita quotidiana*, ha mostrato a qual punto il fatto di dimenticare un appuntamento, un progetto, un nome, come pure la perdita o il deterioramento di certi oggetti, possono essere prodotti da processi inconsci di cui il soggetto non ha la minima idea. A meno che, in certi casi, egli non rettifichi immediatamente ciò che ha detto o fatto; ma ciò non toglie che "questo" sia stato detto o fatto.

Crediamo sia inutile dilungarci su questo problema che sarà meglio compreso con qualche esempio.

Spesso, quando si manifestano certe resistenze, nel corso di un'analisi, accadono di questi fatti:

«Il paziente perde l'autobus; supera la fermata dell'autobus; sbaglia campanello; commette un errore di ora o di giorno; non si sente bene all'ultimo momento; "dimentica" di regolare gli onorari (per aggressività contro l'analista; sottinteso: "Non voglio pagare"), ecc.».

Tutto questo, ripetiamo si verifica molto spesso.

Prendiamo un altro esempio. Quello di un adolescente continuamente sorvegliato, tormentato da un genitore pignolo e che lascia cadere un oggetto prezioso appartenente a quel genitore. A prima vista, sembra che lo lasci cadere per inavvertenza o per distrazione; ma, a guardar meglio, la rottura dell'oggetto rivela una violenta ostilità inconscia verso il genitore. A meno che non si tratti di un "matricidio" (o di un "parricidio") simbolico (troveremo più avanti casi di questo genere). Qui, l'oggetto simboleggia il genitore che, inconsciamente, il ragazzo vorrebbe uccidere. C'è dunque un meccanismo di *sostituzione*. Altri meccanismi di sostituzione sono molto frequenti: una persona incollerita picchia il pugno sulla tavola, mentre, inconsciamente, desidera picchiare il suo avversario. Un innamorato bacia la lettera della fidanzata, perché non può baciare la sua bocca. È chiaro che si potrebbero trovare numerosi esempi nella vita quotidiana.

Il lapsus e l'atto mancato rivelano delle situazioni inconsce. In certi casi, possono dare delle indicazioni precise all'analista (e, di conseguenza, al suo paziente). Ecco ora alcuni esempi.

Un altro paziente, attaccatissimo alla madre, dice:

«Quel giorno ero triste; e son voluto tornare *in* mia madre (invece di: *da* mia madre)».

Un uomo:

«Ho sempre paura di *far sessuale* (invece di: *fare l'atto sessuale*)». Questo rivelava la situazione inconscia, perché quest'uomo era affetto da perfezionismo, era incapace di lasciarsi andare ai suoi istinti profondi e aveva sempre paura di "perdere la faccia". "Far sessuale" significava quindi per lui: perdere il controllo, perdere una falsa padronanza di sé ed essere giudicato "imperfetto" dalla sua compagna.

Un altro paziente dice:

«L'unico rimorso, ora che guadagno del denaro, è di non aver *amato* mia madre. Eppure l'adoravo... (*amato* invece di: *aiutato*)».

Un altro esempio:

«La vostra professione?» Chiede l'analista a un uomo molto effemminato.

«Decoratrice, ehm... decoratore».

Ancora un esempio per finire. Si tratta di una donna che ha, grosso modo, rifiutato la sua condizione femminile. Ella scrive all'analista:

«Gli uomini, li *odio* tutti messi nello stesso sacco... (invece di: li *ho*...)».

Crediamo che questi esempi mostrino sufficientemente come attraverso il lapsus o l'atto mancato l'individuo "si tradisca". Questo "tradirsi" proviene evidentemente da una tendenza interna e da una volontà inconscia. Si tratta dunque di un atto che sfugge al controllo del soggetto.

Prima di continuare, ci proponiamo di esaminare l'aggressività normale e anormale. Come abbiamo già detto essa è sempre presente nella nevrosi. Può essere evidente e rimossa come vedremo).

Cominceremo quindi dal problema generale, seguito da alcuni casi in cui ritroveremo uno stesso filo conduttore.

5. - ESISTO, DUNQUE SONO AGGRESSIVO

L'aggressività patologica fa parte di *qualsiasi* nevrosi. Questa aggressività può essere "evidente", dichiarata; ma può essere "latente", invisibile e ricoperta da una serie di camuffamenti.

E l'aggressività nella *vita quotidiana?* Quand'è normale? Quand'è anormale? Quali possono essere i suoi effetti?

Normale

Esistere implica l'affermazione di se stessi. *In questo caso, l'aggressività è normale.* Questa aggressività non colpisce a casaccio, non sputa fuoco: *Essa è l'espressione delle tendenze attive dell'essere umano.*

Aggressivi? Voi lo siete aprendo semplicemente una porta, poichè dovete imporre la vostra decisione a un oggetto inerte. Ma l'aggressività diventa patologica se, quando la porta, cigola o resiste, le sferrate un calcio trattandola di "lurida porta".

Ed è ciò che fanno milioni di adulti in miliardi di azioni quotidiane.

L'aggressività normale è l'espressione di ogni tendenza attiva, volta verso l'esterno.

L'aggressività anormale possiede un carattere distruttore, ostile; essa praticamente è basata sempre sulla paura (come quella dell'animale messo alle strette).

Ma che caleidoscopio di possibilità! Per esempio si può avere paura ed esagerare per imporsi. Ciò facendo, si sfugge alla paura. È dunque una aggressività anormale. Ma si può *apparire sempre* non aggressivi; si può *apparire* estremamente cortesi rispettosi degli altri... e nascondere una quantità enorme di aggressività inconscia (caso-tipo: quello di un adolescente maltrattato da un genitore tirannico e che, non osando ribellarsi, "reprime" la sua aggressività e diventa "molto saggio" e "molto sottomesso").

Dovremmo passare in rivista le aggressività *patologiche* che si riscontrano in clinica: quella dei *paranoici*, degli *erotomani*, degli *alcoolizzati*, degli *epilettici*, ecc. Dovremmo parlare anche delle aggressività *costituzionali* (quindi... normali): quella dei temperamenti violenti e impulsivi, quella di certe razze, ecc. Ma la cosa più saggia è di rimanere nel nostro quadro per non confondere delle piste già abbastanza numerose.

Se una vacca sente una mosca solleticarle il dorso che fa? Dà un colpo di coda "aggressivo". Perchè? Per eliminare la mosca. Uccide o no la mosca? Poco le importa. Essa vuole semplicemente *eliminare* la mosca. Il suo gesto è *istintivo*: è una difesa pura e semplice. Ma perchè vuole eliminare la mosca? Perchè quella mosca la disturba, "squilibra" il suo benessere e *turba la funzione biologica che è il principio stesso del suo piacere*: pascolare, riposarsi e dormire. Senza mosche: la pace e il benessere. Una mosca? Il piacere se ne va. *Perciò, si elimina la presenza della mosca.*

Il microbo, l'uomo e la malattia

Che succede se un microbo attacca un organismo umano? La stessa cosa. *L'organismo disturbato e squilibrato, reagisce senza perdere un attimo.* Produce una reazione di difesa: l'aggressività, la fuga, la malattia ecc. Poichè non è il microbo che produce la malattia: la malattia è la reazione dell'organismo contro il microbo. Se vi si pianta una spina nel dito, e questa spina turba il funzionamento armonico del vostro organismo, il sistema nervoso entra in stato d'allarme, raduna l'armata dei leucociti. Il pus parte all'attacco. Quindi non è la spina la malattia, ma il pus (che vuole eliminare i microbi patogeni prodotti dalla spina). Ci troviamo dunque in piena concezione moderna della medicina [1]. *Questo è fondamentale per la comprensione della nevrosi.*

---

[1] Si veda *che cos'é la psicologia*, p. 296.

Ecco, quindi, una legge importante: ogni organismo vivente ricerca, prima di tutto, il suo equilibrio, il suo "piacere", il suo benessere. Il vostro organismo ha bisogno di calore? Ricercherete istintivamente il calore e tenterete di *eliminare* il freddo. Il vostro organismo ama il freddo? Cercherete di eliminare il calore. E così via.

I "microbi psichici" e l'inconscio umano

Continuiamo, ma lasciamo da parte ogni tono scherzoso. Entriamo in un campo profondo, doloroso, che produce delle reazioni nevrotiche a catena, con il loro seguito di angosce, di complessi di inferiorità, di timidezza, di colpe, di ossessioni, ecc.

Se l'inconscio umano potesse parlare, direbbe: "Ho il compito di salvaguardare l'equilibrio e il benessere dell'edificio psichico, e agisco in conseguenza, scatenando la malattia, se è necessario". All'incirca: se un "microbo" intacca la psiche, l'inconscio reagisce e fa di tutto per eliminare l'elemento di disturbo. È il meccanismo (inconscio) della *rimozione* (v. cap. 13) e della *nevrosi* (v. cap. 14). E di microbi psichici ve ne sono quanti ne volete, a partire dalla prima infanzia...

IL BAMBINO E L'AGGRESSIVITÀ

Il bambino è un "inconscio personificato". Egli cerca di imporre la sua vita. Per far questo, "lascia liberi" i suoi istinti. *Cerca di affermare la sua vita, con il maggior benessere possibile, la maggior sicurezza possibile, il maggior piacere possibile.* Se si manifesta un istinto, il bambino chiede che questo istinto si realizzi *immediatamente*, senza tener conto di una morale o di un'educazione che non conosce (non ancora!). Perciò, se il suo benessere dipende dal fatto di succhiare il pollice, o di giocare con i suoi escrementi, o di rompere un oggetto, o tutto ciò che si voglia, l'organismo del bambino passa alla realizzazione *immediata*. È il *principio del piacere.*

I contatti fra genitori e bambino sono evidentemente essenziali. L'*aggressività normale* del bambino (che cerca il suo benessere e la realizzazione dei suoi bisogni) cozza contro gli adulti. Questi ultimi hanno "incanalato" la loro aggressività, l'hanno educata, l'hanno adattata (bene o male) ai princìpi culturali e sociali. In ogni caso abbiamo, l'urto fra: l'aggressività *istintiva* (del bambino) e l'aggressività *educata* (dei genitori).

Ora, noi viviamo in una data società. I genitori vogliono quindi "modellare" il bambino secondo questa o quella norma. Spesso, nel bambino si scatena una *reazione di opposizione* (tutto questo è noto, ma non è male ripeterlo). Che succede se questa opposizione urta contro dei genitori che la stroncano, perchè sono troppo esigenti o tirannici o perchè mancano d'amore? Inconsciamente, *il bambino cerca di preservare il suo benessere.* Dal momento che egli urta contro un muro, cadiamo negli odi dissimulati, le fughe, i ricatti, le false sottomissioni che nascondono fredde determinazioni di vendetta, ecc. Ma noi vi troviamo soprattutto le rimozioni. Ed è soprattutto qui che desideravamo arrivare, giacchè questo è *molto* importante, dalla più tenera età alla vecchiaia.

Immaginiamo...

Prendiamo dei casi comuni, ma spingiamoli fino al paradosso.

Immaginiamo un bambino al quale, dopo diversi anni di vita felice, nasca un fratellino. Supponiamo a questo punto, che i genitori respingano totalmente il maggiore, non lo guardino mai più, non gli diano più da mangiare, non si occupino più affatto di lui, ecc. Questo a esclusivo vantaggio del fratellino.

Cosa accade nel bambino maggiore, consciamente e inconsciamente? È evidente che soffrirà mille morti. Sarà totalmente privato dell'amore (e del benessere che vi è legato). Quindi, odierà suo fratello. Ed è naturale. Penserà: "Se mio fratello non ci fosse, beneficerei ancora dell'amore dei miei genitori e conserverei il mio benessere e la mia sicurezza". Ricordiamoci del colpo di coda della vacca per eliminare la mosca. E ritorniamo a questo figlio primogenito.

Il ragazzo perde l'equilibrio interiore,. poiché è profondamente turbato. Quindi *il suo inconscio cerca di ristabilire l'equilibrio.* Ma l'inconscio va sempre diritto alla meta; prende la prima soluzione che capita. In questo caso, si tratta di *eliminare* l'elemento di disturbo: il fratellino. Nel primogenito, compare un *desiderio inconscio di morte* del fratellino. È l'aggressività "allo stato puro". *Ma*: questo desiderio (aggressivo e inconscio) si scontra con la morale cosciente del ragazzo. Quindi: urto fra il conscio e l'inconscio. *Quindi:* potente contraddizione. Cosa ne risulta?

a) *angoscia*, dovuta a questa contraddizione e agli impulsi inconsci che tentano di aprirsi una strada verso la coscienza;

b) *senso di colpa*, dovuto a questi impulsi inconsci, ma vagamente avvertibili dal ragazzo;

c) *rimozioni*: gli impulsi inconsci (di morte) urtano contro la morale e verranno spietatamente "rimossi" verso il punto di partenza: l'inconscio.

Cosa farà il ragazzo?

Vi sono molte possibilità (che del resto si presentano sempre nei casi d'aggressività):

a) si mostrerà *liberamente aggressivo* e odierà apertamente il fratello;

b) *rimuoverà* la sua aggressività senza saperlo (una rimozione è sempre inconscia, v. cap. 13);

c) la sua aggressività, poiché provoca un senso di colpa troppo grande, si andrà *camuffando*. Il ragazzo diventerà allora estremamente gentile verso il fratello. Perchè? Perchè *sentendosi colpevole* di quell'"impulso di morte", *cerca di farsi perdonare* (tutto questo, inconsciamente);

d) avrà per il fratello *un'attenzione estrema*. Cercherà di fargli evitare il minimo guaio, il minimo incidente. Ipocrisia? Niente affatto! Lo farà perchè, inconsciamente, *si considera colpevole di tutto ciò che potrebbe accadere al fratello*, dal momento che, sempre inconsciamente, gli augura il peggio: la morte. Si comporterà, quindi, come il miglior fratello del mondo... e con la più assoluta buona fede, adducendo delle giustificazioni: "bisogna perdonare; mio fratello non ne ha colpa; i miei genitori non sanno il male che mi fanno; io li perdono; ecc.". Inutile dire che queste giustificazioni non corrispondono affatto alla realtà e che le reazioni possono mescolarsi.

In tutto questo vediamo l'inconscio seguire la sua legge: *ristabilire l'equilibrio eliminando le circostanze che lo disturbano, e senza preoccuparsi di una morale che non conosce.* Esattamente, ripeto, come il pus tenta di eliminare il microbo. Ma qui, il ragazzo si sente colpevole per aver dentro di sé questo pus, di cui ignora l'esistenza.

L'"impulso di morte"

Sono comuni questi inconsci impulsi distruttivi? Quante persone si "uccidono" inconsciamente?

Ecco ciò che dicono alcune persone:

1) «Quando mio padre picchiava mia sorella, io gioivo, perchè lei mi aveva sempre schiacciato col suo disprezzo...».

2) «Un giorno mio padre si era spezzato una gamba, ed io mi odiavo perchè ne ero contento. Ma lui mi umiliava talmente!».

3) «Mia madre era così incomprensiva e ostinata che un giorno ho nascosto tutti i suoi gioielli; le ho portato via e distrutto ciò a cui essa teneva di più...».

4) «Quando acquisto un rosso per le labbra, sono spinta a sceglierlo del tono più aggressivo; penso a mia madre che mi annientava con la sua volontà e mi rimproverava violentemente se tentavo di essere graziosa. Ho quaranta anni, ma quando compro un rossetto mi dico sempre: "La farà arrabbiare; così imparerà; non oserà più dirmi niente, e che vada al diavolo una volta per tutte..."».

E si potrebbe continuare a lungo.

Che significano queste parole? Esse brulicano di "impulsi di morte" inconsci. L'azione che compie il soggetto tende a eliminare chi perturba il suo benessere. *Ma "l'impulso di morte" (istintivo) è camuffato dalla morale e sostituito con una azione più benigna.*

"Traduciamo" le frasi ripetute sopra:

1) Il fratello "gioisce" coscientemente; ma, inconsciamente, dice a se stesso: "Se l'uccidesse una buona volta!".

3) Questa persona "uccide" simbolicamente la madre frantumando i suoi gioielli.

E così via. Ma, ripetiamo che "l'impulso di morte" è inconscio (nella maggior parte dei casi). Esso è quindi *al di fuori della morale*. È una reazione *istintiva* dell'organismo perturbato. Tuttavia, provoca automaticamente un senso di colpa, perchè avviene sempre il conflitto fra l'inconscio e la morale.

Ripetendosi (inconsciamente) per anni, tale impulso sfocia nelle nevrosi profonde: per esempio, può essere il caso di un adulto che è stato allevato da un genitore dispotico.

Come si vede, se dovessimo formare una pila di questi impulsi di morte espressi dall'inconscio umano, essa risulterebbe così alta da toccare la luna. E chi sono le "vittime" della collera dell'inconscio? Tutti quelli che opprimono, tiranneggiano, umiliano, che fanno nascere un complesso di inferiorità, che spersonalizzano. E anche considerando solo certi educatori, otteniamo già un bel numero.

Essere aggressivo significa dunque: eliminare ciò che disturba (o ciò che fa paura, il che è lo stesso).

Può essere banale: gridare per aver ragione e perché l'altro abbia torto; picchiare qualcuno perché domandi grazia; picchiare per punirlo; fulminare qualcuno con lo sguardo, ecc.

Può essere più complicato: essere perfettamente educati e gentili (mentre l'"intimo" della personalità è ricolmo di aggressività). Oppure essere ossessionati davanti a una persona perché, inconsciamente, si desidera la sua morte e se ne prova un senso di colpa.

GLI ASPETTI DELL'AGGRESSIVITÀ

L'aggressività può avere degli aspetti chiaramente palesi e degli aspetti mascherati (soprattutto!). Esaminiamo i casi più comuni.

Un criterio d'aggressività

Si dice che l'aggressività è *patologica*, temporaneamente o in permanenza, quando:

a) rappresenta un rifugio contro una forma qualsiasi di paura;

b) procura l'angoscia (perché il soggetto si sente colpevole per essere stato "malvagio");

c) è un atteggiamento (più o meno) permanente: il soggetto è *quasi sempre* aggressivo, cristallizzato in una posizione d'attacco e non riesce a fare a meno dell'aggressività.

Questi non sono che dei criteri di carattere generale, intorno ai quali possono gravitare centinaia di altre forme più sottili; ma essi lasciano già intravedere l'enorme quantità di gente aggressiva (manifestamente o no), spinta all'aggressività dalla paura (cosciente o inconscia).

Vedremo più avanti l'*importantissimo* problema dell'aggressività rimossa dal bambino, come conseguenza di certi tipi di educazione, e che darà adito inesorabilmente al senso profondo di colpa, all'angoscia, alla paralisi della spontaneità e — senza alcun dubbio — alla nevrosi.

L'aggressività palese

È quella che si nota naturalmente. Il soggetto è irritabile, gli salta la mosca al naso per un niente, è suscettibile, "morde" senza motivo, risponde aspramente (anche se gli altri sono cortesi), vuole sempre aver ragione, possiede un "carattere fermo" (si dice così!), opprime gli altri (di preferenza i suoi dipendenti) con urla e rimproveri.

A meno che questa aggressività non provenga da una malattia psichica, essa è *sempre basata sulla paura.* L'aggressività manifesta è di una forma banale e comune. Può fare grandi danni (aggressività dei genitori verso il bambino). È causata da una mancanza di fiducia in se stessi, da un senso di inferiorità o di colpa, da angosce inconsce, ecc.

L'aggressività mascherata

È quella che non si vede a occhio nudo. Si può osservare la rigidezza degli atteggiamenti, l'emotività, il nervosismo... o una calma *eccessiva.* Spesso si osserva anche un comportamento *estremamente* educato, una *estrema* sottomissione a un'autorità (a un superiore o a un genitore, per esempio). Come ha potuto infiltrarsi l'aggressività in tutto questo? È molto semplice: essa si ammassa nei sotterranei inconsci della personalità, come della dinamite sotto un giardino fiorito. Durante un'analisi si trova sempre questa forma di aggressività nascosta.

Nove volte su dieci questa aggressività è *inconscia.* Essa è imbevuta di *angoscia.* Il soggetto non è aggressivo, perché *non osa* esserlo; e se non osa esserlo è perché la sua aggressività *rappresenta un pericolo.* Quale? Citeremo un esempio.

La sessualità, l'aggressività; la sigaretta e la matita (il caso del signor Y)

Ecco come un'aggressività *normale* fu repressa in seguito all'educazione. Questa repressione avrebbe potuto condurre al fallimento di tutta una vita.

Y. ha trentatré anni.

«Sono sessualmente un impotente. Non ho mai conosciuto una donna. Accetto sempre tutto passivamente e questo me l'hanno insegnato bene i miei genitori davvero!».

«Le hanno insegnato ad accettare?»

«Mi hanno insegnato a non osare. Ogni volta che osavo, io... Non riesco a spiegarlo... È come adesso: se, per esempio, oso far valere la mia opinione, vi rimugino a lungo. D'altra parte, il parere degli altri è un imperativo per me. Non ho mai vissuto in funzione di me stesso, ma sempre in funzione dell'opinione altrui...»

Riassumiamo rapidamente il caso di Y. Egli ha un atteggiamento umile, estremamente rispettoso, sottomesso, il tutto posto su una base di aggressività nascosta. Tiene la sigaretta *all'interno del palmo* (vedremo più avanti); prende appunti e, negli intervalli, tiene la matita nello stesso modo: la punta *all'interno del palmo*. I suoi genitori? Sia il padre che la madre dominano, castrano, fanno sì che il piccolo Y. si senta schiacciato.

La madre di Y., attraverso un atteggiamento che sarebbe troppo lungo esporre in modo particolareggiato, faceva di tutto perché il bambino si sentisse "terribilmente colpevole" non appena si mostrava aggressivo (ciò è molto importante: osservatene lo sviluppo nel cap. 16).

Era normale l'aggressività di questo bambino? Ma sì, certamente. L'aggressività permette di imporre la propria vita, di preservarla (a condizione che essa resti nei limiti della normalità). Ma nel bambino Y. un'aggressività *anormale* si aggiungeva alla prima. Essa proveniva dal sentirsi frustrato e spersonalizzato da genitori nevrotici, pignoli, che rimproveravano tutto e niente, che ripetevano continuamente «non sarai buono a nulla», «non saprai mai quel che abbiamo fatto per te ed ecco come ci ricompensi»... e altre cose del genere, comuni — purtroppo — come la pioggia.

Perché Y. diventa sessualmente impotente?

Perché ha confuso sessualità e aggressività. Ma aveva avuto motivo di confonderle? Sì: la sessualità maschile si basa sull'aggressività. *La virilità maschile è "attiva", "penetrante"; deve imporsi e "sfondare" (sia nel senso sessuale che in quello sociale).*

Ma cosa accadde nell'inconscio di Y.?

Durante l'infanzia e l'adolescenza egli *represse la sua aggressività, prima verso i genitori, poi verso la società.* Invece di essere personale e *attivo*, divenne *passivo*. Divenne *effeminato*. Per sfuggire ai continui rimproveri dei suoi genitori, diventò (in superficie) il "ragazzino gentile che non farebbe male a una mosca". Tanto più che si sentiva colpevole ogni volta che osava essere aggressivo.

A poco a poco, *l'aggressività divenne per lui una cosa proibita...* perché proibita era l'espressione della sua personalità! Represse ogni tendenza aggressiva verso i genitori, gli amici, gli insegnanti, i superiori, gli avversari. Apparve (evidentemente) la paura morbosa della competizione. Represse anche (perché basati sull'aggressività) i suoi istinti sessuali.

Si possono così riassumere le situazioni:

SITUAZIONE NORMALE

Virilità = aggressività normale = "penetrare" = imporsi = essere attivo = "sfondare" = sessualità normale.

SITUAZIONE DI Y.

Aggressività repressa = virilità repressa = "*lasciarsi penetrare*" (accettare passivamente, essere sottomesso, ecc.) = lasciarsi imporre dagli altri = "*lasciarsi sfondare*" (non reagire all'aggressività altrui, all'altrui personalità, ecc.) = *omosessualita latente.*

Notavamo prima il modo in cui teneva la sigaretta e la matita. Inconsciamente questi oggetti erano *simboli del fallo* (eretti, aggressivi, "puntati" verso gli altri, minacciosi, penetranti, pungenti). Quindi, simboli di aggressività, *respinti* verso l'interno (del palmo).

A poco, a poco, durante lo svolgersi dell'analisi, l'aggressività di Y. venne alla superficie, stabilizzandosi poi in una normale manifestazione della sua personalità. Da quel momento, senza rendersene conto e mentre tornava ad essere sessualmente normale, Y. tenne la sigaretta e la matita volte verso l'esterno.

Egli passava quindi da una *sessualità rivolta "all'interno"* (*come una donna*) a una *sessualità diretta verso l'esterno* (*come un uomo*). E nel tempo stesso che riacquistava la capacità di "*penetrare*" *sessualmente*, poteva "*penetrare*" (*simbolicamente*) *gli altri*, esprimendo il suo parere, imponendo la sua opinione in modo attivo, ecc.

Avviene spesso, del resto, che alcuni uomini, avendo represso la loro personalità (e la normale aggressività che vi è connessa), diventino sessualmente impotenti. È il caso che abbiamo visto. Ma *sono* sessualmente impotenti? Niente affatto. Essi sono divenuti incapaci di imporsi, di "sfondare", sessualmente come nella vita di ogni giorno. Diventano quindi "impotenti" in tutti i campi; e il campo sessuale non è che uno fra i tanti ([1]).

Il caso di Yvan L.

Il paziente conosce i suoi sintomi meglio di qualsiasi altro, perché ne soffre ogni giorno. Li descrive minuziosamente. Tutto questo costituisce il materiale *cosciente* e doloroso. Il paziente sa di soffrire, ma ignora quello che avviene in profondità; si trova a lottare con delle ombre, contro un nemico invisibile, nascosto in una buia caverna: il suo inconscio.

Durante la prima seduta, Yvan dice:

«Sono sempre irritato. Soffro permanentemente di stomaco. Ho delle nausee; non posso lavarmi i denti senza vomitare. Appena vedo un collega d'ufficio mi tendo come un arco. Sono aggressivo, ingiusto.»

Questi non sono che alcuni sintomi ordinari.

Più tardi, Yvan dirà (sottolineiamo certi punti di riferimento):

«Debbo *confessarle* subito una cosa: non riesco a intendermi con gli altri. Preferisco la solitudine. Ma, vede, trovo che molta gente è imbecille e parla a casaccio di cose che non conosce affatto. La società mi annoia, ma *debbo confessare* che mi fa anche paura.»

Perché Yvan dice "confessare"? Il fatto che non possa intendersi con gli altri rappresenta per lui qualcosa che rischia

[1] Si può anche essere eccessivamente potenti *sessualmente*, e nello stesso tempo essere impotenti *socialmente*.

di renderlo malvisto? Egli "confessa" anche di aver paura. Per lui è dunque "male" aver paura? E perché ha paura?

In seguito, Yvan dirà:

«Non ho amici. *Confesso* che qualche volta sono stati loro ad abbandonarmi perché, sembra, ho lo spirito di contraddizione. Del resto, la cosa non mi addolora; come le ho detto, *preferisco la solitudine.*»

Ancora, per la stessa ragione, questo "confesso". Dice di avere lo spirito di contraddizione (esso nasconde sempre qualcosa). E di nuovo, egli *giustifica* il suo comportamento e si tranquillizza: "*...Preferisco la solitudine*".

E dopo qualche tempo:

«Mi sono reso conto di una cosa: *voglio sempre aver ragione.* E il rendermene conto mi ha procurato uno *shock.* Son calato nella stima di me stesso. È forse per questo che i miei amici mi hanno abbandonato? Sì... è vero... Son preso dalla smania di *aver ragione...* Ma perché?»

E poi:

«Voglio aver ragione, *anche se ciò che dico è contrario a ciò che penso.* Se qualcuno "mi dice il fatto suo", *mentalmente lo uccido*, oppure *mi vien voglia di suicidarmi!* Ma perché, Signore, perché?»

Dunque, una cosa vuole Yvan: vuole aver ragione in tutto e contro tutto. Ma ignora il *perché.*

— Yvan vuole aver ragione; se in questo fallisce, è completamente disorientato.

— Aver ragione è importantissimo per lui. Aver ragione *lo protegge* contro qualcosa. Contro che cosa? Contro una paura. Quale paura?

— Quando Yvan ha torto, la sua "facciata" crolla. *Appare una notevole aggressività* unita a disperazione: «*Lo uccido mentalmente o sto quasi per suicidarmi...*».

Osserviamo lo schema dal basso in alto. Il n. 6 rappresenta il modo di vita attuale di Yvan L. Questo modo di vita è *cosciente.* Ciò che avviene dal n. 5 al n. 1 è sempre più *inconscio.* Questo inconscio è formato da *auto-difese.* Il carattere è come un'armatura formata da "placche" di sicurezza: ognuna di queste sicurezze protegge contro la paura. Ma Yvan non può ammettere di aver paura, perché sarebbe come ammettere la propria debolezza (e ricadere nell'angoscia).

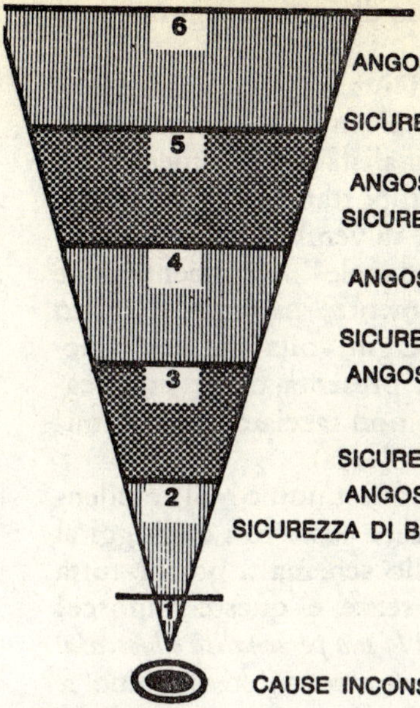

MODO DI VITA ATTUALE: emotività, « surmenage » emotivo, fatica, mal di stomaco, rigidezza, solitudine, aggressività, ecc.

ANGOSCIA: essere « smascherato », colto in fallo. Permanente paura dell'opinione altrui.

SICUREZZA: ho ragione, ho buon giuoco, amo la solitudine.

ANGOSCIA: gli amici lo abbandonano.

SICUREZZA: essere inattaccabile, aver sempre ragione, a qualsiasi costo.

ANGOSCIA: continuo rischio di aver torto pericolo della competizione.

SICUREZZA: apparire infallibile, non aver mai torto.

ANGOSCIA: conflitto fra quel che crede di essere (debole) e quel che desidera apparire (forte). Minaccia permanente.

SICUREZZA: far di tutto per « apparire » forte.

ANGOSCIA: paura di apparire debole.

SICUREZZA DI BASE: prime rimozioni.

CAUSE INCONSCE: angosce di base, educazione, ecc.

Dunque:

— una sicurezza nevrotica è sempre minacciata... per definizione;

— appena una sicurezza è minacciata, appare automaticamente l'angoscia (esattamente come se un ladro, armato, facesse scattare la chiusura di sicurezza della porta dietro la quale ci si nasconde: questo avviene solo in caso di nevrosi);

— dallo schema, Yvan risulta un vero «sandwich» di sicurezze inconsce; ognuna di queste, continuamente minacciata, produce l'angoscia. E ognuna di queste angosce fa scattare, a sua volta, un altro meccanismo di sicurezza.

Cosa avviene? Yvan ignora fino a qual punto la *facciata* che mostra agli altri sia diversa, da ciò che egli è in realtà. Continuamente, e senza saperlo, egli rappresenta una parte; ma proprio questo lo protegge dall'angoscia.

È evidente che l'analista va "scavando". È come il ladro di cui vi parlavo. Egli sta penetrando nella fortezza blindata che Yvan, nel corso di molti anni, ha inconsciamente costruita. Questi pretende che i suoi malesseri provengano dalla vita movimentata che conduce; ma ignora che sono tutt'altre le cause, e che otterrà il benessere a prezzo di un rimaneggiamento di *tutta la sua personalità*.

Quand'è che compare l'aggressività? Durante l'analisi l'aggressività compare ogni volta che il trattamento tocca una "chiusura di sicurezza", ogni volta che l'analista sembra mettere in dubbio questo o quell'aspetto del comportamento del suo paziente. Questi, allora, ha l'impressione di venire "smascherato" (il che significa per lui "esser giudicato male"). Il paziente deve arrivare a vedersi com'è in realtà, mentre ha fatto di tutto per nascondersi ai suoi stessi occhi. Ogni volta che una "facciata" è minacciata, l'aggressività si presenta come una reazione di difesa contro l'angoscia (qui non facciamo che esaminare molto schematicamente il problema).

Saranno molte le aggressività di quest'uomo? Sì, evidentemente, dal momento che non prenderà coscienza dall'oggi al domani, dei cinque punti indicati nello schema... poichè tutta la sua vita è basata su queste sicurezze e queste angosce! *Solo a poco a poco si renderà conto che tutta la sua personalità è bloccata.* Intanto resisterà (v. cap. 4), lotterà contro se stesso, fino a quando avrà inizio il processo analitico propriamente detto (resistenze, transfert). Allora, certe energie bloccate si libereranno per aiutare Yvan nel lavoro di ricostruzione di se stesso.

Riassumendo

Sempre, fin dall'inizio di un trattamento profondo, appaiono l'*angoscia* e l'*ostilità*. Queste possono essere coscienti o inconsce. Possono "trasferirsi" sull'analista. Oppure, il paziente cerca di sottrarvisi "barando", o le camuffa accuratamente (e senza saperlo).

Per esempio:

— *telefona* che per un impedimento (immaginario) deve disdire la seduta;

— *discute*, razionalizza, cavilla, fa di tutto per "giustificare" il suo comportamento... mentre è venuto dall'analista proprio per cambiare tale atteggiamento;

— *nasconde* la sua aggressività sotto una esagerata cortesia;

— *si aggrappa a una spiegazione*, o cerca di provocarla, per non dover "scavare" più in profondità; sfugge anche all'angoscia dicendo a se stesso che dopo tutto "non è conciato così male come si potrebbe credere".

È chiaro che queste tappe sono molto dolorose per il paziente. È qui che la collaborazione umana trova la sua estensione e la sua bellezza, poiché si tratta di far nascere un uomo nuovo, la misura e l'autenticità del quale erano sepolte sotto le scorie che la vita aveva, a poco a poco, accumulate.

Ma c'è sempre un periodo (temporaneo) in cui il paziente rifiuta di collaborare (inconsciamente, del resto). È la "*resistenza*". Ne abbiamo già parlato nel cap. 4.

Il caso di Paolo T.

Paolo T. ha quaranta anni. È molto intelligente; ha due bambini. Dice:

«Sono sposato da quindici anni. Siccome mia moglie è una donna molto dinamica, fin dall'inizio ho lasciato che fosse lei ad occuparsi dell'andamento familiare. *Ciò mi faceva comodo: ho un considerevole lavoro.* Ebbene, i bambini crescono; i miei ragazzi hanno bisogno che prenda io il timone. Mi sono accorto con stupore che non potevo farlo! Ho l'impressione che mia moglie mi faccia paura. È aggressiva, ma buona. *Ci intendiamo bene.* Non c'è mai stata ostilità da parte mia, mai. Dovrei dunque prendere io le redini... e ne sono incapace. È per *l'abitudine presa?* Ma ogni volta che devo intavolare una discussione mi prende la tremarella. *Se mia moglie si arrabbia, io faccio macchina indietro*...».

Ecco dunque i "sintomi". L'analista si pone già alcune domande:

— "*Ciò mi faceva comodo*". È vero questo motivo? O preferiva non occuparsi di niente per sfuggire alle sue responsabilità?

— "*Ci intendiamo bene*". Ma in quali condizioni? S'intenderebbero ancora se quest'uomo riprendesse le redini della famiglia?

— "*È per l'abitudine presa?*" Paolo T. cerca una ragione: è logico. Ma questa ragione è vera? Vedremo che non lo è.

— "*Se mia moglie si arrabbia, io faccio macchina indietro*". Perchè? Cosa prova quando sua moglie si arrabbia?

Ecco un altro estratto di seduta (analisi non ortodossa, v. cap. 1). (P = Paziente; A = Analista):

P: «Ieri mia moglie mi ha fatto bruscamente un'osservazione. Le sarei saltato alla gola, ma lei non si è accorta di niente. Sono stato molto gentile e tutto è rientrato nell'ordine».

A: «Perchè lei è stato gentile?».

P: «Mi vergognavo tanto della mia aggressività nei suoi confronti!».

A: «Quando sua moglie è imbronciata come reagisce?».

P: «Io... io non mi sento affatto a mio agio. Ho voglia di tagliar la corda. Mi sento... come disorientato... sto male dentro di me... Allora, tornando a casa, le compro dei fiori».

A: «E sua moglie non è più adirata?».

P: «No».

A: «E lei si sente sollevato?».

P: «È sempre più piacevole intendersi!».

A: «Ma da che cosa si sente sollevato?».

P: «Non lo so... Sollevato da un peso. Ho voglia di dire: "Uffa, tutto è sistemato, non vi sono più problemi!"».

A: «Problemi che lei ha rimuginato per tutta la giornata?».

P: «Ora non esageriamo! Mi sento sollevato semplicemente perchè ci intendiamo di nuovo, ecco tutto!».

L'ultima risposta è molto aggressiva. È stato toccato un tasto sensibile? Inoltre, Paolo T. si sente "sollevato". Lo si è sempre per qualcosa. Per che cosa dunque? Per non essere più in disaccordo con sua moglie? Ma cosa rappresenta per lui tale disaccordo?

Dirà più tardi:

P: «Sono contento di vederla per mettere a punto certe cose. In fondo, mi sento un ragazzino davanti a mia moglie. Ecco. Lo sentivo, ma non volevo rendermene conto. Ne sono stato angosciato per otto giorni. Anche con lei, è difficile a dirsi... Così davanti a mia moglie ero un ragazzino molto saggio, per evitare delle storie... Quando aveva il muso io reagivo, poi l'accarezzavo. Mi credevo sempre in colpa».

A: «Lei si sentiva sollevato quando aveva l'impressione che sua moglie la perdonasse?»

P: «Esattamente! Avevo l'impressione che mi amasse di nuovo (un lungo silenzio). Come quando le offro dei fiori.... (alza di tono). Dunque, ho paura. Ho sempre avuto paura senza saperlo. Ho paura. Mia moglie è aggressiva: avrà anche lei paura? Il mio capufficio, che grida tutto il giorno, ha paura del direttore. Il direttore ha paura della sua segretaria. La segretaria ha talmente paura che potrebbe fare la guardiana di un campo di concentramento. Allora, tutti hanno paura?».

Rimane lungamente in silenzio. Poi freddamente, in tono asciutto:

P: «Chi crede di essere per mettere la gente così alle strette?».

A:...

P: (Un silenzio). «Mi scusi. È contro di me che sono furioso. Uno vive così... e poi si rende conto che il problema è un altro... Si vive nell'illusione di una sicurezza, di una libertà, e poi ci si accorge di aver preso un granchio enorme... E non siamo che all'inizio, eh?».

A: «Probabilmente...».

P: «Promette bene. Ma, tutto sommato, è meglio così. Preferisco diventare quello che sono e non aver più paura. Forse, tutto questo è colpa di mia madre. Quando ero bambino...».

Qui incomincia un nuovo capitolo della sua storia.

Ecco lo "schema" del comportamento di Paolo T.:

a) madre dispotica, sempre imbronciata; dava spesso al bambino la sensazione di essere "abbandonato", in colpa, solo al mondo. Da ciò, angoscia e senso di colpa (v. su questo importantissimo punto in cap. 15);

b) per sfuggire a questa angoscia, il bambino "vezzeggiava" sua madre. Ciò gli permetteva di essere perdonato (pur non essendo colpevole di niente!) e di farsi nuovamente amare;

c) moralmente svirilizzato (poichè aveva dovuto evitare di opporsi a sua madre), Paolo T. sposò una donna aggressiva. Lasciava a lei ogni cura domestica "per non avere storie", quindi per sfuggire a qualsiasi competizione con sua moglie.

Questo è uno schema molto semplice, tuttavia è già sufficiente per capire come il proprio comportamento esteriore desse a Paolo T. l'impressione di esseré "perdonato", almeno per quel giorno. Ci imbattiamo ancora nella colpa, sintomo molto frequente di cui verranno citati numerosi esempi. Anche qui (durante l'analisi) l'aggressività farà la sua apparizione ogni volta che l'autenticità del comportamento di quest'uomo sarà messa in dubbio. Inoltre egli, "rivivendo" la sua infanzia, avrà delle intense crisi di aggressività, dirette contro sua madre... e contro l'analista (v. cap. 8).

L'angoscia e l'aggressività di Jeanne P.

Si tratta di un caso purtroppo frequente, Jeanne ha quaranta anni. Nubile. Vive con suo padre, vedovo da molto tempo (v. anche il Super-Io, cap. 11, con un esempio a prima vista, molto simile).

Dice:

«Vivo con mio padre che è vedovo. Non ho mai *voluto abbandonarlo*. Non ne avevo il diritto, non le pare? Perciò, ho *volontariamente rinunciato* alla vita per dare un po' di gioia al mio vecchio padre fino alla fine dei suoi giorni. Ma dopo, sarò sola, senza nessuno che mi tenga compagnia; questo mi angoscia molto. *Se almeno mio padre mi avesse obbligato* ad imparare un mestiere! Invece no. Mi ripeto sempre: "Restiamo soli, noi due!...". Tuttavia, avrò fatto *il mio dovere*. Non voglio giudicare nessuno, ma il mio ideale di *proteggere mio padre* è *ugualmente* valido?».

In effetti, la realtà è un'altra. Prima di tutto il padre di Jeanne non ha bisogno di niente: possiede del denaro e una salute robusta. Allora, di che si tratta, pur senza entrare nei particolari? L'anormalità di questa situazione salta agli occhi. Anche Jeanne lo sente, ma si "giustifica" dicendo:

«Molti mi hanno detto che la mia vita è anormale. Esco soltanto con mio padre. Non ho mai conosciuto *altri uomini*. Per me, i *doveri morali* e il *sacrificio di se stessi* sono sempre stati degli imperativi...».

Ora, di tutto questo l'inconscio di Jeanne non pensa nemmeno una parola... se così possiamo dire. Che sta dunque succedendo?

Ciò che crede Jeanne	Ciò che avviene realmente
Non ha mai voluto abbandonare suo padre.	Non ha mai *potuto* rinunziare al rassicurante calore del focolare. Questo le ha permesso di sfuggire alle responsabilità della vita.
Crede di proteggere suo padre.	Ella protegge se stessa. Rimane, si può dire, attaccata ai pantaloni di suo padre.
Ha volontariamente rinunciato alla vita.	Si tratta di un infantilismo prolungato. Ha preferito restare una bambina aggrappata a sua padre che lanciarsi nella vita (complesso di Edipo).
Se mio padre mi avesse costretta ad imparare un mestiere! "Restiamo soli, noi due!"	Anche il padre, manifesta un egoismo e un attaccamento *sessuale* inconsci (di cui per adesso non parleremo).

Ecco, sommariamente, la situazione. Ma non è finita qui. Pensate che Jeanne avverte vagamente, questa dipendenza infantile e amorosa verso il padre. Allora invoca "nobili ragioni" (ideale, dovere morale, ecc.). Queste "nobili ragioni" servono a neutralizzare l'aggressività, profondamente accumulata, che prova verso suo padre. Del resto, un po' più tardi, ella griderà:

«È per causa sua che ho rovinato la mia vita, per il suo egoismo, la sua tirannia, per il suo modo di fare perchè restassi con lui. Non voleva che lo lasciassi: voleva che fossi per lui, ad un tempo, la moglie, la figlia, la madre!...».

Inoltre, vi è un enorme senso di colpa, perchè Jeanne prova una profonda ostilità verso "quest'uomo che ha fatto di tutto perchè non diventassi una donna", ma, in seguito, dirà anche:

«È strano... io... quando avevo quindici anni, o anche venti... *mi sentivo colpevole ogni volta che pensavo ad un uomo*... avevo voglia di gettarmi nelle braccia di mio padre e chiedergli di perdonarmi per aver dato il mio cuore a un altro... Mi rendo anche conto di non aver mai osato di giudicare mio padre... che per me aveva tutte le qualità... come un eroe, un dio...».

E apparirà l'angoscia, ma insieme un immenso sollievo, quando Jeanne dirà:

«Ebbene, il mio ideale e il mio dovere morale erano egoismo e autentica fifa! Mio padre è un angosciato; egli mi ha dato l'angoscia della vita. Tutto ciò che dicevo a me stessa non era che una facciata dorata per nascondere la paura e per costringermi a rimanere sotto il tetto paterno, dove non occorre fare nessuno sforzo... Ora devo mettermi ad amare veramente...».

È chiaro che in un caso del genere, in cui il modo di vedere le cose, si trasforma a poco a poco, la presenza dell'analista, la sua comprensione, la sua umanità, svolgono un compito fondamentale che consiste nell'aiutare il paziente a superare le angosce e i dubbi che compaiono durante il cammino (naturalmente, questo caso è molto schematizzato).

COSA DIMOSTRANO QUESTI ESEMPI?

Ognuna di queste persone è in preda a un conflitto inconscio. Conflitto tra l'amore e l'odio, tra un facile infantilismo e una difficile maturità, tra la sottomissione e la rivolta, ecc.

L'angoscia e l'aggressività si presentano insieme al conflitto. Più l'analisi si avvicina al conflitto, più aumenta l'angoscia. Quindi l'analista deve intervenire a un dato momento. Giunge sempre un istante in cui si scatena una crisi di aggressività (ogni volta che il paziente si trova di fronte ad una verità nascosta).

Riprendiamo il caso di Jeanne P.

Ecco cosa diceva dopo qualche tempo:

P: «Quando lei mi ha portato a vedere le contraddizioni che erano in me, ricorda la mia collera contro di lei?».

A: «Sì, sì...».

P: «È durata una buona mezz'ora?».

A: «(Sorriso) Un'ora».

P: «Ebbene... Lei aveva messo il dito su ciò che io volevo nascondermi, giustamente! Ma da due settimane la mia angoscia stava salendo come un'inondazione. Avevo l'impressione che tutta la mia vita fosse falsa, che tutto rosse di stucco. E lo era! Credevo di essere una figlia devota e ammirevole, e non ero che una ragazzina attaccata a suo padre; e mio padre aveva fatto di tutto, senza saperlo. perchè rimanessi attaccata a lui... Ah, è proprio bello!».

A: «Diciamo che è logico».

P: «Avevo trentacinque anni quando sono andata sola a teatro! Cosa non ho provato di angoscia e di liberazione nello stesso tempo! Me ne ricorderò sempre. E mio padre che sembrava dire: "Ci siamo questa volta..., è finita, mi sta abbandonando...". Io non sapevo più se ridere o piangere, se fossi finalmente diventata una donna o un mostro che abbandonava suo padre...».

Come abbiamo già detto, l'aggressività, (v. pag. 107), il senso di colpa, l'angoscia compaiono sempre durante un trattamento psicologico profondo. Per di più, questi tre sentimenti fanno parte di *ogni* nevrosi... *e della maggior parte delle esistenze umane.*

Senso di colpa, aggressività, angoscia

L'angoscia e il senso di colpa saranno trattati in un capitolo a sé. Ma possiamo già osservare la loro apparizione, durante un'analisi, attraverso alcuni esempi.

È possibile separare i sentimenti di colpa, di aggressività e di angoscia? Si può dire: ecco un puro esempio di senso di colpa, un puro esempio di aggressività, ecc.? Non è possibile. Questi profondi sentimenti formano un tutto unico; a volte ne appare uno, a volte un altro. Oggi, un'ostilità feroce (ma repressa) si leverà contro l'analista; domani, un'ostilità dichiarata o un abbandonarsi fiducioso, poi una resistenza, e così via.

Un esempio (telefonico)

«Pronto! il dottor...? (l'analista)».

«In persona».

«Ehm... Buongiorno dottore... Qui Jeanne X... Non la disturbo?».

«Affatto, signora».

«Davvero? Non è occupato?».

«Veramente».

«Ah? È strano..., perchè... ecco... *devo partire urgentemente*».

«Va bene, rimandiamo l'appuntamento al...?».

«Sono veramente desolata, *ma questo viaggio è assolutamente necessario.* Lei capisce, io (e qui un torrente di spiegazioni sul fatto che quel viaggio era assolutamente imprevedibile;

poi): Ho fatto il possibile per rimandarlo, poiché *un appuntamento, è un appuntamento, non è vero? E io detesto non tener fede ai miei impegni. Le assicuro che non è colpa mia...*».

«Ma certamente, signora».

«Voglio dire che sono desolata. Dover annullare in questo modo un appuntamento con lei, me *ne fo una malattia*».

«Può capitare a chiunque, non le pare?».

«Sì, lo so, ma insomma... voglio che lei sappia che *non dipende dalla mia volontà*... io mantengo sempre nel modo più assoluto i miei impegni, e poi quel che è detto è detto, non è vero? Infine, ecco... Io... *spero che lei non si seccherà con me*».

«Dunque, il suo appuntamento lo spostiamo al...?».

«Grazie. Ma se lei desidera assolutamente che venga, potrei ancora cercare di rimandare il mio viaggio, ma proprio per questo ho già fatto almeno dieci telefonate, e sembra che sia as-so-lu-ta-men-te impossibile».

Cosa vi scorgiamo? Questa persona si sente "in colpa" in modo esagerato. Più tardi essa dirà:

«Sa?... Si trattava di un semplice appuntamento, non di un viaggio. Ma mi sentivo così colpevole, avevo una tale impressione di dispiacerle e che lei potesse seccarsi che ho ingrandito la cosa per aver delle ragioni tali da impedirle di essere in collera con me...».

Ci troviamo dunque di fronte al senso di colpa (e all'angoscia che vi è sempre legata). Questa telefonata non è che un atto fra mille altri, evidentemente; ma in *tutti* gli atti di Jeanne è impressa la sensazione di essere in colpa, di essere tollerata, di essere accettata a malapena, di dover giustificare tutte le sue azioni, ecc. (essendo spesso inconsci i sentimenti di colpa).

Cosa osserviamo ancora? Jeanne insiste *troppo* su delle giustificazioni che potrebbero tradursi con: «Ho davvero fatto il possibile per non mancare all'appuntamento, ma sono vittima delle circostanze... Guardi come sono leale... ecc.». Era cosciente in quel momento? No. Infatti diceva in seguito:

«Avevo un tale panico, ero così angosciata che inventavo qualunque cosa; e credevo a ciò che dicevo! Mi sembrava di essere una criminale che doveva farsi perdonare!».

Ed è proprio questo il senso di colpa: sentirsi sempre in fallo... e cercare sempre di farsi perdonare. Milioni e milioni di persone agiscono — più o meno — in questo modo; e ciò è spesso causato da una cattiva educazione, da genitori nevrotici che infondono la sensazione di essere colpevole per la minima cosa che possa fare il bambino o l'adolescente...

E quello che diceva Jeanne si potrebbe riassumere così:

«Come vedete, sono una ragazzina molto saggia e sottomessa alla vostra autorità; in cambio, non mi respingete, non seccatevi con me e perdonatemi, poichè ho tanto bisogno di essere amata...».

Il caso di Y.

Y. non suonava mai al portone esterno. Preferiva arrivare con mezz'ora di anticipo e aspettare che qualche inquilino aprisse la porta per penetrare nello stabile. Poi, all'ora "esatta", suonava direttamente alla porta privata. E *ogni volta* diceva: «Fortunamente sono potuto entrare insieme a un tale che aveva le chiavi. In tal modo Lei non deve disturbarsi due volte».

Infatti, Y. aveva *paura* di disturbare due volte (una, al citofono, l'altra, alla porta privata). Perchè? Perchè Y. cercava di farsi piccolo il più possibile e di mostrare quanto ci teneva a evitare qualsiasi disturbo. Perchè? Per *mostrare* quanto fosse "gentile"... e, di conseguenza, per essere "accettato" dall'analista. In realtà, i suoi violenti sentimenti di colpa facevano sì che egli si sentisse "tollerato" ovunque si presentasse (ripetiamo, come in tutti i casi di colpa).

Ecco un estratto di seduta

P: «Ho scoperto una cosa importante!».

A: «...».

P: «Sì. Vi sono in me sentimenti di inferiorità e di colpa. Ma è normalissimo; ho sempre detestato mia madre. È quindi logico che mi senta colpevole. E poichè mi sento colpevole devo cercare di punirmi. Del resto, l'ho letto in alcuni libri di psicanalisi. Quindi, se inconsciamente devo punirmi, è logico che io ricerchi l'insuccesso...».

Trionfante, guarda l'analista, poi aggiunge:

P: «Credo di aver fatto un bel passo avanti, eh?».

A: «Può darsi».

P: «Come, può darsi? Ma è chiaro come il sole!».

Diventa aggressivo e continua:

«Inconsciamente, sono tormentato, perchè, secondo le ragioni morali, è proibito odiare la propria madre! Lei sa che per me niente è importante quanto la nobiltà dei sentimenti!».

Che avviene in lui?

1) Il paziente "fa sfoggio" della sua "scoperta" per ottenere l'ammirazione dell'analista e quindi per sentirsi alla sua stessa altezza, invece di essere pervaso da un senso di inferiorità: esattamente come il bambino si sforza di attirare la benevola attenzione del padre.

2) Il paziente recita una parte. Mostra dei sentimenti nobili ed elevati (..."niente è importante quanto la nobiltà dei sentimenti..."). Anche se questi sentimenti sono *fondamentalmente* veri, *qui risultano falsi*, poichè il paziente vuole *mostrarsi perfetto* (ciò che gli permette di sfuggire alla critica).

L'analista può approvare quello che dice il paziente, in questo preciso caso? *Assolutamente no. Se lo fa*, "*blocca*" *il suo paziente*, il quale crede allora di aver ragione, e crede nell'autenticità dei suoi sentimenti. Egli rischia di adagiarsi sugli allori... e questo lo ostacolerebbe nella ricerca di se stesso.

6. - PASSA UN ANGELO

Bisogna sempre sospettare di se stessi.
(*Un paziente*)

Entriamo ora in un campo dell'analisi che è quasi indescrivibile. In realtà si tratta di migliaia di tenui fili, di possibili reazioni, di sensazioni. Come abbiamo già detto, non può esservi nessun lavoro in profondità senza un'intensa collaborazione fra lo psicologo e il suo paziente. Questo è ovvio. Tale relazione si stabilisce evidentemente attraverso la parola. È *parlando* che il paziente si farà conoscere dall'analista. È *parlando* che l'analista metterà sulla giusta via il paziente e lo condurrà verso quella consapevolezza (v. cap. 9), senza la quale nessuna guarigione (o arricchimento della personalità) è possibile.

Tuttavia, il *silenzio* fa anch'esso parte di un'analisi, spesso in larghissima misura. È chiaro che un lavoro psicologico costituisce un potente *legame* fra l'analista e il paziente. Questa unione deve stabilirsi in vista di un fine comune: guarire una persona malata, scoprire una personalità nascosta, fare emergere delle possibilità sepolte.

Il Silenzio dell'analista

Un'*analisi ortodossa* significa che il paziente può dire tutto ciò che gli passa per la testa, non importa come, e riguardo a qualsiasi cosa, senza tener conto di niente, né della morale, né della possibile opinione dell'analista, né di ciò che è "bene", né di ciò che è "male".

Durante questo tipo di analisi, l'analista "scompare"; egli resta neutro e relativamente silenzioso.

Prima di tutto è necessario capire una cosa: l'analista non può, in nessun caso e in nessun modo, influenzare il paziente con idee od opinioni personali. Non c'è niente che l'analista possa disapprovare, criticare, giudicare, ammirare, biasimare. Egli è al di fuori della morale, al di fuori delle opinioni. L'abbiamo già detto tutto questo. Ora, il paziente avverte ogni atteggiamento *profondo* dell'analista. Supponiamo di avere a che fare con un analista cattolico e che il paziente sia ateo. Supponiamo ancora che il paziente attacchi violentemente il cattolicesimo e che l'analista reagisca interiormente contro questi attacchi (anche se non si muove un solo muscolo del suo viso). La cura è compromessa. *L'analizzato avvertirà profondamente la disapprovazione dell'analista.* È quindi facile capire come l'analista debba esser capace di far scattare l'interruttore delle sue opinioni. Ciò fa parte integrante della sua professione.

Dunque, *l'analista deve "scomparire"*. D'altra parte, *deve restare presente*, con tutte le sue qualità umane e tecniche. È presente in ogni istante, col cuore e con lo spirito. Diventa muto; silenzioso; tace. Egli ascolta; ed è per lui (soprattutto se il *transfert* [v. cap 8] è violento), la fase più difficile e più faticosa. *A vederlo lo si crederebbe passivo* (poichè non parla né reagisce). È neutro *quanto è possibile esserlo.* Ascolta con uguale profonda umanità le opinioni più disparate, i più brutali attacchi. Migliaia di repressioni, di complessi, di angosce, si riversano davanti a lui.

È proprio durante questa "fase passiva" che l'analista è più attivo. Egli elimina, fino in fondo a se stesso, la sua personalità e le sue idee filosofiche; diventa un uomo senza opinioni. *Non ha diritto di averne* durante una seduta d'analisi. Diventa un uomo senza idee. *Egli deve soprattutto essere capace di non aver più niente da padroneggiare interiormente.* L'analista tace, si prepara a lavorare a fondo, a mettere in gioco tutte le risorse del conscio e dell'inconscio, a vantaggio del paziente. Si lascia scivolare nell'inconscio di quest'ultimo. *Il silenzio dell'analista non è dunque una "tecnica" arbitraria, ma è un mezzo profondamente umano, che permette al paziente di restare solo con se stesso, a fianco di un "testimone" col quale si tratta di stabilire, per parecchi mesi, un profondo legame.*

Questo in linea generale, ma varia secondo il caso, la seduta, il momento (lo abbiamo potuto vedere attraverso gli esempi portati). L'analista può intervenire. Tuttavia, lo farà sempre in modo *neutro;* non darà mai consiglio, non criticherà mai, nemmeno nell'intimo di se stesso. Inoltre il silenzio non può essere messo in pratica in qualsiasi momento e con qualsiasi persona. Il silenzio non può far parte di una tecnica rigida. Dove andremmo a finire se la psicologia si rinchiudesse in una tecnica stabilita una volta per tutte?

Ciò che importa del resto, e soprattutto, non è il silenzio dell'analista, ma il suo profondo atteggiamento interiore. E qui ritorniamo a quello che abbiamo già detto: l'analisi è un fatto, ma è l'analista che importa prima di tutto (a condizione naturalmente che possieda una perfetta conoscenza della tecnica analitica!).

Il silenzio del paziente

Mettiamoci al posto del paziente. Egli è solo con se stesso L'analista è silenzioso. Un orecchio imparziale, neutro, umano, ascolta. L'inconscio del paziente deve riemergere con i suoi veti, i suoi tabù, i suoi complessi, le sue inibizioni, le sue angosce, le sue false sicurezze. Tutto ciò che è stato represso deve risalire alla superficie. Il paziente deve arrivare ad una sincerità assoluta, affinchè si stabilisca una profonda collaborazione. A un certo momento egli, volontariamente o no, tace. Aleggiano nella stanza dei silenzi più o meno lunghi; questi silenzi possono durare per tutta una seduta, a volte.

PERCHÈ QUESTI SILENZI?

Vi sono innumerevoli motivi. Il primo che viene alla mente è che il paziente taccia perchè ha paura (o vergogna) di dire certe cose. Ha paura di dire certe cose *che ritiene* inconfessabili. Vediamo dunque alcune e diverse forme di silenzio che si presentano in analisi.

Il silenzio volontario

Si tratta di ricordi, fatti, sentimenti che il paziente desidera passare sotto silenzio. È molto logico. Egli pensa alcune cose, ma le tace. Non che tema di confessarle a se stesso (se ne ha coscienza), ma teme di essere giudicato sfavorevolmente dall'analista. È assurdo, evidentemente; comunque, questo è ciò che prova il paziente. Egli, dunque, passa certe cose sotto silenzio. Brancola, divaga, scherza, si perde in digressioni che non hanno niente a che vedere col problema centrale. Sta fuggendo. Ebbene, egli sa *razionalmente* che l'analista non giudicherà secondo la morale ciò che dirà; tuttavia, "è più forte di lui". Lo stesso paziente è stato educato, come gli altri, a classificare secondo lo schema comune ciò che è "bene" e ciò che è "male", ciò che è degno di biasimo, di scherno, di ammirazione, ecc. È quindi evidente che egli non si sbarazzerà in poche sedute della sua profonda inquietudine di fronte al "giudizio".

Infatti, alcuni dichiarano:

«C'è una quantità di cose della mia infanzia e della mia adolescenza alle quali penso, ma che non oso dire. Forse, potrò farlo la volta prossima? Non lo so... Ma sono incapace di dirle ora».

Come reagisce l'analista? In generale, tace. Non fa nessuna domanda. Non spinge mai l'analizzato a parlare, per la semplice ragione che sarebbe prematuro farlo ([1]). L'inconscio deve venire alla superficie senza sforzo; "forzare" il paziente significherebbe bloccarlo.

Altri ancora dicono:

«Se dovessi dirle ciò che mi passa per la testa in questo momento, non so che cosa lei penserebbe di me...».

«Sento che ci sono degli episodi che stanno riemergendo, episodi che ho nascosto a me stesso per tanti anni. Non riesco ancora ad afferrarli molto bene, ma se lasciassi liberi i miei pensieri quei fatti ritornerebbero assai facilmente. Ma ho l'impressione di non volere che essi tornino. Perchè? Non perchè lei è lì, poichè ho una assoluta confidenza in lei e so che il segreto professionale è assoluto in psicanalisi. So anche che lei non giudica mai e che mi ascolta con profonda simpatia e col sincero desiderio di aiutarmi... ma nòn posso».

Dunque, il paziente devia prendendo un'altra direzione infinitamente più sicura (lo fa spesso, del resto, senza saperlo). Prima di tutto è necessario capire che per lungo tempo il paziente si è nascosto a se stesso e agli altri: ha presentato una facciata; hà recitato una parte; si è messo una maschera. Ed

---

[1] Per il paziente costituirebbe una *castrazione*, una mutilazione della propria personalità.

ora dovrebbe mettersi rapidamente a nudo? Si comprende facilmente come ciò debba avvenire in modo progressivo. Bisogna arrivare a liberare l'inconscio senza troppa angoscia; perché è evidente che se questa si impadronisse di un uomo, egli farà di tutto per sfuggirle. E questo avviene anche in sede di analisi, consciamente o no.

Nel caso di cui ci occupiamo, il solo modo di sfuggire all'angoscia è di parlare di altre cose. *Obiettivamente, il paziente è al sicuro*. Forse come non lo è mai stato in tutta la sua vita: questo sicuro rifugio è rappresentato dal gabinetto dell'analista. Ma il paziente *non si sente* al sicuro, e reagisce quindi in funzione di questa mancanza di sicurezza.

Alcuni pazienti dicono:

«Lei sta lì ad ascoltarmi senza dir niente. È facile! In queste condizioni vorrei farlo anch'io il suo mestiere. Mi aspetta al varco, eh? Ebbene, in questo caso la cosa è semplicissima: non le dirò assolutamente niente».

Queste riflessioni sono infantili, nel senso che stanno a significare: «Lei *vuole* che parli? Ebbene, non dirò niente». Inoltre, si fa spesso imperioso il bisogno di farsi valere. Vi sono dei silenzi durante i quali il paziente "prepara" quello che sta per dire, per mostrarsi nella luce migliore.

Una persona diceva un giorno, durante un'anamnesi (v. cap. 4):

«L'altro ieri ho cominciato a far ridipingere i miei appartamenti...».

Ciò era falso: essa non aveva *fatto* ridipingere, per la semplice ragione che l'aveva fatto lei stessa. "I miei" appartamenti erano esagerati, poiché occupava un solo appartamento, come tutti.

È un esempio elementare, ma dimostra che il desiderio di farsi valere è a volte molto forte (d'altra parte, il paziente rischia di darsi la zappa sui piedi). Di conseguenza, egli adorna la verità, aggiungendovi questo o quell'aggettivo che dà maggior forza al suo discorso, insinuando certe qualità (che possiede o no, ma che ad ogni modo possono valorizzarlo). In questo caso il paziente è come un pittore che apportasse a un quadro quei piccoli ritocchi che ottengono l'ammirazione di chi l'osserva. L'atteggiamento dell'analista è invariabile; egli resta neutro, registra ciò che passa nell'inconscio del suo paziente. Non ha che uno scopo: farlo uscire dal marasma.

Il significato del silenzio

Il contatto umano si stabilisce attraverso la parola, ma anche al di là della parola. Certi silenzi sono densi di significato, siano essi carichi di aggressività, di affetto, di paura, di angoscia, di serenità. *Ogni silenzio significa qualcosa.*

Ecco il caso di un uomo intelligente che occupa un posto di importante responsabilità. Dopo avere snocciolato alcuni ricordi mentre l'analista restava silenzioso:

«Mi domando che cosa scrive, così, ininterrottamente Non mi dirà che quello che racconto ha importanza? A meno che non sia per parlarne ad altri analisti? Dovete ben divertirvi insieme. È più facile non rispondere, eh?».

Silenzio. Poi, ecco apparire i sentimenti di colpevolezza.

«Voglio essere sincero. Ho l'impressione di non dir niente di ciò che lei si aspetta da me, di deluderla, di farle perdere tempo. Lei avrà certamente dei pazienti più interessanti di me!».

Silenzio. Poi:

«Ecco! tanto per dire, mi domando che cosa lei pensi di me, del mio carattere! Francamente, m'interesserebbe saperlo. Se almeno lei non rimanesse impenetrabile come un muro! Ebbene! Lei mi ricorda mia madre!...».

Qui, osserviamo due cose: il paziente è angosciato per la "opinione" dell'analista nei suoi riguardi, opinione che non conosce. Crede che lo giudichi, che si diverta a "sottoporre a un test" il suo "carattere". Lui dice: "Ecco! Tanto per dire...". il che lo fa sembrare disinvolto... ma in realtà gli permette di sfuggire all'angoscia. Inoltre, ciò significa: "Eh, via! Si potrebbe parlare anche da uomo a uomo!"; questo gli permetterebbe di discutere, di giustificarsi, di provare che ha ragione: *quindi, di sfuggire all'incertezza e all'angoscia.*

E continua, dopo aver violentemente tamburellato per qualche minuto:

«Decisamente, Lei resta impassibile. È molto forte! Mia madre, almeno, si vedeva quand'era furiosa. In lei, non si vede niente!».

Poi un mutamento, da aggressivo diviene sottomesso:

«Perbacco, sono io una bestia... Lei lavora per il mio bene, perché io diventi un vero uomo; questo le deve costare una fatica enorme... Io la attacco e lei non risponde».

Silenzio. Poi, un tentativo per entrare in contatto "personale" con l'analista, per farsi "perdonare di essere stato cattivo":

«Lei è per la non-violenza? Oh, non mi risponda, lo capirò benissimo. Ma bisogna essere molto forti per essere non-violenti».

Silenzio. Quindi, una battuta spiritosa per ristabilire la situazione (e *sfuggire all'angoscia*, ancora una volta):

«È peggio dei cattolici che si mangiano il naso, eh?».

Un paziente aspira ad essere capito (e a capirsi) fin nelle più piccole fibre della sua personalità. *Aspira ad unirsi affettivamente all'analista per il lavoro comune.* Occorre tuttavia (perché questa unione interiore si realizzi) *che il paziente cessi di aver paura.* Ora, dobbiamo renderci conto che se la paura si è annidata in lui per anni e anni, non cederà in un'ora.

Ancora una volta si vede come l'analista, in certe fasi del lavoro psicologico, debba essere prudente e "calcolare" il minimo intervento da parte sua, senza rinunciare mai ad un atteggiamento interiore fraterno.

Il silenzio del paziente è molto spesso una fuga. Ma vi sono anche dei silenzi oscuri, angosciosi, nei quali il paziente sprofonda sempre più, non riscontrando alcuna eco da parte dell'analista. In questo caso succede spesso che si manifestino improvvise scariche di aggressività, di ostilità, di collera. L'atteggiamento dell'analista varia allora secondo i casi e il momento. È impossibile tracciare una regola generale. Spesso l'analista interviene per *analizzare l'angoscia* che si è insediata, come pure la reazione aggressiva.

SILENZI BENEDETTI

Si può essere silenziosi perché si è felici. Non c'è bisogno di parole per manifestare la gioia, la pace, la sicurezza. Se il paziente è tranquillo, la serenità interiore può apparire in tutta la sua vastità. Vi sono così delle sedute che si svolgono quasi interamente in silenzio. Il paziente non è né irritato, né angosciato. Si potrebbe dire che si lascia "scivolare" nel silenzio.

Non bisogna però che la situazione si prolunghi. Perché? Il paziente è tranquillo; ma non deve continuare a sentire lo studio dell'analista come "un'oasi di pace". Rischierebbe di adagiarsi in questa situazione e di non uscirne più. Intendo dire che, standoci bene, sentendosi di nuovo "come un bimbo nel ventre materno", non avrebbe alcuna ragione di uscirne.

Ecco ancora due estratti di seduta. Ogni persona potrebbe ritrovarvisi perché ognuno, nel corso della vita, si aggrappa a delle sicurezze. Ma la nevrosi è composta di false sicurezze (v. cap. 14). In questo caso ci si accontenta di un paio di stampelle; bene o male si cammina. Poi, ecco che comincia a farsi strada una liberazione interiore. Il paziente ricomincia a camminare. Infine, si accorge di andare avanti senza quelle stampelle che gli sono servite per tanto tampo. Getta uno sguardo indietro e vede le sue stampelle allontanarsi. Allora, la tentazione di recuperarle è forte. Egli tende a riprendere le sue vecchie sicurezze. Esce dalla prigione, ma vuole aggrapparsi alle sbarre, come aveva detto prima un paziente; ovvero, *egli ha paura di non aver più paura*, come dirà Maria nell'esempio che segue:

Maria dice:

«Da una settimana sono in uno stato... gioia, tristezza, gioia, paura, non paura, angoscia, euforia, forze improvvise, debolezze che tornano... Che miscuglio! Ieri, ho avuto voglia di abbandonare l'analisi, ora che sto molto meglio! Perché? *Sono spaventata dalla mia verità... Essa è mille volte più bella di prima, ma quante illusioni su me stessa devo abbandonare!* Non sto modificandomi, sto mutando completamente! Ed è questo che è bizzarro: *più si fa luce, più ho voglia di rientrare nella mia caverna e di tapparmi gli occhi!* È come nascere di nuovo, come se non avessi mai vissuto... tanto tempo sciupato, perduto, morto... E mi angoscia rendermi conto di non aver mai vissuto... Sono anni che ho paura... ed ecco che non ho più paura! È idiota... *ma il fatto di non aver più paura mi spaventa.* Mi spaventa diventare adulta! Sono come un prigioniero che d'improvviso venisse gettato nella strada, in pieno sole, fra la gente... O come un accattone al quale si offrissero cento milioni da amministrare e dei quali fosse responsabile... È sempre così in analisi?».

«Spesso...».

«Ebbene! Ce ne sono di prigionieri sulla faccia della terra!».

Così, l'analisi toglie le sbarre; il detenuto prende coscienza della prigione. L'analisi fa crollare i muri. E bisogna abbandonare l'illusione di credersi liberi, quando si è prigionieri di complessi, di angosce, di meccanismi di sicurezza...

Quello che dice Jean-Paul:

«È strano... Tutto si discioglie dolcemente, così... Mi sento bene, sempre più forte... E dire che ero così smarrito!... Sono come una roccaforte che è stata cannoneggiata. In principio, non sapevo più dove rifugiarmi. Sentivo che il fortino crollava; e io mi ero sempre nascosto là dentro! *Avevo voglia di ricostruirlo in tutta fretta per nascondermici di nuovo, di rinforzare i muri, di proibirvi di entrare...* Mi dicevo: "Che sarà di me se il fortino scompare?" E tuttavia, mi sposo entro un mese, ho trovato una situazione stabile, sono pieno di energia. Quando penso da dove sono partito, da quale illusioni su di me e sugli altri, da quali paure...! Avevo a che fare con dei soldatini di piombo, e io li ingrandivo facendone dei mostri spaventosi... È incredibile come si possa nascondere la testa nella sabbia per sfuggire a se stessi...».

GLI INTERVENTI DELL'ANALISTA

Quand'è che l'analista si pone a "interpretare", cioè a spiegare quello che avviene nell'intimo della personalità del paziente? A spiegare le parti più recondite della nevrosi, le cause profonde di questa nevrosi?

Ricordiamoci due cose essenziali. Una persona che intraprende un'analisi desidera guarire, consciamente parlando; è ovvio, poiché soffre. Ma, spesso, *rifiuta inconsciamente* questa guarigione: le *resiste*. Quando un certo materiale importante risale dall'inconscio incontra dei "blocchi". Perciò abbiamo, da un lato: cosciente desiderio di guarigione; dall'altro: rifiuto inconscio di guarigione. Tutto questo è facile a capirsi poiché, come già detto, il soggetto desidera eliminare i sintomi che lo fanno soffrire (un'idea fissa, una timidezza, una fobia, ecc.). Ma ciò non significa (per un certo tempo) che egli desideri abbandonare le strutture caratteriali che per molti anni gli hanno servito da *difesa*. La sua falsa personalità gli serve da ombrello. Egli lo prende anche quando fa bel tempo, perché, per lui, potrebbe piovere. Lo porta dovunque: per la strada, nei salotti, negli uffici. Se ne sente ingombrato; sente anche che esso non corrisponde alla realtà profonda. Tuttavia, non se ne stacca.

Torniamo ora alla domanda: *quand'è che l'analista comincia a interpretare* e a spiegare in profondità? *Quando comincia a dirigere il paziente verso* importanti "consapevolezze"? (v. cap. 9).

Dovete pensare che, se lo potesse, lo farebbe fin dall'inizio. La cura analitica durerebbe allora due o tre settimane e ogni nevrosi sarebbe eliminata. Ma in pratica non è affatto così. Prima di tutto perché l'analista non può in un periodo di tempo così breve, conoscere le estreme profondità del suo paziente; in secondo luogo, perché la diagnosi profonda non sarebbe compresa dal paziente o non sarebbe consciamente tollerata.

Diceva un paziente:

«Mi rendo conto, soltanto ora per la prima volta, che per lei dire una parola deve essere terribile. Se qualche tempo fa lei mi avesse data questa o quella spiegazione che io ora comprendo, sarei saltato su, l'avrei masticata, l'avrei mandata giù di traverso, l'avrei capita male, sarei stato in agguato e mi sarei trovato mille volte più malato di prima. Se dire una parola deve essere, per lei terribile, dire una frase deve essere più terribile ancora. Lei deve dosare, deve camminare sulle uova: se il suo "bisturi" slittasse, se lei commettesse il minimo errore, mi domando quali conseguenze potrebbero derivare. Lei potrebbe toccare qualcosa che resiste e che, per poter resistere, si blocca ancora di più. Per lei dire una parola deve essere come un fiammifero che dà fuoco a tutto un bastimento. E nondimeno, quanto mi sono arrabbiato, e come ce l'avevo con lei! Avevo l'impressione che lei si mantenesse in un silenzio olimpico, mentre non faceva che il suo mestiere e nel miglior modo possibile. *Soltanto ora mi rendo conto che non si colgono mele in inverno*».

Un altro paziente:

«Se all'inizio della mia analisi lei mi avesse detto: "mi parli dei suoi sogni", credo che ne avrei fatto una malattia. Sarei impazzito, mi sarei sentito colpevole di non sognare, o perché avevo l'impressione di non sognare. Mi sarei sentito anormale. Oppure come un accusato, di fronte a lei, ogni volta che fossi venuto a una seduta senza recarle dei sogni. Credo anche che ne avrei inventati per non deluderla. Mentre ora, tutto viene da sé...».

Pensiamo che in queste due riflessioni si debba rilevare una frase di fondamentale importanza: *non si colgono mele in inverno*. Si colgono quando sono mature. In questo modo non si rovinano né le mele né l'albero. Una persona intraprende un'analisi per esaminare, ricercare e correggere la sua vita profonda. Un'analisi "cristallizza" la vita di tutti i giorni. Non si colgono le mele in inverno. Ciò significa che l'analista non può dire qualsiasi cosa, a chicchessia, in qualsiasi momento. In altre parole, egli non può dare troppo in fretta un'interpretazione, né portare avanti l'analisi troppo rapidamente. Non si parla cinese a un francese, né inglese a un giapponese. L'analista precede il paziente nel labirinto. Se a un certo punto si apre un abisso, egli deve accertarsi che il paziente possieda la corda e la scala che gli permetteranno di varcarlo, invece di restare sul ciglio, agghiacciato dall'angoscia, o di fuggire a gambe levate verso gli antichi rifugi.

La "consapevolezza" deve essere il risultato di un lento maturare della personalità. Supponiamo che un analista dia troppo presto una spiegazione in profondità. Supponiamo anche che il suo compagno di viaggio lo comprenda *razionalmente*. A cosa servirebbe? A niente. La "consapevolezza" non deve essere razionale, ma *affettiva;* essa deve essere *vissuta* e *sentita* nella vita quotidiana. Supponiamo dunque che l'analista agisca troppo presto. Se egli tocca una rimozione importante, è evidente che il paziente non potrà sopportare quella interpretazione senza grande angoscia. Tale angoscia farà nascere una resistenza; questa resistenza rafforzerà la rimozione.

Riassumendo:

a) dare una spiegazione prima del tempo, significherebbe toccare delle rimozioni troppo dolorose; questa spiegazione darebbe quindi luogo a un'angoscia insopportabile;

b) questa angoscia, a sua volta, farebbe sorgere una resistenza e un blocco;

c) non si può dunque interpretare niente in profondità prima che molte importanti resistenze siano cadute (v. cap. 9).

Accade spesso che alcuni pazienti dicano:

«Mi domando quando lei mi dirà qualcosa e che cosa mi "rivelerà". Può farlo, sa! Sono pronto ad accettare tutto da lei, dal momento che sono qui!».

È vero? è falso? Consciamente, razionalmente, il paziente dice il vero. *Ma il suo inconscio pensa il contrario.* Come abbiamo già detto, una persona nevrotica è simile a una persona che si trovasse sull'orlo di un abisso, aggrappato a un rampone. Si capisce che *se l'analista vuol togliere il rampone senza avere "assicurato" il paziente, questi si afferrerà a un altro rampone o affonderà ancora di più il primo.*

«Se tre mesi fa, lei mi avesse detto che la vita con mia madre mi aveva svirilizzato, credo che l'avrei accettato. *L'avrei accettato perché questo poneva tutte le responsabilità sulle spalle di mia madre e nessuna sulle mie.* Se mi avesse detto (ciò di cui mi rendo conto oggi) che tutti i miei rapporti con gli altri erano basati sulla paura, credo che avrei accettato anche questo. Ma se lei mi avesse detto che alle donne domandavo solo una cosa: il loro grembo e la loro protezione, che tutta la mia gentilezza mascherava un'intensa paura, credo che le sarei saltato addosso, *perché questo metteva in causa il mio comportamento tutto intero.* E tuttavia è vero. Ma ora sono molto più forte; non soltanto l'accetto, ma assumo questa consapevolezza che mi ha recato un ritorno di energia considerevole».

Questo paziente ha ragione. Tre mesi prima, il suo "Io" non era sufficientemente armato. Durante l'analisi, con l'eliminazione progressiva delle resistenze e delle rimozioni, le energie che erano bloccate nell'inconscio si liberarono e rafforzarono il suo "Io". Di conseguenza, quel piccolo Io che era all'inizio, quell'Io indebolito, a poco a poco diventava adulto, capace di vedere, di accettare, di correggere certi infantilismi.

Supponiamo ancora che un analista, sempre prematuramente, dica anche solo questo:

«La sua grande cortesia è falsa: è quella di un bambino che ha paura. Lei è troppo cortese, perché ha paura di entrare in competizione con qualcuno. Lei non sopporta la competizione; ha paura di essere sconfitto; ha paura di essere respinto; lei si sente debole e spaventato come un fanciullo. La sua cortesia, ripeto, è falsa; in realtà, essa maschera un'aggressività considerevole. Ma lei ha paura di essere aggressivo, perché teme di essere castrato (v. in seguito). Lei è masochista».

Una spiegazione del genere non fornita al momento giusto sarebbe estremamente pericolosa. Supponendo che l'analista ne dia solo la prima parte, il paziente salterebbe immediatamente su alla parola "aggressività"... e *ne sarebbe soddisfatto*. Perché? Perché, nel suo intimo, si sente *debole*. Ora, *essere aggressivo significa, per lui, essere forte*. Infatti, *crederebbe di doversi rallegrare* e direbbe dentro di sé: «Tanto meglio! Sono aggressivo mentre credevo di essere debole». Egli "giocherebbe" allora a fare l'aggressivo, si crederebbe al sicuro... e il trattamento subirebbe un arresto.

Se un'interpretazione più spinta fosse data troppo presto, il paziente entrerebbe in una fase d'angoscia. Pensate! Per anni, egli ha vissuto in modo *troppo* cortese, *troppo* gentile, *troppo* educato. Passa ovunque per un uomo estremamente cortese; la maggior parte dei suoi successi è basata sulla cortesia. Ora, questa cortesia è falsa; è quella di un bambino che dice: «Sì papà, bene papà; sì mamma, va bene mamma». E questo, per farsi accettare, per farsi amare e per evitare di sentirsi "respinto". È quindi la struttura profonda del suo carattere che è in gioco. Dunque, il paziente soffre; la sua cortesia lo protegge; tuttavia, egli è continuamente in tensione, si sente minacciato, ha paura, è angosciato. *Ma è venuto dall'analista per dei sintomi che non hanno niente a che vedere con questa falsa cortesia*! Il suo Io è ancora troppo debole per *accettare* una importante consapevolezza.

Ancora una volta vediamo che tutti gli interventi dell'analista devono seguire l'evoluzione profonda del paziente. Ripetiamo dunque che non si colgono le mele in inverno, e questo sia in psicologia che nella vita comune. D'altra parte, tutto questo non ha molto a che fare con l'intelligenza del paziente. Dipende solo dal progressivo maturare degli ascessi inconsci. È evidente che se uno ha un patereccio, deve farlo maturare e non picchiarci sopra. E, come dice Nacht: "A voler arrivare troppo presto, si rischia di non arrivare mai".

Un esempio di una parte d'analisi

Ecco ora un "resoconto" scritto da una persona durante la propria analisi (un prete, intelligente, attivo, che possedeva una personalità forte, ma repressa) e che mostra esattamente (e in maniera profondamente umana) lo svolgimento di una parte dell'analisi.

«Ero alla ricerca di me stesso, perché soffrivo. All'inizio di un'analisi, la grande difficoltà consiste nel fissare i pensieri.

Essi appaiono, vengono e spariscono; a volte è difficilissimo captarli. Sono viscidi come le anguille; ci sfuggono e il filo è rotto. Bisogna aspettare. Qualche volta allora riemergono più lontano, molto più lontano; ma si sono trasformati, perché qualcosa nelle resistenze interiori ha ceduto. Per molto tempo ho creduto che l'intelligenza e la ragione ci dominassero e che la ragione ordinasse i nostri comportamenti e le nostre azioni. Ma ora mi accorgo che non è affatto così. Diceva San Paolo a proposito: "Il bene che voglio fare non lo faccio, e il male che voglio evitare lo faccio". Questo, per giungere alla conclusione fondamentale che, per fare un'osservazione valida sui nostri comportamenti, è indispensabile conoscere bene lo strumento da usare. Soltanto ora me ne rendo conto. È quindi necessario sapere come siamo fatti "interiormente", verificare sempre se il nostro Io è intatto e corrisponde alla nostra vera personalità, se non sia invece fabbricato di sana pianta per proteggerci contro le paure e le angosce interiori. Questo era il mio caso e quello di milioni di persone. Ho vissuto a lungo nel buio, e ora comincio a veder chiaro. Prima che mi decidessi a intraprendere un'analisi, sentivo che le cose non andavano, che il mio modo di trarmi d'impaccio era, in sostanza, una fuga per la tangente, ma non volevo confessarlo a me stesso. Ero continuamente in preda all'angoscia, al timore, al senso di inferiorità, alla paura. Credevo di essere timido, e questo è molto importante. Avevo vergogna di me stesso; non mi aspettavo più niente dalla vita. Avevo qualche volta un moto di ribellione, un moto di odio contro me stesso, ma mi sentivo così vecchio, mentre non avevo che trentacinque anni! Il mio nervosismo non faceva che aumentare; la mia emotività era grande. Un po' di musica che fosse appena appena romantica mi faceva piangere. Non sapendo più chi e che cosa fossi realmente, avendo sempre paura, urtando continuamente contro degli ostacoli che non vedevo, poiché erano dentro di me, decisi di fare un'analisi. Dopo un po' di tempo mi resi conto che la psiche può essere raffigurata con una piramide, il cui piano superiore, piccolissimo, rappresenta la parte cosciente, mentre l'inconscio occupa tutto il rimanente fino alla base. Bisognava perciò discendere nell'inconscio: avevo paura. Era necessario scavare in questo inconscio per arrivare a uno sviluppo armonioso, per trovare la mia vera personalità. In principio era terribilmente difficile, poiché mi sembrava che non vi fosse alcun accesso diretto. Bisognò prima trovare una porta, ma questa era murata e molto ben mascherata; ora so che la mascheravo io, mio malgrado. Fatte queste scoperte è incominciato il processo. Si è sceso qualche gradino e raggiunto dei corridoi, innumerevoli labirinti, luoghi senza uscita, e trabocchetti anche. Bisognava avanzare con prudenza, non sbagliarsi. Finalmente, mi sono trovato in una grande sala sotterranea, una specie di cripta, di tomba. Vi ho trovato del vecchiume, dei pensieri che risalivano alla mia giovinezza; ricordi dimenticati, rimossi da lungo tempo. Tutto questo risaliva piano piano alla superficie della coscienza. Avevo delle sorprese gradevoli e sgradevoli; percorrevo una galleria dopo l'altra, sotto la guida dell'analista. Dopo un certo tempo riconoscevo dei luoghi dove ero già passato, delle sorprendenti similitudini con cose che ricordavo vagamente. A poco a poco, si formava nella mia mente un quadro più o meno fedele che lo diveniva tanto più, quanto più vi lavoravo. Prima dell'analisi so che se mi avessero parlato di questa piramide, avrei detto: "Ma io la conosco bene codesta piramide, l'ho visitata da cima a fondo, la conosco, io!". Ora, ciò che ignoravo era l'esistenza di una porta murata e ciò che si trovava al di là di essa. È sorprendente vedere che sono proprio quelli che non conoscono niente ad affermare a gran voce di conoscere tutto, mentre quelli che posseggono delle vaste conoscenze sono molto più modesti e riservati nei loro giudizi. Lo scienziato si esprime con riserva; il ragazzino appena uscito dalla scuola parla con arroganza. E io ero come lui. Dovevo dunque scendere nella mia cripta; ma mi rendevo conto di non poterlo fare da solo e che mi occorreva l'aiuto di una guida, di qualcuno che fosse abituato a questa specie di escursione sotterranea. È così che mi recai dall'analista per iniziare un'analisi del profondo. L'idea di una guida che mi conducesse nei sotterranei di una vecchia fortezza (la mia) era naturalmente molto allettante, ma inesatta. In quel caso la guida conosce a memoria l'itinerario per averlo percorso tante volte. Qui è completamente diverso; la guida non conosce la fortezza, perché ogni persona è diversa dall'altra. È piuttosto uno speleologo che ha l'abilità e i requisiti per tentare questa grande avventura, ma non può correre alcun rischio, perché la vita del cliente è nelle sue mani. Deve quindi, in primo luogo, prendere contatto: vedere con che tipo d'uomo ha a che fare. Dapprima ho riassunto, nelle sue grandi linee, il mio *curriculum vitae*, con i ricordi che si riallacciavano a ciascun periodo, ricordi coscienti, i motivi che a quel tempo parevano guidare le mie azioni e che, poi, mi sono apparsi sotto ben altro aspetto. La guida mi faceva discendere in tutta la mia affettività inconscia (che avevo immaginato sotto forma di piramide). Tutto questo doveva essere rimosso e frugato cominciando dalla sommità, per raggiungere infine il blocco e le radici profonde. La difficoltà consisteva nel lasciarmi andare; ma mi rendevo conto che non si trattava che di una fase iniziale. Dapprima, tendevo sempre a ragionare, a concentrare la mia attenzione e la mia intelligenza su un punto fisso, un punto preciso, su un ragionamento e una discussione. È proprio quello che non bisognava fare. In fondo, dovevo lasciarmi trascinare dalla corrente. Ma tutte le censure poste dalla mia educazione, i miei pregiudizi, tentavano di impedire che ciò si compisse. Bisognava quindi cercare di impedire a questa censura di entrare in azione. Si fa più presto a dirlo che a farlo. Bisogna che il subconscio passi dalla dogana: ed è spesso una cosa difficile. È come il disagio che si proverebbe guardandoci in uno specchio e vedendovi un'immagine deformata. Ci teniamo sempre a fare una buona figura, non è vero? Ed è quello che volevo fare io, mio malgrado, davanti all'analista. Eppure sapevo in modo razionale che egli mi amava, mi stimava profondamente, umanamente e faceva il possibile per aiutarmi, senza che intervenisse mai il minimo giudizio, di qualunque cosa si trattasse... Come ho già detto, pensavo che l'intelligenza dominasse tutte le altre facoltà. Ora mi accorgo che la mente e le idee seguono, adattandovisi, i sentimenti, le emozioni profonde che molte volte sono pulsioni che risalgono dall'inconscio in seguito a una causa esteriore. E la mia analisi continuava. Un giorno raccontai all'analista un sogno assai violento e lui mi disse che i vari personaggi che si agitavano in questo sogno rappresentavano i vari aspetti della mia personalità. Ho continuato a lavorare nel sottosuolo, e non è stato facile. Ho avuto delle contrazioni, ribellioni, collere, e questo accadrà ancora fino a che tutto il mio Io non verrà alla luce. Tutto questo appare sconcertante, soprattutto all'inizio di un'analisi, poiché vi sono dei periodi in cui il cantiere sembra deserto. Si ha l'impressione di essere un pescatore in riva a un lago che aspetta un grosso pesce, e si snerva, si spazientisce, si scoraggia... fino al momento in cui si accorge che il pesce viene alla superficie quando meno se l'aspetta. La prima diagnosi che fece l'analista mi cadde addosso come una doccia fredda. Mi disse, tranquillamente, che la mia timidezza non era che un sintomo; ma io sentivo che non volevo capitolare. "C'è alla base, disse ancora l'analista, un'angoscia che ha dominato tutta la sua evoluzione ed ha provocato dei comportamenti di sicurezza". Questo primo colpo non riuscivo a digerirlo. Ci vollero molti giorni perché ciò si infiltrasse lentamente in me. E tuttavia, nella vita, sempre, avevo l'impressione di essere un vigliacco. E lo psicologo mi disse: "Ciò non deriva da vigliaccheria o da mancanza di coraggio; il coraggio è spesso una qualità dell'angoscia".Ne fui sconvolto. Lo diceva per tranquillizzarmi, per incoraggiarmi? No. Me ne resi conto più tardi, quando tutto divenne chiaro col tempo. Comunque, ero dominato dalla mia timidezza e continuavo a lasciarmi dominare. Perché? Perché questo lo trovavo più conveniente dell'angoscia. A mano a mano che procedevo, un'immagine mi si parava davanti: quella di una diga che bisognava spaccare e far saltare, a poco a poco, perché le acque trattenute dietro di essa si riversassero nella pianura. La necessità della guida! Sarebbe troppo lungo e noioso il diffondermi in particolari su ogni seduta. Spesso mi dicevo: "Ne ho abbastanza. Non è ancora l'ora?" Mi aggrappavo ai miei meccanismi di sicurezza Sapevo di averne bisogno, e nondimeno Dio sa se mi avevano fatto soffrire! Infine, non potendone più, lo dissi all'analista. Ero consapevole di dover guarire delle mie deformazioni, raggiungere la mia vera personalità che sentivo scaturire e che nel mio intimo respingevo. Dovevo diventare autonomo e rifiutavo di diventarlo. Mi attaccavo inconsciamente alla mia infanzia, a mia madre, al mio bisogno di protezione e di sottomissione. Sentivo di essere seriamente bloccato; sentivo anche di voler eliminare questi blocchi e, nello stesso tempo, di opporvi resistenza. L'angoscia aumentava. Dovevo rinascere; dovevo ridiventare adulto, e provare la stessa angoscia del bambino di fronte alla vita. Nessun aiuto esteriore mi era dato, salvo quell'aiuto che concentravo nell'analista, il quale era, per me, un mago e rappresentava la mia ultima domanda di grazia. E sempre più, sentivo (fino ad allora l'avevo saputo soltanto teoricamente) che l'analista non svolgeva mai la parte del giudice e che per lui non si trattava di dire "è bene" o "è male". Il suo scopo è puramente terapeutico, puramente umano. Egli deve raddrizzare certe deviazioni psichiche, ristabilire l'equilibrio della personalità. Dopo tutto, l'ulcera gastrica di un cattolico rassomiglia straordinariamente all'ulcera gastrica di un comunista! Eppure, ogni volta che qualcosa si sbloccava sentivo, sempre in misura maggiore, aumentare in me l'energia. Provavo un bisogno di attività, che non conoscevo più da molto tempo. Ritrovavo tutto il piacere di agire, pur sapendo che vi era una condizione: che prima di tutto sparissero l'angoscia e il senso di colpa. Un giorno parlai della mia angoscia all'analista, il quale mi rispose con molta calma, ma in modo netto: "Se stanno lavorando nella cantina, deve aspettarsi delle vibrazioni al primo piano". Era chiaro, preciso, non c'era bisogno di altre spiegazioni. E questo chiariva tutta la situazione. Poi sono entrato nella fase più dolorosa del trattamento analitico. Qualcosa che non si può immaginare, che si può raccontare solo con grande difficoltà; è incomunicabile. Ero veramente nella situazione del cane di Pavlov, in conflitto con tendenze assolutamente contraddittorie. Il bisogno di affetto e, nello stesso tempo, la certezza di non essere amato, erano una delle caratteristiche del mio stato. Avevo un intenso bisogno di essere approvato dagli altri. Se all'inizio, l'analista mi avesse brutalmente rivelato a me stesso, con molta probabilità l'avrei strangolato. In questa fase dell'analisi mi trovavo dunque combattuto tra esigenze contraddittorie, da un lato, l'esigenza di essere approvato; dall'altro, quella di un'indipendenza assoluta e orgogliosa. Umiltà, orgoglio, inferiorità, superiorità, potenza, si mescolavano in me. Se avevo bisogno di essere perfetto per meritare la stima degli altri, avevo anche un bisogno di imperfezione e di debolezza per ispirare pietà ed evitare in tal modo di essere respinto e malvisto. Verso tutto questo l'analista mi ha sospinto a piccoli tocchi, senza mai dire una parola troppo precisa che mi facesse male. Da un lato, avevo il terrore di essere debole, ma dall'altro, avevo terrore di essere forte, perché dovevo battermi. Tutto questo turbinò dentro di me giorno e notte per tutto un periodo dell'analisi. Avevo l'impressione di trovarmi sospeso su un baratro. Ma ciò che era più forte, era il bisogno di un'assoluta indipendenza, insieme a un bisogno di dipendenza che mi evitava di prendere le mie responsabilità di adulto. Nello stesso tempo mi rendevo conto di un'altra cosa: che il mio convento rappresentava per me la "Nostra Santa Madre Chiesa": insomma, il ventre di mia madre. Ci stavo bene; ero al caldo; vi avevo l'alloggio assicurato. Era il mio fallimento. D'altra parte, avevo bisogno di uscirne, di continuare a essere un secerdote, ma di esercitare, di dirigere un istituto religioso, di dirigere un istituto d'insegnamento. Da un lato, desideravo rimanere in seno alla "Nostra Santa Madre Chiesa" per essere protetto; dall'altro, avevo bisogno di essere libero...».

IL PARADOSSO FINALE

È dunque facile comprendere che la guarigione rappresenta un "pericolo". Facciamo un paragone. Quando il bambino nasce, la sua prima reazione è un alto grido d'angoscia (v. *L'angoscia della nascita*, cap. 12). Egli è stato bruscamente strappato alla inconscia dolcezza del ventre materno per essere tuffato in un mondo minaccioso. Per la sua psiche inconscia è dunque uno schock. E, sempre inconsciamente, si potrebbe dire che il bambino non desidera che una cosa: ritornare immediatamente nel grembo materno, ritrovarvi la tranquillità, la pace, la sicurezza... Molti adulti, del resto, hanno un'attitudine simile, sotto migliaia di forme possibili, come vedremo. Si potrebbe quasi dire che, quando viene alla luce, il bambino rimpiange (inconsciamente) di essere nato.

Passiamo ora all'adulto che sta facendosi analizzare. Se si tratta di una persona nevrotica, significa che deve passare da un mondo infantile a un mondo adulto.

Un'analisi è una ri-nascita. È quindi logico che il paziente reagisca con una temporanea angoscia, poiché deve abbandonare le stampelle (= le sue false sicurezze) per camminare da solo (= per divenire adulto dopo una profonda ricostruzione della sua personalità)...

E, spingendo la cosa all'estremo, si potrebbero citare le parole di Maryse Choisy: "Perdonate all'analista di avervi fatto questo male: guarirvi!"

7. - I RICORDI D'INFANZIA

Una domanda che le persone si pongono spesso: durante un trattamento psicologico, c'è una ricerca sistematica di qualsiasi ricordo dell'infanzia?

Ciascuno di noi, in ogni attimo della sua vita, è la risultante di ciò che è stato da quando è venuto al mondo. Ogni momento che noi viviamo è l'inesorabile risultato di milioni di altri momenti (coscienti o inconsci) che l'hanno preceduto, e nello stesso tempo diventa il punto di partenza di milioni di altri momenti della nostra vita (e della vita di quelli che ci camminano a fianco).

In ogni istante procediamo per forza d'inerzia e subiamo ciò che abbiamo fatto precedentemente.

Fin dalla nascita ogni nostro atto tesse una gigantesca trama. Inoltre, siamo vincolati dagli atti dei nostri genitori (che sopravvivono nel nostro Super-Io), gli atti dei genitori dei genitori, ecc... Una fantastica concatenazione, come vedete!

E se abbiamo dimenticato cosa eravamo, che cosa abbiamo fatto o detto all'età di cinque anni, ciò che facevano e dicevano i nostri genitori, e così via, ciò non toglie che il risultato sia iscritto nelle nostre cellule nervose, per il nostro bene o il nostro male. Ed è così per ogni secondo della nostra esistenza; vi lasciamo la cura di calcolare il numero dei secondi compresi in una vita di cinquanta anni.

Prendiamo il caso di una nevrosi. Questa malattia non si sviluppa all'improvviso; essa ha un inizio. Germoglia lentamente nell'intimo della personalità. Ma è evidente che una nevrosi comincia a un dato momento: a tre anni, a quattro, a cinque, poco importa. Per ogni persona è diverso, secondo le circostanze, il modo di reagire a queste circostanze, ecc.

Molte persone credono che in analisi si frughi *sistematicamente* nei più piccoli cantucci dell'infanzia, come si cercherebbe un chicco di frumento in un campo.

Una persona che aveva letto (male) alcuni libri di psicanalisi, diceva:

«Ho una paura matta dei cani. Significa *dunque* che nella mia infanzia devo essere stato morso da un cane. Devo aver rimosso quella paura. Credete sia possibile rintracciarla?».

È assurdo. Può anche presentarsi un caso simile, ma è rarissimo. La paura che prova questa persona, probabilmente non ha niente a che vedere con i cani (in sé), e il suo timore non è che uno dei vari sintomi. In ogni modo, ciò che crede questa persona non corrisponde *affatto* alla realtà del trattamento psicologico.

L'ETERNO PASSATO

Nessuno può separarsi dal suo passato. Esso fa parte di lui; così, come nessuno può dire che il suo sangue sia, ogni giorno, un sangue nuovo.

Nondimeno, alcune persone dicono:

«Ho tagliato netto col mio passato...».

«Voglio dimenticare il mio passato, e ci riesco...».

«La mia infanzia mi ha fatto soffrire, ma al diavolo la mia infanzia e pensiamo ad altro...».

«Quando mi sono sposato mi sono considerato "automaticamente" una persona adulta; ho tagliato ogni legame col passato. Non ho più ricordi, nessun rimpianto, le mie speranze sono state sostituite da altre speranze, ho chiuso tutti i battenti per ripartire da zero...».

Queste persone hanno quindi fatto degli sforzi per "dimenticare" il loro passato. *Ma ciò non significa che questo passato si sia dimenticato "in loro"*. È sempre presente quel passato, con le sue circostanze, le sue speranze, le sue disperazioni, le sue felicità, le sue infelicità, i suoi traumi. Una parte del passato continua a persistere, un'altra è, cosiddetta, "dimenticata", un'altra ancora è profondamente rimossa (v. cap. 13), ecc.

Alcuni digeriscono più o meno il loro passato. Altri lo vomitano. Altri hanno avuto un passato che ha sviluppato perfettamente la loro personalità (il che è estremamente raro, se non inesistente). Alcuni rimangono aggrappati al loro passato, restano infantili; altri no. Altri ancora accumulano brandelli del loro passato in un vecchio sacco sepolto nell'inconscio.

Infine, nel passato di un individuo, non vi è una serie di ricordi, ma una massa notevole di situazioni: sono situazioni familiari, sociali, culturali, ecc. Per esempio, il tale uomo o la tale donna non ha alcun ricordo dell'infanzia; ciò non toglie che in questa persona permanga ancora il "clima" di quella infanzia!

Ogni individuo, quando intraprende un'analisi, "parte" in modo diverso. Alcuni pazienti scoprono una massa di ricordi, parlano dei loro genitori, dei traumi dell'infanzia, ecc. Altri, al contrario, dicono: «Non ho alcun ricordo... non mi rammento di niente... non ho niente da dire... è come una profonda buca nera... c'è un mucchio di cose che affiora, ma non riesce a venir fuori ecc.».

Comunque, come abbiamo detto, una persona che arriva all'età adulta è afflitta da una personalità infantile relativamente grande e da un "Io" relativamente forte (v. cap. 10). Il compito della psicologia è dunque quello di eliminare gli infantilismi e di rafforzare l'"Io": cioè, la personalità adulta.

Il punto di partenza

In analisi, ognuno è assolutamente libero di dire tutto quello che gli passa per la testa. Di conseguenza, una persona comincia da tutti i ricordi dell'infanzia *coscienti* che si presentano. E questo, per più ragioni: sia perché tali ricordi le vengono in mente, sia perché, prima di tutto, cerca un "capro espiatorio" al quale addossare tutti i suoi mali. Ella ritiene che *soltanto* la sua situazione passata l'ha messa nello stato attuale; ma non si domanda ancora perché, *in età adulta*, ha continuato a soffrire di nevrosi... mentre le cause prime non esistono più (è un punto importantissimo sul quale ritorneremo).

In ogni caso la "rastrellatura" dei remoti ricordi d'infanzia è indispensabile qualche volta. Ma, cos'è che conta per una persona affetta da nevrosi? Evidentemente, la sofferenza *attuale*, i sintomi *attuali*, il modo in cui reagisce *attualmente* nella vita, l'*attuale* disadattamento sociale, ecc. D'altra parte, *ciò che questa persona è attualmente dipende* (in larga misura) *da ciò che è stata nel periodo dell'infanzia e dell'adolescenza*. Allora, come fare senza la ricerca totale dei ricordi?

In fondo, ci sono due possibilità. O si parte dall'infanzia e dall'adolescenza per arrivare alla situazione attuale del paziente (che è il prolungamento delle situazioni anteriori). Oppure si può anche partire dalla situazione attuale e *risalire* a poco a poco verso l'infanzia. In generale, è questo che avviene. È chiaro che una persona si lamenta, prima di tutto, delle sue sofferenze *di oggi*.

All'inizio dell'analisi, si tratta di fare la sintesi di quello che il soggetto possiede (mentalmente). Qual è la forza del suo "Io"? Quali sono le difese caratteriali? Qual è l'essenza della sua nevrosi? A che serve questa nevrosi? Contro che cosa essa protegge il soggetto? Qual è lo scopo di questa persona nella vita? Quali sono i bisogni, le rivendicazioni, l'intesa o il disaccordo con gli altri? Quale il suo grado d'angoscia? Perché quest'angoscia? Come si protegge contro di essa? ecc. Tali questioni sono dunque fondamentali.

A poco a poco, partendo dalla situazione attuale, il paziente stabilisce delle "connessioni" col passato.

Prendiamo un esempio molto elementare. Un paziente dirà:

«Di fronte al mio capufficio reagisco come reagirei di fronte a mio padre».

È banale. Ma, a partire da qui, il paziente comincia a "concatenare". Parla del padre, delle sue esperienze col padre, del carattere del padre, del modo in cui reagiva davanti a suo padre, prima, poi ai professori, all'autorità, alle donne, ecc. Quindi, da una situazione attuale (*il capufficio*), il paziente risale verso il passato (*suo padre*). È un cammino a rovescio che, spesso, è più fruttuoso del cammino in avanti. Perciò, a questo punto, gli avvenimenti e le circostanze dell'infanzia permettono di capire e di analizzare la situazione attuale.

Cosa si deve ricercare?

Prima di tutto non è una ricerca sistematica. È necessario che il paziente si "lasci andare". D'altronde, se ne incarica lui stesso, poiché trasmette le sue idee così come si presentano. Da questo svolgimento di idee, di associazioni, di ricordi, di riflessioni, di sensazioni, l'analista può già farsi un'idea assai precisa del paziente. È evidente, che, nove volte su dieci, l'analista precede da lontano il paziente, per prevedere la situazione (sia dal punto di vista della diagnosi che della prognosi e della terapia). A poco a poco, prende forma lo "stile di vita". Si cominciano a snidare le prime angosce dell'infanzia e dell'adolescenza. Si ritrovano le prime protezioni inconsce contro quelle angosce che, spesso, sono già dei comportamenti nevrotici. A questo punto si è sulla traccia del nemico: la nevrosi. Di tutto questo, si potrebbe dare, in sostanza, il seguente schema.

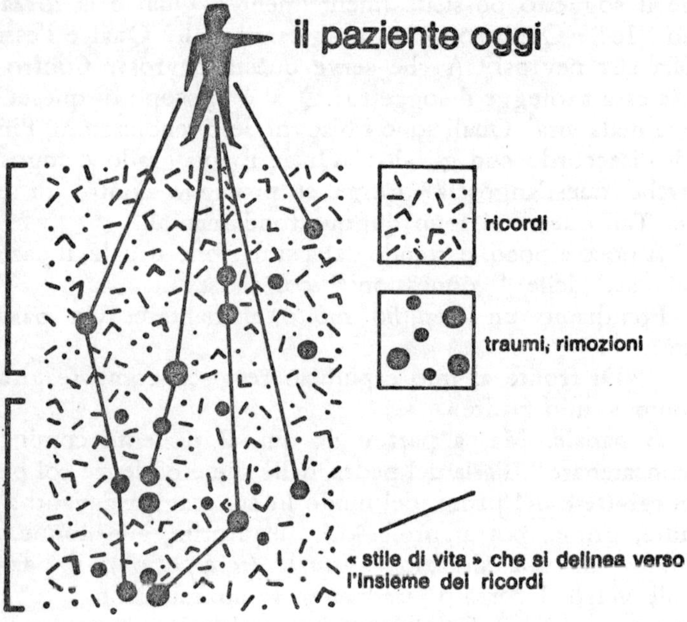

Un esempio

Susanna è una ragazza estremamente aggressiva; essa mostra una costante ostilità nei confronti di tutti. La prima cosa che fa pensare è che la sua aggressività sia causata dalla paura. Morde perché ha paura di essere morsa. *La sua aggressività ha dunque uno scopo: proteggere Susanna contro la paura e l'angoscia.* Questo è veder le cose molto in superficie; infatti: qual è questa paura? Qual è quest'angoscia? Perché esiste quest'angoscia? Quando è cominciato tutto questo? E perché continua tuttora?

Facciamo questo esempio per mostrarvi che il sintomo "aggressività considerevole" non è che una protezione contro qualcosa che farebbe soffrire Susanna (la paura). La sua aggressività (che è solo un sintomo) ha dunque una *ragion d'essere*. Essa permette a Susanna di vivere su una "soluzione di compromesso" ma di vivere comunque... diciamo di vivacchiare bene o male, e piuttosto male che bene.

Cosa occorre fare? Occorre ricercare ciò che si trova nascosto sotto l'aggressività. Quando scomparirà l'aggressività? Quando non avrà più ragione di esistere; *quando Susanna non ne avrà più bisogno*. Quindi, *quando la paura e l'angoscia saranno scomparse, l'aggressività se ne andrà automaticamente*. E così accade di ogni nevrosi, qualunque sia la sua complessità.

I ricordi d'infanzia non spiegano tutto!

Rivediamo un caso del cap. 4 (pag. 91). La signora Z., che non vuole figli, consulta uno psicologo. I motivi che adduceva erano veri (così credeva), ma le motivazioni profonde erano all'opposto e divoravano la personalità della signora Z. I ricordi d'infanzia furono in questo caso molto importanti? Sì e no. Milioni di ricordi concernenti la madre della paziente avrebbero potuto salire alla superficie. Ella non si è orientata esattamente verso sua madre, *ma soprattutto verso le proprie reazioni nei confronti di lei*. Alla luce di certi ricordi, la signora Z. si è resa conto di quanto era stata sottomessa a sua madre, impaurita davanti a sua madre, aggrappata a sua madre. Ha scoperto come il suo amore per la madre fosse un falso amore che nascondeva un violento odio (inconscio).

Con l'aiuto dell'analista (e attraverso quali difficoltà e sofferenze interiori!), la signora Z. è diventata "consapevole" che sua madre era un elemento fondamentale, che aveva segnato profondamente la sua infanzia e la sua adolescenza; ma la cosa più importante era lo "stile di vita" sviluppato nei confronti della madre. Dall'odio per *sua* madre ne era derivato l'odio per *la Madre* (in generale) e l'odio per il "*principio*" *della madre*...

Come si vede, i ricordi d'infanzia come *tali* non hanno un'importanza essenziale. Ciò che conta è il clima nel quale un essere umano è cresciuto, si è formato, il clima che ne ha arrestato lo sviluppo e incrinato la personalità (e questo senza rendersene conto). Abbiamo allora un individuo che vive secondo lo schema seguente:

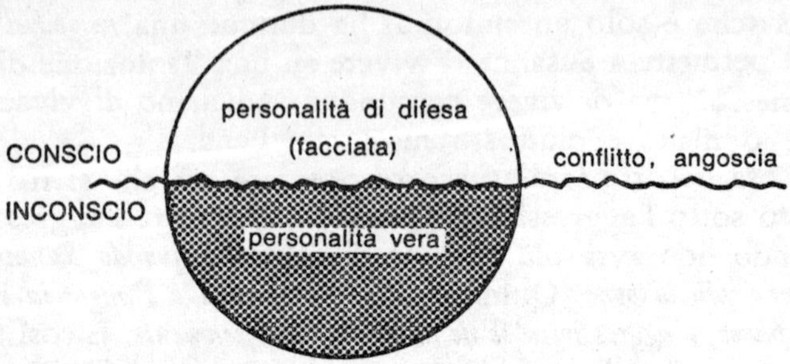

Riassumendo. È necessario esaminare prima di tutto la situazione e le sofferenze *attuali* del soggetto, *in funzione* dell'infanzia e dell'adolescenza. Non dobbiamo mai dimenticare che una vita umana forma una totalità e che *tutto* ciò che avviene nella nostra vita si scolpisce dentro di noi per sempre.

Per meglio mostrarvi la vastità di questo problema, ecco un altro esempio che rientra nello stesso problema dei ricordi d'infanzia in rapporto alla vita di ogni giorno. Questo caso si avvicina sensibilmente ad altri, citati o da citare.

LA «TOTALITÀ» DELLA VITA

Il passato del signor X.

Lo descriviamo nelle sue grandi linee, considerando semplicemente il "clima" nel quale ha vissuto. Ecco ciò che dice:

«Mia madre è morta quando avevo dieci anni. Sono stato allevato da mio padre. È un uomo di una straordinaria intelligenza, pieno di qualità, fisicamente bello e forte. Ha fatto il possibile per me. Rapidamente, è diventato un eroe, un dio. Ero assai gracile, sa? Non facevo mai qualcosa senza domandarmi come avrebbe fatto mio padre. Quando egli mi diceva: "Va bene; sono contento di te", avrei abbattuto una montagna. Avrei voluto rannicchiarmi contro di lui, ma non osavo... Al cinema, tutti gli eroi somigliavano a mio padre... Ero gracile, come le ho detto. Quando dei compagni di scuola mi tiravano qualche spinta, pensavo: "Se ci fosse mio padre, quante ne prenderebbero!". Ma, io, io non alzavo un dito e lasciavo fare».

«E lo raccontava poi a suo padre?».

«No. Mai! Ma io saltavo alcune lezioni per seguire dei corsi di judo e di lotta».

«Perché?».

«Ma... per potermi difendere! Un giorno, un compagno mi ha attaccato ed io l'ho scaraventato a tre metri di distanza. Questo fu, credo, il più bel momento della mia vita...».

«E questo lei l'ha detto a suo padre?».

«Sì, gliel'ho detto».

«Informandolo che lei aveva seguito dei corsi di judo?».

«No. Non so perché l'ho taciuto. Senza dubbio volevo che mi credesse naturalmente forte».

«Come ha reagito?».

«Con una sorta di superiore ironia. Mi ha detto: "Se ti succede un'altra volta rischi anche di prenderle. Se tu prendessi delle lezioni di boxe?" Poi ha aggiunto (l'avrei ammazzato): "O di judo, ti converrebbe di più!"».

«E poi?».

«Mi ricordo che per diversi anni, ho avuto voglia di domandargli di insegnarmi la lotta. Mi sarebbe piaciuto enormemente lottare con mio padre, come con un eroe... Ma non ho mai osato. Ogni volta che ammiravo la sua potenza fisica, la sua eleganza, mi giudicavo così meschino che le parole mi restavano in gola...».

«E poi?».

«Quando mi ha parlato di judo, sono scappato. Per la prima volta nella mia vita non mi controllavo più. Guardavo i suoi muscoli, il suo sorriso, la sua giacca dal taglio perfetto... Non so più che cosa gli ho urlato... che avrebbe fatto meglio a risposarsi, che era più preoccupato dei suoi successi che di me, che ero un povero meschino lasciato nell'ombra... insomma, una collera terribile... Non ha detto niente, ma è apparso infelice... E questo mi faceva un tale piacere, come se l'avessi schiacciato...».

I primi passi

Fermiamoci qui. In primo luogo, durante tutta l'infanzia di X., abbiamo visto: umiliazione "respinta" - ammirazione impotente, morale e fisica verso suo padre - ostilità rimossa - tendenza a considerare il padre come un "dio" - tendenza a essere un "figlio perfetto" per non deludere quel suo "dio di padre" - desideri "respinti" di lottare contro suo padre, di batterlo, di uguagliarlo, di superarlo (con impossibilità di riuscirvi) - ruminazione mentale carica di ostilità - angoscia da castrazione (v. in seguito).

Schematizziamo ulteriormente

a) Masochismo (= totale annientamento, sottomissione);

b) Omosessualità latente (desiderio di "fusione" affettiva e fisica con suo padre);

c) Svirilizzazione (di fronte a un padre troppo potente e che ha troppo successo con le donne);

d) Effemminatezza (impossibilità di diventare un uomo uguagliando suo padre), ecc.

Come vedete, questo è già un bel miscuglio; se ci trasportiamo nella vita adulta di X...

X. nella vita attuale

È impiegato in un'amministrazione, dove svolge funzioni di subalterno. È rimasto celibe. Prova (inconsapevolmente) un timor panico nei confronti dei suoi superiori (esprime questa paura dicendo: «Sono i miei superiori, devo loro del rispetto...», oppure: «Mi pagano perché faccia il mio lavoro alla perfezione...», oppure: «Non posso oppormi alle idee, poiché sono i padroni...», ecc.).

È sempre di una aggressività insopportabile verso i suoi pari. Visto dall'esterno, si direbbe un uomo timido, schiacciato, ossequioso, angosciato, inflessibile, sospettoso di tutto e di tutti, che passa bruscamente dall'*ostilità feroce* al *desiderio invadente di rendere un servizio* a ogni costo, incapace di amare e di essere amato.

All'inizio della sua analisi, si mostra di una franchezza (*troppo*) esemplare; si direbbe che esponga con piacere le sue miserie; *non contraddice mai* l'analista, *non si oppone mai*, pur facendo certe riflessioni che mostrano una *considerevole ostilità*, ecc.

Spesso *è angosciato* quando crede che l'analista "aggrotti le sopracciglia" o mostri un "atteggiamento freddo". Tale angoscia è visibile a occhio nudo. Perchè?

Cosa avviene in lui?

A prima vista, *si potrebbe credere* che, al presente, X. "ripeta" il comportamento puro e semplice che teneva di fronte a suo padre. *Si potrebbe credere* che egli trasporti nel presente le sue reazioni passate. In una parola, si direbbe che, nonostante la sua età *cronologica*, conservi le reazioni dell'*infanzia*. Si potrebbe credere che egli "proietti" suo padre sulle persone del suo ambiente (i suoi superiori, per esempio).

Ora, la realtà è comunque più vasta! Perché è angosciato? Perché ha paura dei suoi superiori? Questi non sono "suo padre": allora? Perché diffida così di tutti? Perché è incapace di amare e d'essere amato? Perché tanta angoscia di fronte agli atteggiamenti "freddi" dell'analista?

Alla quinta seduta...

X. si siede con *troppa* disinvoltura, sorridendo nervosamente. Si accomoda, *sbadiglia rumorosamente e ostentatamente* (è un'aggressività verso l'analista; sottinteso: «Forza! Facciamo quel che c'è da fare... del resto è proprio per questo che sono qui... se lei crede che io sia in apprensione e che abbia paura, guardi come mi trovo a mio agio...»). Poi, con aria complice e "distaccata", sempre sbagliando, dice:

«Allora, cosa "mi farà" oggi?».

Questo atteggiamento è chiaramente falso. L'analista si domanda (tenendo a mente l'infanzia di X.): «Perché quest'aria complice? Perché questa falsa disinvoltura? Perché questa frase?».

E osserva:

L'atteggiamento di complicità. Si tratta di una aggressività camuffata (sottinteso: "Non sono mica nato ieri!"). Oppure, è un atteggiamento per essere "accettato" dall'analista: ("Mi trovo a casa mia, siamo compagni, dal momento che si lavora insieme").

La disinvoltura. È una difesa contro la paura di essere "smascherato" dall'analista.

Che cosa MI farà? Questa frase riunisce in sè la complicità e la disinvoltura. Ma vi è di più. Vi è falsa indifferenza? Sottomissione inconscia? Latente omosessualità? Rifiuto inconscio di collaborare? Aggressività masochista (sottinteso: "Continua pure, tanto perdi il tuo tempo?").

Tuttavia, per il momento, X. continua a parlare soltanto delle sue infelicità *passate*. Non parla del presente, *perché rifiuta* (è logico del resto) inconsciamente di vedere la sua intima personalità. Rifiuta inconsciamente di lasciar cadere la maschera.

Inoltre si aggrappa a quei sintomi che lo proteggono contro l'angoscia (per esempio, la sottomissione lo protegge contro l'angoscia di essere biasimato o criticato da parte dell'analista, cioè da parte dell'"autorità").

Se non parla che delle sue passate infelicità, si potrebbe credere che il paziente fornisca un materiale prezioso... *poiché considera unicamente i ricordi d'infanzia.* Invece, non è così. Perché?

Di che cosa X. è cosciente?

È cosciente di poche cose *che riguardano il suo atteggiamento.* Ed anche questo è logico. La sua vita si basa su una falsa personalità che dirige la maggior parte delle sue azioni e dei suoi pensieri. Il suo "Io" è considerevolmente diminuito. Le sue protezioni interiori sono costruite in calcestruzzo.

Ma egli è cosciente di avere dei sentimenti di inferiorità "a causa di suo padre". *È tutto.* E anche di provare angoscia. Ma è *completamente inconscio* della sua incapacità di amare e di lasciarsi amare, dei suoi infantilismi, della sua masochistica sottomissione davanti ai superiori, della sua omosessualità latente, della sua tendenza a farsi piccolo il più possibile, della sua paura delle responsabilità, del suo profondo bisogno di fallire, ecc.

Qual è la situazione di X.?

Naturalmente è impossibile fornire i particolari dell'analisi di X.; occorrerebbe un intero volume. Ma la prima cosa che avvenne fu il *ritiro delle proiezioni* (v. in seguito). Un fatto molto importante che si verificò dal momento in cui X. divenne cosciente che i suoi superiori rappresentavano il Padre, cioè l'Autorità assoluta, con tutti i poteri, con la facoltà di accettare o respingere, biasimare e perdonare, congratularsi o flagellare... X., per una buona parola dei suoi superiori, avrebbe rinnegato il mondo intero (v. più oltre lo stesso caso). C'era dunque qui un profondo masochismo, una completa sottomissione, un'ossequiosità non disgiunta da sadismo (che si manifestava attraverso una sprezzante durezza verso i suoi subalterni).

Ma vediamo lo schema del suo comportamento attuale e confrontiamolo col suo passato...

X. DI FRONTE A SUO PADRE	X. DI FRONTE AI SUOI SUPERIORI (E ALLA VITA)
Ammirazione e sottomissione davanti a un padre "deificato"	Essere un impiegato più che perfetto; fare il possibile per evitare il biasimo
Svirilizzazione in seguito all'atteggiamento del padre	Completa sottomissione e ossequiosità; essere simile a un ragazzino molto saggio che mostra ammirazione verso i suoi superiori (almeno, in loro presenza!)
Odio verso il padre (rimosso)	Odio rimosso verso i superiori e ogni autorità. Critiche malevoli nei confronti dei suoi capi (quando sono assenti)
Paura del padre	Paura di tutto, di tutti e di tutte...
Desiderio di essere virile e bello come il padre, di conseguire i suoi stessi successi; *inconscio* desiderio di possedere un pene altrettanto virile, grande, potente come quello di suo padre (come un adolescente, il cui padre fosse uno spadaccino, vorrebbe possedere una spada così grande da uguagliarlo e da superarlo nel combattimento). Impossibilità di essere virile. Effeminatezza.	Senso profondo di fallimento. Bisogno inconscio di fallire e di suicidarsi. Omosessualità latente. *Flirts* con tutte le donne, ossessioni e deviazioni sessuali, essere un dongiovanni...

Quindi, partendo dai ricordi d'infanzia, *X.* doveva diventare consapevole della situazione interiore *attuale*. Ciò che fece progressivamente, attraverso difficoltà che è facile immaginare...

Il recupero delle energie

Prima di continuare a esaminare i ricordi d'infanzia, vediamo ciò che rapidamente si presenta in corso d'analisi: il "*ritiro delle proiezioni*". Occorre quindi definire cosa è una *proiezione*. In seguito vedremo perché questa eliminazione delle proiezioni liberi spesso una quantità considerevole di energia.

LA PROIEZIONE

La "proiezione" è uno dei meccanismi più elementari dell'essere umano. Del resto si conoscono i "tests proiettivi".

Al bambino (o all'adulto) si danno da eseguire dei disegni, da disporre alcuni oggetti secondo la sua ispirazione e fantasia, da completare delle frasi, ecc. Gli si chiede di interpretare dei disegni che rappresentano situazioni umane e che si possono interpretare in molti modi, e così via. Ognuno, naturalmente, reagisce in un modo proprio e *proietta* i suoi sentimenti, le sue emozioni, i suoi rimpianti, i suoi problemi, le sue gioie, nella realizzazione richiesta. Del resto, un'opera d'arte è, nove volte su dieci, la "proiezione" dell'anima profonda dell'artista. Ma la proiezione si realizza anche in modo diverso: un soggetto profondamente aggressivo, attribuisce a *tutti gli altri* i propri sentimenti; crede, allora, che "gli altri" siano aggressivi. In modo analogo, una persona fondamentalmente buona non può concepire che gli altri siano ostili o maldicenti. Oppure: un uomo che inconsciamente odia sua madre, rischia di odiare le donne sulle quali proietta sua madre, ecc.

È come se un individuo rischiarasse l'esterno allo stesso modo di un faro i cui raggi fossero i propri sentimenti.

Noi sappiamo quanto sia importante la ricerca delle motivazioni profonde delle nostre azioni e delle nostre intenzioni. Ciascuna delle motivazioni è vera o falsa. Ma non dimentichiamo che la malattia psicologica è basata su *false motivazioni* (poiché i motivi che si adducono non corrispondono del tutto a ciò che avviene in profondità).

La cosa più grave — quando vi sono false motivazioni — è quando il soggetto cerca di spiegare gli atti e le intenzioni degli altri attraverso le proprie motivazioni; in questo caso, osserva gli altri attraverso se stesso, ma un se stesso deformato o malato. Così, egli "proietta" sugli altri l'interpretazione falsa che dà alle proprie azioni... e, di conseguenza, interpreta falsamente le azioni e le intenzioni degli altri. Vediamo dove questo può portare: basta guardare intorno a noi tutti gli esempi di simpatia, di antipatia, di affetto, di odio, ecc., per rendersi conto che, nove volte su dieci, essi non sono che una serie di proiezioni di ciascuna delle persone in causa. E proiezioni tanto più pericolose in quanto sono inconsce.

Una comune proiezione

Il caso più frequente nella vita quotidiana: *l'odio*. Una persona prova dell'odio (che può più o meno giustificare) verso un'altra persona. Spesso, in questo caso, essa non fa che *proiettare la sua ombra*; cioè, crede di ritrovare nell'altra una parte di se stessa, spesso rimossa e odiata. È dunque se stessa che odia, ma attraverso un'altra (che ne subisce le conseguenze).

Oppure, una persona che odia proietta il suo odio sugli altri, ai quali attribuisce i suoi stessi sentimenti. Questo le permette, prima di tutto, di credersi candida come un agnello; ma le permette anche di difendersi contro il supposto odio degli altri. Abbiamo allora le lettere anonime, le insinuazioni, le calunnie, ecc.

La nevrosi si proietta

Per spingerci oltre, diremo che un soggetto nevrotico "proietta" sugli altri le manifestazioni della sua nevrosi. *Attribuisce a questa o a quella persona pregi o difetti che non esistono.*

Per esempio, una persona che ha paura e si sente sempre in colpa, crede che tutti le siano ostili, che ognuno cerchi di attaccar briga con lei, anche se gli altri sono neutri, anodini o stupidi. Cerca allora (con ogni mezzo) di essere perdonata, accettata, amata, sia da Dio che dal Diavolo.

Nel campo della *psichiatria*, la proiezione porta a casi di *allucinazione*: per esempio, un soggetto che soffra di mania di persecuzione, sente delle voci che lo minacciano, asserisce che dei microbi sono nascosti in lui, che i suoi pensieri vengono captati, ecc. Oppure, certe donne insoddisfatte, si liberano di una situazione intollerabile "proiettandola" su altri: inventano allora persecuzioni amorose di cui esse sono oggetto (e ci credono).

Altri esempi di proiezione

Ecco un automobilista. È una domenica mattina. L'uomo lucida, liscia la sua macchina. Si intuisce che per niente al mondo lascerebbe ad altri la cura di passare "amorosamente" lo straccio su una carrozzeria diventata così dolce al tatto come la pelle di una donna.

Cosa avviene spesso? Essi si "proiettano" sulla propria macchina. Questa, diventa *un prolungamento del loro stesso corpo.* Infatti, accarezzando le lucide lamiere, *accarezzano se stessi.*

È narcisismo. Meglio ancora: auto-erotismo. Sostituisce la masturbazione.

L'automobilista sorpassato. Avendo per la macchina un amore infantilmente potente, molti automobilisti amano dunque se stessi. Ma in questo caso, la macchina diventa un'"*arma*" *che prolunga il loro corpo* (come un pugnale, una spada... o un pene aggressivo).

Ecco la riflessione di un automobilista:

«Sono stato sorpassato da una ragazza. Sono stato preso da un accesso di collera. Ho avuto una voglia furiosa di "andarle addosso"...».

Esaminiamo questo caso:

1) L'automobilista identifica la ragazza con la macchina da lei guidata.

2) Anche qui, l'uomo "proietta" il suo corpo sulla sua macchina. È quindi "lui" che è stato sorpassato (e non la "sua macchina").

3) Il maschio oltraggiato prova dell'aggressività.

4) Egli ha voglia di "andare addosso"; traduciamo: di violare la ragazza. Perché?

5) L'automobile è un oggetto che "fende", che "penetra" (l'aria). In questo caso essa simboleggia il *pene* maschile.

6) Egli prova un rabbioso desiderio d'"incastrare" la sua macchina (cioè: il suo corpo, il suo pene) in quella della ragazza (che simboleggia il corpo di questa donna).

Un uomo dice:

«Sono fermo davanti a un passaggio pedonale. L'automobilista che mi segue si mette a suonare il clacson furiosamente. Io continuo a lasciar passare i pedoni e mi volto. Vedo "l'altro" che si agita come un demonio (non era bello da vedersi). Riparto. L'altro si lancia come una furia, mi sfiora, mi supera a tutta velocità nella strada stretta rischiando tre incidenti...».

Noi ritroviamo qui le stesse proiezioni. La macchina dell'automobilista furioso = *il suo corpo*, *armato* di tutta la potenza della macchina. Inconsciamente egli vorrebbe "traversare" (con la macchina puntuta) il corpo dell'avversario (= la macchina). Ma la morale e (soprattutto) il vigile vi si oppongono. Egli quindi lo "uccide" simbolicamente: invece di "attraversarlo" da parte a parte, egli lo "supera" a tutta velocità. Lo "attraversa" di lato, ma il più vicino possibile (sfiorandolo).

Diciamo che, inconsciamente e simbolicamente, questo rabbioso automobilista ha commesso un omicidio.

Le pistole

Ecco un altro esempio molto comune. Numerosi adolescenti (e adulti) rimasti infantili non si sentono forti, virili, potenti, se non hanno una pistola in tasca.

Perché? Anche qui, la pistola *simbolegga il pene*. La pistola è "penetrante", "perforante" (per lo meno i proiettili che spara). Essa è inoltre — evidentemente — un simbolo di aggressività patologica.

E così, con la pistola in tasca, molti adolescenti si sentono virili: la pistola diventa la "proiezione" del pene potente che essi vorrebbero avere (e che, a sua volta, simboleggia naturalmente la virilità maschia e aggressiva).

Una falsa buona azione

A prima vista si potrebbe credere che si tratti di un'azione compiuta per motivi altruisti. Invece...

Il signor X. è giurato in Corte d'Assise. Durante la consultazione, egli tenta tutto il possibile per salvare l'omicida. Perora la sua causa, espone dei motivi, mostra una energia e una "bontà" che sembrano al di sopra di ogni elogio. E X., con la sua convinzione e la sua eloquenza guadagna gran parte delle udienze.

In realtà, nel suo intimo, X. è ribelle *a priori* a ogni forma di autorità. Si ribella a suo padre, a tutto ciò che gli ricorda il Padre; quindi, alla Magistratura, alle Leggi, ai Codici, alle Guardie... e alla Società in generale. È soddisfatto soltanto quando può sogghignare contro tutto ciò che "ostacola la libertà" (che altro non è che una proiezione dei suoi sentimenti verso suo padre).

Ed è ciò che ha fatto. Egli non ha perorato *la causa dell'accusato*, ma ha cercato *di vendicarsi della società attraverso l'accusato*. Liberarlo rappresentava dunque per X. una profonda vendetta personale. Ecco, una volta ancora, una proiezione che ci porta lontano dall'obbiettività, anche se i motivi appaiono lodevolissimi, e i risultati eccellenti!

E continuando...

Si può essere (l'abbiamo visto ora) *per* il bracconiere *contro* la guardia, perché viene proiettata sul bracconiere un ostilità verso l'autorità. Ma si può essere *per* la guardia *contro* il bracconiere perché si proietta una paura di libertà, o una rigidezza interiore proveniente dal Super-Io (v. cap. 11). I casi si potrebbero moltiplicare all'infinito e tutti ci condurrebbero alla stessa domanda: "Che cosa è obbiettivo? Che cosa è autentico?".

E il lavoro di un'analisi in profondità è esattamente quello di ristabilire l'obbiettività e l'autenticità. Vedremo del resto quanto sia importante la tappa in cui il paziente *cessa di proiettare* i propri sentimenti interiori (si tratta del "*ritiro della proiezione*", v. in seguito).

In tal modo, un numero incalcolabile di persone passa la vita proiettando i propri sentimenti sugli amici, i nemici, i superiori, il coniuge, i figli ecc. Ciò significa che raramente li vedono quali essi sono. Significa anche che passano attraverso la vita in un sogno assurdo...

Le "grandi" proiezioni

Si può proiettare in assoluto l'idea del Padre o del Capo e credere nell'esistenza di un Dio vendicatore, punitore, collerico, buono, clemente, ecc.; in breve, si può attribuirgli virtù o difetti che altro non sono che la proiezione di sentimenti umani. È probabile che se un pesce cercasse di immaginare un dio-pesce, lo vedrebbe sotto forma di un pesce immenso (la sua forma proiettata nella grandezza assoluta), eterno (il suo tempo proiettato nell'assoluto), e fornito di ali che gli permettono di volare "nel cielo" (il cielo quale simbolo della "salita", dell'ascensione, del cambiamento di livello, dell'infinito, dell'eternità, ecc.; v. cap. 13).

Analogamente, certi *archetipi* (v. cap. 13), che costellano l'inconscio di tutti gli uomini, di tutte le razze e di tutte le civiltà, possono proiettarsi sotto molteplici forme simboliche: per esempio, l'archetipo del *Salvatore* può proiettarsi nel Cristo, (v. la Prefazione), nei piloti dei dischi volanti, in Hitler, ecc. (cioè nelle persone che, da punti di vista diversi, sono chiamati a strappare gli uomini alle loro miserie e a condurli direttamente verso paradisi senza problemi: ne riparleremo in seguito).

L'ENERGIA RITROVATA

Ecco come il cessare di certe proiezioni porti a una *liberazione di energia* (quindi al rafforzamento della personalità) e all'eliminazione di una parte della paura. Ciò significa dunque che certe proiezioni "bloccano" dell'energia e indeboliscono la personalità.

Riprendiamo un caso già visto

Un'infanzia dominata dalla tirannide di un padre dispotico ha annientato la virilità e la personalità di X. Egli è effemminato, angosciato, svirilizzato, sottomessso con angoscia a qualsiasi autorità. Egli è mentalmente "castrato" ([1]). Prova dunque un senso di inferiorità e di colpa che proietta sull'autorità qualunque essa sia. Per lui l'Autorità diventa un Padre pericoloso, castratore, minaccioso, con diritto di vita o di morte.

Vediamo X. davanti al suo capufficio. È chiaro che questi (soprattutto se è autoritario — o pericolosamente mellifluo!) sarà visto attraverso la profonda paura di X. Quindi anche il capufficio diventa un Padre con tutti i poteri su un figlio inerme e spaventato.

Siccome X. ha paura, vede il suo superiore sotto l'*unico* aspetto di *pericolo*. Quindi, sotto un aspetto *negativo*. D'altra parte, quando prega *Dio* è *soprattutto* per farsi perdonare (poiché soffre di un senso di colpa) e per assicurarsi la sua benevolenza (sempre come un ragazzino davanti al Padre, proiettato qui nell'Assoluto). Ed è certo che X. diffida sia di Dio che degli uomini...

Come può la proiezione sul capufficio bloccare una parte di energia? Per diverse comprensibili ragioni. In primo luogo, perché X. è continuamente angosciato. Egli ha paura dell'opinione del suo superiore; ne teme la minima critica, il minimo aggrottar delle sopracciglia. Rimugina per ore e ore un suo rimprovero.

Dal momento che ha paura, egli deve proteggersi contro questa paura. Cerca di farsi ammirare dal capo, di dimostrargli

[1] Si veda l'importante capitolo "Il complesso di castrazione" *Che cos'è la psicologia* a p. 185.

come lavora bene, di non dispiacergli mai, di assentire a tutto (anche se interiormente è arrabbiato), ecc. Egli dunque cerca di non essere mai oggetto di biasimo da parte del suo superiore, poiché tale biasimo ha delle ripercussioni esagerate che producono angosce, insonnia, rimuginamenti, collera "contenuta", insicurezza, un'esagerata paura di perdere la posizione (anche se non vi è nessun pericolo), ecc.

Inoltre X. evita ad ogni costo di essere aggressivo (poiché non osa mai opporsi). Se l'aggressività appare (cosciente o inconscia), si sente colpevole. Chi dice "colpa" dice "bisogno di punizione". Ora, la punizione non proviene mai dal suo capufficio (il quale ama la gente che sa imporsi). X., *deve quindi trovare la propria punizione*: si manifestano allora improvvise stanchezze, cefalee, mal di stomaco...

In tutti questi meccanismi, *una quantità considerevole di energia è bloccata*. In realtà, davanti al suo superiore, X. deve conservare l'apparenza; deve tutto "nascondere"; deve mostrarsi diverso da quello che è. Ripetiamo che tutte queste proiezioni costano *molto care* (in energia). Cosa successe il giorno in cui X. divenne consapevole di ciò che avveniva nel suo inconscio? Si rese conto che attribuiva inconsciamente al suo capufficio un'importanza esagerata, con la paura e i falsi atteggiamenti che ne derivavano; il suo superiore era un uomo come tutti gli altri, e niente più. A questo punto, *non aveva più bisogno di proteggersi nevroticamente.* Invece di comportarsi come un ragazzino davanti al padre, divenne un impiegato adulto di fronte ad un altro adulto.

Dal quel momento la posizione "*bambino davanti a suo padre*" si modificò in posizione "adulto davanti ad un adulto". Tutta la sua personalità poté espandersi. Una quantità d'energia si liberò e rafforzò la personalità di X.... che osò opporsi *normalmente* al suo superiore. L'energia cominciava a scaturire dalle profondità dell'inconscio per irrigare la vita quotidiana di X., così come una sorgente accumulata sotto il suolo fora improvvisamente la superficie di un campo fino ad allora arido, spaccato, intristito. E il seme germogliava.

Durante la proiezione	Dopo la proiezione
Il capufficio rappresenta l'autorità assoluta, il padre castratore, svirilizzante, davanti al quale bisognava sottomettersi totalmente	Il capufficio diventa un semplice mortale, come ogni altro uomo
Il capo era munito di un potere eccessivo. X. lo considerava ostile e pericoloso. Di conseguenza, i suoi contatti con lui producevano angoscia.	Gli altri diventano ciò che sono: qualcosa di neutro di cui non si può giudicare a priori i sentimenti. Gli altri sono visti obiettivamente e non attraverso la paura interiore.
Il mondo era un insieme di individui ostili dai quali occorreva proteggersi, e fra i quali X. si sentiva isolato, minacciato, aggressivo, impaurito, respinto, ecc.	Il mondo appare ciò che è: un magma di individui le cui età mentali variano considerevolmente. X. comincia anche a rendersi conto come ciascuno proietti i suoi sentimenti sugli altri.
Proprio per la sua paura generalizzata e la sua nevrosi, X. era incapace di distinguere gli amici dai nemici. Ogni persona era per lui un pericolo ed un nemico in potenza da cui bisognava proteggersi.	X. comincia a distinguere coscientemente gli amici e i nemici.
X. girava su se stesso come una trottola, era incapace di amare o di essere amato. In realtà, la sua vita non era che una aggressiva diffidenza.	X., per il fatto stesso che la paura scompare e l'energia aumenta, comincia ad acquistare la capacità d'amare e di lasciarsi amare.

Tutto si ridimensiona

Una persona affetta da nevrosi ha la sensazione di vivere isolata e in uno stato di inferiorità, in un mondo pieno di giganti. Questa persona è soggetta alla paura, al senso di inferiorità, di colpa. Un soggetto nevrotico ha una sensazione di impotenza (a meno che egli non abbia una sensazione di super-potenza, la quale altro non è che la compensazione della prima; il che è lo stesso). Abbiamo visto come gli altri sembrino allora *automaticamente* ostili. La paura può quindi esprimersi attraverso la debolezza, l'aggressività, la pigrizia, un senso di fallimento, un lavoro accanito per sfuggire all'angoscia.

Quando le "proiezioni" cessano, i falsi-giganti che popolavano il mondo tornano ad essere ciò che sono: uomini comuni, con loro problemi più o meno vasti, con le loro piccole o grandi paure. Col passare delle proiezioni appaiono automaticamente la calma e la sicurezza. La prospettiva interiore comincia a cambiare; e di conseguenza, il modo in cui si osserva il mondo intorno a noi...

Ed ora torniamo alla ricerca dei ricordi nel corso di una analisi.

Come strappare certi ricordi all'inconscio?

Esiste il modo di aiutare il paziente a ricordarsi di alcuni importanti ricordi sepolti nell'inconscio? Si può aiutarlo a prender contatto con le rimozioni o con le impressioni dimenticate?

Ricordiamoci che certi fatti sono dimenticati in modo particolare, perché erano troppo carichi di emozioni per essere sopportati coscientemente. È quindi facile comprendere come sia difficile aprire il cassetto mentale in cui si trovano chiusi a chiave con triplice mandata.

Per esempio, un paziente che avesse rimosso dell'odio contro un genitore avrebbe molta difficoltà a liberarsi di questo sentimento. Prendiamo il caso di una donna che, durante tutta la sua infanzia e la sua adolescenza, avesse nascosto una aggressività considerevole verso sua madre manifestando un amore eccessivo. Non poteva mostrare la sua aggressività, poiché sua madre rappresentava un *tabù*. Perciò, l'amore che provava per lei era un falso amore. È evidente che, durante l'analisi, si presenterà la stessa situazione. La paziente potrà addurre alcuni motivi di risentimento contro sua madre, ma le sarà molto difficile lasciar "uscire" ciò che fu rimosso per tanti anni. È possibile aiutarla a far questo senza rischiare un danno che comprometterebbe l'analisi stessa? Sì, certamente.

Si può "forzare"?

Non si può forzare mai niente in analisi. È una legge assoluta. Abbiamo detto che "forzare le serrature" fa apparire delle resistenze che bloccano il trattamento. Di fronte a una intrusione troppo rapida, il paziente chiude la porta: è ovvio. Se un albero si è piegato per un certo periodo della sua esistenza per proteggersi dal vento, è chiaro che non si può raddrizzarlo in un sol colpo senza rischiare di troncarlo di netto. Se un uomo è stato poverissimo per quaranta anni non si può metterlo bruscamente in possesso di una fortuna; non saprebbe che farne ed entrerebbe in uno stato di panico. Se esponete in pieno sole un uomo che ha vissuto in fondo a una grotta, la sua prima cura sarà di coprirsi gli occhi... o di rientrare nella grotta. Questi sono esempi immaginari, ma mostrano esattamente che cosa succederebbe se un analista "forzasse" il trattamento. *Ogni ricostruzione di una personalità deve procedere per maturazione. Ogni cosa deve avvenire a suo tempo.*

Se l'analista è in anticipo di parecchi mesi sul suo paziente non può farne parola. Non perché sia proibito, ma perché non servirebbe a niente. Anche se il paziente può comprendere *con la ragione e l'intelligenza*, ciò non significa che comprenda "con il sentimento" (affettivamente). In psicanalisi, comprendere qualcosa significa "divenire consapevole" di qualcosa.

In che modo si può aiutare il riaffiorare di certi ricordi?

Non si tratta di pescare, qua e là, qualche ricordo sparso o localizzato (benché alcuni di questi ricordi possano essere molto importanti). Ma si tratta di liberare il carattere profondo del paziente e di ricercare le ermetiche chiusure inconsce; occorre rintracciare il clima di falsa vita che si è formato durante l'infanzia e l'adolescenza, clima nel quale il paziente continua a vivere senza saperlo.

Le comuni difficoltà

Accade molto spesso che il paziente dica:

«Non ho più niente da dire. È un buco nero...».

«Le ho detto tutto, Le ho comunicato tutti i miei ricordi, non so veramente più cosa trovare o cercare...».

Ma accade anche (e spesso) che il paziente si blocchi inconsciamente, perchè si trova davanti una porta che deve aprirsi su rimozioni penose. Questa porta rischia dunque di aprirsi... su di lui, di metterlo faccia a faccia con se stesso. Dopo aver vissuto in una fortezza, armato fino ai denti, è difficile uscire tutto nudo e senza armi, in una piana che si crede piena di nemici. *Vedersi come si è realmente richiede una notevole energia.* Ne deriva: arresto, resistenza, contrazione, rifiuto *inconscio* di collaborare con l'analista. Tutto questo è noto ed è ben comprensibile.

Anche un altro atteggiamento si verifica frequentemente (ne abbiamo già parlato). Moltissime persone sono effettivamente attaccate alla loro razionalizzazione ([1]). Si tratta evidentemente di un meccanismo di protezione. Essi discutono, razionalizzano, ragionano, vogliono provare che hanno ragione di vivere in quel determinato modo.

Si tratta quindi di un profondo paradosso: da un lato, il paziente soffre di certi sintomi *per i quali è venuto dall'analista*; ma, d'altra parte, dopo un certo numero di sedute, *non ha ancora acconsentito a iniziare l'analisi*. Queste persone parlano delle loro difficoltà coscienti, delle loro difficoltà di vita, confessano i loro "errori"; *ma tutto questo resta di dominio della ragione*. Essi non passano la porta che conduce verso l'inconscio.

Si presenta anche un altro caso. Il paziente è preso da un tale timor panico che resta bloccato. Questo accade perché continua ad avere la sensazione di subire un esame o una serie di *test*. *Razionalmente*, sa che tutto questo è falso; *affettivamente*, l'impressione rimane. Se l'analista impiega il metodo dell'analisi ortodossa (v. cap. I), rischia di vedere il paziente radicarsi nel proprio silenzio, con tutte le angosce che questo comporta.

Allora, che fare? Che si può fare? Esiste il modo di mettere il paziente sulla buona strada? Ripetiamo che non si possono mai interpretare troppo presto certi dati inconsci; il paziente non sopporterebbe tali "rivelazioni"... *o si aggrapperebbe a quelle interpretazioni per evitare di discendere più profondamente in se stesso*. Esattamente come se dicesse: «Ah! È tutto quello che ho? Non sto dunque tanto male e non voglio andare oltre».

Le risorse dell'immaginazione

È impossibile descrivere dettagliatamente questo metodo. Esso richiede un dosaggio estremamente prudente e molti anni di esperienza. Perciò possiamo solo portare un esempio... che vale ciò che valgono gli esempi: essi rimangono localizzati, sono estratti dal contesto, non si applicano che a un particolare caso, secondo le circostanze del momento, secondo il grado di immaginazione del paziente, secondo il modo in cui è già avanzato nell'analisi, ecc. Ogni persona differisce da un'altra... e ogni seduta differisce dalla precedente.

---

[1] Si veda il "rendiconto" di un prete durante un'analisi nel cap. 6.

Cos'è l'immaginazione

L'immaginazione va dal normale al patologico (come ogni stato umano). Fanno parte dell'immaginazione: le fantasticherie aleggianti vicino al camino, fantasie morbose, certi stati di sogno (il soggetto "inserisce" nella realtà certe "finzioni" che turbano il suo comportamento e la sua affettività; questi individui passano delle ore intere a sognare di essere un grande personaggio, un grande poliziotto, di salvare delle vite in pericolo, ecc.). Bisogna pensare anche al ruolo svolto dall'immaginazione nell'*angoscia* (v. cap. 15). La persona tesse dei veri e propri romanzi intorno alla realtà, immagina "ciò che è accaduto, o potrebbe accadere", con una forza di dettagli che la incantano e la fanno soffrire. Pensiamo anche all'immaginazione dei *mitomani:* il soggetto altera la verità, mentre (senza saperlo), simula delle malattie. E questo, in modo a volte straordinariamente grande.

L'immaginazione patologica può avere naturalmente delle ripercussioni sociali molto gravi: lettere anonime, calunnie, insinuazioni, maldicenze, pseudo-attentati (violazioni, attentati al pudore), descritti con straordinaria ricchezza di particolari da alcuni adolescenti, e che confinano con l'isterismo ([1]). Non dobbiamo neppure dimenticare tutte le menzogne ispirate dall'odio o dalla gelosia, che sono sempre una forma di *minorazione psichica.* L'immaginazione è alla base di certe fughe, della mania di persecuzione, della mania di grandezza, e così via.

L'immaginazione è dunque una grande dama, bianca o nera, sempre potente. Ci occuperemo qui solo delle forme d'immaginazione *positive* e applicabili nel trattamento psicologico (ne parleremo anche al cap. 13 nella *psicoterapia simbolica*).

Come si procede?

Lo psicologo suggerisce delle immagini, delle situazioni (reali o simboliche), che aiutano il paziente a scendere nel suo inconscio. In altri termini, l'analista chiede al paziente di "sognare" completamente sveglio, *ma lo guida.* Tuttavia,

[1] Si veda *Che cos'é la psicologia* p. 142.

anche intervenendo, lo psicologo rimane assolutamente "*neutro*". Ecco del resto cosa dicono alcuni pazienti:

«Mentre faccio questo, ho l'impressione che la sua voce venga da molto lontano; è come se un piccolo altoparlante si trovasse nel mio orecchio. Non penso mai alla sua presenza come persona...».

È quindi, per lo psicologo, anche una questione di voce, di tonalità; ciò non ha evidentemente *niente a che fare* con le suggestioni a base più o meno ipnotica: il paziente resta assolutamente cosciente.

IL CASO DI MARIA

Dopo due mesi d'analisi, Maria è "bloccata". Ella ha affrontato i problemi della sua infanzia, ha lasciato riaffiorare dei ricordi inconsci. In realtà, cose da poco, del genere:

«Mia madre avrebbe voluto che io le somigliassi. Ho l'impressione che avrebbe voluto sorvegliarmi come una ragazzina...».

In breve, dei ricordi che sono, ahimè, quelli di tante persone.

Perché Maria è "bloccata"? Forse perché esiste un "problema della madre"? Sì. Parlava di sua madre, del carattere di sua madre, della tirannia di sua madre, ecc. Ma non parlava mai delle *sue reazioni nei confronti della madre*, se non per dire:

«Voglio bene a mia madre e non so cosa farei senza di lei... Sono trent'anni che viviamo insieme, pensi!».

Ora, *psicologicamente*, *Maria non era nata*. Nonostante la sua età (trent'anni), ella continuava a rimanere attaccata a sua madre come un neonato al biberon, e con tutto l'odio inconscio che questo implica. Parlando del matrimonio diceva:

«Quando vedo tanta gente infelice a causa del loro matrimonio, preferisco restare nubile...».

Mentre avrebbe dovuto dire: «Piuttosto che lanciarmi nella vita adulta, preferisco restare tra le sottane di una madre che credo di amare e la cui vicinanza mi ha procurato violenti sentimenti di colpa...».

Ma ella ignorava anche un'altra cosa; non sapeva *che tutta la sua personalità* doveva maturare (era venuta dall'analista per dei problemi di angoscia, di scrupolo, di manie di verificazione, ecc.). Sotto tutto questo si nascondeva un'intenso senso di *colpa*. Maria però *ignorava* che, in ogni circostanza, si comportava *come se fosse colpevole*. Ma *colpevole di che cosa*, e *perché?*

In ogni modo questa ragazza era bloccata. E in questo caso, il metodo dell'immaginazione l'aiutò potentemente.

Una seduta di Maria

Sorvoleremo sul "progressivo allenamento" sotto la direzione dell'analista e riporteremo soltanto una parte di seduta.

Un giorno chiedemmo a Maria di immaginare una situazione della sua vita quotidiana, come se vi assistesse in qualità di spettatrice. Come se guardasse vivere un personaggio che era lei.

Maria chiuse gli occhi, si lasciò andare a fantasticare.

«Mi vedo benissimo. Mi sembra di essere davanti a una porta aperta e di spingere lo sguardo nella stanza dove sto la sera con mia madre... Prendo il lavoro a maglia. Ho la netta impressione di avvicinarmi a me stessa e di guardarmi con disgusto... Faccio delle maglie per i poveri... Anche mia madre lavora a maglia... C'è un buon fuoco di legna nel caminetto... Porto un pesante scialle sulle spalle... Ho (una forte esitazione)... ho l'impressione di... essere vecchia... Io (nuova esitazione, inizio di singhiozzi). Vedo questa... questa ragazza che sono io: alza la testa... mi guarda... e mi dice (la voce si spezza): "Cosa ne hai fatto della tua giovinezza?..." E poi la ragazza vecchia si china di nuovo sul suo lavoro... Il fuoco è spento nel caminetto... la madre è scomparsa... c'è un vecchio gatto spelacchiato che dorme... fuori fa freddo... nevica... e ho una gran voglia di prendere la ragazza vecchia fra le braccia di consolarla, di dirle che...».

A questo punto Maria apre gli occhi, si mette a singhiozzare. Poi, improvvisamente grida:

«Ecco cosa sono, una vecchia, una fallita, una buona a niente, un rifiuto... Ed ho paura, PAURA!».

Poi:

«Se almeno potessi "dirle" quanta voglia ho di ricominciare tutto da capo e di vivere... VIVERE!».

Fino a questo momento Maria non aveva mai affrontato il problema sotto questo aspetto. Appare il problema della "donna vecchia" e della rassegnazione (*con la paura di opporsi alla madre*); *lavora per i poveri* (mentre non lo fa mai). *C'è un buon fuoco di legna nel caminetto* (falsa sicurezza dalla quale non può staccarsi). *Porta un pesante scialle* (donna vecchia, vita fallita, freddo mentale). La "vecchia" guarda la "giovane" e la mette in guardia, le dice di fuggire da questa stanza soffocante. Le mostra l'avvenire: la madre morta, una gelida solitudine, un mondo ostile e indifferente (*il gatto spelacchiato, la neve che cade, il fuoco spento*).

Poi, l'esplosione finale: «Come ho voglia di vivere!». Tale esplosione avvia tutto il problema dell'ostilità verso la madre, tutto il risentimento accumulato e rimosso, tutto quello che non ha mai osato dirle, tutti i profondi sentimenti di colpa (nati in seguito all'odio inconscio per la madre): «Ed ho paura, PAURA...».

Le sedute successive

Alle sedute successive il comportamento di Maria era cambiato. Perché? Perché un problema si era "sganciato" dall'inconscio. Maria, aveva compreso il suo profondo conflitto? Certamente no. Ma si era prodotta in lei un'esperienza *positiva*. Una *ribellione* era apparsa per la prima volta: una ribellione profondamente *vissuta*. Le immagini che aveva evocato, avevano per via riflessa, creato una liberazione di energia; la personalità di Maria era stata rafforzata... e preparata ad affrontare nuovi problemi.

Un'altra seduta di Maria

Chiediamo a Maria di immaginare di trovarsi in Egitto, davanti alla Sfinge. Perché la Sfinge?

Perché la Sfinge, *nel caso attuale della paziente*, era il simbolo dell'animale misterioso e minaccioso, ad un tempo attraente e terribile, enigmatico e pericoloso, posto in un deserto di solitudine, che ha sotto di sé un immenso labirinto di corridoi (dell'inconscio).

Per Maria, la Sfinge doveva rappresentare sua madre, amata e odiata insieme, buona e nello stesso tempo terribile, la Madre che dà la vita ma che la riprende col suo egoismo e la sua tirannia, provocando così dei sentimenti profondamente contraddittori.

Ecco dunque cosa dice Maria (è da osservare che qui ella non si *vede* più ma si *sente* agire:

«È *una sconcezza*, questa sfinge... La vedo benissimo, *come se le stessi di fronte*. Mi sento avvolta da una *notte vischiosa*... C'è una pallida luna... un orizzonte rosso... Vedo la grande sfinge *immobile*; ma non è di pietra: è *viva*. Penso a tutto quello che c'è *nel suo ventre*... voglio dire, nei labirinti *di morte*, sotto la sfinge... Non oso avventurarmici. Faccio un passo avanti, poi resto ferma, irrigidita... Nei labirinti vi sono dei serpenti. Guardo la sfinge; essa mi osserva. È impenetrabile. Con un colpo di zampa potrebbe annientarmi; *è ciò che farà se non mi muovo*. Potrebbe *attirarmi*, *uccidermi*, *divorarmi*, spazzarmi via, se volesse e *se io non agisco*. Ma *io voglio vivere... sfuggire alla sfinge*... Sono immobile, nella notte. Ma ho meno paura. Perché ho la sensazione di essere davanti a lei *per essere giudicata? Non le ho fatto niente!* Ma ciò che è terribile, è che *io non conosco le sue intenzioni*... Ma io, *posso dirle quali sono le mie?* È come se volessi affascinarla, *entrare nelle sue buone grazie... ma forse essa non fa che beneficiare di una leggenda?...*».

«Oh! Mi trovo bruscamente nei sotterranei; *forzo una serratura* a colpi di martello; entro in una stanza; c'è un *cofanetto*; *faccio saltare la serratura con rabbia*, *con un pugnale*... Il coperchio salta; vi sono dei *vecchi gioielli*, dell'oro, tolgo via tutto e ci picchio sopra, *picchio sui gioielli*.... e non ne resta che *polvere*... polvere... Basta!».

Maria apre gli occhi, sta tremando (di collera?), accende febbrilmente una sigaretta e dice:

«Va bene, grazie. Vedo che cosa devo fare. Devo scendere dentro di me e spezzare dei cofanetti, non aver più paura della sfinge. Mi sono sentita come se stessi sventando un enorme pericolo... Non avrei mai creduto di poter sognare così, restando del tutto lucida...».

Vogliamo ora esaminare tutto questo?

A partire da questo sogno ad occhi aperti, si potrebbero chiedere a Maria delle "associazioni di idee"; ma in questo caso è quasi inutile. È chiaro per l'analista, ma lo è anche per l'inconscio del paziente. È certo che se anche non si parla mai più di questo sogno, Maria comincia "a vederci chiaro", inconsciamente e, che l'analisi ripartirà su strade ormai sbloccate.

Nonostante ciò, chiediamo a Maria delle associazioni. Le chiediamo di "dire tutto ciò che capita" partendo da una data parola che, evidentemente, è riprèsa dalla sua fantasticheria.

Ecco alcune associazioni:

— *Labirinto.* «Soffocare. Morte. Nessuna uscita. Girare in tondo... Stavo per far marcire inavvertitamente la mia vita, senza rendermene conto... questo... questo a causa della mamma?... Mi sento trascinare giù... Soffoco... dedalo... Icaro... essere come Icaro... ho sempre paura di bruciarmi le ali... ma la mamma è così angosciata... povera mamma... credevo di star bene con lei, ma ci soffoco... come in questa notte vischiosa... sì (silenzio) ho paura di mia madre... come della sfinge... sì... sì... Non ho mai potuto far niente spontaneamente. Labirinto... è anche tutto ciò che si trova in fondo a me stessa, tutto il mio dedalo inconscio, e che mi fa paura...».

— *Non le ho fatto niente.* «Ho paura di tutti. Un giorno, un automobilista mi ha gentilmente fatto segno di passare... ed io ne avrei pianto, perché qualcuno faceva attenzione a me... tuttavia non sono cattiva... forse non abbastanza... non oso... è terribile, la paura...».

— *Serratura.* « Rompere, spezzare. Collera. Ho rotto il cofanetto... La mia vita è chiusa a chiave, in modo tale che non lo avrei potuto mai immaginare, ma oggi lo sento in modo terribile... bisogna che questo cambi... Non si deve spezzare una serratura, ma trovare la chiave giusta... So di essere sulla buona strada, ma è duro... tante contraddizioni... ci sarebbe tanta rabbia in me? Un giorno, quando avevo vent'anni e vedevo che le mie amiche si sposavano, *ho rotto uno specchio della mamma...* io... (singhiozzi)... la mamma escludeva tutti i giovani, mi mostrava l'amore come una cosa sporca...».

Torniamo allo *specchio*, *ai gioielli*, alla *serratura*.

Maria rompe la serratura e i gioielli "con l'immaginazione"; lo specchio lo rompe veramente quando aveva vent'anni. Che cosa significa? Che cosa simboleggia la serratura, il cofanetto e i gioielli? Vediamo prima lo specchio realmente spezzato. Perché questa disperazione? Perché riteneva sua madre colpevole di "soffocarla", quando vedeva le sue amiche maritarsi. Aveva rotto un *oggetto appartenente a sua madre* (e che, inoltre, «conservava l'immagine di lei»). E questo è semplicemente un «rituale» di matricidio. Ella «*uccide*» *simbolicamente* la madre, allo stesso modo dei rivoluzionari che *uccidono*, *in effige*, *un dittatore*.

Ciò vale anche per la serratura e il cofanetto che contiene dei vecchi gioielli (simboli di un vecchio passato al quale è collegata sua madre). Anche qui vi ritroviamo un matricidio simbolico (non ci soffermeremo sul simbolismo sessuale dei gioielli, della serratura e del cofanetto, che ci porterebbe troppo lontano, benché in questo caso sia fondamentale).

È da notare che Maria non uccide "sua madre", ma *la sensazione* di sua madre che ella porta dentro di sé.

Se vi è matricidio vi è odio. Ma è evidente che Maria non potrebbe (*non ancora*, per lo meno) sopportare coscientemente che una parte della sua personalità "uccida" sua madre. Del resto è per questo che la paziente ha ostinatamente respinto tale pensiero. Ed è ancora per questo che è stato scelto un *simbolo* ([1]), il quale ha *trasformato* una potenza affettiva insopportabile in un *rituale sopportabile per la sua morale e per la sua coscienza*. In ogni modo, ella comincia a rendersi consapevole di questo odio rimosso. Grida: «Basta»; L'idea di odio comincia a farsi strada ed è necessario esaminare lucidamente la situazione (arrivare a trovare *la chiave giusta*). Non dice che *vuol vivere?* (quindi si sente "soffocare"). Capisce anche che è indispensabile dare un nuovo orientamento alla sua vita...

Una profonda angoscia derivò da questa seduta; angoscia rapidamente seguita da un senso di liberazione intenso. Una quantità considerevole di rimozioni si erano "liberate", e di conseguenza vi era stato tutto un recupero di energia. Ma la paziente, per la prima volta, aveva anche *osato* esaminare il problema dell'odio, proibito dalla morale e dai *tabù* quando si tratta di una madre...

Ecco ancora un'associazione.

Serpenti: «Non so... allo zoo, li guardo a lungo, essi mi incantano e mi danno la nausea. Mi fanno pensare... no... non oserei mai dirlo... Ma lei capisce?...».

Il serpente, qui, è un simbolo del fallo. Maria dirà più tardi: «Si ricorda del serpente? Ebbene, avevo la sensazione

---

[1] Un simbolo è un "trasformatore" di energia (psichica), esattamente come un trasformatore elettrico.

fisica che mi penetrasse come un organo maschile... ma per me era una vergogna; mia madre mi aveva sempre detto che la sessualità era una porcheria; come avevo potuto crederle?...».

Un anno e mezzo più tardi, terminata completamente l'analisi, Maria si sposava. Si trova ora in qualche parte dell'America. Ogni tre mesi, invia un messaggio: "Va tutto bene a bordo...».

I VANTAGGI DI QUESTO METODO

Anche qui, bisogna tener presente che ogni persona è diversa dall'altra, e che nessuna seduta somiglia ad un'altra. Se si applica l'analisi ortodossa si rischia, *in certi casi*, di vedere il paziente irrigidirsi in un silenzio o bloccarsi. Questo avviene spesso quando il paziente non ha ancora l'energia psichica necessaria per *sopportare* certi problemi profondamente rimossi. In questo caso, egli passa di lato, biforca, devia, ecc. Si ha allora a che fare con delle *resistenze* che possono durare più o meno a lungo.

In questi casi il metodo basato sull'immaginazione permette di guadagnar tempo. È evidente che tale metodo deve essere *adattato* alla situazione di ciascun paziente. L'analista deve regolare la "marcia degli eventi" basandosi sulle possibilità interiori del soggetto, sull'energia di cui dispone, evitando delle angosce troppo forti, e così via. Si tratta quindi di abbordare un problema non frontalmente, bensì per via simbolica.

Spettatore o protagonista?

Dopo qualche seduta molti pazienti dichiararono:

«Ho la netta impressione di *guardarmi agire*. Sono come una cinepresa che mi filmasse. Mi vedo in situazioni diverse: più giovane, più vecchio, in alcune situazioni della mia infanzia, della mia adolescenza, in situazioni puramente immaginarie, ecc.».

In questo caso, il soggetto diviene "spettatore". *Egli si guarda*, diventa il suo proprio osservatore, come staccato da se stesso.

Nel caso di Maria

Quando lo psicologo ha proposto l'immagine della sfinge, lo ha fatto evidentemente con un preciso scopo: simboleggiare la madre di Maria. Una madre ad un tempo amorevole e pericolosa, che attrae e respinge, che soffoca, che "uccide" la personalità, una madre misteriosa, ecc. Ma lo psicologo cercava soprattutto di provocare delle reazioni da parte di Maria verso sua madre.

L'immagine della sfinge ha, in qualche modo, *isolato* la madre di Maria, esattamente come se l'avesse messa sotto il microscopio. Inoltre, Maria aveva un "complesso" nei confronti della madre: cioè il problema della madre si trovava in lei *isolato* e, soprattutto, *carico di una enorme energia affettiva. Ma tale energia era bloccata.* Grazie a questa seduta, alcune reazioni inconsce si erano aperte una strada verso la coscienza, liberando l'energia inutilizzata.

Rialzare temporaneamente la tensione psichica

Questo metodo permette al paziente di prendere contatto col suo inconscio e di isolare un complesso. Egli si libera di alcune inibizioni; ed ogni volta che ciò avviene si libera l'energia che era stata bloccata dalla rimozione. Si sa che l'obbiettivo di un trattamento psicologico è quello di rafforzare l'energia dell'"Io". Più la personalità diventa forte, più essa è capace di vedere lucidamente ciò che avviene e di lottare contro le tensioni inconsce.

Per la tangente

Tale metodo permette anche di evitare un "attacco frontale". Questo genere di attacco sarebbe del resto pericoloso e assolutamente inutile nella maggior parte dei casi. Perché? Semplicemente perché ciò significherebbe indurre un paziente a trincerarsi e bloccarlo per lungo tempo. Inconsciamente, egli si affretterebbe a spingere più in fondo i paletti che l'analista, brutalmente, cercasse di togliere. Ora, in questo metodo il paziente è *passivo*. Egli *assiste* a qualcosa; inoltre, opera *simbolicamente.* Egli dunque afferra il suo problema "per la tangente", se così si può dire.

Qualche volta questo metodo può fallire?

Sì, naturalmente. Questo metodo fa appello all'immaginazione e alla sensazione. Un individuo che vive esclusivamente attraverso la sua ragione, che ha soffocato le proprie affettività, intuizioni, sensazioni, immaginazioni, troverà enormemente difficoltoso "recitare la parte". Interverrà sempre la sua ragione a sussurrargli all'orecchio che quella situazione, non esistendo nella realtà, è assurda. L'immaginazione provoca un'immagine, la ragione ne sbarra il cammino. Supponiamo che dica: «Mi vedo in un giardino. In questo giardino appare un serpente d'oro...», L'immaginazione usa un simbolo, ma la ragione interviene immediatamente e dice: «Un serpente d'oro non esiste». C'è dunque una lotta fra la ragione e l'affettività. È qui che entra in gioco l'allenamento, attraverso il quale il paziente deve imparare a "lasciarsi andare" alla sua immaginazione e a considerarla del tutto reale come avviene in un sogno notturno.

Un pericolo

Alcune persone "rispondono" anche troppo bene a questo metodo. Ciò significa a volte che esse non domandano di meglio che di impiegarlo. E questo è sospetto. Perché? Perché tale metodo permette loro di "sognare"... e *di non affrontare mai i problemi reali.* Esse usano il sogno come una fuga.

Altri, hanno l'impressione di "sostenere un *test*"; e questo li blocca. Altri ancora, hanno la sensazione di essere "presi in trappola", quindi vogliono sapere "dove vanno" e "perché devono fare questo".

Non ci è possibile entrare in troppi particolari; ancora una volta, tutto dipende dal soggetto, dalla situazione, dalla seduta. Tratteremo ancora nel cap. 13, della *psicoterapia simbolica.*

8. - TANTO "AMATO", TANTO "ODIATO"...

Appena si tratta di psicanalisi, si parla di *transfert* altrettanto facilmente che di un "complesso" di inferiorità. Per esempio, si dice generalmente che "le donne si innamorano del proprio analista"; questo significherebbe che un uomo che fa la sua analisi con un analista maschio, sfugge al transfert (il che è falso, essendo il problema infinitamente più vasto).

Si dice anche che "il paziente arriva a dipendere totalmente dall'analista". Si ritiene che egli sia sottomesso alla "volontà" dell'analista. Ripetiamo che questo è assurdo. Lo psicologo che intraprende un trattamento analitico non dirige, non comanda niente, non dà consiglio alcuno. Resta neutro. Egli è — non lo si ripeterà mai abbastanza — al di fuori di ogni morale, di ogni religione. Anche se ha una morale e una religione personali, l'analista deve essere capace di "fare il vuoto" e di analizzare con altrettanta obiettività (interiore ed esteriore) un Papua, un Francese, un cattolico, un musulmano, un taoista, ecc.

Le relazioni umane

La maggior parte delle relazioni umane sono basate sulla paura. Quindi, su due fattori essenziali: *la fuga in avanti* (aggressività) o *la fuga all'indietro* (sottomissione, indifferenza apatica, ecc.). Milioni di esseri umani hanno paura di milioni di altri esseri umani, senza una ragione obiettiva: semplicemente perchè la paura o l'angoscia si trovano in loro. Molte persone credono di compiere degli atti in piena libertà, mentre (tra gli altri!) l'Ombra minacciosa del padre o della madre sembra ancora comandare le loro azioni (v. il *Super-Io*, cap. 11). Esse portano dentro di sé il residuo di una lunga distillazione di paura chiamata educazione (mancata, evidentemente). Queste persone quindi non sono autonome. Esse sono per metà bambini, per metà uomini. Sono continuamente attraversate da migliaia di transfert, come un terreno dall'acqua...

Ma *nelle relazioni normali, ogni paura trova la sua eco.* All'aggressività si risponde con l'aggressività o la sottomissione. Alla sottomissione si risponde con un larvato sadismo, con l'aggressività, il disprezzo, ecc. Alla violenza si risponde con la violenza, la falsa indifferenza o la fuga. All'indifferenza si risponde con una nuova paura: «Il vicino non ha salutato oggi; cosa avrà?» (sottinteso: «Ce l'ha forse con me? Se è così, ho paura, perché questo fa emergere dal profondo della mia personalità l'angoscia di essere solo, abbandonato, biasimato, criticato, non amato, respinto, ecc.»).

Si potrebbero moltiplicare gli esempi; basta guardarsi intorno.

La psicanalisi è una relazione umana

Ogni lavoro psicologico (sia in superficie, sia in profondità) è una "relazione umana" fra lo psicologo e il suo paziente. È, come si sa, un lavoro di intensa collaborazione. Lo psicologo non può niente senza il paziente... e viceversa. Abbiamo già detto — e speriamo di averlo dimostrato — che l'analista e il suo paziente sono "compagni di viaggio".

Il lavoro psicologico rappresenta dunque una relazione umana. *Quale* relazione? È ripetiamo, una relazione *strettamente individuale* nella quale nessuno — *assolutamente nessuno* — può interferire.

Ma c'è di più. Il lavoro psicologico rappresenta una "relazione umana" paragonabile a nessun'altra. Perché?

Il paziente giunge direttamente da un mondo armato fino ai denti, da un mondo divorato dalla paura e si pone di fronte a qualcuno che non possiede armi. Viene da un mondo dove regna una permanente protezione di sé. Egli deve imparare a "lasciarsi andare"... quindi a non aver paura, né di sé stesso né dell'altro (lo psicologo). È facile? No. Non si abbandona mai facilmente la vecchia pelle, i vecchi stracci, le vecchie abitudini di difesa. Ma questa è un'altra storia di cui parleremo più avanti.

Del resto succede spesso che un paziente che è stato aggressivo con l'analista, si aspetti inconsciamente di "essere punito" (esattamente come un bambino cattivo teme la punizione e i "fulmini" del padre... o come molti adulti che temono di essere "folgorati" nella tempesta, segno della collera di Dio "il Padre").

Naturalmente la punizione non arriva. L'analista si mantiene comprensivo, umano, cordiale, neutro. E in questi casi si vede spesso il paziente *punirsi da sé*: sia con una improvvisa emicrania, o una improvvisa stanchezza, sia ancora rimproverandosi amaramente, ecc.

Perciò: *psicanalisi = relazioni umane = relazioni umane speciali = psicologo neutro = scienza al di fuori delle comuni norme.*

Il paziente è infarcito di "pregiudizi", cioè di modi di vedere completamente opposti alle concezioni psicologiche. Un tale è un "debole", un "orgoglioso", un "coraggioso", un "codardo", un "ambizioso"... ed altro ancora. Ebbene queste sono piccole etichette che non hanno alcun senso in psicologia.

Si attribuiscono allo psicologo delle *intenzioni*. Quali? Come già detto, il paziente conosce due reazioni molto comuni: la fuga in avanti e la fuga all'indietro; questo, a partire dalla paura. È quindi logico che il paziente attribuisca (*anche se razionalmente sa che è falso*) allo psicologo le medesime reazioni: l'affetto o l'aggressività. Talvolta lo psicologo (secondo l'atteggiamento interiore del paziente) sembrerà amichevole, gentile, affabile; talaltra, sembrerà ostile, severo, scontento, di cattivo umore, ecc. Altre volte ancora il paziente avrà l'impressione di essere "bene accolto" o viceversa.

In generale:

a) *essere "bene accolto"* significa per il paziente: *essere accettato, amato;*

b) *essere "male accolto"* significa per il paziente: *essere respinto, non amato.*

Ci imbattiamo qui in due poli principali delle reazioni nevrotiche. Ogni persona che soffre di nevrosi soffre di *paura profonda* (angoscia). Prova la penosa sensazione di essere sola al mondo, unica nel suo caso, isolata dal mondo "normale", abbandonata da Dio e dagli uomini. *Crede che il mondo esterno te sia ostile. Sente, in grado eccessivo, il bisogno di essere amata. Di conseguenza, ha un estremo timore di essere respinta.*

Vediamo già come l'atteggiamento dello psicologo (spesso male interpretato dal paziente) possa avere delle ripercussioni immediate e profonde.

Il paziente è disorientato

Il paziente è dunque "disorientato", cioè spinto fuori dalla sua strada abituale. Osservate il seguente quadro:

Alcune reazioni del paziente	Reazione permanente dello psicologo
Bisogno di essere ammirato - bisogno di essere amato - affetto - ostilità - parole aggressive - bisogno di farsi valere - panico - sottomissione - vergogna di certe "confessioni" - ecc.	Neutro - cordiale - comprensivo - senza visibili reazioni - senza giudizio morale.

Ma vediamo che cosa esattamente è il transfert.

COS'È IL TRANSFERT?

Transfert deriva da "trasferire". Quindi, si trasferisce *qualcosa su qualcuno* (sia durante un'analisi, sia nella vita quotidiana). *Che cosa* si trasferisce e *su chi?*

È una varietà di proiezione

Si è parlato a lungo della *proiezione*. Vogliamo ricordare che si tratta di un processo psichico che consiste nell'attribuire ad altri alcuni sentimenti che sono propri.

Tanto più forte è la proiezione quanto più i meccanismi inconsci sono potenti, o l'età mentale minore.

Una persona che proietta i suoi sentimenti è simile a una lampada che manda la luce su qualcuno... e crede che l'"altro" emetta dei raggi luminosi (mentre non fa che rifletterli). Vedremo quanto sia importante questo principio in psicologia clinica. Il transfert è una varietà di proiezione, ma molto più vasta. Compare *sempre* durante un'analisi sotto l'una o l'altra forma, e dimostra a qual punto ogni uomo ha bisogno di assoluto...

Due pazienti dicono:

1) "Ho sognato che partecipavo alla sua vita, mettevo a posto i suoi libri, lavoravo con lei, e lei aveva un'assoluta fiducia in me..."

2) "La notte scorsa ho sognato che sua moglie mi apriva la porta. Aveva un viso terribile, come se avesse bevuto; era vecchia e brutta..."

1) *Si tratta di un uomo.* Soffre di un forte senso di colpa. Ha continuamente la sensazione di non essere amato, di essere respinto dagli altri, di non aver diritto di vivere allo stesso titolo degli altri. Nel sogno, condivide la sua vita con quella dell'analista, il quale gli dà la sua fiducia. Qual è il "transfert"? L'analista rappresenta *il Padre* (in generale): colui che perdona e *si assume la responsabilità*, in modo assoluto, di un bambino che non arriva ad essere autonomo. Qui, il paziente non trasferisce dunque SUO padre sull'analista, ma IL padre (nel senso più vasto del termine = Autorità, Potere, Dio...).

2) *È una giovane donna.* È un complesso di Edipo che essa trasferisce. L'analista rappresenta suo Padre, che ella desidera avere tutto per sé. La moglie dell'analista, è sua Madre: quindi un ostacolo. Nel sogno, l'ostacolo è "eliminato": la moglie è brutta e vecchia (sottinteso: essa, così com'è, non può essere amata da mio padre e io lo avrò per me sola...).

Come si può "proiettare", allo stesso modo si può "trasferire" su altre persone tutta la gamma possibile dei sentimenti. Si può anche trasferire dei simboli, ecc.

Il caso di un uomo che trasferisce il Padre sull'analista

«Ho quarantatrè anni. Malgrado ciò, di fronte a lei mi sento come un bambino ubbidiente; e il bello è che non mi vergogno a dirlo. Se sono qui è per fare tabula rasa, per ritrovare la mia propria vita, la mia vera personalità. So che dovrò rivivere col pensiero delle penose esperienze. Io sono come un bambino, lei come se fosse mio padre. E non è retorica questa; lo sento e, ripeto, non ne provo nessuna vergogna...».

Nel caso seguente, abbiamo il transfert della Madre: lo studio dell'analista diviene la "casa natale", il "grembo materno", il calore del focolare, il "Seno Materno".

«Fa freddo da lei! Dovrebbe esserci sempre caldo, come in una casa dove si sta bene».

Il seguente paziente trasferisce "la famiglia": si sente frustrato per non essere *il solo* oggetto dell'attenzione da parte dei suoi genitori (*trasferiti sull'analista*); è geloso degli altri "figli" (*gli altri pazienti*):

«Sbatterei la testa contro il muro per essere così bestia, ma sono geloso degli altri suoi pazienti. Essi mi rubano qualcosa, mi rubano una parte della sua amicizia...».

Ecco un caso analogo, ma la frustrazione si tinge d'aggressività (con le relative contraddizioni):

«Se lei, può passare da una paziente a un'altra e occuparsi di tutti, vuol dire che se ne infischia. È impossibile che lei ami tutti i suoi pazienti. Ma dopo tutto, non me ne importa niente. Del resto, a seduta finita, ho l'impressione che lei ne abbia fin sopra ai capelli di me e che mi spinga alla porta con un "uffa!". È già dimenticata allora la povera donnetta quale io sono! Ci si occupa di un altro numero, e il gioco è fatto! Ma, le ripeto, ciò mi è indifferente, dal momento che lei conosce il suo mestiere. Ciò che desidero, è di essere amata, ecco».

Un altro caso

Si può trasferire qualsiasi sentimento su qualsiasi persona o qualsiasi cosa.

Il signor L., ogni volta che vedeva un gatto d'angora che se ne stava tutto tronfio in un lusso che egli giudicava "inaudito" per un gatto, non mancava mai di sferrargli un calcio (quando i padroni — amici suoi — voltavano le spalle, naturalmente).

L. credeva di dare quel calcio ostile per il motivo seguente:

«Non posso sopportare di vedere un gatto starsene lì senza far niente e mangiare prelibati pasticci, mentre milioni di esseri umani hanno fame».

L. avrebbe avuto completamente ragione se il suo motivo fosse stato autentico. Ma non lo era. Dirà più tardi:

«La prima cosa che mi ha colpito è che la mia rabbia era diretta *solo* verso i gatti "di lusso"... mentre mi era indifferente vedere un comune gatto coccolato dai suoi padroni. No... provo lo stesso un po' d'ostilità perché non amo i gatti.

Sono come le donne... con le unghie fuori alla minima cosa, capricciosi... languidi, e poi fanno voltafaccia...».

Il primo punto è dunque banale: L. proietta sui gatti la sua ostilità verso le donne. Ma perché i gatti "di lusso" in particolare? Egli era affetto da sentimenti di colpa e di inferiorità. Il gatto *angora* rappresentava per lui un'"aristocrazia" che, benché si trattasse di un animale, lo faceva sentire inferiore. Ma davanti a un aristocratico "umano" L. recitava una parte: quella della perfezione dei modi... e reprimeva i suoi sentimenti di ostilità. Ma non davanti al gatto! Quindi, *egli prestava inconsciamente al gatto dei sentimenti di "superiorità" e di "disprezzo", e trasferiva sull'animale la propria profonda ostilità verso tutto ciò che lo faceva sentire inferiore.* Siamo perciò lontani dal motivo che egli adduceva.

Il piccolo catechismo del transfert

Si possono trasferire dei sentimenti amichevoli, affettuosi, entusiasti, fiduciosi. Questo è il *transfert positivo.* È così che quando si è felici troviamo magnifico il mondo intero.

Si possono trasferire dei sentimenti ostili, aggressivi, di odio, di diffidenza. Questo è il *transfert negativo.* È così che quando si è infelici il mondo appare nero e ostile.

Il transfert, *in analisi come nella vita*, rappresenta spesso una parte fondamentale, ha mille aspetti, va da un clima latente (positivo o negativo) all'amore o all'ostilità dichiarati. Del resto, il transfert diviene a volte una forma di nevrosi. In questo caso, una persona attribuisce ad un'altra dei potenti sentimenti (amore o odio)... *che non esistono affatto in realtà*, e che non sono altro che il transfert dei suoi stessi sentimenti.

Vediamo dunque che la proiezione e il transfert si somigliano. Ma vengono chiamate generalmente *transfert* quelle proiezioni del paziente sul suo analista.

L'intelligenza e il transfert

L'intelligenza ha qualcosa a che vedere nel transfert? No, *finché il transfert resta inconscio.* Degli esseri intelligentissimi reagiscono con la paura (senso di inferiorità, sottomissione, aggressività, timidezza, ecc.) davanti ad altri esseri, siano questi intelligenti o con un'età mentale di otto anni. Pensiamo a casi semplicissimi e comuni di persone che trasferiscono il Padre su qualsiasi autorità, vera o falsa (poliziotto, esattore delle imposte, pubblico ufficiale, portiere, guardiacaccia, superiori, ecc.). È il caso tipico dell'automobilista angosciato che sarà "gentilissimo" con il vigile urbano; non per timore della contravvenzione, ma perché il vigile simboleggia il Padre onnipotente che può punire e perdonare (cioè, per l'inconscio dell'automobilista: un Padre che può respingere, castrare o amare). L'automobilista trasferisce dunque sulla guardia dei profondi sentimenti: il proprio padre, il Padre in generale, e anche Dio, munito di tutti i poteri. Tali sentimenti non hanno assolutamente niente a che vedere con l'intelligenza, né dell'uno né dell'altro.

ESEMPI DI TRANSFERT

Abbiamo mostrato a sufficienza come, attraverso la proiezione e il trànsfert, una persona "sposti" il suo stato d'animo su un'altra persona (o sull'intera società!), attribuendole anche dei sentimenti che non esistono. Ma non dimentichiamo che l'analisi è una vera "concentrazione" di sentimenti; questo spiega la *violenza* di alcuni transfert (estrema aggressività, affetto sconfinato, ecc.; violenza evidentemente temporanea e relativamente rara).

Durante un'analisi, l'analista occupa un posto considerevole nella vita del paziente. È del tutto normale trattandosi di due esseri umani che lavorano insieme ed essendo l'analisi una relazione unica.

Tuttavia accade spesso che il paziente *accentri tutta la sua attenzione* non sull'analisi, *ma sull'analista*. Anche questo è logico; il paziente reagisce durante l'analisi come reagisce nella vita quotidiana. Con questa enorme differenza: che tutte le sue reazioni sono acuite e riunite in un solo fascio... tanto più che egli può "lasciarsi andare" ad essere se stesso; mentre nella vita corrente tutto questo gli è vietato!

Esiste una relazione senza transfert?

No. Non esiste nessuna relazione umana, anche nella vita normale, in cui non venga "trasferito" su altri un qualunque sentimento (non fosse altro che la simpatia o l'antipatia, la tenerezza o l'avversione, ecc.). Basta pensare a che cosa simboleggiano certi personaggi per meglio provare il transfert *nella vita di tutti i giorni.* Ecco un capo di Stato, per esempio: giovane, bello, dinamico, padre di famiglia, semplice, cordiale. Il mondo intero l'adora. È forse questo signor X. che adora, o ciò che questi *rappresenta?* È ciò che rappresenta (= simboleggia). Quest'uomo, per esempio, può rappresentare il *Padre* (il Padre ideale e potente, giovane e bello, che si avrebbe voluto avere), il *Fratello maggiore*, la *Guida*, il *Salvatore*, l'*Eroe invulnerabile*, ecc. (ci troviamo, qui, nell'*Inconscio collettivo*, v. cap. 13).

Analogamente, un'infermiera può rappresentare per i suoi malati la *Sorella maggiore*, la *Madre adorabile e buona*, la *Madre terribile*, ecc. Basta pensare anche ai rappresentanti della polizia. Essi rappresentano la *Legge* (questo è certo); ma soprattutto il *Castigo* (ciò è importante per tutti quelli che soffrono di senso di colpa), o il *Padre* del quale ci si deve assicurare la benevolenza.

Ricordiamoci del film *La parola ai giurati.* Il giurato che più degli altri si era mostrato accanito nel condannare il giovane imputato all'impiccagione, era un uomo il cui giudizio sembrava ispirato da valide ragioni (protezione della società, ecc.). Purtroppo non era affatto così. Questo giurato *trasferiva sull'accusato il suo proprio figlio, ingrato e ribelle.* Era dunque questi che lui voleva mandare alla forca, non l'accusato (che simboleggiava il figlio). La disperazione e la collera del padre si trasferivano perciò sull'accusato; e il giudizio di questo giurato era quindi ben lontano dall'essere obiettivo. *Ed era convinto di condannare "in tutta coscienza"*... mentre commetteva un errore giudiziario, poiché, *per lui, era suo figlio che era in causa, non l'accusato!*

È sempre così, ogni giorno, per ogni vita umana.

Come vediamo il transfert appare nelle azioni quotidiane. È evidente che il Padre e la Madre sono i poli d'attrazione degli inizi della vita. Essi donano la sicurezza (o l'insicurezza), l'amore (o la mancanza d'amore), la formazione (o la deformazione), la pace (o l'angoscia), la stima di sé (o la disistima), ecc.

Inoltre, il Padre e la Madre rappresentano due "Archetipi" *di una straordinaria potenza*, che fanno parte dell'inconscio collettivo. È per questo che le figure del Padre e della Madre si trasferiscono (inconsciamente) in numerose situazioni.

Un esempio

Il signor P. è un ufficiale dell'esercito. Dice:

«È strano... Sto circolando per la strada al volante della mia macchina. Vedo dei poliziotti all'orizzonte che controllano alcuni veicoli. Se sono in uniforme tutto va bene. Se io sono in abiti civili, mi metto a tremare, ho paura, son preso dal panico. Ora, io so di essere in regola, e a ragione! Basta che mostri i miei documenti militari!».

È evidente che questo non è che un sintomo. P. soffre di sentimenti inconsci di colpa che si esprimono, *in tutte* le situazioni della vita quotidiana con la sensazione di essere in colpa. Cosa rappresentano questi poliziotti quando P. è in abiti civili e non più sotto la "protezione" dell'uniforme? Essi rappresentano (almeno in questo preciso caso): il *Padre*, l'*Autorità*, la *Punizione*, la *Castrazione*, la *Morte*.

Una domanda da porsi

Di fronte alla vasta portata del transfert, crediamo che la domanda da porsi spesso davanti a questo o quel sentimento, positivo o negativo, sia questa: «*Cosa rappresenta questa persona per me*?» Oppure «*Cosa rappresenta per me questa circostanza*?».

E la risposta si trova facilmente? No! E spesso è anche impossibile trovarla da soli, senza una progressiva discesa nel profondo della personalità. Ed è anche facile capire (ricordatevi *La parola ai giurati*) quanto sia importante per uomini che hanno particolari responsabilità (insegnanti, educatori, sacerdoti, direttori, giudici, uomini di Stato, ecc.), essere *coscienti* dei transfert che essi operano su altri individui e liberarsi dalla loro soggettività.

Il transfert di L.

Questo paziente aveva sviluppato verso il suo analista un *transfert positivo* (*estrema sottomissione*, *esagerata dimostrazione d'affetto e di rispetto*, *ecc.*). *Tutto questo mascherava una violenta ostilità inconscia.* Diremo, di sfuggita, che egli trasferiva il proprio padre, tirannico, davanti al quale aveva dovuto, per molti anni, chinare la testa per non essere picchiato, umiliato o punito. Ancora una volta, una situazione classica, purtroppo (angoscia da castrazione e masochismo).

L. sembrava di sprofondare nel transfert. Non osava mai opporsi a un parere dell'analista. Non osava mai discutere né esprimere un'opinione personale, come non osava attaccare la psicanalisi (e ne aveva una gran voglia), né l'analista (il che l'avrebbe vendicato della sua sottomissione verso il padre). Infatti, l'analista era divenuto per L. un "dio" infallibile, un "salvatore", un mago che tiene le fila, e così via. Tutto questo inconsciamente, ben inteso.

Bisognava dunque che L. prendesse coscienza al più presto *sia del suo transfert, sia della sua celata ostilità. Doveva cessare la sottomissione e apparire l'aggressività.*

L'occasione si presentò da sé.

Avevamo dovuto sistemare provvisoriamente un pianoforte nel nostro studio. Esso restava assolutamente chiuso (per evitare una nota troppo personale). *Aprimmo il piano* per la seduta successiva di L. Fino a quel momento, non ci aveva mai parlato del pianoforte, non aveva mostrato nessun stupore di vederlo nella stanza e nemmeno sembrava averne notato la presenza. Perché? Perché questo avrebbe avviato una conversazione "personale", da "pari a pari"... di cui L. era incapace davanti a suo padre (trasferito sull'analista). C'era un pianoforte? Bene. Ciò non lo riguardava ed era troppo bene educato (= troppo sottomesso) per parlare senza essere invitato a farlo.

Dunque il pianoforte venne aperto. Fin dall'inizio della seduta lo sguardo di L. corse allo strumento che mostrava i suoi bianchi tasti e le sue innumerevoli corde. Dice (con estrema gentilezza):

«Ero certo che lei sonasse il piano... Veramente, vorrei sentirla. Lei non deve sonare che Bach, ne sono certo, eh? *Traduciamo:* Bach = perfezione musicale = dimostrare all'analista che lo si considera perfetto = adulare l'analista = essere amato = non essere respinto né punito.

Nella seduta successiva tutto cambiò. E L. stesso spiegò più tardi:

«Si ricorda del pianoforte aperto? Le ho detto (con quale difficoltà!) che lei non poteva sonare che musica di Bach. Ma, in fondo, *mi auguravo che lei mi rispondesse:* "Niente affatto... io strimpello..." Invece lei non ha detto niente. Ciò mi ha irritato perché mi sentivo come un ragazzino senza nessuna importanza, davanti a quel piano a coda. La immaginavo mentre spandeva in solitudine torrenti sonori, con irrisoria facilità. La notte, dormii male. Lei non aveva risposto alla mia domanda e mi sentivo frustrato; ero escluso dal suo mondo musicale, come mio pàdre mi aveva sempre escluso dal suo mondo adulto. Poi mi misi a riflettere, e provai una strana sensazione. Come se si alzasse un sipario... Mi sono detto che, forse, lei suonava anche Chopin, e Liszt, e Beethoven... Dunque, allora, lei era capace di vibrare, dal momento che era capace di interpretarli... Sentivo per lei un immenso affetto, come il giorno in cui ho visto piangere mio padre... (è da notare che L. non si è detto che l'analista non aveva forse niente a che vedere con il pianoforte). Poi mi ha invaso un altro sentimento: lei suonava il piano, quindi doveva provare delle emozioni: dunque *era un uomo!* Lei non era Dio, non era un mito inaccessibile, lei possedeva un'infanzia e un'adolescenza, come me, come tutti gli uomini, ed era capace di emozionarsi! Lei non era un dio impassibile che tirava le fila senza che io lo volessi... era un uomo, come me, e questa analisi era fatta *in collaborazione!* Questa parola "collaborazione" mi colpì come un fulmine! E credo che in due o tre minuti recuperai parecchi anni».

Cosa avviene?

In fondo, il ragionamento di L. è questo: «Il mio analista prova delle emozioni; quindi, non è né dio né diavolo. Non è un essere assoluto! E poichè lui non è Dio, neppure io sono un ragazzino sprovvisto che teme l'ira celeste. Ho dunque paura di un uomo come me. Perché?».

Alla seduta successiva apparve l'aggressività. Perché? Perché L. osò opporsi, osò criticare le parole dell'analista (che, fino a quel momento, erano state "tabù"). Ma poichè la paura era ancora presente, egli reagì con *aggressività. Non si oppose: contrattaccò* (credendo che l'analista lo attaccasse). Poi, a poco a poco, avendo preso coscienza di alcune delle sue reazioni, la paura diminuì. Smise di considerare l'analista come un "tabù", finirono alcune proiezioni con un conseguente recupero di energia. Quindi, cessò progressivamente di essere come un bambino davanti a un dio-analista, per arrivare a essere un adulto di fronte ad un altro adulto. Divenne a poco a poco consapevole che l'analista non era un Giove-Punitore, ma un uomo che non giudicava e che collaborava con lui. Il transfert del Padre poté essere analizzato con un nuovo ritorno di energia.

L'uomo cerca l'assoluto

Vedremo più avanti come esista un vero "strato" religioso in fondo all'inconscio umano. "L'uomo è un animale religioso". Non intendiamo entrare qui in discussioni di etimologia; parliamo di "sentimenti religiosi" solo in funzione del transfert.

Nella parola "religione" si trova l'idea di un "vincolo": che lega un uomo a se stesso, un uomo agli altri uomini, un uomo a Dio.

Cosa c'entra questo col transfert? Prima di tutto vorremmo dire che *ogni nevrosi è una rottura religiosa* nel senso etimologico che abbiamo dato (v. cap. 14). È una rottura "religiosa", perché la nevrosi isola un individuo da se stesso e dal mondo esterno. La nevrosi distrugge dei "vincoli"; il nevrotico entra in stato di solitudine verso se stesso e gli altri. Questo nonostante le sue affannose ricerche di contatti umani, spesso inconsapevolmente.

L'analista-idolo

Ogni essere umano, che lo voglia o no, è alla ricerca di un assoluto. Dove trovarlo? In Dio, per coloro che ci credono. Quanto agli altri, si arrangiano come possono per soddisfare la loro sete di assoluto. Essi attribuiscono quindi un "valore di assoluto" al lavoro, alla patria, alla propria ideologia, a un capo di Stato, ecc. Questo permette di sentirsi "legati" ad altri uomini... quindi di sfuggire all'angoscia; permette di credere che il "vincolo" non è stato spezzato. *Ciò significa cercare all'esterno un legame che non esiste più in loro stessi.*

A un paziente che intraprende un'analisi si presenta *un assoluto già pronto: l'analista.* Perché l'analista rappresenta il mondo come lo vorrebbe il paziente. Perché l'analista non "giudica" mai e, di conseguenza, ristabilisce un "legame" fra il paziente e gli "altri" (rappresentati dall'analista).

Spesso il paziente si "lega" come un fanciullo al suo "padre-analitico". Non di rado l'analista si sente dire:

«Il suo studio è per me la sola oasi di pace...»;

«Vivo esclusivamente in funzione di queste sedute...»;

«Questo studio è la mia unica sicurezza...»;

«Non ho che lei al mondo...»;

«Se lei mi abbandona, sono perduto per sempre...»;

«Qui mi trovo come in una chiesa, perché lei mi ama e mi accetta, e perché lei è il solo a non avercela con me...»;

«Solo davanti a lei non mi sento colpevole...».

C'è dunque da parte del paziente, *una temporanea fissazione* all'analista. Ora, per poter progredire, tale fissazione deve cessare armoniosamente, a mano a mano che si rafforza la personalità adulta del paziente.

Ma è evidente che se l'analista simboleggia spesso un "buon" padre, può anche diventare in un attimo, un demonio o un "cattivo" padre. Ci troviamo allora di fronte al *transfert negativo*, saturo di aggressività, di ostilità. Alcuni pazienti, in questo caso, divulgano le cose più inverosimili, le peggiori insinuazioni, ecc.

Riportiamo ancora una volta le parole di alcuni pazienti, che dimostrano come essi trasferiscono il "padre" sull'analista, con un bisogno di possesso assoluto:

«Odio la sua calma, la sua vita privata, sua moglie, perché la amo teneramente e non posso partecipare alla sua esistenza...»;

«Spio la minima debolezza da parte sua, il minimo nervosismo... Vorrei che lei fosse imperfetto, che si arrabbiasse, che non fosse come un dio per me... È più forte di me, non posso farci niente...»;

«Aspetto sempre con angoscia che suonino alla sua porta; ho sempre paura che qualcuno ci disturbi...»;

«È strano: io sono razionale, un professore di matematica... e tuttavia, benché cerchi di impormi a me stesso, lei è stato per me, un giorno Sant'Agostino, un altro il diavolo».

Tutto questo è naturalmente esagerato e temporaneo, ma dimostra quel bisogno "religioso" la cui soddisfazione è così importante per ogni essere umano. Ed è questa la guarigione psicologica: ristabilire dei "legami" armoniosi, prima all'interno di una personalità, poi fra questa personalità e il mondo. La paura, allora, scompare.

Ci si rende facilmente conto che *il transfert non è un gioco*. È, prima di tutto, uno "strumento" di lavoro, a volte doloroso per il paziente. Ne abbiamo parlato assai lungamente, perché il transfert è inseparabile da qualsiasi analisi, come da qualsiasi relazione umana. In fondo, esistono tante varietà di transfert, quanti sono gli individui; ogni transfert, secondo ogni seduta, mostra aspetti diversi.

Grazie al transfert, si possono analizzare i *modi profondi di vita* del paziente. Si analizzano anche le sue strutture nevrotiche. Vi si scorgono i mezzi di difesa contro la paura o contro la vita stessa: semplicemente perché il trattamento analitico rappresenta la cristallizzazione di tutto un modo di vivere. Ma occorre dire che un individuo che si trova in mezzo ai tormenti di una nevrosi, ha bisogno, più di ogni altro, di *enormi dimostrazioni* di affetto. E poiché lo psicologo non può dimostrargli il suo "amore" (che è un amore umano) è facile capire come il paziente sia interiormente sconcertato e "frustrato". Un soggetto nevrotico ha bisogno di *vedere* che lo si ammira, di *vedere* che lo si accetta, di *vedere* che non lo si disprezza, ecc.

Tuttavia se l'analista entrasse in questo "gioco", sarebbe il modo migliore per far fallire l'analisi. E la guarigione del paziente si perderebbe nella notte dei tempi.

Ed è evidente che sarebbe il massimo del grottesco se l'analista accettasse di essere un "assoluto"! Ugualmente grottesco sarebbe un analista che si sentisse "lusingato" dall'amore del paziente... amore che, l'indomani, può mutarsi in ostilità.

L'analista sa, naturalmente, che i sentimenti del transfert non sono diretti a *lui*, ma ciò che egli rappresenta per il paziente (il padre, la madre, il diavolo, Dio, ecc.). Non è *lui* ad essere amato, ma ciò che viene proiettato su di lui.

A parte ciò, possono esservi dei sentimenti *autentici* di affetto, che si producono via via che il paziente riacquista la sua personalità e torna ad essere "adulto".

Si può quindi ripetere instancabilmente che l'atteggiamento di un analista deve consistere, prima di tutto, in un modo di essere, pieno di disponibilità e di comprensione. Trattandosi di transfert, le reazioni di un soggetto possono sembrare assurde... *a chi non ha fatto un'analisi*. Tuttavia, una persona che intraprende un'analisi sente, fin dalle prime sedute, che un clima particolare si impadronisce di lei.

Che si tratti della vita quotidiana o di un'analisi, il transfert si basa su delle leggi molto semplici:

a) ogni essere umano cerca, consapevolmente o no, la sicurezza, la pace, l'equilibrio, il benessere;

b) ogni sentimento di insicurezza procura una sensazione di solitudine, di paura, di angoscia;

c) l'angoscia, qualunque essa sia, fa scattare un meccanismo di protezione; le due protezioni elementari sono la fuga e l'aggressività;

d) ogni essere umano è alla ricerca di un assoluto;

e) dal momento in cui un essere umano sente che il suo amore è respinto, entra in uno stato di frustrazione; entra anche in uno stato di aggressività o di odio.

Caliamoci di nuovo nel clima di un trattamento psicologico. Il soggetto sa (o sente) che è accettato e amato per quello che è. Una situazione unica, dunque, come abbiamo già detto altre volte. Il soggetto, anche se ha paura, sa di trovarsi in un clima di assoluta fiducia. Abbiamo anche detto che una nevrosi è una malattia "religiosa", perché spezza il "vincolo" che unisce l'individuo agli altri. Questo legame si ristabilisce fra il paziente e l'analista; ed è tanto più forte in quanto è il solo al quale possa ancora aggrapparsi. Ripetiamo ancora che *l'analista rimane neutro. Ama il suo paziente, ma non reagisce mai in maniera personale.* Non risponde mai (sentimentalmente parlando) all'affetto o all'ostilità del suo paziente.

Sappiamo anche che le provocazioni, le scaramucce, le aggressività del paziente sono frequenti. Nondimeno, chi dice *aggressività*, dice *distruzione*. Cosa avviene in questo caso? Il paziente è, logicamente, una vittima. Vittima della vita, delle circostanze, del destino, della malattia... ma soprattutto vittima dei demoni che albergano nel suo interno. Egli è sovente un carnefice di se stesso, senza saperlo. Che accade in analisi? Il paziente si proietta sull'analista... che diviene il "carnefice".

Vorremmo anche ricordare che un soggetto nevrotico vuole tutto ricevere, poiché è incapace di dare. Ora, di fronte all'atteggiamento *neutro* dell'analista, *egli ha la sensazione di non ricevere niente.* È evidente che non può percepire, attraverso la sua nevrosi, l'atteggiamento disponibile e umano dell'analista. Gli occorrono delle *dimostrazioni* di affetto, delle *dimostrazioni sentimentali.* Vorrebbe che si prolungasse (per lui solo) il tempo di seduta. Vorrebbe un trattamento gratuito. *Queste "gratificazioni" sarebbero la prova inconfutabile che l'analista lo ama.* Naturalmente, niente di tutto questo avviene. Il paziente ha l'impressione di urtare contro un muro (la neutralità dell'analista). Compare la frustrazione; quindi l'aggressività.

Ma avviene allora una cosa molto importante. Nella vita corrente, l'aggressività urta spesso contro un'altra aggressività che è la risposta alla prima. In psicologia, l'aggressività del paziente non trova alcuna eco. *Di conseguenza, il paziente può spesso abbandonarsi alla sua aggressività senza sentirsi colpevole* (è come se dicesse a se stesso: "Posso permettermi di essere aggressivo dal momento che pago la mia seduta!").

Diceva un paziente:

«Ogni volta che giungo da lei, ho l'impressione che lei s'infischi assolutamente di ciò che le dico, di quello che sono, delle mie lotte, delle mie preoccupazioni, delle mie noie. Ho l'impressione di perdere tempo e denaro (da notare che questa persona faceva l'analisi gratuitamente). Non posso sopportare l'idea che lei si prenda cura di altre persone oltre a me. Voglio che lei pensi spesso alla prossima seduta, che esamini i miei appunti attentamente, che li studi. E poi, ogni volta che cerco di fare ogni sforzo possibile, urto contro un muro d'impassibilità. Sento che lei ce l'ha con me; in fondo mi detesta...».

Veramente si direbbe che questa persona ricerchi la frustrazione. Infatti, è così. *Perché tale frustrazione le permette di essere aggressiva; e di essere aggressiva senza sentirsi colpevole.* Si rischia quindi di entrare in un circolo vizioso che l'analista deve rompere.

Accade anche che alcuni pazienti si vendichino attraverso il trattamento. Inconsciamente, rifiutano di guarire, perché il *loro* fallimento significherebbe il fallimento dell'analista. Assumono allora un atteggiamento da vittima. Ciò permette al paziente, prima di tutto di tenersi lo specialista tutto per sé, poi di "punire" l'analista "dimostrandogli" che è un "incapace".

Vi abbiamo già parlato degli interventi dell'analista. Essi sono ugualmente importanti durante il transfert. Abbiamo mostrato come questi interventi debbano essere "dosati" seguendo la progressiva discesa in profondità. Una persona che si lancia nell'avventura analitica desidera eliminare certe sofferenze nevrotiche; e, per far questo, deve discendere, un gradino alla volta, verso l'intimo della sua personalità. A poco a poco essa si spoglia degli "abiti" che non sono i suoi e che la serrano inesorabilmente. Ad una a una le porte interne si aprono. Certe chiusure (false) di sicurezza cedono. Una certa quantità di energia continua a liberarsi con grande vantaggio dell'Io. Avvengono successivamente delle "consapevolezze" che dipendono in gran parte dagli interventi dell'analista, fatti in tempo voluto e secondo l'evoluzione del paziente.

Quanto più la consapevolezza è importante, tanto più l'"Io" deve essere forte per assumere le sue nuove responsabilità. *Esattamente come un detenuto che uscendo di prigione deve avere del denaro a disposizione.*

Ed è proprio durante il transfert che la funzione dell'analista diventa estremamente delicata. Un analista che si azzardasse a dare delle interpretazioni *premature* rischierebbe di gettare il paziente in uno stato di angoscia insostenibile... e, di conseguenza, di produrre in lui nuovi meccanismi di difesa. La personalità deve subire un lento processo di maturazione in base ad una progressiva discesa nel profondo.

L'analista deve dunque aiutare il paziente a prendere coscienza del suo transfert. In tal modo, il paziente, a poco a poco si distacca dal transfert, diviene adulto ed autonomo. Si rende allora conto che sul nostro pianeta non vi sono né superiori né inferiori, ma uomini, ciascuno dei quali ha la sua parte. Si rende conto che ognuno ha le sue possibilità e le sue impossibilità, la sua ampiezza e i suoi limiti, le sue forze e le sue debolezze. E lui, che per effetto della nevrosi si sentiva in un mondo popolato di giganti, riconduce le cose al loro giusto valore, a mano a mano che torna ad essere se stesso. Si accorge, infine, che il mondo è privo di giganti.

L'analista, allora, riprende il suo vero compito. Ridiventa un "traghettatore" che aiuta ad attraversare l'oceano della nevrosi verso l'obiettivo finale: ottenere un Io forte ed autonomo.

L'analista non è, né più né meno, che uno strumento.

9. - LA CONSAPEVOLEZZA

Quando si vede,
non si immagina più
(*Jean Giono*)

La prima domanda che si pone una persona che compie *suo malgrado* certe azioni, è: "Perché?". Una persona che soffre di nevrosi si chiede continuamente con angoscia o con rabbia: «Ma *perché* faccio questo o quest'altro? *Cos'è che mi spinge* a compiere questa o quella azione che giudico assurda o reprensibile? *Perché* ho questa idea fissa, questa fobia, questo timore, questa stanchezza, questa angoscia, questa timidezza, e ciò malgrado tutti gli sforzi volontari e coscienti che compio per liberarmene? Perché di fronte agli "altri" recito sempre una parte che mi esaurisce, ma contro la quale non posso farci niente? Perché falliscono uno dietro l'altro i miei fidanzamenti? Perché sono sessualmente deviato o impotente? Perché non posso staccarmi da mia madre, dal momento che non ho mai avuto alcun contatto profondo con lei? Perché sono così timido, mentre ho avuto successo e tutti mi amano? Perché sono sempre teso e in stato d'allarme? Perché questa ossessione ha monopolizzato le mie azioni e i miei pensieri?» ecc.

Tutto questo significa: "In me c'è un meccanismo nascosto che vorrei scoprire. In me si trova un nemico misterioso che mi impedisce di essere libero. Vorrei che questo nemico si mostrasse alla luce, per poterlo conoscere e combattere".

La risposta a questo *Perché*, è la consapevolezza.

La guarigione psicologica dipende dalla consapevolezza più o meno profonda. Per una maggiore comprensione *occorrerà definire rapidamente che cos'è la "salute" psichica.* Essa consiste in una permanente adattabilità alle diverse circostanze della vita. La salute psichica richiede un *Io* flessibile (che è l'opposto dell'intransigente *Super-Io*), un *Io* senza pregiudizi né inibizioni.

La salute psichica è raggiunta al momento in cui l'uomo può lavorare e amare senza paura, senza alcun meccanismo di protezione contro la paura. Essa è raggiunta quando l'individuo può utilizzare le sue risorse (invece di bloccarle o disperderle). Si capisce che se la personalità è divisa in frammenti il cui accordo è precario o inesistente, la salute psichica è impossibile: questo lo troviamo già nel caso in cui certi "complessi" formano una personalità inconscia (e nemica dell'Io) *e si nutrono dell'energia che dovrebbe essere a disposizione dell'Io* ([1]).

Grosso modo, ciò che è inconscio deve diventare cosciente. In altre parole, le forze istintive inconsce devono salire alla coscienza, nutrirla e arricchirla (come la linfa di un albero che sale dalle radici verso il tronco e le foglie).

La consapevolezza avviene quando un fenomeno inconscio che diviene cosciente è "assunto" e integrato da parte dell'Io. È facile immaginare le modificazioni immediate che avvengono in una personalità: è come se nel soggetto si facesse luce di colpo; egli percepisce chiaramente il *vero perché* dei suoi turbamenti. *Vede* i suoi conflitti interiori (invece di negarli, di rimuoverli... o di ripeterli indefinitamente senza saperlo). Alcune proiezioni cessano. Importanti frammenti della personalità vengono recuperati. In tal modo ogni importante coscienza da sé rafforza notevolmente l'Io e determina nuove strutture. Inoltre, la consapevolezza conduce automaticamente l'individuo verso nuove azioni e un maggiore dinamismo.

Si può divenire consapevoli di qualsiasi cosa: del nome di un amico relegato in un angolo oscuro della memoria, di una eventuale dimenticanza, di abitudini divenute inconsce, di tic, ecc. Tutto questo viene posto in superficie. Si può essere consapevoli di essere sul punto di rappresentare un personaggio che non è il proprio, di essere estremamente gentili mentre si ha voglia di essere aggressivi, di credersi "buoni" quando invece si disprezza l'umanità, di desiderare inconsciamente l'insuccesso mentre si possiede tutto per essere felici. Vi sono migliaia di possibili consapevolezze.

Le consapevolezze possono avvenire a profondità diverse, poiché si può anche prendere coscienza di rimozioni estremamente

[1] Non dimentichiamo che la consapevolezza avviene in seguito alle interpretazioni date dall'analista, in tempo voluto e in base alla potenza progressiva acquisita dall'Io del paziente. Uno psicanalista rischia qualche volta di

profonde, conservate nell'inconscio sin dall'infanzia, gonfie di energia bloccata, che hanno prodotto potenti complessi i quali, a loro volta, hanno dato forti scosse alla personalità e questa si ritrova infine, a mille chilometri dalla strada giusta. Essere consapevoli, significa aprire le botole dell'inconscio. Significa prendere contatto con gli infantilismi, le libertà bloccate, le angosce sotterranee, la nevrosi profonda. Significa sfociare in un mondo sconosciuto, patologico dapprima, poi luminoso; poiché si può prendere coscienza ugualmente dei grandi *archetipi* che costellano l'*inconscio collettivo*, con un conseguente rivolgimento totale nella visione degli uomini e delle cose (v. cap. 13).

È facile capire come certe consapevolezze siano dei veri *parti mentali*. Disgraziatamente, sono rari i parti senza dolore...

La diga si screpola

Ogni consapevolezza importante è simile a una fessura che si produce nella diga (la nevrosi) la quale si oppone all'espandersi delle acque (la vita attiva, l'autonomia, la vita senza paura).

È evidente che certe consapevolezze producono dell'angoscia. Una persona inizia un'analisi con la sua "corazza caratteriale"; essa è protetta dalla facciata che abitualmente mostra agli altri (ed a se stessa). Inizia il lavoro psicologico con le angosce, gli infantilismi, le compensazioni, le inibizioni, ecc. Ma soprattutto con i meccanismi di difesa (a volte formidabili) che essa ha inconsciamente costruito per poter vivere alla meglio. Intraprende l'analisi con un volto che non è il suo; lo capisce vagamente, *ma ignora il suo vero volto*. Sa anche di agire in un certo modo, ma non sa perché. Sente (più o meno) di starsene nascosta in una fortezza e che la manutenzione di questa fortezza le costa molto denaro (= molta energia, fatica o spossatezza, senza contare l'obbligo di aggiungere ogni giorno una pietra all'edificio continuamente minacciato).

Quindi, da un lato, il paziente ne ha abbastanza di se stesso; ma dall'altro si tiene attaccato alla sua fortezza e ai suoi meccanismi.

dare delle interpretazioni errate? L'errore è umano. Ma si veda soprattutto a qual punto l'analista debba aver "risolto" i suoi problemi al fine di non "proiettarli" sul paziente.

Inoltre, il paziente verrà messo a confronto con problemi passati, "dimenticati", o *rimossi.* Sentirà risalire alla superficie vecchi risentimenti e segreti dolorosi profondamente sepolti nella memoria che riguardano le persone che più gli sono vicine: il padre, la madre, un fratello, una sorella... Sentimenti che sono stati repressi per anni.

E improvvisamente, attraverso esitazioni, fughe, brancolamenti, scaturisce la consapevolezza, come un fascio di luce. Cadono certe maschere, alcuni inconsci segreti vengono liberati. Si verifica un afflusso d'energia. Le paure inconsce appaiono con i loro volti ammuffiti. E qualche volta basta questo fascio di luce perché i fantasmi scompaiano. Certe porte blindate saltano. Tutto un mondo falso, infantile, chiuso a chiave dalla paura, scricchiola come un pavimento tarlato.

Compare lentamente una libertà interiore; il paziente si rende conto che tutto questo non è *lui*, ma "qualche cosa" *che le circostanze avevano messo dentro di lui* e che l'aveva interamente impregnato (vedere, per esempio, il Super-Io, al cap. 11). Si accorge così *di aver scambiato le proprie apparenze per la sua vera personalità.*

Talvolta, è una gigantesca assurdità che gli salta agli occhi e che gli fa dire: «Ma come ho potuto vivere e pensare credendo a un personaggio che non era il mio Io?...».

È a questo punto che invece di continuare a dire: «È più forte di me...», egli dice: «È meno forte del mio nuovo Io...».

UN PASSAGGIO DIFFICILE

Si sa che un paziente consulta spesso uno psicologo per eliminare il *turbamento* che lo fa soffrire. Ma si sa anche che tale turbamento non è che un sintomo e che un'analisi profonda *rimette in discussione l'intera personalità*, fino alla "rinascita" finale.

Osserviamo ora lo schema seguente.

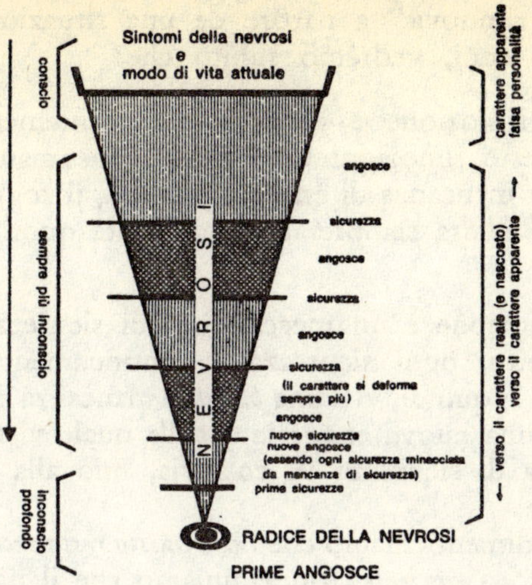

Ed ora immaginiamo che il paziente si renda conto, *d'un sol colpo e senza preparazione*, del grosso nucleo che si trova *rimosso* in fondo alla sua personalità.

Osserviamo anche ciò che è *conscio e inconscio*. Vediamo che il conscio forma una lastra di superficie che è la vita attuale del paziente.

Ciò che è inconscio

Cominciamo dal fondo (la parte inferiore dello schema). Vi troviamo un "nucleo" costituito da rimozioni e da angosce, probabilmente nate nell'infanzia. Ma sappiamo già alcune cose, e cioè:

1) Una rimozione è *sempre* inconscia;

2) essa si produce in seguito a una pulsione che, salendo dall'inconscio, rischia di sconvolgere la personalità;

3) si produce perché vi è pericolo;

4) essa, *nel momento in cui si produce, si rivela un mezzo di protezione.*

Una rimozione permette quindi di sfuggire all'angoscia. Ma supponiamo che, domani, le si permetta di salire verso la coscienza: riapparirà la minaccia di una perturbazione. Quindi, la rimozione viene conservata nel profondo. Supponendo ancora che un individuo "rimuova" a partire da una situazione che dura da parecchi anni, vedremo subito che:

1) la rimozione è conservata costantemente;
2) queste rimozioni permanenti consumano energia;
3) per mancanza di energia psichica, il soggetto diventa inibito e si adatta sempre meno alla vita quotidiana (e agli altri).

Una rimozione è un meccanismo di sicurezza ma, come abbiamo detto, ogni sicurezza è continuamente minacciata (è evidente). E quindi, vi è una *possibile* mancanza di sicurezza... che genera una nuova angoscia... sulla quale viene posta una nuova lastra di sicurezza. E così via, fino alla lastra finale, in superficie.

Ma non dimentichiamo che *tutto questo resta inconscio. Ebbene ciò deve diventare cosciente!* Immaginiamo che il paziente possa diventare consapevole, d'un tratto, del nucleo iniziale. Egli salterebbe in aria, semplicemente. Vogliamo dire che non lo sopporterebbe, poiché ha trascorso tutta la vita a proteggersi da questo. Sarebbe una sorta di esplosione "nucleare" che toccherebbe il "nucleo" stesso della nevrosi, al quale si può giungere solo dopo un'adeguata maturazione e un rafforzamento dell'Io.

Si potrebbero paragonare le consapevolezze successive, a una macchina che cade in un fiume profondo. Se il guidatore non sa nuotare si inarcherà contro la portiera spingendo a tutta forza fin dall'inizio della discesa verso il fondo. Naturalmente, la portiera non s'aprirà, bloccata dalla pressione dell'acqua. Se sa nuotare, abbasserà il vetro, si lascerà portare giù tranquillamente e aspetterà che la macchina si riempia d'acqua. Una volta equilibrate le pressioni interna ed esterna, basterà una semplice spinta per aprire la portiera.

La stessa cosa accade quando una persona vuol essere consapevole del suo Io più profondo. Prima di tutto deve imparare a "nuotare"; *ciò significa:* le prime consapevolezze si hanno in superficie; esse toccano dei fenomeni poco profondi; liberano una certa quantità di energia e rafforzano la personalità che, progressivamente, diviene atta a scendere sempre più in profondità. Se si vuole andare troppo in fretta, la portiera si blocca sotto la pressione dell'acqua; *ciò significa:*

i meccanismi interni di difesa si chiuderanno ancor più ermeticamente sotto la pressione dell'angoscia.

Come abbiamo già detto, *una sola rimozione o un solo complesso producono una proliferazione di sintomi*. Alcuni di questi sintomi possono essere vistosi (per esempio, un'ossessione, un'impotenza sessuale, certe fobie, un'eccessiva paura, ecc.). Altri possono essere puramente invisibili, facendo parte del comportamento di ogni giorno. In questo caso si mescolano alla vita familiare, professionale, religiosa, e così via. Alcuni possono sembrare "belli" e positivi; altri, "brutti" e negativi. Per esempio, la *Nona Sinfonia di Beethoven* è un atto "positivo" compiuto sotto la pressione di una nevrosi. Un'esagerata *cortesia* può sembrare un sintomo "positivo" quando invece nasconde un'aggressività violenta, ma rimossa. Una *nevrosi cardiaca* può essere il sintomo "negativo" dei conflitti che dominano al centro della personalità. Una *cefalea* appare "negativa", mentre è talvolta un'auto-punizione (masochismo) che un individuo aggressivo infligge a se stesso (ma che non osa mostrarsi apertamente tale). Per mezzo della cefalea si punisce della sua "cattiveria". Ma ciò non impedisce alla sua aggressività di esistere... e che essa sia un fenomeno che può diventare positivo (a condizione che cessi di essere una protezione contro la paura; e a condizione che essa venga integrata).

Diventare consapevoli significa "travasare". Si passa dal serbatoio inconscio al serbatoio cosciente. Per esempio, una rimozione (inconscia) arriva alla coscienza. Cessa di essere una rimozione (perché cessa di essere inconscia). E questo, con le relative conseguenze, di cui le più comuni sono: angoscia temporanea, scomparsa di alcuni sintomi e rafforzamento della personalità.

Come si diventa consapevoli

È impossibile formulare delle leggi. Le coscienze di sé variano all'infinito secondo gli individui, il loro grado di evoluzione e di intelligenza (esteriore o interiore), la tappa raggiunta in analisi, la forza della consapevolezza, la profondità della rimozione o del complesso, la cristallizzazione della nevrosi, ecc.

Vi sono del resto numerose consapevolezze *normali!* Si può diventare consapevoli, ripeto, di un archetipo o di un simbolo, come di un comportamento nevrotico.

Inoltre, *da una consapevolezza ne possono derivare altre.* Ciò è del tutto comprensibile, se si pensa a quella proliferazione di sintomi di cui parlavamo. Un paziente può quindi rendersi conto che un gran numero di reazioni apparentemente disparate, provengono da una medesima fonte.

Per esempio un paziente può ad un tratto rendersi conto che le sue ossessioni, la sua timidezza, la sua esagerata precisione, la sua puntualità, la sua paura delle donne, la sua eccessiva bontà, ecc., *sono strettamente collegate* e convergono verso un solo nucleo rimosso nell'inconscio. Molti arboscelli vengono così abbattuti, con un colpo solo, dalla scure della consapevolezza.

Un altro esempio di cui abbiamo visto un caso: un individuo affetto da "mania di verificazione" prenderà coscienza che il suo strano modo di agire dipende dal fatto che egli si sente sempre braccato, sempre sorvegliato e che in realtà obbedisce al suo Super-Io, il quale gli procura dei sentimenti di colpa e di angoscia. La mania non è perciò che un sintomo evidente, in mezzo ad altri sintomi che non ha mai notato, e che proviene da uno stesso nucleo inconscio.

LE REAZIONI DEL PAZIENTE

Contrariamente a quanto si potrebbe credere, le consapevolezze profonde non sono sempre le più dolorose. Ciò che vi è di più "ripugnante" si situa nella vita quotidiana e nel comportamento verso gli altri. Ed è comprensibile, dal momento che ogni nevrosi suscita in primo luogo delle difficoltà nelle relazioni con gli altri.

Prendiamo un esempio: un individuo "recita una parte" da numerosi anni. Supponiamo che egli sia un "perfezionista", cioè che si presenti agli altri sotto un aspetto "perfetto" e inattaccabile. Egli è quindi "inceppato" dalla parte che sostiene e che *deve* sostenere in ogni momento; questo individuo dovrà divenire consapevole di questa facciata, di questa vernice di protezione. Dunque:

1) egli ha abituato gli altri a vederlo sotto un aspetto di "perfezione";

2) dovrà rendersi conto che non è affatto quello che credeva di essere e che, come tutti, ha delle notevoli imperfezioni;

3) dovrà mostrarsi imperfetto e dovrà assumersi la temporanea angoscia che ne deriva (poiché, per un certo tempo, conserverà l'impressione di essere "giudicato").

Il ruolo che il paziente sosteneva apparirà sempre più chiaro. *Ma questo ruolo era inconscio.* Ciò che egli provava era, per esempio, una sorta di spossatezza, irritazione, timor panico, angoscia, ecc. Il suo comportamento (falso) aveva invaso non soltanto la sua vita quotidiana, ma anche i suoi pensieri, le sue azioni, la scelta degli amici e delle relazioni, la sua visione delle cose, l'educazione dei figli, ecc. È quindi tutto un mondo che viene rimesso in discussione. A poco a poco, il paziente comincia a rendersi conto della falsa morale che si era sviluppata in lui, dei suoi falsi scrupoli, di una gran quantità di pregiudizi. Vedrà anche delinearsi, prima in modo vago, poi preciso, poi enorme, i contorni del Super-Io. Constaterà allora come tutto questo lo aveva allontanato da se stesso, come aveva scambiato il rosso per il verde e viceversa.

E si constata allora, con stupore, di aver vissuto sempre e soltanto sull'apparenza di se stessi...

Bisogna osservare, d'altronde, che una consapevolezza "intellettuale" non serve a niente. *Ogni consapevolezza deve essere un fenomeno vissuto, sentito.* Bisogna essere consapevoli "con l'anima". *Occorre "viverla" la consapevolezza:* è la condizione essenziale perché essa produca i suoi effetti.

Alcune consapevolezze profonde procurano una liberazione immediata e "sganciano" una grande energia.

Altre sono molto dolorose, perché mettono a nudo una falsa personalità alla quale si stava aggrappati. Ma chi dice "falsa personalità", dice "falso modo" di vedere le cose, vita deviata, scelta involontaria delle circostanze della propria vita, ecc. Perciò molte cose sono rimesse in discussione. *Poiché è evidente che il vivere all'aria libera è diverso dal vivere in prigione.* Inoltre, il paziente oppone resistenza di fronte a certe consapevolezze che affiorano alla superficie. *Egli ha paura di cambiare.* È talmente attaccato alle sue "protesi" che non si decide a servirsi delle gambe.

Ecco allora che si avvicina alla consapevolezza, poi se ne allontana, ritorna, vi gira attorno, si allontana di nuovo, la sfiora, la tocca con mano, di nuovo si afferra ai suoi meccanismi di sicurezza... È come un aereo da caccia che girasse intorno a un bersaglio ancora avvolto nella nebbia, senza decidersi a sparare.

Altri pazienti, dopo alcune importanti consapevolezze, arrivano a un certo punto... e si fermano. Riprendono fiato, ed è naturale. Immaginiamo una persona che ha sofferto di fobie e di ossessioni. Ed ecco che i suoi sintomi scompaiono, quei sintomi che per anni l'hanno torturato. È quindi naturale che si riposi un poco, poiché la scomparsa di un grosso sintomo le dà già una felicità che credeva irraggiungibile! Tuttavia, la nevrosi si aggira sempre nella personalità e occorre andare avanti.

Alcuni sintomi scompaiono bruscamente in seguito a una consapevolezza importante. Ma altri sintomi esigono che venga ingaggiata una lotta. Avviene allora un conflitto fra la falsa e la vera personalità, la quale si mostra alla luce del giorno ed afferma il suo diritto all'esistenza.

Questo cambia tutto!

In ogni caso, la consapevolezza libera dell'energia: quindi, dell'attività. Ne consegue un mutamento di vita. Facciamo un esempio: ecco una persona che soffre di rimozioni profonde, con sentimenti di inferiorità e di colpa. Una gran parte della sua personalità è, evidentemente, inibita. Si producono delle consapevolezze (per esempio, relative ai genitori). La personalità, da logorata, immiserita e impaurita che era, si espande, torna ad essere a poco a poco autonoma.

Cosa avviene nella vita di ogni giorno? Da un lato, vi è un rafforzamento dell'Io; dall'altro scompaiono alcune rimozioni trascinando con sé inibizioni, paure, ecc. Supponiamo (è banale e comune) che il soggetto "inghiottisca" tutto. Non osava imporsi. Non osava esprimere un'opinione. Non osava essere spontaneo. Faceva il possibile per avere la sensazione di essere amato. La minima critica, il minimo rimprovero gli procuravano angosce, ecc. Poi, in seguito a consapevolezza, egli osa fare ciò di cui ha voglia, non fosse altro che mettere alla porta qualcuno che gli vuol male. Cessa di essere angosciato se "ce l'hanno con lui", se lo criticano, se lo rimproverano. È indifferente al fatto di essere amato o no, ecc.

Questo è l'inizio di una *vita completamente nuova*, libera e mai conosciuta prima, con tutta l'energia e l'autonomia che vi sono collegate.

La marionetta scompare...

Attraverso successive consapevolezze, il paziente vedrà quindi emergere tutto ciò che costituiva la sua falsa personalità. I fili che azionavano la marionetta diventano visibili. A poco a poco il paziente ne vede il meccanismo. Gli si rivela ciò che l'aveva tormentato per lunghi anni, senza che mai ne sospettasse la presenza. Vede disegnati (sempre più chiaramente) il labirinto delle angosce inconsce, degli obblighi e delle proibizioni che si era imposte (ma che credeva volontariamente scelti). Risale verso l'infanzia, i genitori, le prime esperienze, le prime rimozioni.

Diceva un paziente:

«È come se una vasta pianura si illuminasse, come se vedessi la trama della mia esistenza... E scorgo ora l'angusto sentiero, delimitato da pali minacciosi, sul quale camminavo. Ma in quale assurdità mi trovavo, senza saperlo?».

È questo, in fondo. Dopo alcune consapevolezze importanti, accade spesso di trovarsi di fronte ad una enorme assurdità: quella della vita passata. Nello stesso tempo, il paziente scopre, — dentro di sé! — spazi che non aveva mai intravisto. Entra in contatto con l'esterno attraverso sensazioni e sentimenti che non aveva mai conosciuto. Intere parti della personalità si ricongiungono, si sistemano. La marionetta scompare; riappare l'uomo.

Occorre rendersi conto, una volta ancora, che l'uomo non è realizzato, finché la totalità del suo essere non è "saldata". Non è realizzato, finché resta separato da una parte di se stesso: basta pensare a un grosso complesso posto nell'inconscio. Se un uomo ha rimosso tutto un lato della sua personalità, come potrà essere se stesso?

Così dunque da una consapevolezza all'altra, l'uomo giunge alfine alla guarigione. Ma non è tutto: l'essere umano è talmente vasto che quando *l'analisi è terminata*, un altro campo si apre davanti a lui. Intendiamo parlare dell'inconscio collettivo. Non è affatto necessario esplorarlo, se non per quello che riguarda la guarigione psicologica. *L'inconscio collettivo non è mai malato.* Infinitamente vasto, ricco di energia e di bellezza, si schiude soltanto dopo che è avvenuto il "lavaggio" dell'inconscio personale e sono scomparsi le rimozioni e i complessi patologici.

Perciò, se le consapevolezze permettono la guarigione psicologica, esse possono andare ben oltre. Superano allora l'individuo, esplorando un mondo costellato di simboli, i quali operano quel legame "religioso" di cui abbiamo parlato spesso, ma che mostrano anche il vero volto di milioni di azioni individuali, sociali, religiose, storiche che l'uomo credeva di compiere liberamente mentre non erano che la "proiezione" dei simboli che si trovavano in lui...

Un esempio...

Le consapevolezze successive mostreranno prima di tutto una progressione, ma anche un balzo dal particolare verso il generale.

È evidente che lo svolgimento di queste consapevolezze è *utopistico*, dato che:

1) nella realtà esse non avvengono in ordine logico;
2) molte consapevolezze avvengono soltanto dopo numerosi brancolamenti, resistenze, angosce, ecc. Ma, come abbiamo detto, ogni consapevolezza, liberando un'energia bloccata, dà forza alla personalità per continuare il suo cammino.

Prendiamo dunque il caso di un uomo. Raggrupperemo a sinistra i comportamenti *che sembrano normali;* e a destra, i comportamenti *anormali*. Vedremo come, sia gli uni che gli altri, fossero sospetti.

APPARENTEMENTE NORMALE E POSITIVO	ANORMALE E NEGATIVO
Ottimo vicedirettore. Elemento brillante, molto stimato per il suo attaccamento al lavoro, la sua grande lealtà, la sua perfetta discrezione, la sua estrema esattezza. Molto fascino. Successo con le donne. Tollerante e rispettoso dell'opinione altrui. Ama le donne estroverse.	Costantemente affaticato. Non abbandona il lavoro che dopo averlo verificato cento volte. Tendenza alla ruminazione mentale. Tendenze ossessive. Forti disturbi cardiaci e dell'apparato gastrico. Rare e improvvise crisi di collera. Nervosismo permanente.

Ed ora, immaginiamo il paziente fra i suoi labirinti interiori. Naturalmente saremo molto schematici e ritroverete, punto per punto, degli elementi presi da alcuni casi già citati.

Egli pensa:

«1) È strano che la mia stanchezza sia permanente, mentre tutti gli esami medici risultano negativi. Il cuore e lo stomaco sono, sembra, normali. Si tratta forse di qualcosa che giunge dall'interno, allo stesso modo dei miei rimuginamenti?».

«2) Sembro calmo. Ma sono un emotivo e reprimo tutto. Non sono abbastanza spontaneo. Esito sempre prima di dire una battuta».

«3) Raramente vado in collera. Tuttavia, basta un niente per sentirmi offeso. Credo di aver tendenza a lasciar correre. In fondo ho paura».

«4) Occupo un posto importante. Credo che mi rispettino. Ciò non toglie che io vada a caccia di tutto ciò che si dice di me. Devo fare uno sforzo per non informarmi presso i miei dipendenti».

«5) La critica mi fa l'effetto di una profonda ferita. Alcune critiche mi annientano completamente. Si crede che io sia indifferente all'opinione degli altri. Ma non è che una maschera. Questa indifferenza mi protegge contro l'angoscia di sapere ciò che si pensa di me».

«6) Mi rendo conto di vivere secondo il parere degli altri e in base a ciò che gli altri si aspettano da me. Se sono amato, tutto va bene. Se credo che qualcuno ce l'abbia con me, vi rimugino sopra e non dormo».

«7) Ho bisogno d'aver ragione. Se ho torto, ho l'impressione che mi guardino con disprezzo».

«8) Sono angosciato se scopro anche un solo errore nel mio lavoro. Sono angosciato se il mio lavoro non è perfetto. Non faccio altro che recitare una parte».

«9) Ho bisogno di apparire perfetto in tutti i campi. Ho mascherato la paura rendendomi assolutamente inattaccabile».

«10) Sono incapace a dirigere. Il mio direttore è mio Padre. Mi sento sicuro finché mi stima e mi ammira. In fondo, sono un essere sottomesso».

«11) Non sono leale. Lo sono soltanto a condizione che lo si sappia. Così, vengo stimato e questo mi rassicura. Soprattutto sono preoccupato dell'effetto che faccio sugli altri. Se mi stimano ho l'impressione di essere amato e accettato. Altrimenti, mi sento respinto».

«12) Non sono leale, poiché ho tendenza a non contrariare nessuno e a mettermi dalla parte del più forte».

«13) Passo per un individuo tollerante. In realtà, ho paura dell'aggressività degli altri. Perciò, faccio di tutto per essere d'accordo con loro».

«14) In fondo non amo gli altri. Sono profondamente aggressivo. Amerei forse soltanto me?».

«15) Non amo che me. Sono come Narciso: sono auto-erotico. Sono rimasto attaccato a mia madre».

«16) Sono sempre in uno stato di tensione di fronte agli altri. Recito continuamente una parte. Ho sempre l'impressione di dover render conto. Quando controllo cento volte un lavoro, è come se qualcuno mi stesse a lato. Chi? Non lo so: un'ombra, una minaccia di castigo; e mi sento in qualche modo sorvegliato e braccato da tutti».

«17) Ho paura che mi vedano quale io sono. In tal caso, non mi vorrebbero. Sono un ragazzino che cerca di essere ben visto dal Padre, dalla Madre e da tutti. Mi sento piccolissimo in un mondo di giganti.

«18) Non arrivo mai in ritardo, perché mi sento sorvegliato e perché si ammiri la mia esattezza. Ho allora l'impressione di non essere in colpa, e di essere perdonato».

«19) Mi sento sempre colpevole. Ho paura ad essere normalmente aggressivo».

«20) Non sono seducente; sono un seduttore. Seduco per attirarmi la simpatia, per essere amato, per non essere respinto. Affascino la gente come un bambino cerca di affascinare il Padre. Mi metto sempre al di sotto degli altri. Non sono affatto virile. Mi sono effeminato per non dover lottare virilmente. Non "prendo" come un maschio: seduco come una donna».

«21) Non sono un uomo. Sono come una donna. Ho rimosso la mia personalità, la mia virilità, la mia spontaneità, la mia aggressività. Ho fatto tutto quanto mi era possibile per non aver niente da rimproverarmi. Ma se mi si rimprovera qualcosa non trovo niente da rispondere; al contrario, m'inchino sempre».

«22) Invece di affrontare la società come un uomo, vi soggiaccio come una donna. Anche sessualmente è così: preferisco le donne mascoline, vicino alle quali mi sento come un ragazzino vicino alla madre...».

«23) Sono masochista, sotto una crosta di brillanti apparenze...».

Si potrebbe continuare con una serie importante di queste consapevolezze (sessualità, attaccamento alla Madre, omosessualità latente, angoscia da castrazione, ecc.). Ma possiamo già osservare che quest'uomo non è affatto il personaggio che appare. Si pone una domanda: se ha basato tutta la sua vita sui comportamenti positivi (a sinistra), *questa vita dovrà crollare?* Certamente no, al contrario; perché quest'uomo possiede *realmente* numerose qualità: lealtà, intelligenza, esattezza, ecc. *Ma si è servito di queste qualità per proteggersi.* Ne consegue: permanente tensione, angoscia diffusa, irritazione, paura, risentimenti somatici (cuore, stomaco), ecc. Aveva rimosso una grande parte della sua personalità virile, sempre per proteggersi (non avendo così da combattere). Era diventato *come* una donna; e tutto il suo lavoro interiore consiste nel recuperare ciò che aveva rimosso: la virilità, la maschia sessualità, un'aggressività normale, la fiducia in se stesso.

In queste consapevolezze, si osserva che, a poco a poco, si parte da alcuni sintomi per raggiungere alla rimessa in discussione di tutta la personalità. Il paziente diventa consapevole che *interi lati della sua personalità* sono in attesa da qualche parte: quindi, sono improduttivi. A partire da una massa di sintomi, egli discenderà verso i nuclei di base. Vedrà che molti dei suoi comportamenti "positivi" non sono che sintomi di una nevrosi (esagerata lealtà, diplomazia nei rapporti con gli altri per paura di imporre la propria personalità, perfezione del lavoro per paura che gli possano rimproverare qualcosa, ecc.). Ma vedrà anche che alcuni sintomi "negativi" sono, in realtà, l'espressione della sua personalità virile, che egli aveva rimosso sotto la pressione della paura (per esempio l'aggressività).

E, alla fine dell'analisi, il suo vero Io emergerà di nuovo; un Io che era rimasto invischiato, un Io sconosciuto che ha conservato, intatte, delle proprietà rimosse per tanti anni.

10. - LIBERTÀ E MANETTE

Non nascondiamoci le difficoltà: entriamo nel campo dell'immenso. Vedremo l'uomo, dalla sua quotidiana saggezza ai suoi istinti profondi, dalle sue banali attività alle potenti costellazioni che risplendono nell'inconscio collettivo. Questi territori umani sono quelli che esplora la psicanalisi. Ogni paziente li attraversa, almeno in gran parte, durante il lavoro psicologico. Egli parte dai sintomi coscienti, dalle azioni di ogni giorno. Poi, comincia a scendere la scala che conduce nel profondo per scoprire, a poco a poco, un mondo del quale non aveva la minima idea. Ma come fare a "classificare"? Come riunire, in poche decine di pagine, tutto l'essere umano, con le sue possibilità e le sue impossibilità, i suoi orizzonti e i suoi limiti? Come passare dal conscio ai fantastici sogni dell'inconscio, con le sue nevrosi, ma anche con le stupefacenti grandezze dell'inconscio profondo?

Dal conscio all'inconscio

Anche se imperfetto, tenteremo di stabilire un primo schema generale, così come emerge durante un'analisi.

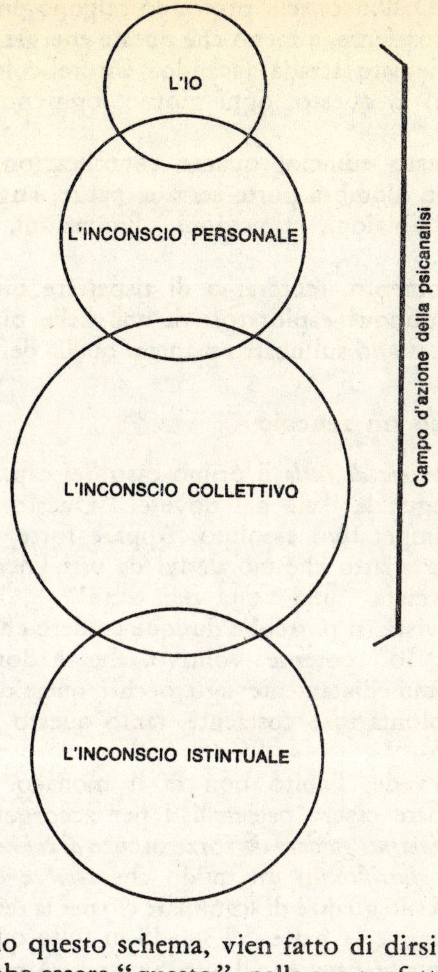

Osservando questo schema, vien fatto di dirsi che l'essere umano potrebbe essere "questo", nella sua perfetta semplicità. In potenza, è "questo". Ma quali barriere durante il cammino!

Al vertice di questo schema si trova l'Io, cosciente, lucido, raziocinante, personale e volontario. Esso si immerge nell'*inconscio personale* che contiene tutte le esperienze *vissute dall'individuo* e che, a sua volta, comunica con l'*inconscio collettivo*. E tutto l'edificio posa infine sugli *Istinti profondi*. Esamineremo anche il Super-Io situato nell'inconscio.

Tutti i settori della piramide comunicano permanentemente, si trasmettono messaggi per via nervosa, emettono ordini e contrordini. Dall'inconscio profondo salgono energie a beneficio dell'Io cosciente, a meno che queste energie non vengano bloccate o deviate strada facendo. Un reticolo gigantesco, come vedete! E questo, ogni giorno, ogni notte, per tutta una vita...

E in questo edificio, quante complicazioni, deviazioni, labirinti, zone d'ombra porte serrate, paure, angosce! Quanti complessi, inibizioni, rimozioni, limitazioni, infantilismi, blocchi!

Per il momento, tenteremo di rispettare questo schema. Diventiamo dunque esploratori di una delle più vaste complessità che esistano sul nostro pianeta: quella dei suoi abitanti.

L'Io é spesso un reuccio

Leggete *prima di tutto* il primo caso del cap. 11. Ecco un uomo che segue la "via del dovere". Questo "dovere" è, per lui, un imperativo assoluto. Appare forte, sicuro di sé, e non sembra affatto che ciò derivi da una linea di condotta che si è tracciata "una volta per tutte".

A prima vista, si potrebbe dunque credere che quest'uomo possieda un "Io" potente, volitivo, che sa dove va. Ma la verità salta immediatamente agli occhi: quest'uomo non ha più un Io volontario e cosciente, tanto questo Io è succube dell'inconscio.

Come si vede, l'abito non fa il monaco.

Non occorre essere psicanalisti per accorgersi che quest'uomo è *rigidamente guidato* da forze oscure *di cui non ha coscienza*, ma che egli *giustifica* in un modo che *sembra* estremamente razionale! E il suo guaio è di scambiare ciò per la realtà cosciente.

Qual è dunque la parte del suo Io in tutto questo? Questo Io è terribilmente fiaccato; il suo Super-Io è preponderante: esso, senza ostacolo, ha preso il posto del primo. Ma quest'uomo lo ignora completamente.

Cos'é l'Io

Vorremmo descriverlo chiaramente, poiché l'Io (la cui potenza è spesso diminuita o messa a riposo) *è un fattore essenziale di guarigione nel corso di un lavoro psicologico*. Occorre dunque osservare ciò che diviene l'Io attraverso le circostanze della vita, come si deformi (o scompaia) e in che modo risorga durante un'analisi.

Ecco una frase che potrebbe riassumere molte situazioni umane:

«*Io voglio questo; ma c'è*, in me, *qualcosa* che mi spinge a...».

È evidente un conflitto tra due forze: l'Io e l'Inconscio. Sono due "volontà" che agiscono, a volte totalmente opposte

L'Io è la nostra propria personalità. È lui che ci permette la spontaneità *autentica* (e si sa quanto sia difficile dire se un'azione è autentica o no...). Il nostro Io non è l'Io del nostro vicino. L'Io è ciò che permette di essere consapevoli di se medesimi e del mondo esterno. Senza il suo Io, l'uomo non sarebbe che una macchina meravigliosa, ma inconscia.

Da dove giunge l'Io

Un bambino è, in partenza, un Inconscio vivente. Al momento della nascita, egli ha già subito una grande angoscia che gli lascerà una impronta per sempre (ne parleremo più avanti). A poco a poco, tuttavia, il suo Io emerge lentamente dall'inconscio come un'isola dall'oceano. Cosa avviene in seguito? L'Io del bambino si forma, spunta, nuovo fiammante. Ma tutto questo ha una durata estremamente breve: poiché, nel tempo stesso in cui appare viene attaccato da ogni parte. Si comincia col "plasmare" questo Io, in funzione delle norme sociali, culturali, religiose, geografiche, politiche, ecc., nelle

quali vive il bambino (o piuttosto, i genitori del bambino). Inoltre, gli educatori sminuzzeranno l'Io del bambino in funzione di ciò che essi sono: equilibrati o nevrotici, calmi o angosciati, e così via.

Come si vede questo Io riceve, fin dall'inizio, dei solidi strati di vernice che lo offuscano, e subisce numerosi arrangiamenti che riescono, più o meno, ad intaccarlo.

È evidente che la *formazione* dell'Io del bambino, sia pure una formazione normale, è sempre una *deformazione*, poiché:

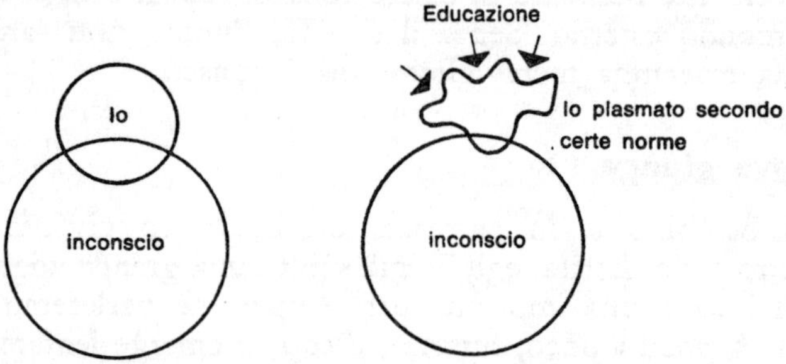

1) si opera tale formazione senza tener conto della personalità ancora sconosciuta del bambino;

2) essa restringe le possibilità del cervello imponendo leggi rigorose, esattamente come si determinerebbero in anticipo dei circuiti elettronici.

Ma, supponendo che gli educatori siano equilibrati e intelligenti, tutto ciò è normale e indispensabile.

Due grandi principi umani

1) Il bambino è mosso dal *principio del piacere*. "Piacere" deve essere preso qui in senso lato, cioè: sicurezza, equilibrio, calore fisico e mentale, essere al sicuro fisicamente e mentalmente, ecc. (Vedremo del resto come l'adulto sia soggetto a questo stesso principio, che cerca di salvaguardare con qualsiasi mezzo: può trovare la sua sicurezza e il suo equilibrio sia attraverso la salute, sia attraverso la malattia).

Infatti, è l'*organismo* che ricerca questo piacere e questo benessere; così come ogni individuo preferisce aver caldo che battere i denti in mezzo alla neve. Il bambino ricerca quindi l'*immediata* soddisfazione dei suoi istinti e delle sue profonde necessità. Questo, senza preoccuparsi di una "morale" o di una "educazione" che non conosce ancora.

2) D'altra parte, appare rapidamente la *paura*. L'angoscia profonda dei bambini è assai nota. Inoltre, il bambino può semplicemente aver paura in seguito a un qualunque dispiacere (dispiacere = mancanza di sicurezza, almeno per lui). Ora, dall'inconscio del bambino risalgono delle forze. Sono le forze "pulsionali" emesse dagli istinti. Ma la loro realizzazione (servirsi di un oggetto, andare dove vuole, rompere, giocare con i propri escrementi, ecc.) urta contro certi divieti o autorizzazioni.

Le prime aggressività

L'Io del bambino deve dunque adattarsi rapidamente a queste autorizzazioni e a questi divieti che vengono dall'*esterno*. Tutto questo il bambino lo "accetta supinamente"? Niente affatto; egli vuole il suo piacere ad ogni costo.

Quindi, appare l'*aggressività*. Egli si sente frustrato e sbilanciato; desidera la realizzazione immediata di una pulsione istintiva, ed ecco che un indice si leva a minacciare punizioni. Il bambino si rompe il naso contro una proibizione; la sua aggressività è dunque *normale* (d'altronde essa appare contemporaneamente ai denti e all'attività muscolare volontaria).

Ma bisogna sapere *contro chi* si produce l'aggressività. In generale, è contro un genitore che vieta questo o quel piacere istintivo. È evidente che esistono mille modi, per il bambino, di reagire contro la sua stessa aggressività.

Supponiamo che la sua aggressività sia diretta contro la madre. Chi è questa madre? È colei che gli dà la sicurezza, l'amore, il calore, il nutrimento... ma che può, in qualsiasi momento, togliergli quella sicurezza e quell'amore (non fosse altro che imbronciandosi o mostrandosi arrabbiata, e questo fa provare al bambino un senso d'abbandono, a volte terribile).

Non dimentichiamo che il bambino piccolo è intimamente legato a sua madre. O meglio: egli *è* sua madre. Quindi, dirigere l'aggressività contro la madre rappresenta, per l'Io del bambino, un pericolo la cui importanza sarà mostrata dal seguente schema.

MADRE	BAMBINO
Amore	Benessere, sicurezza, piacere, equilibrio
Proibizioni (con minaccia di castigo)	Frustrazioni - Aggressività automatica
L'amore viene tolto (la madre tiene il broncio, per es.)	Senso di abbandono. Angoscia. Senso di colpa (sono punito perchè ho "aggredito" mia madre; ella non mi ama più e mi abbandona).

Che cosa è già visibile in questo bambino il cui Io si è appena formato? Sono visibili i tre aspetti fondamentali delle nevrosi adulte: l'angoscia, l'aggressività, la colpa. Questo deve farci riflettere; del resto, ne riparleremo ancora.

Il bambino, anche se non si sottomette completamente, desidera evitare il pericolo di essere "abbandonato". *Egli fa quindi deviare la sua aggressività.* Per esempio, può far di tutto per farsi perdonare (e ciò porta alla sottomissione): essere *perfettamente* gentile, *eccessivamente* ubbidiente, ecc. Ha inizio allora, un "lieve masochismo". L'Io del bambino ne paga le conseguenze; poiché se egli agisce in questo modo, è a detrimento della sua personalità (dal momento che deve impedire alla sua personalità di esprimersi spontaneamente).

Sottomettendosi, il bambino *si protegge* contro il pericolo di perdere l'amore della madre. *Acquista il proprio benessere* (quindi, il suo piacere) *in virtù della sottomissione:* cioè, in virtù della sua spersonalizzazione e del soffocamento del suo Io. Ora, quante persone adulte sono "masochiste" (=interamente sottomesse) perché hanno paura di entrare in competizione con gli altri?

Si vede dunque quanto sia difficile definire l'Io! In realtà: l'Io emerge dall'inconscio. Ma continua ad immergersi in questo inconscio col quale scambia continui messaggi (nervosi).

L'inconscio spinge l'individuo a ricercare il piacere e il benessere (usando dei mezzi che spesso sembrano agli antipodi).

Quindi, abbiamo nel bambino:

— da un lato, ricerca del piacere immediato;

— dall'altro, *shock* di fronte alla realtà degli adulti.

L'Io del bambino deve dunque barcamenarsi, adattarsi, diventare più malleabile. Deve equilibrare le pulsioni istintive con le esigenze e la realtà! E le cose si complicano ancora, perché si sta formando il Super-Io.

L'Io nella vita di ogni giorno

Si fa spesso la distinzione fra un *Io forte* e un *Io debole.*

Un Io forte considera con serenità (se così possiamo dire) le pulsioni che emanano dall'inconscio. Le accetta o le respinge volontariamente (per esempio, certe pulsioni sessuali che sono disapprovate dalla morale e dalle convenzioni sociali: per la strada, verso la madre o la sorella, ecc.). È un Io che ha del "carattere"; esso è *capace di differire la soddisfazione dei suoi bisogni.*

Un Io debole rimane timoroso di fronte alle pulsioni inconsce. Cerca continuamente di proteggersi contro di esse *rimuovendole.*

L'Io minacciato

Due gravi pericoli minacciano l'Io.

Per educazione, un bambino o un adolescente possono mettere "da parte" il loro Io... per avere la pace, la sicurezza, per non dover essere aggressivi dalla mattina alla sera, ecc. Abbiamo allora una *falsa sottomissione*, con tutta l'aggressività inconscia che essa comporta. È già una *nevrosi*, in cui scompare la personalità autonoma.

D'altra parte, l'Io può lasciarsi "divorare" dall'aggressività; è il punto di partenza di molteplici reazioni antisociali, di numerosi disadattamenti, di perversioni, di sadismo, ecc.

Bisogna ricordare questo: *l'Io emerge dall'Inconscio*, ma resta in *permanente* comunicazione con questo Inconscio. L'Io non è che un'*isola.* Sotto di essa si trova un territorio inconscio dalle profondità insondabili.

Come si vede tutto dipende dall'"intesa cordiale" fra l'Io e l'Inconscio.

L'Io durante un'analisi

Un Io forte s'adatta facilmente alle diverse circostanze della vita, dispone di molteplici possibilità, non è rigido, non è stereotipato, non è "divorato" dalle rimozioni, i complessi, le inibizioni, le angosce. Ecco perché in psicanalisi, è necessario fare un largo "giro" per l'inconscio Poiché non si può *mai* separare il conscio (dunque l'Io) dall'inconscio da dove è emerso e sul quale continua a galleggiare. Essendo l'Io alimentato continuamente dall'inconscio si comprende come questo nutrimento possa essere, talvolta, velenoso.

Il conscio è impotente senza l'inconscio, poiché l'Io non è che una "protuberanza"; una protuberanza nobile, se volete, ma sempre una protuberanza. Allora?

Una regola importante: ogni energia bloccata nell'inconscio non è più a disposizione dell'Io. È un caso frequente? Sì, trattandosi di nevrosi, complessi, angosce, inibizioni, rimozioni, ecc. In questo caso, l'Io, indebolito, non svolge più il suo ruolo. E se si pensa alle ripercussioni che può avere sull'Io una semplice "forte emozione", che dire di una nevrosi che dura degli anni... o tutta una vita?

Perciò, non ci sono vie di mezzo: o la guerra tra l'Io e l'inconscio, o l'intesa. Pensiamo al caso comunissimo di un soggetto aggressivo. È aggressivo perché ha paura. Ora, questo individuo si immagina di essere "forte"; *crede* di avere un Io forte; crede di non aver paura, di non indietreggiare davanti a nulla, di adattarsi a qualsiasi circostanza, ecc. In realtà, il suo *inconscio* è colmo di paura. Il suo Io, infatti, è *debolissimo*. Del resto, si constata che egli reagisce *sempre* nello stesso modo in *tutte* le circostanze: con l'aggressività. Questo individuo è quindi "stereotipato"... mentre il compito dell'Io è quello di variare flessibilmente secondo la circostanza.

L'Io nella vita adulta

Un Io in buono stato significa: massima flessibilità e adattabilità, spontaneità *senza paura*, ma cosciente (e non l'inconscia impulsività, inadatta alle circostanze).

In generale, l'Io è basato su un equilibrio di compromesso. Ognuno cerca di adattarsi nel miglior modo possibile alla realtà della vita. Ci si può adattare nel modo giusto, senza paura e senza ostilità, disponendo di un'immensa tastiera di reazioni... il che è rarissimo.

Ma si può anche cercare di adattarsi *in virtù di una nevrosi*. Milioni di persone si adattano (più o meno) a furia di rimozioni. Altri, innalzano degli sbarramenti contro l'angoscia.

In questi casi, molto diffusi, i diversi Io sono nascosti sotto strati di cenere. Ma il guaio è che l'apparenza viene scambiata per la realtà. Ne consegue: energia e possibilità sciupate.

La funzione della psicanalisi è di fare riemergere la *vera* personalità. Non si tratta quindi unicamente di togliere qualcosa, ma di sgombrare il sotteraneo per mettere in evidenza ciò che era nascosto. Passare da un Io debole o rigido a un Io *forte e flessibile*, significa passare dallo stadio infantile allo stadio adulto.

Ed ora lasciamo questa isola raramente felice e libera, spesso dilaniata, qualche volta irriconoscibile. Lasciamo l'Io volontario e cosciente, che pensa, giudica e decide, ma che è rapidamente sommerso dalle emanazioni dell'inconscio (sia che si tratti di nevrosi, come pure di abitudini o di pregiudizi).

Discendiamo, strato per strato, nell'inconscio: è questa un'esplorazione che ogni paziente compie. Vedremo che via via che si discende l'Inconscio si purifica, si "disintossica".

Esploriamo il primo strato, *talmente vicino all'Io cosciente che spesso si confonde con esso: il Super-Io.*

11. - QUANDO SATANA CONDUCE IL BALLO

Immaginiamo un frutto rivestito di una pellicola di plastica incollata su di esso, *invisibile*, che gli impedisce di respirare, che lo fa avvizzire internamente. Immaginiamo anche che il frutto creda di essere questa pellicola di plastica, essendo completamente inconscio del proprio avvizzimento.

Trasportiamo ciò nella realtà umana: il frutto sarebbe l'Io; la membrana che lo soffoca: *il Super-Io patologico*.

Nel volume precedente ([1]) abbiamo parlato del Super-Io. L'abbiamo presentato come un residuo dell'educazione, divenuto *inconscio*. Il Super-Io è quindi un vero "filtro", più o meno ostruito, che blocca, rimuove, incanala o devia le forze istintive che giungono dall'inconscio (particolarmente le pulsioni sessuali). Visto sotto questo angolo, il Super-Io è già un problema grave, poiché le rimozioni portano ai complessi, e i complessi alla nevrosi. Il Super-Io è spesso la linea retta verso la malattia o, semplicemente, verso l'inaridimento interiore.

IL SUPER-IO NORMALE

Ogni essere umano possiede un *Super-Io normale*. È quello formato dall'educazione (in senso lato), dal clima sociale, religioso, culturale, ecc., nel quale fu allevato. In ogni caso il Super-Io normale produce dei "pregiudizi" inconsci È evidente che un Italiano, allevato in un ambiente cristiano

---

[1] Si veda *Che cos'é la psicologia*, p. 170.

(anche se egli è ateo) non avrà gli stessi inconsci *preconcetti* di un Papua o di un Cinese verso la religione, la morale, il matrimoni, il lavoro, la patria, il Bene e il Male, ecc. (v. cap. 13, *gli archetipi*).

Il Super-Io normale è come un codice della strada che si rispetta macchinalmente. È in qualche modo un codice sociale della strada umana. Tuttavia, *più è inconscio*, *più rischia* (per le sue cristallizzazioni e le sue strettezze) *di diventare patologico*. Si tratta allora di pregiudizi rigidi e sclerotici che restringono l'intelligenza e la lucidità.

Il Super-Io nella vita di ogni giorno

Vorremmo descriverlo proprio come il paziente lo incontra nel corso dell'analisi. Certamente il problema è vasto dal punto di vista della malattia; ma lo è anche dal punto di vista della *libertà interiore* e della *morale individuale*. Il Super-Io fa prendere lucciole per lanterne. È simile a una pericolosa tenaglia (invisibile!) che stringesse saldamente un oggetto (l'Io) e che venisse scambiata per l'oggetto stesso.

In breve, *milioni di esseri umani vivono sul loro Super-Io* (inconscio), *invece di vivere sul loro Io* (cosciente). *Ma essi lo ignorano*. Questo Super-Io comanda le loro azioni: siano queste l'acquisto di una cravatta, il matrimonio e la scelta del compagno, la professione, i princìpi, l'educazione da impartire, il modo di esercitare la religione e il mestiere, la morale, ecc.

Ma il Super-Io procura anche una tensione, un senso di colpa, un'angoscia e una rigidità interiori che culminano spesso nella nevrosi, i cui sintomi possono essere tanto fisici che psichici.

Perché?

Dove nasce questo senso di colpa, cosciente o inconscio, e che provoca tanto danno? Perché tanta angoscia sotto forme diverse? Perché vi sono tante persone che sembrano (o si sentono) "braccate" da "qualcosa" che non possono definire e che si sentono obbligate ad agire *troppo* in fretta o *troppo* bene, anche se niente *di visibile* ve le obbliga? Perché quell'automobilista verifica per tre volte la chiusura delle portiere, mentre una sola volta sarebbe sufficiente? Perché certe ossessioni, certe idee fisse, certe manie? Perché questa gente rigida, dai comportamenti stereotipati? Perché tanta gente guidata da "princìpi" talmente rigidi che sembra essere rimasta all'età del bronzo? Perché vi sono tante persone che agiscono come se dovessero *sempre* render conto agli amici, ai nemici, ai superiori, ai dipendenti, ai fornitori, al portinaio?

Il caso di un Super-Io divenuto adulto

Il problema è dunque vasto. Prima di parlarne e di portare degli esempi, apriremo questo capitolo con un dialogo (un estratto del primo contatto con un paziente). Esso è il prototipo di molti altri comportamenti.

«Ho cinquant'anni».

«Da quanto tempo è sposato?».

«Non sono sposato. Vivo con mia madre, vedova».

«...».

«Lei capisce... mia madre ha bisogno di me».

«È sofferente? Non dispone di denaro?».

«Niente di tutto ciò. Voglio dire: ha moralmente bisogno di me».

«È mai stato fidanzato?».

«Ho sempre pensato che il *mio dovere* fosse quello di tenere compagnia a mia madre *fino alla fine*».

«Ma lei dice che è in buona salute?».

«Sì. Ma è il *dovere* di un figlio. L'ho deciso e applicato, senza mai venirne meno».

«Lei lavora?».

«Sì, in un ufficio. Mi alzo alle sei. Accendo il fuoco *per risparmiare ogni lavoro* a mia madre... Preparo il desinare, poi lavo le stoviglie...».

«Quindi, tutte le faccende domestiche...?».

«Sì. Sono forte ed è *mio dovere* risparmiarle ogni preoccupazione e ogni fatica... Poi vado in ufficio. La sera faccio la spesa. *Non esco mai*».

«Per mancanza di tempo?».

«No, ma odio le distrazioni oziose: per principio. Studio, leggo. E poi, non posso lasciare sola mia madre...».

Questo quinquagenario crede a ciò che dice? Sì. Crede all'autenticità dei propri princìpi? Sì. Vede chiaro in tutto questo? No.

Ebbene, si sente subito che "qualcosa non va". Che il "dovere" di quest'uomo è troppo rigido per essere autentico.

Si sente che c'è in lui tutta una rete di obblighi talmente irrigiditi che *bloccano* la sua mente e il suo comportamento.

Ma — ed è ciò di cui ci stiamo accupando qui — siamo in pieno problema del Super-Io. Esso si definirà da sé attraverso quest'uomo ([1]).

Che cosa osserviamo? Un'attenzione *esagerata* verso sua madre. Un sacrificio *esagerato* che arriva fino alla distruzione di se stesso. Quest'uomo *si proibisce* ogni azione e ogni piacere *personali. Giustifica* il tutto per mezzo di *princìpi stereotipati.* Chiama tutto questo: il *dovere.*

Qual è la realtà? Prima di tutto l'amore filiale di questo individuo è falso. Se ci calassimo dentro di lui vi troveremmo un notevole ammasso di odio per sua madre (e per le donne in generale, con tutte le rimozioni che ciò comporta). Egli, evidentemente, rimuove il suo odio che rimane ignorato da lui. E per evitare che l'ostilità diventi cosciente, rafforza al massimo i suoi (falsi) sentimenti di affetto e di dovere.

Ripeto: quest'uomo è *rigido.* Non può venir meno a un dovere stabilito (inconsciamente) una volta per tutte. Cosa avverrebbe se egli si sottraesse a questi "abblighi" imperiosi e inconsci? *Si sentirebbe terribilmente colpevole.* E si sentirebbe ugualmente colpevole se d'un tratto divenisse cosciente dell'odio che c'è in lui. Per evitare tutto questo, prende (inconsciamente) la direzione opposta e diventa una fortezza di (falsa) virtù, di (falsa) bontà, di (falso) altruismo. Quest'uomo non è libero; *non oserebbe essere libero, perché ciò significherebbe, per lui, sottrarsi agli ordini del Super-Io e sprofondare nel senso di colpa (e probabilmente nell'ossessione)... Ha rimosso i suoi odi, le sue ribellinoni e i suoi desideri, ed ha celato tutto sotto una apparenza di "figlio perfetto", alla quale crede.* E va da sé che questo irrigidito comportamento si riscontra continuamente nella sua vita di ogni giorno, davanti ai superiori, ai colleghi, nei suoi princìpi, nel suo atteggiamento di fronte a tutte le cose...

Quando Satana si svela

Bisognerebbe definire il Super-Io patologico e cercare di bloccare questo distruttore di esistenze.

---

[1] Non parliamo qui di tutti i complessi, le angosce, l'odio e il senso di colpa che albergano in quest'uomo, né del suo amore inconscio e incestuoso per la madre.

Super-Io significa ("tecnicamente" parlando) qualcosa che è aggiunto all'Io, ed è posto al di sopra dell'Io bruto.

Sarebbe dunque come se, appena nati, venisse iniettato un liquido estraneo nel nostro organismo psichico? Esattamente; ed è ciò che vedremo.

Osservando l'Io, abbiamo visto come tutto nella vita umana sia sottoposto a regolamento: il modo di tenere una forchetta, il rispetto dovuto ai genitori, la superiorità del maschio, la circolazione stradale (...quella polizia che, per molti, rappresenta un Super-Io vivente!) i *tabù*, i costumi, ecc. Indaghiamo un poco e scopriamo immediatamente un fantastico reticolo di divieti, di autorizzazioni, di "ciò si può fare" o "ciò non si può fare", di pregiudizi... Un enorme brulichio; l'ideale è diventarne consapevoli al fine di scrollarsi di dosso la vecchia pelle.

Tutto comincia evidentemente con le prime manifestazioni istintive di un bambino: e questo è normale, come abbiamo detto. È normale imbattersi, fin dall'infanzia, in tanti fili spinati: la vita sociale lo esige e nessuno può farci niente.

Bisogna dunque plasmare l'Io di un fanciullo per adattarlo alla società al rispetto di se stesso e degli altri. Tutto dipende, naturalmente, dal modo in cui ciò viene fatto. Formare è bene; ma, nove volte su dieci, non si fa che prevaricare, restringere, trasmettere la paura, l'angoscia, il timore del giudizio morale e gravi sentimenti di colpa.

Infine, ci si affretta spesso a creare un Super-Io patologico che dipende:

1) dall'atteggiamento dell'educatore;
2) dalla reazione del bambino verso l'educazione ricevuta.

Riprendiamo l'esempio del cinquantenne già citato. Quando è nato il suo Super-Io patologico? Probabilmente molto presto. La madre era angosciata, castratrice, possessiva (grosso modo). La personalità di quest'uomo non poteva espandersi liberamente: essa urtava continuamente contro il carattere distruttore della madre. Da qui nasceva l'ostilità verso di lei. Dunque, la madre è un *tabù*; l'ostilità è vietata. Ma l'ostilità esisteva lo stesso; ed ogni volta che dall'inconscio saliva verso la coscienza veniva rimossa. Quando dunque è nato questo Super-Io? A piccole pennellate, ogni volta che la personalità del bambino si scontrava con quella della madre e questa reagiva facendo provare al bambino un senso di colpa (v. cap. 16).

Il primo Super-Io fu la madre stessa. In seguito, l'*immagine pericolosa e accusatrice della madre divenne il Super-Io inconscio del figlio*...

Come si forma un Super-Io patologico?

Non si forma in un giorno. Ci vuole del tempo. Ogni essere umano fin dall'infanzia cerca di espandersi e di sviluppare una *personalità autonoma*. Ma spesso l'educazione si trasforma in una *serie di divieti sotto pena di punizioni*. Molte volte l'educazione si potrebbe riassumere in questa frase: «*Guai a te* (moralmente parlando) *se tu fai questo!*».

Supponiamo un genitore tirannico: l'educazione che impartisce si basa sui vari:

«Guai a te se non obbedisci ciecamente, senza discussione!».

«Guai a te se osi essere libero, spontaneo, autonomo!».

«Guai a te se osi agire secondo la tua propria personalità!».

«Guai a te se osi ribellarti a me!».

«Guai a te se non rispetti le mie leggi!».

«Guai a te *se non ti comporti come voglio io!*».

Abbiamo sottolineato l'ultima frase, perché essa riassume molte cose.

Infatti, a poco a poco, si forma la sacca impura del Super-Io. Compaiono i dubbi, gli scrupoli, le esitazioni. Nascono i sentimenti di colpa e l'angoscia. L'ostilità è rimossa. Il bambino è inibito. La sua personalità autonoma si incrina. *Il Super-Io patologico prende il posto dell'Io.*

L'Io personale si deforma come una molle argilla. Le pulsioni che giungono dall'inconscio passano dal filtro inquinato del Super-Io prima di arrivare all'Io. E vi giungono ammorbate, naturalmente.

L'Io comincia dunque ad obbedire agli ordini del Super-Io (inconscio). *Il bambino (o l'adolescente) cessa di essere se stesso e recita sempre più una parte.* Quale parte? *Quella che si esige da lui.* Perché? *Perché se non lo fa si sente colpevole.* Ha cominciato a comportarsi in modo *non autentico*, per non sentirsi colpevole davanti a suo padre o a sua madre.

Egli ha dunque recitato la parte voluta dall'educatore. Recita ora la parte impostagli dal Super-Io (che è divenuto l'inconscio serbatoio dei divieti prodotti dall'educazione).

La personalità autonoma scompare; viene inghiottita dal Super-Io. Appare una falsa personalità gonfia di scrupoli, di angosce, di paura; l'uomo è spersonalizzato, irrigidito, sottomesso alle sue guardie interiori che lo giudicano in ogni istante e dettano il suo comportamento...

Senza rendersene conto, l'individuo è menato per il naso, come il cinquantenne di cui abbiamo parlato. L'uomo non comanda più le sue azioni, *ma si mette sugli attenti davanti al suo Super-Io inconscio.*

QUALCHE ESEMPIO COMUNE

Abbiamo scelto questi esempi perché mostrano il *carattere d'obbligo* (sotto pena di castigo) *che proviene da un Super-Io inconscio* (unito ai sentimenti di colpa).

1) «Mi sento angosciata se non mi ammazzo di lavoro. Ho l'impressione di non far mai abbastanza per gli altri. Se mi riposo mi sento colpevole».

2) «Se non sfaccendo dalla mattina alla sera, mi sento in colpa verso mio marito. E tuttavia, è il migliore degli uomini. È come se fossi obbligata a non fermarmi mai».

3) «Se un lavoro richiestomi non mi riesce al primo istante, mi sento angosciato, incapace, inutile, stupido. Ho allora l'impressione di venir buttato fuori senz'altra forma di processo».

4) «Giro in automobile. Ne ho i mezzi. Ma quando vedo i pedoni mi sento colpevole di essere in macchina. È come se non ne avessi il diritto».

5) «Non oso mai dir di no. Se lo faccio uso una quantità di perifrasi. È come se temessi di mostrare le mie decisioni».

6) «È sempre come se mi sorvegliassero, o come se qualcosa dentro di me sorvegliasse i miei atti... Ebbene, sono libero, scapolo, ricco, e questa sensazione di essere perseguitato da qualcosa che mi avvelena l'esistenza...».

In queste parole, il Super-Io è in piena attività. Si osserva che, in ogni caso, il soggetto si sente *obbligato* a qualcosa:

obbligato a sentirsi colpevole, obbligato a fare, obbligato a essere altruista e onesto, ecc. Questo eccessivo carattere d'obbligo proviene dal Super-Io; crediamo che ora sia sufficientemente chiaro.

Cerchiamo di spiegare questi esempi (senza dimenticare che il Super-Io è inconscio):

1) «Mi sento costretta a dare agli altri il massimo aiuto, altrimenti mi sento colpevole. Per evitare questa angosciosa colpevolezza, cerco di aiutare oltre le mie possibilità. Se non mi sacrifico fino all'ultimo, mi sento colpevole e indegna di vivere. Faccio tutto per gli altri, perché non sono autorizzata (dal mio Super-Io) a fare qualcosa per me. Non posso riposarmi altrimenti "qualcuno" (il mio Super-Io) potrebbe rimproverarmi. Lavoro come se avessi sempre da render conto a tutti. Ogni volta che mi sento aggressiva, rischio di sentirmi colpevole; perciò, nascondo questa ostilità sotto un sentimento di amore verso gli altri, esagerato e falso».

2) «Mi è vietato di essere libera e spontanea e di agire secondo la mia stessa personalità. Mi è vietato riposare, perché il mio Super-Io mi dice che è una colpa e che la colpa viene sempre punita...».

3) «Se non mi mostro "infallibile" sarò disprezzato e respinto dagli altri, che stimo molto più capaci di me. Per sfuggire a questa angoscia devo mostrarmi il più capace di tutti. È un obbligo interiore; è più forte del mio "Io" volontario».

4) «È come se "qualcuno" potesse rimproverarmi i miei mezzi. Ho la sensazione di non aver il diritto di stare fra gli altri, di non aver diritto al successo. È come se una minaccia fosse sempre sospesa sul mio capo. Mi sento obbligato a sentirmi colpevole e ad essere estremamente gentile per farmi perdonare la mia agiatezza economica...».

5) «Se dico "no" entro in competizione con la persona che dice "sì". Ora, la competizione mi angoscia, perché sono battuto in partenza. È come se non avessi il diritto di possedere una mia personalità».

6) (Qui non occorre commentare: il Super-Io è evidente ad ogni parola).

Fra l'inconscio e l'Io cosciente si trova una sacca impura. Essa filtra. Comprime. Implica proibizioni ed obblighi sotto la minaccia di castighi. Tutto questo è stato imposto dall'educazione. Ogni desiderio spontaneo, attraversando il Super-Io si deforma o si guasta. È quindi evidente che il soggetto non agisce più spontaneamente né liberamente. Ed ecco allora la nevrosi, le rimozioni, il conflitto fra l'Io volontario e il Super-Io inconscio, l'angoscia, la colpa cosciente o no, certe fobie o manie, ecc.

Il Super-Io lacera la personalità. Scalza l'autonomia e la spontaneità. Provoca un comportamento rigido, un atteggiamento di sottomissione o di sfida permanenti. Il Super-Io è tanto più pericoloso in quanto è inconscio e viene confuso con la personalità reale (l'Io). Così, si scambia il fantasma per la realtà...

L'ombra del padre e della madre

Chi è responsabile? Nessuno. I cattivi educatori sono ciò che le circostanze hanno fatto di loro. Anch'essi hanno il loro Super-Io e le loro nevrosi. Allora, cosa possono trasmettere se non l'angoscia, la paura, la mancanza d'amore o un falso amore?... Perciò è facile capire quanto sia importante la profilassi.

Molti adulti posseggono un Super-Io smisurato. Praticamente, all'origine si trova sempre l' "ombra" di un genitore nevrotico. Un Super-Io patologico dipende dal "clima" nel quale il bambino e l'adolescente vivono. La psiche umana è come una spugna che si imbeve d'acqua, sia questa pura o inquinata.

Non bisogna dimenticare che un bambino è una specie di "parassita". Tanto per cominciare vive alle spese della madre. Si crede che il cordone ombelicale sia troncato al momento della nascita; ebbene, fisicamente questo avviene; ma psichicamente non è affatto così! Per un bambino e per un adolescente (ad esempio) non c'è niente di più pericoloso che avere una madre angosciata o rigida, la quale non può quindi trasmettere altro che le sue angosce, le sue paure e i suoi principi sclerotici. Tutto questo è spesso invisibile e si manifesta attraverso pignolerie, continue ed assurde raccomandazioni, rimproveri, una costante sorveglianza, ecc. Tale angoscia è indicatissima per la formazione di un nocivo Super-Io.

Il caso del signor O.

Quest'uomo vede la religione solo attraverso i pericoli (inferno ad ogni svolta) che essa rappresenta. *Egli vede Dio attraverso il proprio Super-Io.* Per lui, Dio non è che un essere punitore, irato per un nonnulla, che fa sentire in colpa, e così via. Dio, per quest'uomo, altro non è che la *proiezione* del proprio padre, dal quale ha ricevuto un'educazione disastrosa.

Ma questo, lui lo ignora. Tutto è stato rimosso.

Poiché è pieno di sentimenti di colpa, *ha perpetuamente bisogno di essere perdonato. Dio è dunque disposto a farlo... a condizione che egli si accusi di continuo*! Va quindi al confessionale tre volte la settimana, a comunicarsi tutti i giorni e alla messa, idem.

Non si tratta quindi né di fede né di fiducia, ma di paura e di infantilismo.

Il Super-Io di questo individuo deforma tutto, Dio compreso. Giustifica il proprio comportamento dicendo: «Non mancherei di confessarmi e di seguire la messa ogni giorno per tutto l'oro del mondo; è un dovere sacro per me». Alcuni sacerdoti gli dicono che i suoi scrupoli sono esagerati. Niente da fare. Il Super-Io è il più forte. E al contrario: *rifiuta di rivedere un prete che ha cercato di metterlo di fronte alla realtà.* Perché? Perché intravedere questa realtà significherebbe cercar di essere libero. Ebbene, lui non può esserlo, perché il suo Super-Io glielo proibisce (sotto pena di "peccato", di scrupoli, di colpa, ecc.). In fondo, si tratta di un caso di manìa.

Dalla falsa morale alla falsa realtà

Il Super-Io produce una falsa morale, rigida, ampollosa, iperscrupolosa, una moralizzazione permanente, che non ha niente a che vedere con una morale individuale e volontaria. È quindi una morale costruita a forza di interdizioni senza possibilità d'appello, di profondo senso di colpa, di angoscia, di falsa virtù e di falsa perfezione. La spontaneità scompare. Si crea un permanente stato di allarme (spesso sordo e diffuso). *L'uomo è allora preda di pseudo-discipline, di pseudo-volontà, di una falsa rigida padronanza di sé, con un costante senso di impaccio, di ansietà, di colpa.*

Come abbiamo già visto, si adducono allora delle giustificazioni: l'individuo divorato dal suo Super-Io parla di scrupoli superiori, *dell'obbligo* di amare il prossimo (che è ben lontano dall'essere spontaneo!) *dell'obbligo* di essere estremamente onesti, buoni e leali (siamo ugualmente lontani dalla spontaneità), di un assoluto rispetto per i "princìpi", ecc. *Non è quindi mai facile tener conto dei fatti e vedere se tale motivazione è autentica o no.*

Riassumendo

Un Super-Io inquinato comincia sempre dalla paura a svilupparsi. E ciò dipende spesso dagli educatori e dalla loro stessa paura.

In questo caso dov'è il limite tra l'Io e il Super-Io? È molto difficile separare l'uno dall'altro. Del resto, rivediamo gli schemi. Il soggetto crede che a dirigerlo sia il suo Io cosciente... mentre non fa altro che obbedire al suo Super-Io inconscio. Egli è simile ad un ascoltatore le cui orecchie siano in comunicazione con dei trasmettitori nemici.

Ci dobbiamo quindi porre queste domande:

Chi ha trasmesso la paura e l'angoscia? In che modo?

Chi ha scatenato la paura col suo atteggiamento di fronte alla vita? E come?

Chi ha impedito alla personalità di svilupparsi liberamente? E in che modo?

Chi ha prodotto la paura di essere abbandonato? Come?

Fra cento altri possibili schemi, eccone uno:

INFANZIA E ADOLESCENZA	ETÀ ADULTA
Paura della madre.	Paura (o odio) delle donne, della vita e della morte, dell'inconscio, di ciò che è passivo (l'acqua, per esempio). Irragionevole odio verso gli omosessuali (per mezzo della "proiezione" della propria femminilità inconscia, che si odia). Paura dell'autorità in generale.
Paura della punizione da parte della madre, punizione che va dalla semplice musoneria che provoca la sensazione di essere abbandonato, alle botte, alle umiliazioni, alla castrazione psichica, ecc.	Scrupoli, senso di colpa, paura degli altri, ossessioni, manie, sensazione di aver dei conti da rendere, giustificazione della più piccola azione, ecc.

Bisogno del perdono della madre (per non sentirsi più abbandonato). Aggressività.	Sottomissione, aggressività, spersonalizzazione, masochismo, sadismo.
Continua paura di essere abbandonato.	Paura di essere respinto, di non piacere, di essere criticato, ecc.
Mostrarsi eccessivamente buono (e quindi rimuovere ogni aggressività) per paura di sentirsi colpevole.	Essere eccessivamente gentile e cortese, non contraddire mai, non essere mai aggressivo; paura della competizione, ecc.
Paura di essere "personale".	Paura di essere libero.

Ciò che non dobbiamo mai dimenticare

Grosso modo, *quand'è che si sviluppa la nevrosi?* Dal momento in cui un individuo è ostacolato nella sua marcia verso la libertà interiore, l'autonomia, la realizzazione di se stesso, lo sviluppo armonioso della propria personalità.

La nevrosi si sviluppa nel momento in cui nasce un *conflitto inconscio e doloroso* fra l'Io personale e gli imperativi imposti dall'esterno. L'individuo cerca allora con ogni mezzo di ritrovare la sua personalità e il suo equilibrio; ed è naturale. È quindi facile capire come il Super-Io possa essere un punto di partenza ideale.

Dalla morale alla Morale

È evidente che esiste un'enorme differenza fra la morale *inconscia* del Super-Io (imposta dagli "altri": parenti, società, cultura, situazione geografica e sociale, ecc.) e una morale *individuale* ammessa e adottata da un individuo che ha realizzato la sua completezza e recuperato la propria libertà interiore.

Durante l'analisi il paziente vede rapidamente delinearsi i contorni del suo Super-Io. Vede schiudersi i labirinti dove regnano la paura del castigo, i doveri patologici, le false lucentezze e le false virtù. L'ombra minacciosa dei genitori si mostra alla luce e scompare. Progressivamente, il paziente sente emergere il suo Io reale, ormai libero dai tentacoli del Super-Io. E, nello stesso tempo, viene capovolto il suo concetto di morale.

Il Super-Io è la morale chiusa, rigida, ripiegata su se stessa, con la sua corazza di colpa e di paura.

Svincolata dal Super-Io, la morale diventa "aperta": essa si volge al rispetto *autentico* di se stessa e degli altri.

La morale del Super-Io è la morale-prigione. È la personalità costretta in una armatura di gesso. È la morale arcaica, residuo delle paure dell'infanzia.

La morale individuale (e autentica) non ha più bisogno di guardie per essere rispettata. È la morale della virtù. E l'individuo diviene virtuoso, non per sforzo o rigidità interiore, ma perché gli sarebbe impossibile non esserlo (di causare cioè un danno a se stesso e agli altri).

La stessa enorme differenza esiste fra una religione basata sul Super-Io, malamente compresa, rimasta infantile, basata sulla paura, la sfiducia, la colpa patologica, gli scrupoli infantili, la "proiezione" di un Padre terribile, e la visione di una religione "aperta", basata sulla fiducia di una persona adulta che ha ristabilito dei "legami" autentici con se stessa, gli altri e l'Assoluto.

12. - IL SERBATOIO DEGLI ISTINTI

Osserviamo il seguente schema:

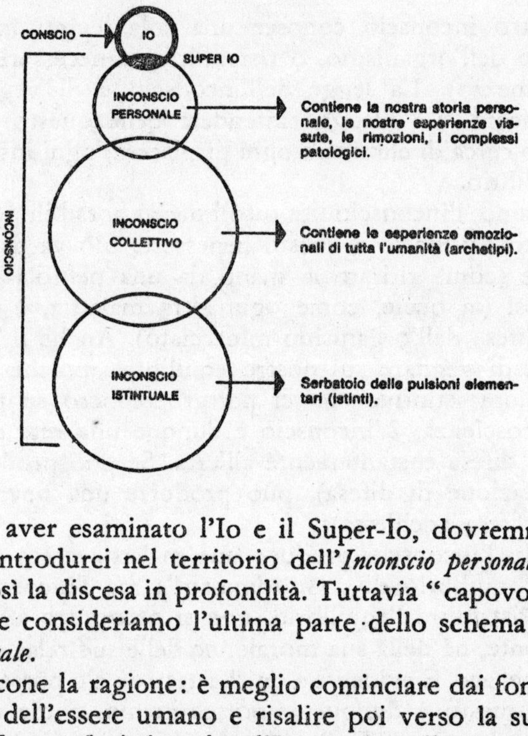

Dopo aver esaminato l'Io e il Super-Io, dovremmo logicamente introdurci nel territorio dell'*Inconscio personale* e continuare così la discesa in profondità. Tuttavia "capovolgiamo" la logica e consideriamo l'ultima parte dello schema: l'*Inconscio istintuale*.

Ed eccone la ragione: è meglio cominciare dai fondamenti essenziali dell'essere umano e risalire poi verso la superficie. Inoltre, l'Inconscio istintuale e l'Inconscio collettivo non sono *mai* malati. Non vi sono né nevrosi né complessi patologici in questi territori inconsci. Questo aiuterà, penso, a comprendere meglio la nevrosi quando affronteremo l'Inconscio personale, alla fine del nostro viaggio.

Ma, prima, vediamo ancora alcune cose importanti.

Cosa racchiude il nostro Inconscio? Tutta la nostra storia *personale*. Altri strati hanno assorbito la storia dell'intera umanità. Esso racchiude anche i nostri istinti, la nostra eredità personale, la nostra eredità ancestrale. ecc. Vi si trovano pulsioni animali e istintive, come pure splendidi archetipi. Gli strati dell'inconscio sono vasti: alcuni facilmente accessibili; altri, inesplorabili. Alcuni di essi possono essere raggiunti solo quando i problemi nevrotici siano stati eliminati.

Un automa equilibratore

Il nostro inconscio conosce una sola legge: mantenere l'equilibrio dell'organismo, o ristabilirlo se necessario (e con qualsiasi mezzo). La legge dell'inconscio è di vegliare sul nostro piacere. Ma bisogna intendere bene questo termine: l'inconscio cerca di eliminare ogni dispiacere, ogni insicurezza, ogni squilibrio.

Ripetiamo, l'inconscio usa tutti i mezzi possibili per mantenere questo equilibrio e questo benessere. Ciò va dal riflesso elementare (come ritirare la mano da una pentola bollente) alla nevrosi (la quale, come ogni altra malattia, è una reazione di difesa dell'organismo minacciato). Anche il Super-Io si incarica di vegliare sul nostro equilibrio, poiché rimuove certe pulsioni istintive che ci perturberebbero se pervenissero alla coscienza. L'inconscio è dunque una rete di protezione e di difesa costantemente all'erta. Se può produrre una febbre (reazione di difesa), può produrre una nevrosi (reazione di difesa anch'essa).

Quando l'inconscio produce una malattia cerca di realizzare un "equilibrio di compromesso"; ma l'inconscio, cercando di ristabilire l'equilibrio, non si preoccupa affatto dell'Io cosciente, né della sua morale, né delle sue relazioni familiari, umane, ecc. È evidente a quali catastrofi ciò possa portare.

Tutto questo è dunque importantissimo, come constateremo andando avanti. E non dimentichiamo mai (osservando lo schema ripetuto prima) che il nostro Io comunica *senza tregua* con *tutti* gli strati dell'Inconscio e, di conseguenza, subisce *tutte* le fluttuazioni, *tutti* i sommovimenti e *tutti* i blocchi che vi si producono.

L'inconscio istintuale

È la parte dell'Inconscio che "emette" gli istinti, come il radio emette gli elettroni. E questo con la stessa naturalezza e facilità.

È il macchinario inconscio più profondo, più elementare e *più dinamico* dell'essere umano. È il serbatoio degli istinti "ciechi", degli istinti "senza fede né legge".

È da lì che scaturiscono le pulsioni naturali che dirigono il comportamento.

Negli animali questo inconscio è una forza di finalità biologica, più o meno automatica, con le sue attività di ricerca del *piacere*, di *difesa*, ecc. (come nei neonati). E su questi istinti degli animali è steso un immenso mantello: la legge della specie.

E nell'uomo? Quando si dice: "l'uomo è abbandonato ai suoi istinti", si immagina un orribile mostro che non tiene conto né delle leggi, né della morale, né della religione, né della cultura, insomma, di niente. Questo mostro ricerca il proprio piacere, il proprio benessere, le proprie immediate soddisfazioni... quindi cerca di eliminare qualsiasi dispiacere. È logico che occorre mettere ordine negli istinti (ma facendo questo, si considerano gli istinti come dei "residui" da pattumiera; per lo più l'educazione a base d'angoscia e di repressione è fondata su questo).

Non è ancora possibile classificare gli istinti. Si cita l'istinto di *conservazione*, l'istinto di *libertà*, l'istinto *morale*, *sessuale*, ecc.

Comunque, gli istinti sono talmente scherniti, maltrattati e misconosciuti, che hanno pure un certo diritto ad essere riabilitati.

Occorre agire sull'istinto?

Reprimere un istinto è un atto *volontario*. Per esempio, un giovane che provasse delle pulsioni sessuali verso la propria sorella, può reprimere lucidamente tali pulsioni dicendo a se stesso che in una società che ha le sue leggi, la realizzazione di quelle pulsioni è impensabile.

Si possono rimuovere certe pulsioni. La rimozione è un meccanismo *puramente inconscio* che porta rapidamente al complesso. Quindi, consciamente, si ignora quand'è che si è prodotta una rimozione.

Si può sublimare un istinto. È il caso (sono esempi da non generalizzare) di una ragazza che non avendo potuto aver figli, si dedica ai figli degli altri e diviene assistente sociale, infermiera, bambinaia, ecc. Oppure è il caso di un bambino aggressivo che, in seguito ad un'ottima educazione, diventa un buon chirurgo. Un uomo con tendenze narcisistiche ed esibizionistiche diventa attore, ballerino, ecc.

Si può "filtrare" un istinto. Se un uomo fosse abbandonato ai suoi istinti elementari, violerebbe — senza il minimo senso di colpa — le donne che gli piacciono. Sarebbe un atto altrettanto naturale quanto il bere e il mangiare. *Filtrato*, questo istinto sessuale può trasformarsi in battute di spirito, in *flirts*, in fischi di ammirazione, in amore platonico, ecc.

La canalizzazione armoniosa degli istinti dipende evidentemente da una buona educazione che porta all'armonia degli strati superiori della personalità. È così che si sviluppa l'Io che reprime volontariamente certe pulsioni inaccettabili. Ma spesso succede che gli istinti vengano male incanalati dall'educazione; si giunge allora ad una personalità deformata, rigida, la quale pensa che ogni istinto sia "una cosa brutta e faccia parte di un gigantesco immondezzaio". In questo caso ci troviamo di fronte al Super-Io.

Sebbene gli istinti siano probabilmente in grande numero si pensa subito all'istinto sessuale. È evidente che questo istinto è uno dei più *rimossi*. La sessualità è alla base di un immenso numero di nevrosi.

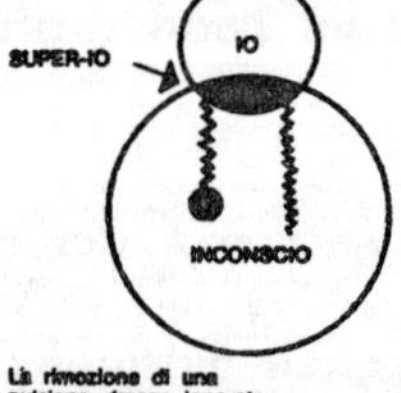

La rimozione di una pulsione rimane ignorata dalla coscienza

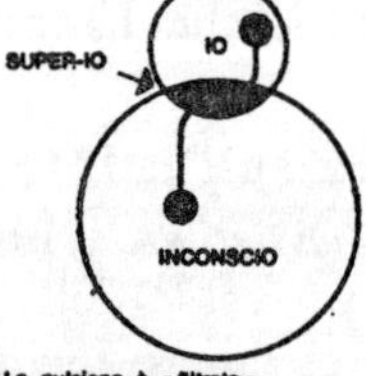

La pulsione è «filtrata» e deformata dal Super-Io

Queste nevrosi si ripercuotono sulla vita sessuale e sulla vita sociale, poiché *una relazione sessuale è una relazione sociale*, d'altronde, un disturbo sessuale rivela un disturbo di tutta la personalità, di cui non è che un sintomo.

Anche *la sublimazione* è un meccanismo psichico frequente. Essa consiste nel riportare l'energia bruta a un più alto livello sociale.

Immaginiamo un uomo di cui una parte della personalità sia rimasta bloccata allo *stadio anale* (lo stadio anale è il periodo durante il quale un bambino prova piacere a trattenere i propri escrementi; del resto, è il caso di molti adulti). Nel bambino questo piacere è fortemente improntato di *sessualità* e di *aggressività* (non dimentichiamo che l'ano è una zona erotogena importante). Nella vita adulta, questo individuo "tratterrà" ancora qualcosa. Per esempio, può "trattenere" del denaro, dei tesori... e diventare un ottimo finanziere (come pure può diventare un avaro di prima qualità: egli è allora un "arraffa soldi" come prima era un "arraffa escrementi"). Fisicamente parlando, è stitico.

Del resto, nel corso del trattamento analitico, si vedono spesso dei pazienti che, bloccati allo stadio anale, *trattengono* le parole dell'analista... non per comprenderle, ma per *rigettarle*, otto giorni più tardi, in scariche aggressive contro lo stesso analista.

Inoltre, gli *escrementi* e l'*oro* sono legati simbolicamente. Non dimentichiamo che il bambino concede una *venerazione* grandissima ai suoi escremeti. Defecando, egli *crea* e *produce* qualcosa. Esistono del resto molti adulti che sono fieri (e se ne vantano con gli amici) di aver "fatto" (creato) un escremento "che peserà almeno un chilo".

E l'escremento (citiamo Jung) viene spesso considerato dallo spirito popolare come un "monumento", un "ricordo" che uno lascia dietro di sé. Anche Jung parla di «quell'uomo che uno spirito conduce verso un tesoro nascosto e che, per lasciare un'ultima traccia sul suo cammino, depone un escremento. In tempi lontani, un tale segno era importante quanto l'escremento degli animali, in quanto indicava la loro presenza o la direzione presa dal branco. Più tardi, le pietre hanno sostituito (presso gli uomini) questi segni particolari». (C. G. Jung: *Metamorfosi dell'anima e i suoi simboli*).

L'ISTINTO DEL PIACERE

L'uomo (come l'animale) ricerca prima di tutto il piacere, il benessere, la sicurezza. Non domanda che di evitare la sofferenza. È il motore numero uno di ogni organismo vivente. Ma le cose si complicano quando l'essere umano ricerca il proprio piacere (e la propria sicurezza) attraverso la sofferenza. Nel corso di questo libro abbiamo citato (e citeremo ancora) degli esempi. Molte persone si sottomettono, legati mani e piedi, per sfuggire al pericolo: questo pericolo è l'angoscia prodotta da un eventuale rimprovero, dalla critica da parte degli altri, dal giudizio degli altri, ecc. Dunque il soggetto ricerca il piacere (= la sicurezza interiore) per mezzo della sofferenza (la sottomissione e l'umiliazione: uno dei meccanismi del masochismo).

Prendiamo un altro esempio e pensiamo a una nevrosi. Una nevrosi è una ricerca inconscia del piacere, cioè della sicurezza. Ne parleremo a lungo, ma intanto citeremo un banale esempio: un bambino, per sfuggire all'insicurezza che producono in lui le dispute fra i suoi genitori, si chiude in se stesso. Ciò costituisce una nevrosi in piccolo. Ma attraverso questa chiusura su di sé, egli ricerca la propria sicurezza (= il proprio piacere).

Concludendo, una pulsione (istintuale) può evolversi verso la soddisfazione; ma può anche non soddisfare e trasformarsi in scontentezza e in malessere (psicologici o fisici). In ogni modo, la soddisfazione e il piacere hanno un'enorme importanza per gli esseri umani; si può constatare che il bambino nel primo anno di vita, può solo a poco a poco sopportare che il suo bisogno di piacere non sia soddisfatto immediatamente.

UN ISTINTO DI MORTE?

Una delle audacie di Freud fu di affermare l'esistenza di un *istinto di morte*. Se si considera la vita degli uomini attraverso i tempi, ci si stupisce delle loro tendenze alla distruzione. Questa tendenza può manifestarsi verso gli altri (guerre, sadismo, aggressività, ecc.), o verso se stessi (autodistruzione, masochismo, autoumiliazione, diminuzione di se stesso, ecc.). Per comprendere Freud, bisogna ricordarsi della *tendenza alla ripetizione*. È una tendenza per la quale un essere umano prova il bisogno di ripetere delle esperienze già fatte, o di ritornare a degli stadi anteriori del suo sviluppo. E qui sta l'audacia di Freud: egli pretende che questa tendenza sia inerente alla vita organica.

Riprendiamo il pensiero di Freud: ogni uomo prima di essere vivente fu non-vivente. Se la tendenza a tornare verso certi stadi anteriori esiste, ogni uomo deve avere in sé una pulsione istintuale che lo porta verso la morte. È vero questo? È falso? La questione rimane aperta.

Cosa avviene in psicanalisi? Si constata che in ogni soggetto analizzato il bisogno di distruzione è infinitamente minore. Ma si potrebbe obiettare che all'inizio dell'analisi il paziente era soggetto a delle pulsioni elementari di distruzione (sadismo, masochismo, senso d'inferiorità, bisogno di umiliazione, ecc.). Quando termina l'analisi, egli diviene *normalmente aggressivo* e può affermare normalmente la propria personalità. Ora, questo affermarsi e il sostenere i propri diritti, deve avvenire... a detrimento degli altri! Di conseguenza si ricade ancora in un istinto distruttore, più evoluto, ma che, in fondo, è sempre quello...

Allora, istinto di morte, o non istinto di morte? Il mistero sussiste. D'altra parte, la frequenza del gusto di distruzione non prova che esso sia un istinto. Ciò che importa, dopo tutto, è che l'essere umano acquisti una morale *personale* elevata, il rispetto di se stesso e degli altri, poggiando su di una personalità armonizzata e unificata.

VERSO IL FETO

Niente dimostra che si tratta di un istinto; comunque, è un bisogno profondo, permanente e inconscio che ogni essere umano porta dentro di sé. Si potrebbe chiamarlo "bisogno di un ritorno nel ventre materno".

Questo bisogno impregna tante esistenze, invade un così vasto campo d'azione, impedisce a tanti uomini (e donne) di diventare adulti, che deve essere esaminato.

«È strano» dice X (quarant'anni) «quando sono triste, se mi infilo sotto le coperte con una bella borsa d'acqua calda, la tristezza se ne va rapidamente; e la mia euforia raggiunge il culmine se fuori piove e tuona».

Se queste parole sembrano banali, il substrato inconscio lo è molto meno. Per meglio comprendere, facciamo una digressione.

Il primo ingresso nel mondo

Freud aveva già parlato dell'*angoscia della nascita*. Ma Otto Rank, all'angoscia del neonato, ha dato delle proporzioni immense (e giustificate). Di che si tratta? Immaginiamo un bambino-feto. Ha un sistema nervoso; la sua psiche inconscia si forma lentamente. È beatamente immerso nelle *acque materne*. Il feto è inconsciamente felice. Il suo organismo è in pace. Egli è incosciente, beato, nutrito e al sicuro. Poi viene la nascita che equivale a uno "sradicamento". Il bambino — e la sua psiche — vengono violentemente espulsi dal "ventre materno" e dalla felice incoscienza in cui si trovavano; sono cioè brutalmente "catapultati" verso un mondo enorme, pericoloso, rumoroso, urlante, accecante. La pace dell'incoscienza è finita.

Poiché la psiche inconscia del neonato è dominata dal piacere, è logico che egli non chieda che una cosa (inconsciamente): *ritornare da dove viene.*

Ma se questo è logico trattandosi del neonato, molto meno logico ci appare quando si tratta degli adulti. Tuttavia, è così. Pensiamo a questa vita adulta, irta di pericoli, di fatiche, di competizioni, di difficoltà. È del tutto normale che l'adulto ricerchi profondamente la pace, esteriore e interiore. *Non è lui che la chiede, ma il suo organismo.*

Ciò significherebbe che *tutti* gli adulti possiedono, in fondo a loro stessi, *un nostalgico desiderio di ritornare nel ventre materno.*

Ecco qualche esempio preso a caso.

«Amo le donne con le quali posso "lasciarmi andare..; posso allora mettere la testa sul loro grembo e non pensare a niente...».

«Sono assillato dalla nostalgia dell'Infanzia; e tuttavia, la mia infanzia fu tutt'altro che felice...».

«Ho l'impressione di dissolvermi quando nuoto nelle acque tiepide; è come se non avessi più personalità, come se entrassi in un'eternità...». (Ricordiamoci le "acque materne" nelle quali è immerso il feto; il paziente parla qui di "acque tiepide". Sappiamo anche che l'acqua è il simbolo della donna, dell'Inconscio. Il paziente dice: «*È come se entrassi in un'eternità*» = nella condizione inconscia, felice ed eterna anteriore alla nascita).

«Mi sento beato quando viaggio nella mia automobile surriscaldata, in pieno inverno. Ho la sensazione che niente possa colpirmi...». (L'automobile, qui, simboleggia il mondo chiuso su se stesso nel quale si sta bene, al riparo dai pericoli [= intemperie] esterni).

Un pilota d'aviazione dice:

«Non sono mai tanto felice come quando mi addentro nei grandi orizzonti infuocati, al tramonto...».

Quest'uomo si inoltra in una apertura luminosa che simboleggia l'eternità, l'inconscio, il "ventre materno", in cui vorrebbe "dissolversi". Il suo aereo è un apparecchio che *si inoltra*, *penetra*, *fora* gli orizzonti. Esso simboleggia il *pene* che "squarcia" gli orizzonti: cioè, un'immensa apertura (rossa!) = la Donna, la Madre, l'Inconscio, nei quali egli scompare; vale a dire: si spersonalizza e ritorna al seno materno, al Nirvana dell'inconscio. Sono collegate a questo anche certe forme di speleologia (esplorazione delle "viscere" della Terra-Madre) o di nuoto subacqueo.

Ma vi sono forme più vaste. La morte dolce, per esempio. Si può averne la nostalgia, o ricercarla volontariamente (per mezzo del gas, dell'alcool, dei barbiturici, di annegamento, ecc.). Sotto questo aspetto, la "morte dolce" è un ritorno simbolico "nel ventre della madre"; si ritorna dolcemente verso l'Inconscio, sfuggendo così ad ogni lotta adulta. Inoltre, la morte è un ritorno alla Terra, che è un potente simbolo, universalmente diffuso, della Donna e della Madre.

Si può anche operare un ritorno nel "ventre materno" mettendosi al riparo "in seno" a *un gruppo* dove tutti i membri vi "circondano"; o appartenendo alla "*Nostra Madre Chiesa*", o compiendo in gruppo certi rituali, ecc.

Ecco un esempio, nel corso di un'analisi. Si tratta di un uomo che, dopo un lunghissimo silenzio diceva:

«Per la prima volta, sono passato attraverso questo silenzio senza angoscia, senza paura, con enorme tranquillità. Sentivo profondamente — è difficile a descrivere — che non rischiavo niente. Avevo l'impressione di discendere in qualcosa di indifferenziato, di molto vasto, dove ogni difficoltà svanisce, tutto diventa semplice, non si esiste più, non si deve più pensare...».

Il bisogno del "ritorno nel ventre materno" è dunque ben lontano dall'essere una considerazione della mente. E sono molti gli adulti che serbano, nell'intimo del loro inconscio, la nostalgia di questo "paradiso perduto"... È un bisogno profondamente umano, nostalgico, doloroso, spesso amaro.

Se noi lo trasportiamo nella vita di ogni giorno, constatiamo che gli adulti, in ogni attimo della loro vita, si trovano di fronte a una scelta: la facilità o la difficoltà. *La difficoltà* significa: assolvere il proprio compito di adulto, agire con risolutezza, abbandonare il ventre materno. *La facilità* significa: tornare indietro, cercar protezione e, in fin dei conti, ritornare nel ventre materno...

Lo shock

La nascita è uno "sradicamento". Essa provoca un violento shock all'organismo indifeso del neonato. Significa:

a) separazione dalla madre (dalla beatitudine inconscia);
b) radicale cambiamento di stato fisiologico.

Si tratta di un'esperienza dolorosa, penosa. *È al momento di questo distacco che l'essere umano conosce la prima angoscia profonda*. È ciò che Rank chiama l'*angoscia infantile*. Partendo dal pensiero di Rank, si può evidentemente andare molto lontano. Per Rank, tuttavia, l'infanzia è necessaria per superare il trauma della nascita; e i nevrotici sarebbero quelli che non avrebbero potuto assolvere con successo questo compito. Si sa, inoltre, che tutti i bambini hanno una disposizione all'angoscia; per Rank, tale angoscia avrebbe la sua origine nel trauma della nascita.

Vi dicevamo che, in questo campo, si poteva andare molto lontani; e Rank non vi rinuncia, giustamente. Che sarebbero allora certi atti sessuali? Per Rank essi sono la *sostituzione* più efficace dell'unione con la madre (il bisogno del ritorno al ventre materno significa qui il bisogno del ritorno all'unione con la madre). L'uomo nevrotico, in questo caso, *si identifica* col suo pene. Rank dice: «La penetrazione dell'orifizio vaginale della donna significa per l'uomo un parziale ritorno nel ventre materno, ritorno che, grazie all'identificazione del tutto con la parte (= dell'uomo col suo pene) diventa non soltanto completo, ma anche totalmente infantile».

Rivediamo il caso dell'aviatore: egli si identifica col suo pene (l'aereo), grazie al quale penetra totalmente nel ventre materno (i vasti orizzonti).

Ma di questo riparleremo nel capitolo seguente.

13. - IL PASSAPORTO PER L'INFINITO

Ecco un territorio meraviglioso: l'*inconscio collettivo*. Ma è molto difficile definirlo razionalmente... per la semplice ragione che è irrazionale. Comunque, si tratta di una parte dell'inconscio che non è mai malata, e che è carica di un enorme potenziale energetico, che esso libera *alla fine di una psicanalisi*.

Un caso esemplificativo

Pensiamo che la cosa più semplice sia di cominciare con un esempio.

«Adoravo mio padre (dice X., trent'anni) perché per me era l'invincibile. Quando ebbi tredici anni, mio padre si mise a bere, per dimenticare, o dimenticarsi, non so. Da quel momento ho cominciato a disprezzarlo, ma soprattutto a odiarlo. E tuttavia lo compativo, l'amavo. Egli si lasciava andare, si radeva malamente, si lavava poco. A questo punto ho cercato di evitare la casa il più possibile. Ho trovato degli amici e sono entrato a far parte di un gruppo di giovani. Il nostro ideale era di dirci tutto, di non nascondere niente. Volevamo combattere l'ipocrisia, in noi stessi e negli altri. Eravamo puri, integri. Avevamo uno stendardo. L'idea era mia, e del resto presi rapidamente il comando del gruppo».

«Com'era questo stendardo?».

«Triangolare, con un pugnale che simboleggiava la morte di tutte le ipocrisie. Si può essere più stupidi?».

«Di che colore era lo stendardo?».

«Di un giallo vivo. È importante?».

«Forse...».

«Non so cos'è successo. Io che ero buono sono diventato pieno d'odio verso tutti quelli che mi ricordavano mio padre: i vagabondi, gli ubriaconi, i mendicanti, la gente sporca, gli Ebrei...».

«?...».

«Sì. Perché, per me, essi erano sporchi. Era una cosa idiota. E noi volevamo eliminare tutto questo in nome del nostro ideale e riabilitare tutta questa gente per mezzo di conferenze, articoli, e cose del genere!».

Cosa possiamo constatare?

Il padre di X era un dio "invincibile", un simbolo di forza, di virilità. Un padre-sole. Poi, questo padre *decade*: *non corrisponde più al simbolo del padre eroico.*

Nell'animo del figlio, il padre cessa di essere splendido, potente e virile. Quindi, perde il simbolo di questa virilità: il fallo. *Egli diviene spento*, *castrato*, *svirilizzato*, *solitario*, *abbandonato*. Appaiono nel figlio un conflitto e un'angoscia. E l'amore spesso si trasforma in "odio" (o piuttosto in disperazione).

Il suo dio era morto; doveva quindi trovarne un altro.

Perciò, *doveva*:

1) ritrovare un padre splendido;

2) eliminare tutti i padri "sporchi" e "castrati" (come il suo), salvo a riabilitarli in seguito.

Inconsciamente, il ragazzo *va alla ricerca di un altro padre*. Entra quindi a far parte di un *gruppo idealista* in cui tutti i membri "si considerano come un solo uomo", e il cui fine appare loro *splendido* (come un Padre ideale, come un Eroe). Che cosa rappresenta questo gruppo? Simboleggia il Padre: il padre, potente, integro, puro, splendido.

Un nuovo dio (*il gruppo*) ha sostituito il vecchio dio (*il padre castrato*, *decaduto*).

E ancora: sullo stendardo c'è un pugnale (simbolo del *fallo*, della virilità e della *forza penetrante*). Il pugnale non rappresenta quindi la "morte di tutte le ipocrisie", come crede il ragazzo. Il colore è giallo (in questo caso, colore del *sole*, cioè colore del *padre splendido*).

Il ragazzo respinge allora tutti quelli che sono, per lui, il simbolo del padre castrato e decaduto: i vagabondi, gli

Ebrei, ecc. Ma, per far questo, ha bisogno di *appoggiarsi a un altro padre*: il gruppo "puro" e "integro". Vuole inoltre *riabilitare* la gente che egli respinge, cioè *far di essi dei padri splendidi*...

Ed era cosciente di tutto questo? Affatto. Non solo perché era troppo giovane, ma anche perché la maggior parte delle sue motivazioni proveniva dall'inconscio collettivo, inaccessibile alla sua coscienza.

Ed è così che molti gruppi *antisemitici* (per esempio) cercano (senza saperlo) di eliminare i "padri" svirilizzati, solitari, "sporchi" e abbandonati. Perché, inconsciamente, non si può sopportare che il Padre non corrisponda all'idea che ci si è fatta di lui. Questi gruppi vengono costituiti in nome dello Stato, di una Religione, di un Ideale, di una Razza, ecc. (*che simboleggiano il Padre glorioso e vendicatore*, come il gruppo a cui appartiene il ragazzo).

E così, le azioni umane credute libere e ragionate, sono sottese da potenti armature invisibili, che tutto determinano dall'a alla zeta.

COS'È L'INCONSCIO COLLETTIVO?

Ci baseremo integralmente sull'opera di Jung che, dopo altri studiosi, ha posto sulla psicanalisi una scintillante corona, con lo studio dell'inconscio collettivo, degli archetipi e dei simboli.

Vorremmo presentare il pensiero di Jung sotto una forma chiara e evidente (poiché tale è e si verifica ogni giorno, in psicanalisi come nella vita quotidiana).

Prima di tutto occorre osservare che l'inconscio collettivo è un immenso serbatoio inconscio, direttamente alimentato dagli istinti (conservazione, riproduzione, ecc.). In determinate condizioni, l'azione dell'inconscio collettivo può trasformare delle intere esistenze; ciò è visibile in certi sogni o in certe "consapevolezze", in psicanalisi. Inoltre, l'inconscio collettivo permette l'unificazione della personalità, per il tramite di grandi simboli.

È vergine il cervello di un neonato?

La quotidiana esperienza degli psicanalisti ha corroborato le gigantesche vedute di Jung. «Sarebbe un grande errore — dice Jung — supporre che la *psiche* del neonato sia una *tabula rasa*, nel senso che sia assolutamente vuota». Sempre secondo Jung, il bambino nasce con un cervello già determinato dall'eredità. Quindi questo cervello è già individualizzato. Intervenendo una circostanza esteriore, il neonato — contrariamente a quanto si potrebbe credere — non agirà in un modo qualsiasi, *ma già con un atteggiamento specifico*. Si può dimostrare — continua Jung — che i suoi atteggiamenti sono degli istinti ereditati e dei modelli preformati. E ancora Jung: «di conseguenza, tutti questi fattori che furono essenziali ai nostri antenati, prossimi o lontani, saranno essenziali a noi stessi, incorporati come sono nel sistema organico ereditato».

Ciò significa dunque che la *psiche* del neonato è già strutturata. E secondo un altro uomo di scienza (Stirnimann): «La *psiche* dei neonati è come una lastra fotografica che sia rimasta esposta durante le generazioni anteriori».

Questo punto di vista è di fondamentale importanza. E dopotutto, il sole ha sempre compiuto il suo arco, il giorno e la notte si sono sempre succeduti, la pioggia ha sempre fecondato la terra; e tutti gli uomini, di tutti i tempi, di ogni generazione, si sono sempre preoccupati di preservare la loro vita, di mangiare, hanno sperato nella pioggia, hanno atteso il sole, ecc. L'Inconscio collettivo è il serbatoio che contiene tutte queste emozioni inconsce ma attive, che risalgono nella notte del tempo umano, e determinano dei simboli potenti, delle creazioni artistiche, delle religioni, dei colossali movimenti di popoli. È ciò che vedremo.

La schizofrenia e l'inconscio collettivo

La schizofrenia ([1]) è una grave malattia mentale. Lo schizofrenico è veramente "alienato" (cioè, perde totalmente il contatto con la realtà). Il malato è tagliato fuori dal reale. Non ha reazione oggettiva. Indifferente, egli vive il suo sogno interiore. Scompare la coscienza del reale. Nella mente del malato si sviluppa un mondo allucinante. Sono state esposte spesso delle pitture di schizofrenici. L'esaltazione intellettuale di questi malati è spesso sorprendente, e straordinarie le loro realizzazioni. Si direbbe che si tratta di genio e di poesia allo

---

[1] V. *Che cos'é la psicologia* p. 276.

stato puro. Ma si può anche constatare che il carattere di queste opere d'arte è simbolico.

Nel caso di questa malattia mentale, il conscio scompare come una terra sommersa. L'inconscio collettivo straripa, col suo torrente di simboli, di immagini, di poesia bruta. Citiamo Jung: «Così, con la scomparsa della funzione del reale nella schizofrenia, non è una intensificazione della sessualità che compare, ma un mondo immaginario che ha dei tratti arcaici evidenti».

Perciò, l'inconscio collettivo è una specie di "matrice" super-personale. È un dominio inconscio, di una profondità praticamente insondabile. Diciamo che esso è il cosmo inconscio con delle splendenti costellazioni: gli Archetipi.

L'inconscio collettivo non è mai malato

Perché? Semplicemente perché è *impersonale. Esso non appartiene all'esperienza individuale.* Le rimozioni, i complessi, le inibizioni, ecc., non si trovano *mai* nell'inconscio collettivo, ma nell'inconscio personale.

In fondo (parafrasando Jung), si potrebbe paragonare l'inconscio collettivo a un essere gigantesco. Quest'essere sarebbe vissuto per migliaia d'anni; dopo migliaia d'anni sarebbe rimasto simile a se stesso. Con un solo sguardo abbraccerebbe la storia dell'intera umanità. Si ricorderebbe di tutte le esperienze umane profonde, di tutte le paure, di tutte le emozioni. Esso si troverebbe in ogni individuo; e noi, col *nostro* inconscio personale e il *nostro* Io, siamo immersi in questo inconscio collettivo per tutta la nostra vita.

Del resto, riflettiamo un po'. Ecco un uomo di media età, quaranta anni, per esempio. Prendiamo ora cinquanta uomini di quaranta anni e disponiamoli l'uno accanto all'altro nel tempo. Cinquanta uomini di quaranta anni = duemila anni ci riportano ad un tempo anteriore alla nascita del Cristo. E durante questo piccolo arco di cinquanta volte quaranta anni, diecimila guerre sono scoppiate. Miliardi di uomini sono stati mescolati, decine di miliardi di differenti "Io" si sono agitati, hanno lavorato, sofferto, creato, sono morti, sulla superficie della terra. Ma in questo gigantesco vortice di molecole umane, una cosa fu comune e inalterabile: l'inconscio collettivo, attivo, invisibile, che ha prodotto, a partire da una medesima sorgente, una proliferazione di simboli, di azioni, di emozioni... Non prendiamo che un solo archetipo immutabile: quello del Salvatore che genera dei potenti simboli che variano secondo le epoche: il Cristo, i dischi volanti, il Pastore, il Redentore, gli eroi dei Western, l'Agnello, Hitler, ecc. ([1]).

Così, di ogni umana eternità, la vita profonda, indipendentemente dalla razza, dalla religione, dall'intelligenza, è rimasta rigorosamente la stessa.

L'inconscio collettivo è quindi formato di immagini psichiche, deposte come un sedimento *vivente*, attraverso i tempi. Ne parleremmo solo a titolo di studio o di curiosità scientifica se le "costellazioni" dell'inconscio collettivo non servissero alla ricostruzione dell'essere umano, nel tempo stesso che lo fanno agire e pensare suo malgrado, *al di fuori di ogni razionalizzazione e di ogni volontà*. Perciò, è, a un tempo, meraviglioso... e pratico.

Si potrebbe quindi riassumere dicendo che l'inconscio collettivo è un inconscio superiore. È una eredità mentale comune a tutta l'umanità, senza distinzioni di cultura né di razza. Questo inconscio collettivo si manifesta attraverso gli *archetipi* e i *simboli*. In tal modo, l'inconscio collettivo ci mette in contatto con la parte più intima dell'uomo, da sempre immutata.

Cosa osserviamo in psicanalisi?

Quando una analisi *individuale* è sufficientemente avanzata, quando l'*inconscio personale* è ripulito, raschiato, scorticato, purgato, liberato dai blocchi, dai complessi patologici, dalle angosce, dalle inibizioni, dalle regressioni, ecc., si sbocca in un nuovo territorio dell'inconscio, vasto e grandioso. È l'inconscio collettivo con i suoi archetipi, fonti di energie a volte prodigiose.

Questo inconscio è simile a una terra che, a cento metri di profondità, racchiudesse una falda petrolifera, rimasta immutata nel corso di millenni. Durante l'analisi il paziente è come uno speleologo che, dopo aver vagato affannosamente

[1] Per ciò che concerne il significato propriamente religioso degli archetipi, si veda la prefazione.

per oscuri labirinti (Inconscio Personale), si ritrovi alfine in una vasta sala luminosa, in cui sono accumulate, sempre attive, le ricchezze degli uomini che ci hanno preceduto nei passati millenni.

Certe condizioni sono quindi indispensabili per accedere all'inconscio collettivo.

Perché?

L'inconscio personale è *individuale.* Esso è sano o malato; ma, in ogni modo, racchiude la somma delle nostre esperienze *personali.* Supponiamo che sia sede di un "complesso". Questo complesso è, evidentemente, di carattere negativo. Cioè tale complesso impedisce l'azione libera. Blocca energie invece di distribuirne. Finché la persona inciampa contro tale complesso, le sarà impossibile discendere nella parte corrispondente dell'inconscio collettivo.

Facciamo un esempio. Mettiamo che un uomo resti attaccato a suo padre, alla paura di suo padre, alla paura del Padre in generale, alla paura dell'Autorità, ecc. Nel suo inconscio, il Padre ha quindi un carattere *negativo*, *pericoloso*, *angoscioso.* Si capisce subito che sarà impossibile a quell'uomo di raggiungere l'*archetipo del Padre* (positivo, luminoso, fatto di fiducia completa verso la vita) che si trova nell'inconscio collettivo. È come un uomo al quale la luce di una lampadina elettrica facesse venire l'emicrania e che, perciò, fosse incapace di godere del sole.

L'inconscio collettivo sarebbe allora riservato a una "élite"?

Niente affatto; ma è accessibile a coloro che sono divenuti sufficientemente consci di se stessi, e liberi dei loro complessi patologici. Evidentemente, dunque, l'inconscio collettivo si raggiunge alla fine dell'analisi.

È anche impossibile, durante gran parte dell'analisi, che il paziente *senta* l'inconscio collettivo, perché la strada è ostruita da una rete di sbarramenti (i complessi dell'inconscio personale). Così come non si può fare sgorgare il petrolio da un giardino finché ci si impegna a liberare le pietre incassate nella terra.

Nonostante ciò, nell'attesa, l'inconscio collettivo *agisce.* Produce delle azioni che si colorano secondo le rimozioni e i complessi. E l'individuo cammina senza sapere perché; vede il mondo esterno secondo le sue proiezioni interiori. Il risultato, spesso, è che la sua visione abbraccia enormi chimere...

GLI ARCHETIPI

Archetipo: parola regale! Esso è proporzionato a quello che rappresenta. Gli archetipi sono le costellazioni dell'inconscio collettivo, raggianti, attive, cariche di energia. Pensiamo, per esempio, all'*archetipo di Dio*, radicato nell'inconscio collettivo degli uomini di tutti i tempi, e osserviamo la sua potenza attraverso gli immensi movimenti umani, artistici, bellici, religiosi, morali, ecc., che ha provocato. A partire da questo archetipo eternamente umano, quante vicende umane si sono determinate? E se si "proietta" questo archetipo sul Sole (il Dio-Sole che illumina, feconda, dardeggia e guida come un Padre glorioso), si nota che ha prodotto ugualmente dei grandi movimenti religiosi, artistici e di altra natura, nel corso di tutte le età.

Un archetipo è, perciò, un'emozione condensata, che vive nell'inconscio collettivo, come una costellazione raggruppa le sue stelle nel cielo. Un archetipo spinge gli uomini verso pensieri, azioni, realizzazioni, pregiudizi, movimenti di massa. Un archetipo è come un vento invisibile che soffia su una flotta di velieri.

Si tratta dunque:

1) di prendere coscienza dell'importanza degli archetipi;
2) di cercare di avvertirli in se stessi;
3) di integrarli coscientemente nella personalità (il che si può fare durante un'analisi).

Ripetiamo che l'inconscio collettivo è al di fuori dei complessi, delle rimozioni, delle nevrosi. *Questo territorio inconscio non è mai contaminato; rimane sempre al di fuori dell'esperienza individuale.*

Un archetipo non è un' "astrazione" o una "chimera". È una realtà potenziale. Alimenta la coscienza e determina delle azioni, secondo certe circostanze. Gli archetipi abitano negli esseri di carne e sangue, che ne sono i depositari viventi.

Come definire un archetipo?

Gli archetipi che illuminano l'inconscio collettivo del ciabattino sono uguali ai vostri; quelli di un filosofo francese sono praticamente identici a quelli di un aborigeno australiano.

L'inconscio collettivo è "cosmico", perché ingloba l'esperienza eterna dell'uomo; e anche gli archetipi lo sono... perché derivano da esso.

Ogni psicologo "del profondo" incontra l'archetipo a ogni curva della *psiche* umana. Lo incontra nella storia, nei pensieri, nelle ispirazioni umane, nelle azioni quotidiane. Gli archetipi determinano le azioni umane, il progresso dei popoli, i lavori dei grandi artisti, i fondamenti delle religioni, il sacro, le leggende eterne, l'amore e la vita di tutti i giorni ([1]).

Abbiamo detto che l'inconscio collettivo racchiude gli archetipi come una terra il petrolio. Come il petrolio, l'archetipo è una ricchezza "potenziale". Bisogna dunque trovare la sonda, il materiale, e i mezzi per trasformarlo in energia utilizzabile.

In fondo l'archetipo è un *riflesso inconscio*. Toccate un archetipo con un dito (se così si può dire) e i simboli sgorgano. Ne vedremo l'importanza nella psicoterapia.

Un mondo di chimere...

Nella psicologia umana, regna una legge implacabile: "*Tutto quello che fluttua nell'inconscio rischia di essere proiettato*". In altre parole: *tutto ciò che si aggira nell'inconscio; tutto ciò che non viene "integrato" nella personalità, rischia di essere proiettato all'esterno*. Che succederà in questo caso? Abbiamo visto il meccanismo della proiezione (v. cap. 7) secondo il quale si vede il mondo esterno nella prospettiva dei propri sentimenti inconsci (normali o patologici).

Così anche gli archetipi possono essere proiettati. È quindi evidente che, a questo punto, si vede il mondo esterno secondo l'archetipo inconscio. Si può così andare molto lontano... (e non se ne fa a meno, spesso senza saperlo). E noi viviamo allora nel mondo delle chimere, di cui si è gia parlato.

Un archetipo è una cristallizzazione psichica *inconscia*. Produce degli effetti *coscienti*, sotto forma di *simboli*. Come un pianeta, invisibile nel fondo del cielo nero, che lanciasse dei

---

[1] Si veda prefazione.

frammenti che diventassero luminosi al contatto con l'aria. Il simbolo è quindi il mantello visibile che riveste l'archetipo.

Un esempio: l'archetipo di Dio [1]

L'idea di Dio è probabilmente la più antica della storia degli uomini. Essa si è radicata nell'inconscio sulla base di emozioni profonde che gravitano intorno a: forza invisibile, potenza creatrice o distruttrice, energia eterna, ecc.

L'archetipo di *Dio* è intimamente legato all'archetipo del *Padre*. Quest'ultimo è pure cristallizzato intorno a profonde emozioni provate fin dall'infanzia di fronte all'*idea* di un essere forte, eroico, glorioso, che guida, illumina, prepara il cammino; di un essere di cui si è "figli", meritevoli di castigo, di perdono, di approvazione, di amore, ecc.

Quale archetipo è più antico e più profondo? Quello di Dio o quello del Padre? Nessuno lo può dire. I simboli che scaturiscono da questi due archetipi sono inestricabilmente legati. Essi prorompono attraverso la storia umana, dal Capo del Clan, fino al *Padre Punitore* dell'Antico Testamento, o al *Padre buono* del Nuovo Testamento (restiamo qui solo nel campo della storia occidentale).

Alcuni simboli degli archetipi di Dio e del Padre

È molto semplice all'inizio, se si pensa al "Padre Nostro che sei nei cieli". Perché "nei cieli"? Perché "in alto"? Perché non, d'altra parte, in basso, a sinistra o a destra? Perché gli sguardi degli uomini hanno sempre mirato al vertiginoso abisso di un cielo senza limiti (= "eterno") che, secondo le nostre dimensioni, sembra trovarsi "in alto". Era dunque logico proiettarvi un'idea di forza colossale e invisibile. Nessun popolo se n'è privato: tutto il mondo ha posto Dio all'apice del "cielo", lo ha fornito di scienza e di poteri assoluti: castigare, creare, uccidere, punire, respingere (nell'inferno, situato "in basso", beninteso, come la "cantina oscura", dove si chiude il bambino cattivo). La maggior parte dei

[1] Il fatto che l'idea di Dio è un archetipo non costituisce affatto una prova dell'esistenza o dell'assenza di Dio: si veda la prefazione.

popoli del mondo gli ha dato anche le stesse armi: il fulmine, il tuono, il vento, ecc.

Si potrebbero, d'altronde, contare a milioni gli adulti che temono inconsciamente che il fulmine si abbatta su di loro, per punire i loro "peccati", o che gridano di fronte a un cataclisma naturale: «È il *castigo* che viene *dall'alto*». Ci troviamo in questo caso ugualmente nell'archetipo del Padre che "vede tutto", "sa tutto" (è il Babbo che l'ha detto, dunque è la pura verità), e punisce il bambino che infrange la legge.

Sulla base di questo archetipo di Dio (e del Padre), si trovano molti simboli, che contraddistinguono l'umanità in generale, e la vita di ogni individuo in particolare. Noi non potremo evidentemente che passarne in rassegna rapidamente qualcuno, a puro titolo di esempio.

Il primo che si presenta è *il Sole* ([1]).

Il Sole è un magnifico simbolo di Dio e del Padre (lo vedremo in seguito). Il Sole è un "occhio" che *vede tutto*, un "faro" che *guida*, *rassicura* dopo la notte piena di pericoli, *feconda* la Terra-Madre, *dà* l'abbondanza e la sicurezza, "*illumina* la via". Certi popoli considerano i *raggi* del Sole come una realtà *solida* che "*trafigge*" la Terra (la Terra-Madre), come il fallo trafigge la donna per fecondarla. Non bisogna evidentemente cercare lontano per trovare dei simboli quotidiani derivati dal sole: i cuori fiammeggianti delle religioni, la fiamma d'amore, la fiamma eterna del ricordo; certi animali, per esempio; il gallo dell'apostolo Pietro (che è un animale "solare" non solo perché è capace di fecondare, canta quando si alza il sole, ma anche perché la sua cresta ha la forma di un sole raggiante); il toro, fecondatore potente, animale "solare", venerato dall'antichità, associato al cielo e al fulmine, e deificato; certi grandi uomini "altolocati", di "alta moralità" (che sono dei veri e propri "soli"), ecc.

Pensiamo ai Re. Essi non hanno un grande significato, nell'aspetto civile. Ma, muniti della corona e del trono, tutto cambia; si sente un'emozione, i popoli si muovono. Perché? La *corona reale*, brillante e radiosa, è una corona "solare". Essa concretizza l'archetipo del Padre (e di Dio). Inoltre, gli *scalini del trono* segnano un cambiamento di livello. Essi permettono di *salire in alto*. Così, un uomo passa dalla sfera ma-

---

[1] V. anche l'archetipo dell'Eroe, p. 279.

teriale a quella spirituale. Diventa re, *Padre* del suo popolo, ma *separato* da esso (come Dio). Grazie ai gradini del trono, il Re si "ritrae" a un livello superiore e diventa inaccessibile (come Dio).

Dal grandioso al quotidiano

È evidente che uno stesso archetipo può produrre numerosi simboli. Rimaniamo per il momento nell'*archetipo di Dio*. Un simbolo può "colorarsi" secondo le tendenze (coscienti o inconsce) di un individuo.

Per esempio, ecco alcuni simboli ordinari, basati sull'archetipo di Dio (e del Padre).

Il medico, o la psicanalista, durante il periodo del transfert, sono spesso considerati come dei maghi, degli esseri onnipotenti, dei demoni pericolosi, delle persone "che menano per il naso", che "creano" o "distruggono" una personalità. E questo, anche se il paziente si difende (razionalmente) contro simili sentimenti. Si ha dunque a che fare con l'archetipo *proiettato* sullo specialista destinato a *salvarli*.

Durante il transfert, il paziente *vuole* inconsciamente che l'analista non sia mai stanco, mai malato, sempre a sua disposizione, assolutamente puro, senza macchia né debolezza (come Dio)...

In molte persone, l'archetipo di Dio (e del Padre) è simboleggiato nell'Autorità *in uniforme* (guardie, funzionari ufficiali, "*ritirati*" dietro il loro anonimato e "*separati*" dal volgo; nella persona di un Direttore Generale inaccessibile e lontano (e a condizione che rimanga così...). Tutte queste persone hanno il potere di punire, perdonare, essere benevoli o scacciare... Ma attenzione al prestigio della guardia che lascia la sua uniforme! Smette allora di essere "anonimo" e "separato" e precipita dal suo Olimpo in men che non si dica.

I direttori di carcere simboleggiano evidentemente il Padre per molti carcerati.

Le associazioni di uomini simboleggiano spesso gli archetipi di Dio (e del Padre). Abbiamo visto precedentemente un esempio concreto. Soprattutto se si tratta di gruppi integrati, uniti da uno stesso ideale (glorioso, come Dio e il Padre): esercito, gruppi politici o rivoluzionari, sette religiose, ecc.

Certi aspetti della prostituzione si basano su questi archetipi di Dio e del Padre. Una prostituta è, in generale, infantile, insoddisfatta affettivamente (ciò non ha niente a che vedere con la sessualità). Per lei, il protettore diventa un "Padre" fornito di tutti i poteri, al quale la prostituta si attacca profondamente. Come un Padre giusto, il protettore la picchia (e in seguito la perdona), le può dare la preferenza nella "famiglia" (le altre prostitute), può cacciarla, ricompensarla, quando ella gli consegna il suo denaro come "una buona figliola"; egli la protegge, la mette al sicuro, ecc. (nello stesso modo in cui la prostituta, per certi clienti, può simboleggiare la Madre consolatrice: v. p. 288).

E così di seguito con tutti i fenomeni che gravitano intorno alla energia, alla potenza, allo splendore, all'inaccessibilità, alla colpa, al perdono, al castigo...

Tutto questo non avrebbe che interesse scientifico e storico, se gli archetipi non determinassero le azioni umane. Credete che tanti uomini avrebbero provocato uno dei più grandi movimenti della Storia, se un Hitler, venuto al momento giusto, non avesse simboleggiato, *per quegli uomini*, i formidabili archetipi del Padre, del Salvatore e dell'Eroe?

Da un archetipo verso un altro

Un archetipo può "esplodere" verso altri archetipi, come una stella che si divide in molte parti.

Per esempio: l'archetipo di *Dio* si incontra con l'archetipo del *senso di colpa*. Se gli uomini si sentono colpevoli, provano il bisogno di essere "perdonati" e "salvati". E abbiamo un nuovo archetipo: quello del *Salvatore*.

A sua volta, l'archetipo del Salvatore può essere simboleggiato in maniere estremamente diverse, secondo le epoche e gli individui. Lo si ritrova, per esempio, in queste parole di un paziente:

«Io sogno spesso che un uomo molto buono mi conduce verso un mondo migliore...».

Si notano:

1) il bisogno di essere salvato dalla miserevole condizione umana, dai suoi "peccati", dai suoi conflitti interiori;

2) il fatto di andare verso un *mondo migliore* (nel Cristo: verso la *Terra Promessa*; presso Hitler: verso l'*Ordine Nuovo*; in certe sette religiose: verso l'*Età dell'Oro*, ecc.).

Molti tribuni, d'altronde, mettono in moto (inconsciamente) quest'archetipo del Salvatore, promettendo... la *Terra Promessa.* Intere popolazioni seguono certi tribuni. Prima di tutto per motivi *razionali*: ottenere delle condizioni migliori di esistenza. Il che è molto normale. Ma è, *soprattutto*, il motivo *irrazionale* che supera tutti gli altri. Le più grandi possibilità sono attribuite al tribuno che, per i suoi interlocutori, simboleggia il meglio, *emotivamente parlando*, l'archetipo del Salvatore, secondo le circostanze del momento. Ne parleremo in seguito.

In ogni modo, c'è, fra gli archetipi, una "gerarchia"; esattamente come, nel cielo, certe costellazioni risplendono di più. È perciò che noi ci limiteremo ad alcuni grandi esempi.

UNO STRANO DRAMMA...

Dobbiamo risalire nel tempo.

Gli uomini (uomini-scimmia?) uscivano pesantemente dall'incoscienza. Un fumo invadeva il loro cervello; un rudimento di coscienza si accendeva come una fiamma di candela.

Gli uomini (che età *mentale* avevano? due anni? tre anni?) cominciavano a "rendersi conto". Essi diventavano "consci di essere coscienti". Si rendevano conto di "rendersi conto"...

Uno strano dramma infatti; non è difficile mettersi al loro posto perché, in larga misura, noi ci troviamo ancora nella stessa situazione. Essi avevano due o tre anni come età mentale, nonostante la loro potenza fisica. Per genitori, avevano i loro capi tribù, forti, onnipotenti, come nelle società di foche. Uscivano dalla notte dell'incoscienza animale; ma quella notte, per loro, era stata piacevole e rassicurante, come la notte incosciente del feto. E come un bambino al momento della nascita, essi venivano gettati fuori dell'incoscienza e del suo conforto.

Un poco di coscienza appariva come un isolotto incerto su un oceano di pericoli. Non sareste stati terribilmente angosciati, voi, di fronte al terribile o benedetto calore del sole, alla luna pallida, agli uragani, alla terra che produce frutti come una donna, alle acque profonde, misteriose, capaci di fecondare la terra e di dare l'abbondanza, ma capaci anche di inghiottire, come l'inconscio inghiotte l'Io?

Allora, angosciati, abbagliati, guardavano dove potevano vedere. "In alto", c'era l'infinito da cui non poteva troneggiare che un personaggio infinito. E, in quella direzione, essi cercarono il responsabile di ciò che avveniva. Vi cercarono la Guida, il grande "Capo della tribù" che manovrava il sole e la luna, il tuono e la morte, la vita e la notte, e di cui bisognava assicurarsi i favori.

È quello che fecero; è quello che noi facciamo ancora. Ormai nascevano degli archetipi, attraverso le emozioni generate da "quel che viene dall'alto": il Capo del cielo, il fulmine, il sole, la vita, la luna, la morte, la pioggia, il tuono; e da "quel che viene dal basso": le profondità delle acque nere, il pericolo, le viscere della terra, i luoghi oscuri dove se ne vanno i puniti... E di fronte a questo gigantesco spiegamento di forze naturali, come avrebbero potuto non sentirsi *colpevoli di esistere?*

Gli uomini spezzati

Ma c'è di più. Prima essi erano totalmente incoscienti. Erano *come* gli animali, *come* la natura. Poi, all'improvviso, *non erano più come* la natura, gli animali e le piante. Essi diventavano *differenti*. Diventavano, per mezzo del loro rudimento di coscienza, *separati* da quella Natura. *Essi diventavano divisi*. Veramente, questo dovette essere un dramma spaventoso per la loro psiche, uno shock grande come quello che avverte il bambino che esce dal ventre della madre e conserva, per tutto il corso della vita, la nostalgia inconscia di ritornarvi.

Per quegli uomini, il cui Io non era che un abbozzo, il cui Io fluttuava come una botte sfondata su un mare tempestoso, ci fu una specie di incubo. Ma essi dovevano cominciare a dirigersi, a scegliere, a decidere, a comandare, a obbedire, *sapendo vagamente quello che facevano*.

Quegli uomini non erano più una totalità incosciente; essi si rompevano in due tronconi: un po' di ragione cosciente, da una parte, un enorme inconscio dall'altra.

La storia doveva continuare fino ai nostri giorni; e continuerà probabilmente molto dopo.

L'uomo colpevole [1]

È un fatto: un senso di colpa sordo, diffuso, imbarazzante, pervade l'uomo da sempre, proprio come l'angoscia. Si può considerare che esista un archetipo della colpevolezza. Si tratta di un sentimento pesante, vago, di essere colpevole "di qualche cosa". Basta studiare le religioni di tutte le epoche, per rendersene ragione.

Ma colpevole di che? Di esistere? Di pensare? Di essere un poco cosciente? Forse...

Ci si è perduti a far ricerche sulle cause di questo senso di colpa umano e generalizzato.

Chi dice "essere colpevole", dice: aver violato la legge. Ma quale legge? Una legge emanata da chi?

In molte leggende, si vede un uomo commettere una *piccola mancanza*. Lievissima, in verità: fa un *piccolo errore*, o mangia un frutto banale. Di colpo, una maledizione spaventosa si abbatte su di lui. Pensiamo a Adamo. Egli morde una mela. Disobbedisce come un fanciullo nei confronti del Padre. Ma non dimentichiamo che Adamo *era* un bambino, data la mentalità inferiore che doveva avere. Adamo commette una mancanza benigna. La legge di un Dio onnipotente (feroce come un Capo tribù, di cui è la proiezione) viene infranta. All'improvviso, ecco tutta una parte dell'umanità sprofondata per secoli nel terrore del peccato, dell'inferno, delle maledizioni più nere. Le donne devono "partorire nel dolore", il Paradiso si allontana, l'umanità si riempie di scrupolosi, di paurosi dell'inferno, di angosciati, di peccatori, di nevrotici... Oggi, intere popolazioni non mangiano carne in un giorno stabilito della settimana, non per disciplina liberamente accolta, ma per angoscia di una punizione che viene "dall'alto".

Come si vede ci sono ancora centinaia di milioni di Adamo.

Ora, in parecchi miti, si ritrovano degli Adamo che mangiano un frutto. Perché? E perché una tale risonanza attraverso le epoche?

Il Dio dei primi uomini fu probabilmente una proiezione

---

[1] Ritorneremo nel cap. 15, sui sentimenti di colpa, sempre presenti nelle nevrosi. Essi sono spesso inconsci e producono dei sintomi quali: angoscia diffusa, paure, sentimenti di inferiorità, timidezza, comportamenti masochisti,

del Capo della tribù, potente, provvisto di tutti i poteri di vita e di morte, con leggi assolute.

Ma c'è di più: pensiamo a una legge dell'inconscio: *l'aggressività genera automaticamente il senso di colpa* (a più forte ragione se l'aggressività è rimossa come un veleno nel profondo inconscio). Cosa significa essere aggressivo? Questo: desiderio di eliminare qualcuno, mettersi al suo posto, spazzar via il suo ragionamento, ecc. Ma qual è il significato per l'inconscio? L'inconscio non conosce alcuna morale. Non ci arriva per quattro strade. Va diritto alla mèta, alimentato dagli istinti.

Essere aggressivo, per l'inconscio, significa eliminare l'altro, dunque ucciderlo. Ora, gli uomini-scimmia dovevano provare dei sentimenti sanguinosi di aggressività contro i loro capi-tribù. In loro doveva esserci, giorno e notte, il desiderio profondo del crimine. Era la giungla umana, il regno dell'inconscio (con un po' di conscio, appena per rendersi conto). E di fronte a questi sentimenti di aggressività, il senso di colpa doveva crescere, come un'acqua pericolosa.

Adamo non era che il rappresentante di un numero incalcolabile di uomini che si ribellavano interiormente contro il loro capo-tribù. Adamo voleva diventare forte, potente come i capi delle tribù (proiettati "in alto" = Dio). Egli mangia il frutto di un albero (della conoscenza). Facendolo, *mangia il Padre* (simbolicamente) *per diventare come lui* (invincibile, potente). *È cannibalismo e parricidio... con lo smisurato senso di colpa che ne deriva.* Si ritrova d'altronde questo rito cannibale nell'Eucarestia (= mangiare l'ostia = avere Dio in sé = divenire forte come Dio) ([2]).

Ora, questa aggressività si continuò per dei secoli, in migliaia di tribù, fra miliardi di uomini. Si vede dunque che l'archetipo della colpevolezza ha avuto il tempo di stabilirsi a suo agio.

Anzi, gli uomini "proiettavano" i loro capi onnipotenti. Per essi, le caverne del cielo nascondevano un capo-tribù assoluto, furioso per un niente, che permetteva al sole di dare

sottomissioni, aggressività, bisogno di apparire perfetto, ecc. Ma qui non parleremo che del *normale* senso di colpa che ristagna nella parte più intima di ogni individuo.

[2] Si veda la prefazione.

l'abbondanza, ma che gli faceva bruciare la terra quando gli uomini "in basso" non erano dei bravi figlioli. Non avreste supplicato, voi, che vi venissero perdonati i vostri peccati indegni; non avreste fatto di tutto perché i favori del capotribù si riversassero su di voi (o piuttosto, perché le sue ire vi fossero risparmiate)?

Tutto questo è lontano? Bisogna credere il contrario, perché il senso di colpa profondo esiste tutt'ora. Prima di tutto, perché l'inconscio umano non ha cambiato di uno iota dall'inizio dei tempi. Anzi, *l'età mentale media degli uomini d'oggi si situa verso i dodici anni.* L'Inconscio collettivo pensa per millenni, dice Jung. È logico, poiché i problemi umani profondi sono, da sempre, rimasti uguali...

E come se il senso di colpa normale non bastasse, si fa in modo, a partire dall'infanzia, di accumulare strati di nuove colpe, sempre più patologiche (v. cap. 15). Proprio un'eccellente preparazione alla vita, come si vede.

1/2 + 1/2 = INFINITO

Ecco un archetipo grandioso della natura umana. Uno dei più nostalgici anche, il quale agisce continuamente nella vita quotidiana. Esso impegna una grande parte del problema dell'amore. Basta solo ascoltare dei discorsi comuni.

«Io e te facciamo uno...».
«Senza te, non sono che un uomo a metà...».
«Io non sono me stesso che per merito tuo...».
«Io sono completo per mezzo tuo...».
«Tu sei la mia metà...».
«Noi saremo la stessa carne e la stessa anima...».
«Il nostro amore è eterno...».
«Il nostro amore è più forte della morte...».
«Io mi fondo in te e tu ti fondi in me...».
«Tu sei la sola (il solo) al mondo, che mi era destinato (destinata)...».
«Io ti avrei trovato (trovata) attraverso il mondo intero...».

Prima di procedere oltre, leggiamo le Scritture (quelle cristiane, per non citarne altre): «Non avete letto che Colui che creò tutte le cose, creò gli uomini maschi e femmine?...».

Quest'archetipo, come gli altri, non è una "chimera". La sua realtà si trova in tutti gli uomini e in tutte le donne. Esso li spinge, non di rado, verso amori o "colpi di fulmine" disperati, avidi, appassionati... che nove volte su dieci crolleranno. Vedremo perché.

Citiamo Platone e Jung. Secondo Platone, esistevano degli esseri "completi". Essi erano depositari di due princìpi:maschile e femminile.

Jung ha messo in evidenza che la personalità di ogni uomo racchiude una parte femminile: e che ogni donna possiede una parte di personalità maschile (ne parleremo in seguito).

Questi esseri completi (gli *Androgini*, maschio e femmina contemporaneamente) erano immensamente forti. Essi combattevano perfino con gli dèi.

E poi? Ascoltiamo ancora Platone.

«L'amore spinge gli esseri, gli uni verso gli altri; esso è innato nella natura umana; esso cerca di ristabilire la Natura; tenta di riunire due esseri distinti per formarne uno solo e guarire così la natura umana».

Ma guarirla di che cosa? È a questo punto che si sbocca nella vita di tutti i giorni.

Il sogno del «grande amore eterno»

Il grande sogno dell'amore è di cercare (disperatamente) l'amato o l'amata ("*l'anima gemella*"). È quello di imbattersi nella *sola*, nell'*unica*. Per mezzo di questo amore, due esseri si fondono. Diventano *UNO*. È in questo momento che *la loro unione è più forte della morte*. Essi hanno la sensazione di diventare simili agli dèi (= *eterni*).

Si direbbe veramente che, per mezzo di quel grande amore, un essere crede di ritrovare un'antica unità perduta.

Noi scopriamo così il significato dei Tristano e Isotta, dei Romeo e Giulietta, dei Don Giovanni che cercano disperatamente la donna. Questi personaggi *credono* di amare l'altro, allorché *si* cercano *attraverso* l'altro e cercano di ridiventare *completi* (uomo e donna contemporaneamente).

Sono anche *gli amanti che formano un'unità e che se ne vanno uniti nella morte* (cioè: un essere, che ha realizzato la sua totalità maschile e femminile, ritorna all'Inconscio, all'Eternità, alla Natura, alla Gran Madre...). Sono anche gli amori impossibili e maledetti (come gli amori fra fratelli e sorelle, spesso disperati e tragici, in cui ciascuno cerca attraverso l'altro la metà di se stesso...).

Essere completo...

È in questo caso che agisce l'archetipo. L'abbiamo detto spesso: la comparsa della coscienza, nell'uomo, è il suo inferno. Egli è *rotto* in due tronconi: cosciente da una parte; inconscio dall'altra. Egli conserva nel profondo una nostalgia: quella della sua totalità perduta. Non cerca che una cosa: ritornare completo in se stesso. Nell'essere umano, la sofferenza compare contemporaneamente alla sensazione di essere "rotto", "frantumato", "separato".

Egli cerca allora di trovare *all'esterno* quello che gli manca *all'interno*... E spesso, quando ha l'impressione folgorante di trovare "la sola e unica"... è soltanto abbagliato dalla donna che concretizza la parte femminile di se stesso. Ugualmente per le donne che incontrano la propria mascolinità (v. oltre).

Di conseguenza, un inganno continuato di fronte a questa ricerca di amore assoluto.

La «pienezza» dell'amore

L'uomo diviso in due soffre e muore. L'androgino (uomo e donna insieme = completo) vive eternamente. Questo è l'archetipo da cui derivano leggende... e molti amori.

Tutto questo si concreta nel doloroso poema di *Baudelaire*:

> Bambina mia, *sorella mia*,
> Pensa alla *dolcezza*
> Di andare a vivere laggiù, insieme...
> Amare in pace,
> Amare e *morire*
> Nel paese *che ti somiglia*...

Interpretiamo:

Sorella mia, parte femminile di me stesso che cerco con nostalgia, pensa alla *dolcezza* che mi prenderebbe se potessi realizzarti in me e se, in questo modo, io diventassi completo... Potrei allora *morire*, con la sensazione di essere eterno e luminoso come Dio, e ritornerei così al *paese che rassomiglia* alla

Donna, all'Inconscio felice, alla Grande Madre che abbraccia eternamente...

Ascoltiamo le Scritture:

«Al momento della resurrezione, non si prende moglie, né marito, ma si è come gli angeli nel cielo...».

È predicare la castità? No; l'archetipo significa:

Quelli che sono completi da se stessi (uomo e donna insieme) non hanno bisogno di sposarsi, di trovare la metà mancante di loro, e sono eterni.

Quest'archetipo è dunque di grande potenza. Agisce nella maggior parte degli amori adolescenti, appassionati, esclusivi, assoluti. Agisce nell'insoddisfazione perpetua di non trovare *la* donna (o l'uomo) che "si attagli" in modo perfetto. Agisce anche in certi amori platonici che si conservano come un misterioso segreto (a condizione che tale amore "platonico" non sia prodotto da complessi!). Agisce nei fantasmi (si sogna la donna meravigliosa, ideale, unica, la giovane e bella castellana perduta nella nebbia [come nel *Grande Meaulnes*], la sorella che non si è avuta e che si "sarebbe amata più di tutto", la donna che appare all'improvviso e fa dire "ecco quella che cercavo da sempre", ecc.).

L'archetipo si manifesta in certi sogni notturni:

«Ho sognato che amavo una ragazza (o: che avevo una sorella che amavo di vero amore); quell'amore era talmente puro e meraviglioso che quel sogno mi ha affascinato otto giorni... Come se niente potesse mai più toccarmi...» (= come se io fossi diventato simile a Dio, invulnerabile, eterno...).

In altri sogni (in cui sono i simboli della femminilità e della mascolinità):

«Ho sognato un'acqua vasta e tranquilla...».

«Ho sognato un grande campo coperto di fiori sbocciati...».

«Ho sognato una grande foresta con gli alberi diritti...».

(Questo genere di sogno è spesso potente, entusiasmante, e lascia profonde tracce per lungo tempo).

L'archetipo è operante nelle parole d'amore, vecchie come l'umanità:

«Ti divorerei per averti in me...».

«Ti mangerei di baci...».

«Ti inghiottirei perché tu diventassi parte di me...».

«Ti divorerei per dimostrarti come ti amo...».

Dal cannibalismo al condimento dell'amore? Sì, ma in questo senso: *mangiare l'altro*, significa *integrarlo*, *averlo in sé* (come nella Comunione cristiana). E il tutto si traduce così:

«Se ti avessi dentro di me, io diventerei completo, uomo e donna, allo stesso tempo. Così, io sarei eternamente felice...».

Sono dunque delle parole banali, che risalgono alla notte dei tempi, e che un'infinità di innamorati hanno ripetuto, sulla base di un archetipo profondamente inconscio.

È evidente che, nella vita quotidiana, la maggior parte degli "amori assoluti" si infrangono. Molto semplicemente, ripeto, perché un uomo non troverà *mai* all'esterno quello che deve trovare *in sé* (la sua totalità, la sua completezza). Ed eccoci nella psicanalisi.

ANIMA E ANIMUS

Dal punto di vista clinico, Jung ha esplorato questo vasto territorio dell'inconscio umano. Cercheremo semplicemente di metterne in evidenza l'ossatura. Non è semplice: questo terreno è spesso coperto di bruma.

Ricordiamoci, da principio, alcuni concetti elementari, ma essenziali, a questo punto:

la mascolinità è: attiva, "penetrante", capace di sfondare, fecondare, aggressiva, razionale, meditativa, dura;

la femminilità è: arrendevole, "penetrata", fecondata, irrazionale, intuitiva, sentimentale, tenera, dolce, accogliente.

Prima legge. Ogni personalità umana porta con sé delle qualità maschili *e* femminili. È facile capirlo: un uomo equilibrato *è contemporaneamente* attivo e arrendevole, razionale e intuitivo, duro e tenero, aggressivo e accogliente, ecc. Così pure, una donna equilibrata *è nello stesso tempo* tenera e attiva, intuitiva e razionale, ecc.

Seconda legge. Quando si tratta di un uomo, non bisogna confondere "qualità femminili" (che sono normali) e "effeminatezza" (che è anormale e significa che l'uomo è divenuto femmineo, a detrimento della sua maschilità). Idem quando si tratta di una donna: non si confondano "qualità maschili" (per esempio, ragione) e mascolinità (la donna coi baffi, in senso psichico).

Terza legge. L'inconscio dell'*uomo* racchiude una personalita femminile (l'*Anima*).

L'inconscio della *donna* racchiude una personalità maschile (l'*Animus*).

Dunque:

Uomo	qualità maschili coscienti qualità *femminili inconsce* (*Anima*)
Donna	qualità femminili coscienti qualità *maschili inconsce* (*Animus*)

Nella vita quotidiana?

Il problema è importantissimo. Esso presenta numerose ripercussioni. Può condurre a chimere, a successi come a catastrofi nell'amore, nel matrimonio, nella scelta di una professione, ecc.

Cercheremo dunque di schematizzare al massimo; ma, su questa base, sono possibili un gran numero di deviazioni. E ripetiamo che si tratta probabilmente di una delle tappe più difficili da "superare" in psicanalisi, dato il numero di elementi che possono sfociare in meccanismi, inizialmente semplici. *Per non complicare di più, ci limiteremo a esempi basati sull'uomo.*

Quarta legge. Di capitale importanza: *tutto ciò che non viene integrato nella personalità rischia di essere proiettato* (v. cap. 7).

Oppure: *tutto ciò che è "fluttuante" nell'inconscio, tutto ciò che è vagante nell'inconscio, rischia di essere proiettato.*

Questo è vero per un archetipo (che sia normale). Si vede allora il mondo esterno al barlume della sua rimozione, del suo complesso, o di un simbolo, prodotto dall'archetipo.

Un esempio. Ecco qui un uomo che ha, nel suo inconscio: *normalmente* l'archetipo di Dio (e del Padre) e *anormalmente* delle rimozioni concernenti *il proprio* padre, che l'ha svirilizzato, schiacciato.

Quest'uomo prova dei sentimenti di paura, di sottomissione, di aggressività patologica, verso *suo* Padre. Ma anche verso *il* Padre in generale, quindi verso qualsiasi autorità (Dio compreso).

Dunque:

1) l'archetipo di Dio si "colorerà" secondo le rimozioni legate al padre di quest'uomo;

2) *l'archetipo deformato sarà proiettato.* Su che cosa? Fra l'altro, sulla religione di quest'uomo. La luce dell'archetipo si sta per smorzare; *invece di essere la proiezione di un'emozione fiduciosa, essa sarà oscurata dalla paura, dalla sfiducia, dal timore.* Per quest'uomo, Dio sarà simboleggiato in forma di un essere punitore, cattivo, pericoloso; di un essere di cui bisogna assicurarsi i favori, per mezzo di una sottomissione assoluta, facendo dei sacrifici, rispettando dei regolamenti angosciosi.

Da cui: scrupoli, ossessioni, manìe, paura dell'inferno, fobìa del peccato, atteggiamenti da "bambino" verso un Dio terribile. In ogni modo, l'archetipo di Dio, che dovrebbe essere fonte di pace e fiducia complete, si proietta, irto di paure.

D'altronde quest'uomo diceva:

«Io non amo il sole. Ho l'impressione che mi bruci e mi dissecchi. È come se un *faro* potente mi indicasse all'attenzione di tutti, come se un *occhio* implacabile guardasse la mia persona peccatrice prima di schiacciarla...».

Ora, il sole è un simbolo di Dio e del Padre. Dovrebbe essere dunque una sorgente di gioia, di fiducia. Qui si vede che l'archetipo di Dio, proiettato sul sole, si era modificato strada facendo!

Altro esempio (lo vedremo in seguito): finché la parte femminile di un uomo rimane incosciente, può essere proiettata. L'uomo allora rischia di amare una donna "alla follìa" dal momento che questa donna non è che la proiezione dell'Anima di quest'uomo. Lo stesso per quel che riguarda l'Animus di una donna.

Altro esempio: la *Vergine Maria* diventa facilmente la proiezione (nell'assoluto) della parte femminile di un uomo (Anima). Ma questa proiezione si "colorerà" (è il caso di dirlo) per mezzo di parti inconsce sentite come pericolose: ecco allora la *Vergine Nera*, fra le altre.

Quinta legge. Se una rimozione cessa, o se un elemento inconscio diventa cosciente, la proiezione cessa ugualmente. Il che può essere quindi molto importante quando un amore, una professione, dei gusti ai quali si tiene più di ogni altra cosa, si rivelano bruscamente dei fantasmi senza consistenza. Così, se Romeo avesse avuto il tempo di capire razionalmente che Giulietta era una proiezione, migliaia di turisti non sarebbero mai passati da Verona (turisti che fanno ugualmente delle proiezioni, d'altronde)... Questo per la semplice ragione che Romeo non avrebbe più "adorato" Giulietta... È evidente che questo può provocare numerosissime situazioni e che il problema è molto importante.

Il «colpo di fulmine»

È spesso la classica rappresentazione dell'incontro con l'*Anima*. L'uomo, stupefatto, impietrisce. Dice a se stesso con profonda emozione: «È *lei*! È *la sola* che ho *sempre* atteso! È *solo con lei* che potrò *realizzarmi*...».

E l'uomo, abbacinato, si immobilizza... di fronte a se stesso (o almeno di fronte alla parte femminile inconscia di sé).

Ed è molto logico, perché egli cerca di trovare *all'esterno* quello che non è realizzato *all'interno*.

Si vede dunque il pericolo. Molti "colpi di fulmine" non sono che dei "colpi di Anima" (o di Animus). E talvolta dei brutti colpi. Perché la proiezione può fare in modo che un uomo o una donna trovino la compagna (o il compagno) perfettamente ideale. Ma se la proiezione "finisce", il "grande amore" precipita. Ed è per questo che i bruschi amori passionali sono sempre estremamente pericolosi...

Certi «mènages a tre»

Sono (molto spesso) un'applicazione (inconscia!) della proiezione dell'Anima. Il processo è lo stesso: un uomo sposato, pur amando la moglie trova improvvisamente un'anima gemella (= se stesso). Si sente perfettamente felice fra la sposa (che ama) e la sua "amante" (la sua Anima).

Certamente, la sposa giudica il marito, l'"amante" non ci capisce niente, e l'uomo nemmeno. E questo dura finché dura la proiezione... La stessa situazione può, evidentemente, presentarsi nella donna (che si sente felice in mezzo a un marito amato e un altro uomo, proiezione del suo Animus).

Anima e Animus affascinanti e pericolosi...

Come si è visto, l'Anima e l'Animus prendono delle sfumature diverse nel corso dell'esistenza (carattere della Madre, incontri con donne, letture, cinema, ecc.).

Gli esempi non mancano, evidentemente, riguardo alle *Anima* sentite come pericolose e attraenti nello stesso tempo. Ricordiamone due notissimi:

Un libro di Pierre Benoit: l'*Atlantide*, presenta una donna-Anima, avvenente e mortale: Antinèa. Ella simboleggia la parte femminile dell'uomo, rimasta oscura e misteriosa, e che è meglio non guardare in faccia, sotto pena di sprofondare nella morte (l'Inconscio).

Le *Sirene* sono della stessa pasta (se così si può dire); esse rappresentano delle Anima che attirano gli uomini nel fondo del loro Inconscio (l'Oceano).

Si capisce facilmente che molti uomini provano un'attrazione a un tempo misteriosa, possente, e sentita come pericolosa, nei confronti della loro Anima (dunque: nei confronti di uno degli strati più pròfondi del loro Inconscio). E — come vedremo — la Madre di un ragazzo è la prima rappresentazione *concreta* della sua Anima... Il ragazzo considererà dunque (inconsciamente) la sua Anima secondo le proprie reazioni verso la propria madre (fiducia, diffidenza, amore misto a ostilità, pericolo, fascino e repulsione, ecc.). Perché non ci dimentichiamo che la Madre simboleggia (potentemente!) l'Inconscio (da cui si viene alla luce). Idem per la donna, il cui Padre è la prima concretizzazione dell'Animus.

Ecco altre proiezioni classiche dell'Anima pericolosa e attraente: *Lorelei*, le *Vamp* del cinema, le *Streghe*, e altre *Amanti* insoddisfatte e divoratrici, mangiatrici e mortali, superbe e rovinose... L'Amore e la Morte, in ogni modo.

Nella donna, i *Briganti prediletti* si trovano nello stesso ordine di idee.

Gli oggetti e la professione

Si può proiettare un sentimento (o un archetipo) inconscio su un *oggetto* come su una persona: alcuni *strumenti musicali* rappresentano l'Anima.

Basta osservare degli adolescenti per i quali una chitarra è una vera "fidanzata". La adornano, la decorano. "Dormirebbero volentieri con lei". La fanno "vibrare" con tutta l'anima, ecc. "Essa" diviene la loro amica, la loro confidente. Si sfogano su di essa, ecc. Pensiamo anche al violino, al violoncello. Questi strumenti, non solo hanno una forma femminile, ma rappresentano spesso una proiezione dell'Anima.

Si può anche proiettare la propria Anima nella scelta di una *professione*. Per esempio: *capitano di nave* (le navi sono femminili, e rappresentano spesso la proiezione dell'Anima). Il capitano e la sua nave formano una vera *coppia*. E, come nelle grandi leggende d'amore, *muoiono insieme* e, *abbracciati*, colano a picco nell'Oceano (l'Inconscio, la Gran Madre...).

Certe macchine (automobili, locomotive, ecc.) possono ancora rappresentare l'Anima (il grande amore) del loro conduttore.

Il caso di Giovanni e del veliero

Un veliero, per la sua forma elegante e sottile, per la purezza delle sue linee, per la dolcezza della sua materia, è — evidentemente — femminile.

Orbene, Giovanni (uomo "arido" e "duro", quarant'anni) aveva realizzato il sogno della sua vita: l'acquisto di un piccolo veliero. Egli diceva:

«Il mio battello, io l'amo come se fosse parte di me stesso...».

Giovanni non credeva di dire così bene. E — per di più — l'aveva battezzato *La Giovanna!*

Giovanni aveva proiettato la sua Anima sul veliero. E Giovanni fece una psicanalisi completa. Alla fine del processo, la sua personalità femminile risalì alla coscienza e si integrò nella sua personalità. Poiché quest'Anima cessava di essere inconscia, non correva più il rischio di essere proiettata.

E, dall'oggi al domani, Giovanni disse:

«È veramente strano... Ho sognato quel battello per anni. E da un mese, io me ne disinteresso completamente... Non rappresenta più niente per me...».

L'Anima e l'Animus sono molto importanti. Sono inconsci, ma attivi. In psicanalisi, la loro scoperta (e il loro affiorare alla coscienza) è qualcosa che "prende" veramente, insieme con una sensazione inaudita di unificazione e di completezza.

Nell'uomo, allora, si apre il grande territorio della dolcezza, dell'intuizione, della tenerezza, della confidenza, del lasciarsi andare verso la vita... La paura (eventuale) delle donne scompare. La ricerca insaziabile e nostalgica *DELLA* donna finisce. Centinaia di "proiezioni" svaniscono. Antinèa e le altre Sirene diventano polvere.

Nella donna, si mette in luce la sua attività penetrante, la sua ragione, l'affermazione della sua personalità e del suo Pensiero. La donna "dolce-dolce" scompare; si presenta la donna sviluppata e completa.

Si vede quindi la potenza di queste zone inconsce, *perché esse costituiscono la metà della personalità.*

Altri esempi

Ecco prima di tutto l'esempio più comune. Restiamo (per non complicare) nel settore dell'uomo. Abbiamo visto che un uomo può rimuovere una parte intera della sua personalità. Così pure, *può rimuovere tutta la sua personalità femminile* (*Anima*).

Nella nostra civiltà in cui la separazione tra l'uomo e la donna è ancora definita, è "mal visto" un uomo che possiede qualità femminili.

Si dice, per esempio, educando i giovani maschi:

«Un uomo non piange, mostrare i propri sentimenti va bene per le donne» (sottinteso; è proibito essere se stessi, essere spontanei).

«Un uomo non ha intuizione, questa vale per le donne» (sottinteso: vietato all'uomo seguire una voce interna, spesso preziosa).

«Un uomo non è sentimentale: questa è cosa da donne» (sottinteso: un uomo non deve mostrare qualità di cuore e di tenerezza).

«Un uomo è fatto per agire e per pensare» (sottinteso: l'uomo non può che agire e pensare, e deve considerare tutto il resto indegno di lui).

Si vede subito che, se le qualità femminili sono considerate in modo negativo, il giovane maschio *si affretterà a rimuovere le sue qualità femminili.* Eviterà di mostrarsi di cuore, di ascoltare la sua intuizione, di lasciar trasparire i propri sentimenti, ecc. Insomma, *rimuoverà tutta una parte della sua personalità.* E si romperà in due, diventerà un "bastardo" di uomo.

Perde la sua spontaneità, la sua disponibilità; vede di un cattivo occhio l'intrusione delle sue pulsioni istintive profonde, che rimuove finché può, a meno che non le dichiari "indegne di sé".

Che cosa rimane a quell'uomo?

Gli resta la parte maschile della sua personalità. Per compensare quello che gli manca (la sua parte femminile), rafforza la sua maschilità. La gonfia. Diventa arido. Diventa iperrazionale. Metterebbe la vita in equazioni. Psichicamente, porta gli occhiali. È il politecnico dell'esistenza, che conosce tutto, ma non sa niente.

Ma nonostante ciò, le sue qualità femminili esistono ancora, perché esse sono rimosse nell'inconscio. Dunque, esse agiscono!

Accade allora...

La vasta rimozione si agita, rimane in vita come una pianta acquatica. Si traduce in "sogni". L'uomo troppo maschile, allora, si lascia andare a dei fantasmi. Vi appaiono le fanciulle dolci e gentili, arrendevoli e accoglienti, misteriose e sconosciute, le donne fatali e nere come la dannazione, le eroine dei romanzi e del cinema, inaccessibili come quell'*Anima* che l'uomo ha rimosso e che il suo inconscio gli vuole imporre... (abbiamo visto prima il caso di Giovanni "innamorato" di un veliero).

Ma l'uomo iper-razionale si riscuote; e per niente al mondo confesserebbe — salvo all'analista — i sogni nostalgici che scaturiscono in lui come una traspirazione.

Oppure la rimozione, proiettata all'esterno, "cade" su una donna in carne e ossa. È allora una donna in rapporto con ciò che viene rimosso: iper-femminile, un po' scemina, inferiore all'uomo che ne approfitta per recitare la parte dell'eroe ultra-intelligente ([1]). Sposandola, l'uomo ha la sensazione di "ritrovarsi", di ridiventare "completo". *Egli sposa le sue rimozioni, perché sposa la sua femminilità rimossa!* E, come dice Jung: facendo questo, *egli sposa la sua più grande debolezza* (la somma delle sue rimozioni).

---

[1] È normale che la scelga un po' stupida, perchè il suo Inconscio si è imbevuto dell'idea: tutto ciò che è femminile non ha alcun valore.

Ma...

La rimozione della parte femminile può ugualmente proiettarsi su un uomo. Egli sente attrazione verso un uomo effeminato. Ecco allora un'omosessualità (latente o dichiarata) in cui il paziente in questione fa la parte maschile e attiva... A meno che non sia un'amicizia "indistruttibile" (= più forte della morte).

Una grande complessità

Come si è detto, tutto questo non è che l'anticamera di un vasto settore. L'Anima di un uomo può essere rimossa in seguito a numerosi altri fattori. Per esempio: un giovanotto sviluppa dei sentimenti di odio incosciente verso la madre. Egli rimuoverà tutto quello che, in lui, rassomiglia alla madre. Rimuoverà tutto ciò che è femminile in lui, quindi: la sua Anima. Se proietta la sua Anima all'esterno, avverrà con una forte carica di odio. Crederà allora di disprezzare e di odiare le donne, mentre odia la parte femminile di se stesso.

A partire da queste semplici fondamenta, si vede a qual punto l'edificio può essere complesso. L'Anima di un uomo, infatti, può subire numerosissime deformazioni, mescolarsi con altre rimozioni, con altri complessi, ecc. Lo stesso per l'Animus di una donna.

Come ho già detto, la prima rappresentazione *concreta* dell'Anima è *la Madre, che infallibilmente si farà sempre più sbiadita*. Poi, ci sono i primi incontri con l'elemento femminile: bambine dell'infanzia, ragazze; i primi "amori impossibili ed eterni" dell'adolescenza (che non sono che proiezioni dell'Anima), ecc. Per la donna: il Padre ed i primi incontri maschili influenzano l'Animus.

Per questo il problema è molto difficile in psicanalisi. Tuttavia, ripetiamo che l'Anima (per un uomo) e l'Animus (per una donna), non possono mai essere trovati all'esterno, ma in se stessi.

Che significa "guarire"? Significa divenire totale, completo, non essere più separato da se stesso, non essere più "spezzato". Questo significa ristabilire i legami profondi fra le diverse parti della personalità (maschile e femminile, fra l'altro). In fine di analisi, il soggetto realizza la fusione fra le sue personalità femminile e maschile. Egli diventa allora *com-*

pleto in se stesso. E se l'uomo incontra una donna (o la donna, un uomo), non è più a titolo di "complemento" di quello che gli manca, ma di "supplemento".

DAL SOLE ALLA RESURREZIONE DEGLI EROI

Il sole è un simbolo che deriva dall'archetipo di Dio e del Padre. Si capisce immediatamente che il sole occupa un posto regale fra i grandi simboli, e che segna la vita emotiva di tutti i giorni, le arti, le tradizioni popolari, le religioni. In ogni tempo, tutti gli uomini sono allucinati dalla vita e dalla morte. Sono assillati da ciò che dà l'esistenza, la conserva, la toglie. In essi risiede l'angoscia dell'ignoto. Tutto ciò che è "nero", oscuro, senza luce (materiale o spirituale), fa paura. Questo è molto logico. Senza il sole, (*emotivamente parlando*) è il mondo dell'ombra, del freddo, dell'inferno, della morte.

L'eroismo, *lo splendore*, *il coraggio*, *la virtuosità*, *le resurrezioni gloriose*, *il trapasso luminoso nell'eternità*, *ecc.*, sono intimamente legati al simbolo del sole. Nei miti, *l'eroe* "sale al cielo"; è "circonfuso di luce" (o di fiamme). E non si produrrebbe nessuna emozione positiva se lo stesso eroe "discendesse" verso "l'oscurità", avendo dimenticato da qualche parte la sua "corona di luce" (= la sua corona solare).

L'uomo identificato con il sole

La vita degli uomini si è identificata con il corso del sole. L'astro *fiammeggiante* (come Dio) nasce all'alba. *Sale* verso lo zenit, raggiante e implacabile. *Discende* poi verso gli abissi, e rinasce con la nuova alba. Almeno è così che il corso del sole è *tradotto dall'emozione umana*.

E l'uomo, come il sole, nasce, si sforza di irradiare, passa allo zenit della vita, declina, muore, sperando di diventare eterno (= *indistruttibile e luminoso*, *possedendo un corpo* "*glorioso*" *come il sole*), e sperando di andare nei cieli, situati "in alto", come il sole allo zenit.

Nell'emozione umana, il sole muore ogni giorno? Niente affatto. Il suo tramonto non è una morte, ma una sparizione temporanea nella notte (*l'oscurità = il regno dei morti*). In Oceania, per non citare che quei luoghi, si crede che i morti seguano il sole nell'oceano (*oceano = simbolo dell'Inconscio*); i morti se ne vanno allora dentro delle barche (è il grandioso *simbolo della Traversata*).

Osserviamo lo schema dedicato al sole (p. 284). Vi si veae il Cristo e i dischi volanti andar d'accordo con i Giuda perché questi "eroi solari" fanno parte dello stesso archetipo.

La vita degli eroi

Come il sole, l'Eroe non muore. *Egli non può morire*. O, se muore, è una cosa temporanea (come il sole che sparisce temporaneamente nell'ombra). *L'Eroe deve rinascere, o resuscitare, o restare eterno* (almeno nello spirito degli uomini).

Anzi, un eroe solare non può crollare *altrimenti che tradito*. Il Cristo ebbe il suo Giuda (il traditore nascosto nell'"ombra"); fu tradito Hitler che, per i suoi fedeli, era un eroe solare, un Salvatore, un Padre raggiante e glorioso (come il sole). Egli disparve d'altronde nelle "fiamme", e la sua morte resta (emotivamente) messa in dubbio dai suoi "fedeli".

Andate al cinema: gli eroi sono forse stanchi, ma non muoiono nel loro letto. Vengono abbattuti "in piena gloria". Gli eroi dei *western* sono spesso dei giustizieri morali; il pubblico rifiuta che muoiano, ma accetta che siano traditi. La lista può essere immensa.

Partecipano dunque del sole: tutte le *guide gloriose e indistruttibili*, i "*Padri*" *integri*, i cuori *radiosi* che danno l'amore, la sicurezza e il "calore", i re dai mantelli *scintillanti* e dalle corone *brillanti* (solari!), gli imperatori *dall'occhio d'aquila* (che vedono tutto, come Dio e il sole), i *Capi di stato totalitari* (che sono dei "Padri" indistruttibili e potenti), i *cavalieri* bardati *d'oro* (colore solare), *Fanfan la Tulipe* e altri, che si prendono gioco della vita e della morte (= che sono indistruttibili, quindi eterni), gli *Uomini nuovi* (che "portano la luce" e la "resurrezione" spirituale o sociale), gli eroi che salgono nella *luce* e spariscono nelle *fiamme*, le *spade sfavillanti* dei cavalieri, i Sacro-Cuore *fiammeggianti*, le *aureole* dei santi, ecc.

Le *parate militari* partecipano ugualmente del sole. Esse sono gloriose, potenti, indistruttibili, brillanti, splendenti. Esse derivano ugualmente dall'archetipo del Salvatore (si può "contare su di loro", proteggono, fanno rispettare la giustizia e conquistano nuove terre = la Terra Promessa).

Arruolarsi nell'esercito significa spesso: ricercare il Padre, simboleggiato dal "gruppo eroico e potente".

In sintesi, partecipa del sole tutto ciò che brilla, brucia, sgorga, feconda (il Toro, il Gallo), consuma, risplende, scatta, esplode...

Un guazzabuglio solare

Il primo simbolo che si presenta è quello dell'*Ascensione*.

Un eroe ascende, come il sole. Egli è *cinto da un'aureola* (in forma di sole) di luce (solare). Nella sua *ascensione celeste*, l'eroe abbandona la condizione umana. *Scompare* agli sguardi terrestri e *si ritira sempre* nelle regioni inaccessibili.

Noi sappiamo che i *gradini* (del trono, dell'altare, del cielo) partecipano di questo simbolo: il re, o il prete, salgono e passano dal livello profano al livello spirituale. Lo stesso in ciò che concerne le "scale rituali" che portano al cielo. D'altronde è la stessa cosa quando un uomo guarda un altro "da tutta la sua altezza". Quell'uomo *eretto*, *diritto*, *rigido*, è, anzitutto, un simbolo fallico (= potente, aggressivo). Egli guarda "dall'alto", simboleggiando così la potenza e l'inaccessibilità. E anche se, razionalmente, ciò non ha alcun senso, questo atteggiamento fa "presa" sempre dal punto di vista emotivo.

Abbiamo già considerato l'archetipo del *Salvatore*.

Egli è spesso simboleggiato sotto l'aspetto di un *eroe* solare. Un eroe solare, infatti, è destinato a *salvare* gli uomini dai loro peccati (sottinteso: dai loro conflitti e dalla loro miseria). *Allo stesso modo in cui il sole salva* dall'ombra, dalla carestia e dal freddo, l'*eroe solare salva* dalla morte, dall'angoscia. Egli estirpa l'ignoranza e la cattiveria (= rende gli uomini coscienti e toglie l'incoscienza). È immensamente buono (= niente lo può toccare, neppure il sole o Dio). Egli "guida", "..illumina la via", punisce i malvagi che "vede" spietatamente. Egli conduce verso le *Terre Promesse* (Cristo), verso un'*Umanità Nuova* (i Riformatori, i Dittatori, i Gruppi politici), verso le *Rivoluzioni* (sociali e spirituali), ecc. Conduce infallibilmente verso la *Giustizia* e il *Diritto* (i Redentori, i "salvatori" del cinema).

Così l'uomo-sole dà l'abbondanza e dispensa la luce agli uomini...

Questi archetipi sono dunque molto legati e agiscono senza interruzione, il che è normale. Abbiamo parlato dei *dischi volanti*. Essi sono degli eroi solari. Brillano, sono circondati di luce, appaiono misteriosamente poi "salgono" rapidamente: spariscono agli occhi degli uomini, come gli eroi solari. Che i dischi esistano o no, tecnicamente parlando, la questione non cambia. *Ciò che qui conta, è la profonda emozione cui sono collegati.* Perché i "dischi" avrebbero perduto immediatamente la loro attrattiva, se il mondo avesse saputo che si trattava di ordigni tecnici, e non di visitatori venuti da lontani pianeti per mostrare agli uomini una Nuova Terra Promessa...

Mio padre, il Dio-Sole...

Nel libro *Che cos'è la Psicologia*, abbiamo mostrato il difficile ruolo del padre. Ma è meglio ripeterlo rapidamente.

Inconsciamente, ogni bambino esige che il proprio padre sia potente, glorioso, che sia una guida infallibile e forte. Inconsciamente, sempre, il bambino vuole che suo padre sia senza macchia e senza paura (dunque: un eroe solare, un Salvatore). Perché?

Perché un padre deve guidare, irradiare, illuminare (la strada), condurre il figlio verso una "Terra Promessa" (l'età adulta e responsabile).

Si vede immediatamente che il Padre è *confrontato* con l'inconscio collettivo del suo bambino.

Cosa esige ancora il bambino, *inconsciamente*? Che il Padre sia invincibile (come gli eroi solari). Se il padre è battuto non può essere che per tradimento, e non per debolezza. Il fanciullo esige anche che suo padre sia un "fecondatore" potente, del quale imiterà, mentalmente, la virilità, per superarla in seguito, e diventare autonomo.

ESEMPIO DI UN FIGLIO E DI UN PADRE

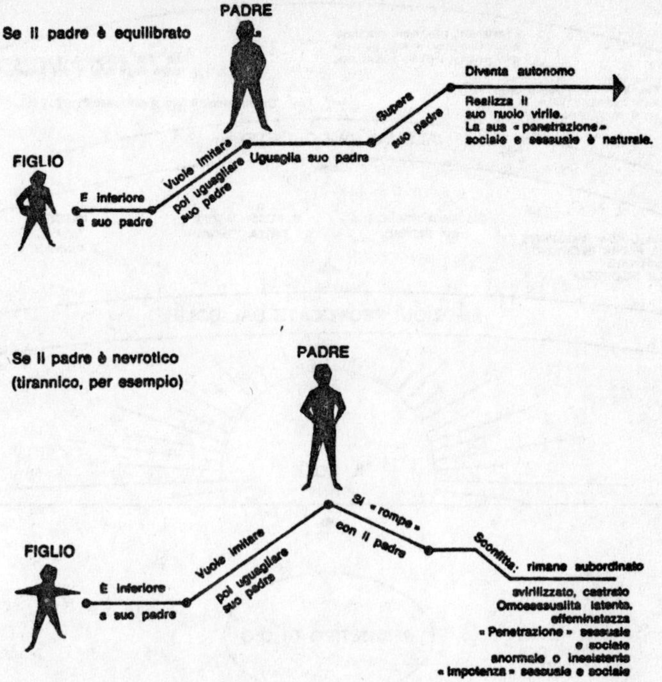

Riassumendo, l'inconscio del bambino esige che il padre sia glorioso, potente, invincibile, eroico (come Dio e il sole) ([1]). Un padre è messo dunque di fronte a un ruolo inaccessibile. Egli deve trovare una soluzione di compromesso fra ciò che *rappresenta* nell'inconscio del proprio figlio (un dio solare) e ciò che *è* in realtà (un uomo).

E come si presenta la realtà? Quanti adolescenti ho sentito dire con collera disperata: «*Mio padre?... Un...*» (e qualche parola che schematizza un'incommensurabile debolezza).

Traduciamo: «*Mio padre non è un eroe solare. Egli non brilla; non è né potente, né invincibile. E io resto senza guida e senza luce, senza qualcuno a combattere, come il Cid Campéador che lottava con il sole!*».

---

[1] Ugualmente, ogni adulto conserva la *nostalgia permanente* d'una guida infallibile, che gli serve da Salvatore (e da Padre!): i grandi capi religiosi o militari, i capi di Stato e gli abitanti molto evoluti d'altri pianeti, ecc.

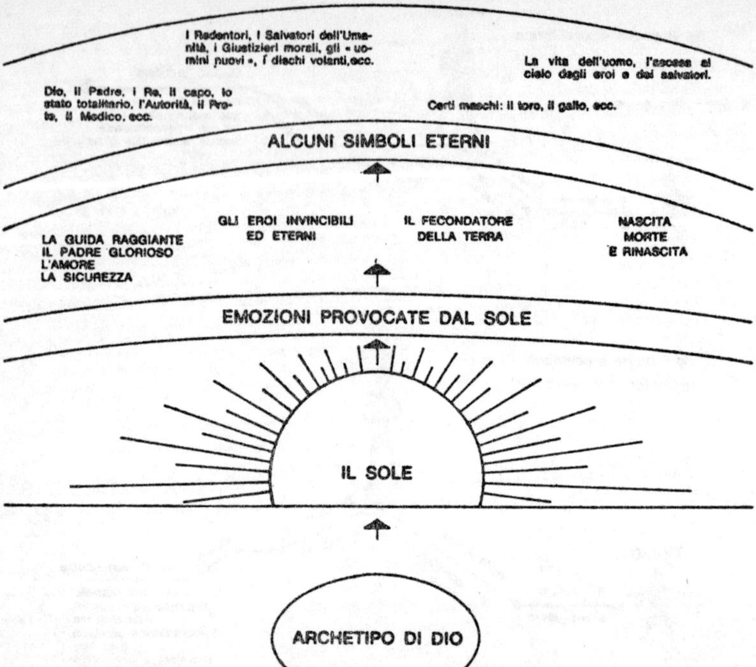

Abbiamo visto d'altronde all'inizio del capitolo il caso di un adolescente profondamente deluso dal padre. L'adolescente cercò allora un altro padre, ma che fosse glorioso (come il sole). Egli fondò un'associazione idealista (simbolo del Padre) e in nome di quella voleva distruggere coloro che gli ricordavano la debolezza del proprio padre. E ciò, facendo leva su dei simboli di cui ignorava l'esistenza.

Ma se il padre ricorda troppo il simbolo del sole, esiste lo stesso pericolo. Il caso di un padre "troppo brillante", per esempio. Quel padre schiaccia e "brucia" la personalità del figlio, allo stesso modo che il sole del mezzogiorno brucia la terra e i raccolti... e sparge la morte come la vita.

Il ruolo del padre non è dunque facile: è il meno che si possa dire. Tutto dipende dalla forza interiore, dall'autenticità, dall'equilibrio del padre. E che sia operaio o primo ministro, la questione non cambia.

ALLA FINE DEL MONDO...

Ecco uno dei più bei simboli dell'umanità, diffuso sotto tutte le latitudini, da sempre. È applicabile in psicoterapia, grazie alla potenza che esso libera. È il *simbolo della Traversata*, che si riferisce talvolta al *sole* e all'*acqua*.

Come si presenta in generale? Un *eroe* si inabissa nell'acqua. Egli parte dall'*Ovest* (tramonto del sole), verso l'*Est* (levar del sole = rinascita e nuova vita). Compie la sua traversata *nel ventre di un pesce* (come fece *Giona*), o in *una barca*, o in *un'arca* (come *Noè*), ecc.

Il tema è sempre lo stesso: *l'eroe attraversa l'acqua* (che è simbolo dell'inconscio) *nel ventre di un mostro* (= il "ventre materno", l'infanzia, il passato). *L'eroe parte verso la luce ascendente* (rinasce a nuova vita); *esce dal ventre del mostro* (esce dal "ventre materno", diviene adulto). Spesso, *allora*, *accènde un fuoco* (= coscienza adulta, spiritualità).

Questo simbolo è uno dei più diffusi, nelle leggende come nella vita quotidiana. Esso rappresenta la nostalgia di una vita nuova, purificata, responsabile, rigenerata. Così *Noè*, nell'arca, viaggiava verso una nuova vita, dopo la "grande pulizia" (= il grande battesimo, la grande purificazione) del diluvio.

Facciamo una trasposizione nella vita comune: noi troviamo degli *Ordini Nuovi* promessi dai dittatori, dai profeti, dai redentori... e dai politicanti. Il popolo deve uscire dal suo *oscurantismo* (l'Inconscio) per arrivare alla *rivoluzione*, sociale o spirituale (la luce, l'età adulta). Egli fa il suo *viaggio* (sociale) grazie allo *Stato* o al *Capo* (= il Padre, la sicurezza); fino a questo momento, il popolo è ancora un bambino, ma, dopo la sua "traversata", scoprirà la *luce* (diverrà responsabile del suo destino, sarà ricco, ognuno avrà la sua casa, il suo angolo di paradiso e la sua piccola automobile...).

Pensiamo anche a tutti quelli che *desiderano traversare i mari per andare alla fine del mondo e là fare fortuna*. Si tratta spesso di un sogno potente, su base emotiva, di cui ciascuno sa pertanto che, obiettivamente, non corrisponde alla realtà.

Essi desiderano attraversare il mare in un *barca* (= il mostro marino di Giona). Vogliono conquistare la *ricchezza* (= l'indipendenza = sfuggire all'infanzia = diventare adulti).

Questo, per uscire dalla loro *tristezza* e dalla loro *angoscia* (= oscurità).

Se sono interrogati, si vede che i loro sogni si aggirano intorno a:

«*Io vorrei trovare oro, diamanti...*». Molto raramente stagno o petrolio! Ma ricordiamoci che l'oro e i diamanti sono simboli *solari* (giallo, splendente). La sola differenza è che sognano di prendere una barca, invece di "noleggiare" una balena, come fecero Giona e tanti eroi antichi.

Questo simbolo della *Traversata* si congiunge con quello dell'*Ascensione*: l'uomo parte verso la luce che si leva (nuova via), invece di "salire" verso il cielo e la sua eternità luminosa.

LA MADRE, GRANDE MATRICE...

Evidentemente, durante una psicanalisi, i pazienti parlano della propria madre. E i ricordi che le si riferiscono sono spesso carichi di emozioni penose, di ostilità, di tensione fra l'amore e l'odio, ecc. Nove volte su dieci, i pazienti evocano la madre in modo negativo. Dapprincipio, perché la maggior parte delle madri conoscono male i loro compiti (quindi li assolvono male). Poi, perché, per l'inconscio, *la madre è un simbolo potente* prima di essere rappresentato da una madre concreta.

Si potrebbe dire che l'archetipo della Madre è tanto potente e tanto vasto che l'archetipo di Dio. *La Madre simboleggia l'Inconscio da cui si esce* (il Ventre materno) *e verso cui si ritorna temporaneamente o definitivamente* (il sonno, il riposo, la morte). La Madre è d'altronde la più profonda delle relazioni d'infanzia. La Madre simboleggia *la dolce oscurità* (l'ombra, i conventi, la Chiesa, le chiese, le grotte, le viscere della terra, i tuffi sottomarini, ecc.). Essa è il simbolo del *ventre* (del mostro di Giona), dal quale ci dobbiamo staccare per diventare adulti.

La Madre simboleggia ciò che dà la vita o porta dei frutti: la Terra, le Acque, gli alberi da frutto... È il simbolo dell'attraente e del pericoloso insieme, di tutto quello che "avvolge", protegge, di quel che è misterioso e freddo, di ciò che può "uccidere" (la personalità): l'acqua, la luna, l'*Yin*, la sfinge, il Dragone, la Strega, ecc. Essa rappresenta una grande nostalgia: tornare nel calore del ventre materno. Essa simboleggia tutto ciò che "accoglie": la terra della Madre-Patria, avvolgersi e morire nelle pieghe della Bandiera, ecc.

Guardate d'altronde, il disegno qui sotto. Quel fanciullo sfugge la luce del sole (ha paura di Dio e del Babbo, che tutto vedono e puniscono) e corre verso l'ombra (si rifugia dalla "mamma", simboleggiata qui dall'ombra accogliente che lo nasconderà).

Ogni madre è dunque confrontata con un grande simbolo inconscio. È colei che *dovrebbe* accogliere senza riserva, che dovrebbe amare senza condizioni, che è pura e senza peccato (da ciò un certo culto della Vergine Maria, per esempio). Per di più, essa è la prima rappresentazione dell'archetipo dell'*Anima* (che è, lo ricordo, la femminilità inconscia d'un uomo).

Il ruolo *pratico* di una madre non è dunque facile. Nessuna madre del mondo può rivaleggiare con un simbolo così vasto. Ma è comprensibile che, *a priori*, l'inconscio del bambino faccia continuamente dei paragoni fra il suo ideale inconscio e sua madre in carne ed ossa (inconsciamente, rifiuta — o rimuove — il fatto che la *propria* madre sia "impura" o nevrotica, per esempio). Ricordiamoci che il ruolo del padre non è più facile, perché egli è continuamente confrontato con i simboli di Dio e del sole.

Si vede quanto è difficile separarsi e distaccarsi *profondamente* dalla *propria* madre. Ora, questa è una condizione assoluta per raggiungere l'età adulta. Ma si vede anche che pochissime madri (o donne) conoscono la vasta profondità del loro ruolo. Esse dovrebbero essere un ricovero accogliente, senza pericolo, in cui la personalità possa svilupparsi nella *fiducia totale* e nella sicurezza.

Invece di questo, quante madri nevrotiche si trovano all'estremo opposto rispetto a ciò che rappresentano per l'Inconscio? Allora, il fanciullo e l'adolescente sono presi fra due fuochi: cosa *dovrebbe essere* la Madre, e cosa è.

La Madre? Un simbolo grandioso che, poi, si localizza su *una* madre *personale*, di cui è facile, ora, immaginare la potenza benefica o malefica.

Poiché ogni fiducia profonda verso la Madre diventa fiducia verso la vita e la morte. Ma ogni paura, ogni diffidenza, ogni ostilità profonda verso la madre, si tradurranno in paura della vita, paura dell'Inconscio e della morte.

Dunque si vede l'importanza capitale della profilassi delle Madri, della scoperta del loro ruolo e del suo significato profondo.

Perché, nella realtà d'oggi, la maggior parte delle madri accolgono... ma a quali condizioni! Come vorremmo, d'altra parte, che possano realizzare il loro ruolo se sono malate?... Su questo ritorneremo più oltre.

Da Jack lo Sventratore agli Amanti leggendari...

A più riprese, abbiamo visto a qual punto i comportamenti umani — sia grandiosi, caricaturali, timidi o "orribilmente pervertiti" — partecipano d'una medesima ricerca inconscia: ritrovare una pace profonda, una sicurezza calorosa, un accordo con sé, la natura, i simboli profondi e l'Assoluto. Noi sappiamo anche che *prima* della nascita l'essere umano, immerso nella dolce grotta del ventre materno, ha conosciuto *la sola felicità assoluta* che gli possa essere data su questa terra.

Da questo momento, ogni essere umano tenta, attraverso molteplici azioni — di realizzare l'unione con la matrice di tutte le cose. Ed è perciò (l'abbiamo visto) la Madre, l'idea della Madre, i simboli della Madre, hanno una tale importanza.

Si potrebbe dire che ogni comportamento umano è un tentativo di "preghiera", talvolta riuscita, talvolta deplorevolmente disarticolata. C'è evidentemente un abisso fra la preghiera di un autentico santo e la preghiera di un bambino, d'un alienato, di uno scrupoloso patologico, ecc.

Ed ha un'importanza capitale, dal punto di vista dell'esplosione delle dimensioni umane. Pensiamo soltanto alla sessualità: *la grande sostanza e la ricerca di base* sono identiche, che si tratti di un uomo-bambino che vuole "ritornare dalla mamma", che desidera "rientrare nel corpo" della madre per recuperarvi una beatitudine senza problemi, o dell'uomo che ha realizzato le sue potenzialità e che si trova in armonia con il mondo (la Grande Madre, la Natura, Dio...).

Evidentemente la sessualità prende così delle colorazioni straordinarie.

Così da Jack lo Sventratore agli Amanti leggendari, non c'è che una differenza di livello. Jack lo Sventratore, "sguazzando" *nel* corpo (sventrato) di una donna, cerca inconsciamente di "rientrare" nel corpo di *sua* madre per ritrovarci la pace beata di prima della nascita. Gli amanti eterni, che hanno realizzato la loro fusione in modo autentico, formando un'unità, ritornano, uniti, verso la sensazione di un'eternità e di una pace ritrovata.

Questa è la differenza fra il livello totalmente infantile e quello della realizzazione adulta. In ogni modo, l'uno e l'altro cercano la pace della Madre, e una sensazione di Assoluto...

La Madre durante la psicanalisi

Quando un paziente è progredito nell'analisi, supera lo stadio dei ricordi personali. Egli sorpassa l'inconscio personale (dove si trovano le emozioni e i complessi legati *alla propria madre*), e arriva all'inconscio collettivo dove si trovano le emozioni legate *alla Madre*, in generale.

Si passa così dall'ostilità e dalla diffidenza verso *la propria* madre, a una fiducia totale verso *La Madre*, vale a dire verso l'inconscio, matrice da cui sono nate tutte le cose.

Allora è la fiducia verso la vita e la morte: è il ritorno alla Grande Madre...([1]).

Questo non avviene sempre senza difficoltà. È una rinascita. Si lascia così *la propria* madre (e tutto ciò che rappre-

---

[1] Si veda il sogno dell'automobilista, p. 297.

senta) e si passa nell'età adulta, dopo aver attraversato i numerosi strati dell'Inconscio.

La Madre e l'Inconscio sono dunque intimamente legati. E a questo punto, compare un grande simbolo: *l'acqua*.

L'ACQUA

L'*acqua* è un simbolo altrettanto importante che il sole. Si capisce facilmente. Ci limiteremo ad alcuni aspetti dell'acqua, quali si incontrano nella vita emotiva, nei sogni notturni, nei miti, nelle leggende, nelle associazioni di pazienti sotto analisi, nella psicoterapia simbolica, ecc.

L'acqua rimane sempre simile a se stessa. Essa non ha contorni. Essa sposa le forme. Essa si insinua ed avvolge.

Essa simboleggia, prima di tutto, *l'Inconscio*. In un grande numero di *genesi*, *il mondo* (= la terra, la vita cosciente) *è uscito dall'abisso delle acque* (abisso dell'Inconscio). Nello stesso senso, *la vita cosciente* (il bambino) *è uscita dalle "acque materne"* (l'Inconscio, ancora).

Dunque si osserva a che punto l'acqua può simboleggiare *la Madre*, *la Donna*, *l'Eterno femminino*. Essa attira misteriosamente, essa accoglie, abbraccia, serpeggia, invade...

Obiettivamente, l'acqua chiara e limpida è tanto pericolosa quanto l'acqua nera e glauca. L'acqua corrente può essere fatale come l'acqua immobile.

E *soggettivamente?* Non è davvero così, tutt'altro.

Molte persone detestano l'acqua tranquilla, immobile. L'acqua nera fa paura, perché "non si sa cosa c'è nel fondo", ecc. Molto spesso queste persone hanno paura del loro inconscio e di ciò che nasconde. Altre provano verso l'acqua gli stessi sentimenti che verso la madre (attrazione e repulsione, secondo i casi); questi sentimenti cambiano nel corso dell'analisi. Molti uomini non amano l'acqua perché rifiutano la propria femminilità. Ma, alla fine dell'analisi, la paura di queste acque sparisce, e i pazienti dicono:

«Stanotte, ho sognato un'acqua immobile e profonda maternamente accogliente e calma...».

A questo stadio, il paziente "si riconcilia" col suo Inconscio.

L'acqua può essere glauca, minacciosa o calma, pericolosa e attraente nello stesso tempo. Allora è come la morte che "richiude le braccia sugli amanti abbracciati". Il tema è conosciutissimo, fino dai tempi più antichi.

Infatti noi siamo ancora nel simbolismo della Madre. Abbiamo visto nel cap. 12 che ritornare nel seno materno rappresentava una nostalgia permanente. Questo significa: sfuggire alle difficoltà della vita, "ritornare a casa", "ritornare dalla Mamma", ecc. Questo significa "rientrare nel ventre materno da dove uno è uscito", e conoscere, nuovamente, il calore, la dolcezza, e l'incoscienza perfetta che si conosceva allo stato fetale... (1).

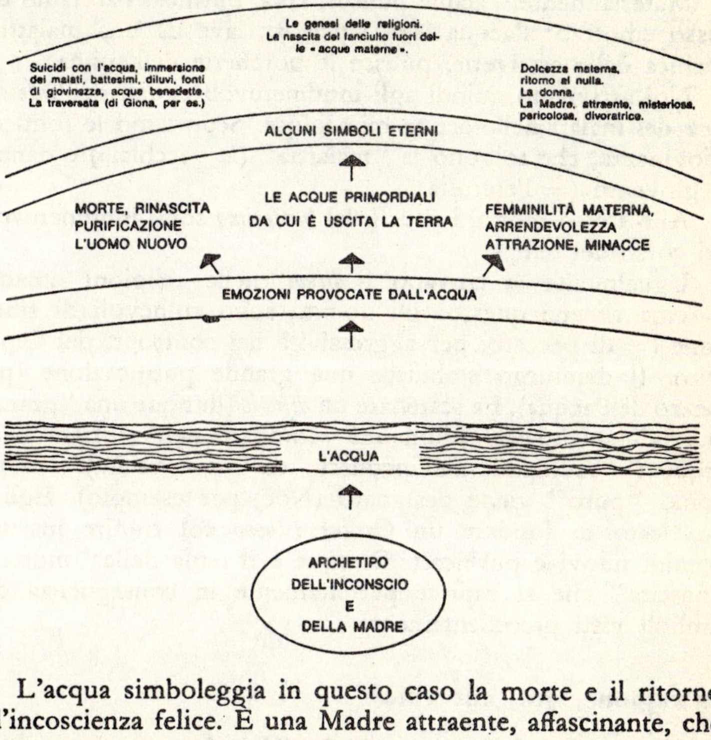

L'acqua simboleggia in questo caso la morte e il ritorno all'incoscienza felice. È una Madre attraente, affascinante, che pare promettere un'eternità di pace.

---

1 Questo si può simboleggiare anche con la *nebbia*, che dà l'impressione di essere nascosto, d'essere al riparo, d'essere circondato, d'essere in un batuffolo di bambagia, ecc.

E per sentirlo fin nel profondo di se stesso, basta stare in piedi, sulla riva di uno stagno verde.

A uno stadio più avanzato, l'acqua ridiventa il simbolo della "Grande Madre", nella quale ci si può lasciar andare senza timore. È ugualmente il tema del disegno di p. 293: gli amanti "uniti nell'abbraccio" simboleggiano l'essere che raggiunge la sua totalità; che è diventato contemporaneamente uomo e donna insieme e che, perfettamente unificato, entra nell'eternità.

Quella che lava...

Materialmente, l'acqua pulisce, lava, purifica. Facciamo un passo emotivo: l'acqua lava i peccati, lava da una malattia, purifica dalle cattiverie, pulisce le porcherie dell'anima.

Noi arriviamo quindi agli innumerevoli rituali dell'*immersione* dei malati nelle acque miracolose. Scopriamo le fonti di Giovinezza, che tolgono la "malattia" (la vecchiaia) e danno la gioventù (= l'eternità).

Allo stesso modo, i rituali del *battesimo* sono innumerevoli nel corso dei tempi.

Ugualmente si trovano i *diluvi*, nelle religioni umane. Il tema rimane questo: gli uomini sono colpevoli di ribellione (= di peccato, per aggressività nei confronti del Capo-Dio). Il demiurgo stabilisce una grande purificazione (per mezzo dell'acqua). Fa scatenare un *diluvio* (dunque una "grande pulizia" spirituale). L'umanità scompare nell'infuriare delle acque (= scompare nell'inconscio da cui è uscita). Ma un uomo "puro" viene designato (Noè, per esempio). Egli è incaricato di fondare un *Ordine Nuovo* col riunire insieme uomini nuovi e purificati. Dunque è il tema della "morte e rinascita" che si capisce perfettamente in conseguenza dei simboli visti precedentemente.

La ragione, qui, che vale?

Non molto. Infatti, essa non ci ha niente a che vedere. Si tratta di tutt'altro piano. Il modo di ragionare evolve secondo l'individuo, il momento, le circostanze, le morali, le culture, ecc. La ragione varia cronologicamente e mentalmente. L'inconscio collettivo, quello sì che resta simile a se stesso,

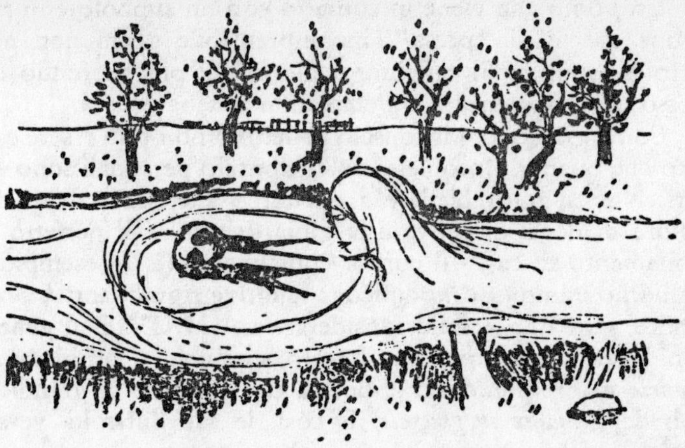

Questo disegno fu realizzato da un ragazzo di diciannove anni. Egli descrive proprio il tema degli «amanti abbracciati» che ritornano all'eternità (l'acqua diventa la «Gran Madre» = la pace dell'Inconscio).

e influenza continuamente — il che è sottinteso — la ragione. L'inconscio collettivo è come una voce, che viene dalle profondità psichiche e che ripete l'eco delle innumerevoli generazioni che ci hanno preceduto.

Iper e ipo...

Non si tratta di essere intrappolati dall'inconscio collettivo. Allora è la fine della ragione, l'alienazione mentale. Ma bisogna potervi attingere, dopo aver preso contatto con i grandi archetipi. D'altronde è la porta finale che si apre alla fine dell'analisi. Poiché se iper-inconscio = follia, ipo-inconscio significa ragione gonfiata. Sono allora le persone che disegnano la vita con la stessa rigidità di una città americana e, in realtà, si rifugiano in un'iper-ragione per paura del loro inconscio.

L'inconscio collettivo e la psicanalisi

Un archetipo è un grande *riflesso* inconscio. È una sfera di energia che non aspetta altro che l'urto per liberarsi per mezzo dei simboli.

Un uomo che viene in contatto con un simbolo è in preda a una specie di "presa", incomprensibile a chi non ne ha fatto esperienza. Si raggiunge allora, nel più profondo di se stesso, un'esperienza e un'emozione umana eterna.

Come già detto, l'inconscio collettivo non può essere esplorato che quando i problemi dell'inconscio personali sono spazzati. Non si può chiedere a un uomo che soffre di un forte dolore di denti di provare la gioia di sentire il perfetto funzionamento di tutto il corpo. Ugualmente (è un esempio), se un uomo è immerso in difficoltà affettive riguardanti *la propria* madre, gli è impossibile considerare LA MADRE in generale, con l'aspetto positivo che questo suppone. I problemi *della propria* madre chiudono la botola che conduce ai grandi simboli della *madre in generale*. E così, le sue difficoltà verso la madre produrranno delle asperità nelle sue relazioni con le donne. Gli sarà dunque impossibile considerare LA DONNA, sotto il suo aspetto positivo. Egli attribuirà alle donne sentimenti negativi. Proverà della diffidenza, dell'ostilità; a meno che non si comporti verso di loro come un ragazzino che cerca una madre ideale, ecc. Ma gli sarà impossibile di sentire profondamente il ruolo essenziale della donna. Questo avverrà quando si sarà liberato della *propria madre* e avrà preso contatto con i simboli e gli archetipi dell'Inconscio.

Tutto questo è dunque estremamente importante. Dal momento che si accede all'Inconscio collettivo, appaiono dei grandi sogni notturni. Simboli eterni emergono dal profondo; diventano delle realtà emotivamente vissute; danno un nuovo orientamento all'esistenza. E l'uomo, allora, si accorge che l'attività simbolica del suo inconscio guida la ragione e i suoi atti, così come le sue attività spirituali, artistiche, politiche, storiche, ecc.

E quando l'uomo accede a questo Inconscio Collettivo, prova sempre il rimorso di essere stato, durante lunghi anni, separato dalle profonde ricchezze di cui ignorava l'esistenza.

La psicoterapia simbolica

Lo scopo finale di un'analisi è — come abbiamo visto — di liberare l'Io da ciò che lo soffoca, e di rendere l'autenticità, l'energia e la libertà a una personalità. E questo, dopo che i grandi strati inconsci siano risaliti alla superficie.

Ma noi sappiamo che il lavoro analitico è talvolta difficile, penoso, e non è confacente a tutti. Si pone dunque una domanda: si può ricostruire l'Io con altri mezzi? Con un altro metodo, si può esplorare l'inconscio? Si possono, con l'aiuto, determinare quelle consapevolezze che portano alla guarigione?

Si sa che gli *archetipi* e i *simboli* sono carichi di energia e di emozioni costruttive. "Diventare consapevoli" di un simbolo permette di sfuggire al proprio Io personale e di estendere la propria personalità verso un clima più largamente, più profondamente umano. Dal momento che un simbolo è carico di energia, si può fare il "cammino a ritroso" e discendere verso di lui?

In generale, i simboli e gli archetipi compaiono nei sogni notturni, quando l'analisi del paziente è sufficientemente avanzata. Spesso basta, a questo punto, attirare l'attenzione sull'archetipo perché questo produca i suoi effetti. Ricordiamoci che *un archetipo è una specie di potente riflesso inconscio.* Perciò stesso, in certe condizioni e in certe circostanze, lo psicologo può aiutare il suo paziente a "raggiungere" dei simboli. Ma il medico deve tener conto — evidentemente — della *situazione* attuale del suo paziente.

Abbiamo già parlato della psicoterapia simbolica nel volume precedente ([1]). Qui lo facciamo sotto un'altra visuale; e una cosa completerà l'altra.

Ritorniamo all'immaginazione

Nel cap. 7 abbiamo dimostrato che si poteva fare appello all'immaginazione per aiutare un paziente a ritrovare dei ricordi (reticenti o rimossi). L'applicazione dell'immaginazione si ferma a questo? No, certamente. Si può impiegare l'immaginazione per fini diversi: risalire verso le fonti della personalità; accordarsi con i substrati di questa personalità; sviluppare l'intuizione, le sue sensazioni profonde; unificare la sua individualità.

L'immaginazione è probabilmente una delle funzioni più importanti della vita umana. Basta d'altra parte abbandonarsi a se stessi alcuni istanti. Insorgono allora tanto delle mediocri fantasticherie come delle potenti meditazioni che si ha la sensazione di *vivere realmente.* Talvolta sono delle ispirazioni

---

[1] Si veda *Che cos'è la psicologia*, p. 239.

artistiche nel loro senso più elevato, cioè il più profondamente e il più universalmente umano. D'altronde, le grandi ispirazioni eterne di certi artisti non sono, in fondo, che il risalire in superficie di grandi archetipi, allo stesso modo che le emozioni che vi sono legate.

Nella nostra società la maggior parte delle persone sono dei veri "mutilati" dell'immaginazione. Essi la stimano molto poco e, di colpo, gonfiano la loro ragione come una vescica. Ora, un uomo che manca di immaginazione è tagliato in due, perché la sua vita profonda gli sfugge.

DAL SOGNO NOTTURNO AL SOGNO VISSUTO

Una scena immaginaria può essere vissuta con una forza tale da invadere tutta la personalità del soggetto? Si sa che in certi casi di malattia o di delirio, questo succede in modo negativo. Ma non si può capovolgere la situazione e fare dell'immaginazione una forza positiva?

In questo libro, non abbiamo parlato dell'*interpretazione dei sogni*, perché si tratta di un terreno estremamente incerto, di fronte al quale non è possibile fornire delle regole. Tuttavia, l'interpretazione dei sogni è spesso essenziale durante un'analisi. Il sogno è una sorta di "pensiero inconscio". L'inconscio parla sempre un suo linguaggio, che è simbolico. Il nostro inconscio è simile a una macchina elettronica, che, a partire dai milioni di informazioni che gli sono date, elabora una specie di calcolo delle probabilità.

Certi sogni descrivono la situazione inconscia del paziente. Altri mettono in guardia. Poiché l'inconscio ha per missione di preservare l'equilibrio dell'individuo, certi sogni si presentano veramente come se dicessero: «Ecco che cosa bisogna fare per raddrizzare la situazione o per impedirle di peggiorare».

Ci sono dei piccoli e dei grandi sogni. I primi hanno spesso come punto di partenza certe situazioni della vita quotidiana. Accanto a questi, certi grandi sogni sono essenziali. Essi provengono dalle profondità umane e realizzano spesso delle esperienze interiori molto potenti. I grandi simboli che emanano da questi sogni hanno un'azione "riflessa". Il paziente, *anche senza saperlo*, può meditare questi grandi simboli e compiere talvolta dei passi decisivi. Così si vedono grandi sogni modificare l'orientamento di una vita...

L'interpretazione dei sogni nell'analisi

Fra il pubblico si crede troppo spesso che, dal momento che un sogno è simbolico, sia sufficiente possedere una specie di "dizionario dei simboli" per spiegare il sogno stesso. Evidentemente è assurdo. *Non ci sono mai dei simboli fissi*. Per interpretare un sogno, l'analista deve *sempre* tener conto della situazione attuale del suo paziente, dell'evoluzione esteriore e interiore di quest'ultimo, ecc.

Ecco due esempi. Valgono quel che valgono gli esempi, cioè non molto, poiché sono separati dal loro contesto. Ma indichiamo tuttavia, in una certa misura, quanto vaste, difficili e instabili sono le interpretazioni dei sogni.

Un esempio

Un paziente, dopo aver parlato molto a lungo del colore bianco che aveva notato in uno dei suoi sogni, andò in collera. A prima vista, si poteva credere che il colore *bianco* corrispondesse a un simbolo elementare, quale purezza, purificazione, ecc. Ora, il paziente disse:

«Il bianco è per me il colore più disgustoso che esista. È il colore della resa!».

Si vede dunque che se l'analista avesse applicato *ipso facto* a questo colore bianco il simbolo che gli avrebbe dato un "dizionario", avrebbe potuto mordersi le mani qualche minuto più tardi.

Un altro esempio

Si tratta di un *sogno notturno*:

«Mi trovavo in un'automobile aerodinamica. Viaggiavo lentamente in pieno bosco. Il sole brillava, facendo dardeggiare i suoi raggi. Mi dirigevo verso una radura che si allargava in un'apertura profonda nel fitto degli alberi...».

Quali possono essere le interpretazioni? Esse dipendono

dalla situazione interiore in cui si trova, *per il momento*, il sognatore.

Si potrebbe esaminare questo sogno secondo due piani: quello dell'inconscio personale, o quello dell'inconscio collettivo. Ma si capisce che, fin tanto che il paziente "si confonde" nei suoi problemi personali, è certo che non tocca l'inconscio collettivo. In altre parole, fintanto che la superficie del lago è agitata dalla tempesta, è inutile tentare di scorgere il gran fondo.

Ecco dunque due interpretazioni possibili del medesimo sogno:

1) *Sul piano dell'inconscio personale*:

La vettura *aerodinamica* simboleggia il *fallo* (essa è appuntita, penetrante, come un fallo).

Si vede conseguentemente che l'apertura nella foresta rappresenta l'organo sessuale femminile.

Si tratterebbe quindi di un sogno sessuale, in senso lato. Può significare:

a) un ritorno al ventre materno; oppure:
b) c'è desiderio di regressione, e d'incesto con la madre.

Siamo nel *Complesso di Edipo* e nel *Complesso di Castrazione*. Questo desiderio di incesto ha luogo sotto lo sguardo del *Padre* (il sole) che è *ardente* (dunque minaccioso e rischia di "schiacciare", di castrare il figlio, che desidera la madre per sé solo).

2) *Sul piano dell'inconscio collettivo*:

Si potrebbe dare l'interpretazione seguente soltanto se il sognatore non avesse più nessun problema inconscio concernente "*la propria madre*".

Questo sogno potrebbe significare: La vettura appuntita brilla sotto il sole. Essa è simile all'armatura scintillante degli eroi solari (o alla loro spada fiammeggiante). Il sognatore ha realizzato la sua totalità di uomo. L'eroe ritorna all'inconscio (la foresta). Invece di *regredire* verso la *propria* madre, *progredisce* verso *la* Madre, verso l'armonia universale (la Natura).

Quest'ultimo caso mostrerebbe che il paziente è arrivato senz'altro a uno stadio molto avanzato dell'analisi. E questo vorrebbe dire che è sulla strada della realizzazione finale della sua personalità.

Ma va da sé che, prima di sogni di questo genere, altri sogni (a base di archetipi) hanno già fatto la loro comparsa, con tutte le "biforcazioni" di personalità che questo suppone, poiché, come abbiamo già detto, si prova una specie di "shock" quando un archetipo si manifesta alla coscienza.

TORNIAMO ALLA PSICOTERAPIA SIMBOLICA

Come si è già detto, il metodo simbolico può essere impiegato come tale; ma esso può intervenire ugualmente nel corso di un'analisi ortodossa. Esso può intervenire, come abbiamo già mostrato, per "sbloccare" un paziente. Esso può essere impiegato per ricostruire e unificare una personalità, dopo che la psicanalisi ha passato il suo rullo compressore.

Evidentemente il lavoro simbolico deve ricercare la più grande efficacia terapeutica. Deve adattarsi a *ogni* persona, a *ogni* situazione e a *ogni* momento.

Per di più questo metodo simbolico può essere utilizzato quando una persona è incapace di intraprendere un'analisi ortodossa.

Non entreremo qui in nessun particolare tecnico concernente la psicoterapia simbolica. Daremo semplicemente alcuni esempi che, ci sembra, parlano sufficientemente da soli. Si constaterà che il problema della *Madre* ritorna molto spesso, essendo la madre fra i più grandi archetipi.

Il caso di Giacomo

Giacomo ha venticinque anni. È celibe e soffre di profondi sentimenti di colpa, di sentimenti di inferiorità e di una sensazione generalizzata d'impotenza verso la vita. Ecco una parte di seduta.

«La vita, è come una scala. Io non ho fatto altro che scendere sempre, ma voglio salire. Sì, sì, arriva... vedo una scala che sale... non va molto in alto. Ma infine, ci sono comunque una decina di scalini... Li vedo benissimo... come se ci fossi... Ho l'impressione di avere i piedi in una terra argillosa che appiccica... Ho la sensazione che questa terra si trasformi in due mani che mi trattengono le caviglie e mi impediscono di proseguire... E poi, in cima agli scalini, c'è una donna, tutta dritta...»

«Chi è quella donna?»

«Porta un elmetto... è una specie di Walkiria... ha un'armatura che brilla... ride mentre mi addita... tiene una sciabola giapponese... Cosa devo fare?»

«...(Silenzio dell'analista).»

«Mi arrampico... Ho la sensazione di schiacciare coi talloni le mani che mi trattengono... Salgo. Uno scalino scricchiola. Che sensazione si può avere!... Tuttavia, io sono perfettamente sveglio, perfettamente cosciente... Vedo la Walkiria che mi guarda!... Sembra inquieta! Dietro di lei è apparsa un'altra scala splendente, che sale molto in alto... Sento che è di là che devo salire... Ma c'è quella donna che mi sbarra il passo...»

«Chi sbarra la strada?»

«Salgo per assicurarmene. Lo so che tutto questo è un sogno cosciente, ma mi angoscia molto lo stesso... Guardo la scala brillante, come una promessa proibita... In fondo, credevo che mi fosse proibito, perché mi credevo incapace... Ma... quella donna mi chiude veramente il passo? Non mi sono sbagliato? Mi trovo di fronte a quella donna... ella porta una maschera, ora... la sua armatura è per terra; è diventata di latta... È questo che mi faceva paura?»

«Cerca di togliere la maschera che porta?...».

«È buffo. Le tolgo la maschera molto lentamente, come una fasciatura... Prendo infinite precauzioni.... quando credevo invece che gliela avrei strappata con brutalità inaudita. È il viso di mia sorella che appare dietro quel bendaggio... Il suo viso è triste... Scuote lentamente la testa... Mi sento accanto a mia sorella come un fratello... Strano, io non mi sento più come un bambino. Ella mi dice che ha fallito la sua vita e che non vuole che io subisca la stessa sorte... Sono inchiodato lì... Lei mi faceva paura ed ecco che io esito ad abbandonarla per salire più in alto Mi fa vedere la scala splendente..»

«Guarda?»

«Sì, guardo intensamente... C'è un bagliore... che diventa...

una specie di disco giallo... io mi vedo di fronte al disco che sto combattendo con un uomo che esce da quello... Mi batto a colpi di spada. Ho un giustacuore brillante... che manda lampi... Io guardo impietrito... Mi vedo chiaramente come su un immenso schermo cinematografico. Mi batto perché sento che voglio superare. Ma superare che cosa? Riuscirò ad andare a vedere più lontano del disco? Il disco si offusca... vola via... Lo guardo partire e gli faccio dei cenni... Ora, io mi sento laggiù come se ci fossi, e ho l'impressione d'essere, come dire... intensamente ardente dentro di me. Ho... ma che cosa ho superato?».

A questo punto, Giacomo comincia a singhiozzare profondamente e a lungo.

Fermiamoci qui per esaminare rapidamente questo "sogno" che si è svolto senza che lo psicoterapeuta dovesse realmente intervenire.

Cosa vediamo, tanto per via immediata, quanto per via di associazioni fornite da Giacomo?

— *La terra argillosa*. Il paziente fa associazioni spontanee, a voce bassissima.

«Bello, la terra... Qui, c'è fango, c'è argilla che non mi fa salire... Io, non sono uscito ancora dalla mia argilla... Sono stati mio padre e mia sorella questa argilla. Mi hanno formato a modo loro, ma senza darmi la vita... Mi hanno impedito di crescere... Sì, ma è così bello... la terra... dà il pane agli uomini e il grano... l'uomo è uscito dalla terra... è diventato vita e spirito... mi piace la terra quando è inondata di sole...».

Vediamo apparire qui il simbolo della *Terra-Madre*. Ricordiamo che, da tempo immemorabile, la terra è stata legata alla fecondità. La terra, fecondata dall'acqua e dal sole, porta i frutti. È la terra nutrice, la terra materna. Dunque è normale che la si sia sempre paragonata a una donna. La terra viene fecondata, si lascia dissodare dal vomere dell'aratro (il vomere dell'aratro rappresenta il fallo maschile che "fruga" le viscere della terra). Tuttavia, per Giacomo, questa terra materna è fango, è *argilla*. Egli non è ancora uscito da questa argilla; non ha ancora ricevuto il "*soffio vitale*" (che il Creatore dà all'uomo forgiato di terra).

Che succede ancora? Giacomo ha la sensazione di schiacciare le mani che lo trattengono. Si tratta di un distacco violento, brutale.

La notte dopo, fece d'altronde un sogno, nel quale si vedeva alle prese con la sorella (ciò che non aveva mai osato fare nella realtà). Quel sogno lo fece sprofondare in una forte angoscia per qualche giorno, poi avvenne la liberazione.

Un poco più tardi, dice:

«Hanno sempre tormentato la mia personalità, *al punto che mi sentivo colpevole di averne una!* Ma non si è davvero colpevoli di avere una personalità?».

— *La scala.* In questa seduta la scala *sale.* Si entra qui nel simbolismo dell'*Ascesa.* A nessuno verrebbe in mente di dire: «Io "salgo" verso l'ombra, verso il mio passato». Si "sale" verso la luce, verso la spiritualità, come si sale verso il cielo.

Anzi, gli scalini della scala rappresentano un "cambiamento di livello", proprio come abbiamo visto.

— *La Walkiria.* È la donna guerriera, la donna-centauro che porta via le anime. Qui essa simboleggia semplicemente l'autoritarismo della sorella (che gli aveva fatto da madre, invero, molto tirannica). La sciabola simboleggia la "castrazione" subita dal giovanotto: la spersonalizzazione, la svirilizzazione. D'altronde, poi Giacomo dirà:

«Non gliel'ho detto, ma quando ho visto la Walkiria, ho avuto una sensazione fisica terribile, come se mi tagliassero la verga e dovessi diventare donna...».

Tuttavia l'armatura della Walkiria si trasforma in *latta*, dopo che Giacomo ha *salito* qualche scalino; dunque dopo che Giacomo ha "cambiato livello". Notiamo anche che la "sorella terribile" diventa poi materna; ella riprende il suo vero volto (di tristezza). Giacomo sente a questo punto che l'autoritarismo della sorella era soltanto un'autodifesa. La sorella terribile diventa una madre soccorrevole...

— *Il disco giallo.* È il segno evocatore del sole (= *il padre potente e sfavillante*). Il giovane si batte a colpi di spada. La *spada* qui è il simbolo della *virilità* e del pene che "fora" Giacomo si batte contro l'uomo uscito dal sole. Quell'uomo simboleggia suo *padre.* Giacomo si vede mentre indossa un giustacuore brillante: qui, si arriva al simbolo dell'"*eroe* solare". Questo significa che simbolicamente, Giacomo compie quello che avrebbe dovuto fare da tempo: battersi con il padre (psichicamente parlando), arrivare ad uguagliarlo, poi a superarlo.

In questo sogno, Giacomo diventa in fondo un "*giovane sole*" (si vede con il giustacuore splendente). Il figlio va a prendere il cambio dal padre; infatti il sole (il Padre) si oscura, vola via e scompare. Il figlio, divenuto adulto, si separa dal padre e resta solo. Poi tende la mano alla sorella, di cui ha scoperto il vero volto.

Non dimentichiamo che Giacomo ha profondamente *vissuto questo sogno*. Diceva: «Io avevo la sensazione di vivere questo sogno con tutto il mio corpo, i miei nervi, i miei muscoli...».

Poi, Giacomo osò risalire verso ricordi d'infanzia, che aveva sempre rifiutato di affrontare, perché troppo penosi. Egli osò esaminare il comportamento dei suoi genitori con obiettività, e non più attraverso un'ostilità feroce che provocava dei violenti sentimenti di colpa.

Qui nello stesso modo, la negazione inconscia diventava obiettività cosciente.

Un altro frammento di seduta

Si tratta di una ragazza, studentessa universitaria, che riusciva a fare associazioni senza alcun intervento dello psicologo; e questo durante una seduta di psicanalisi.

«Continuano, sì, le mie dispersioni, le mie idee barocche, la mia paura degli altri, i dialoghi con me stessa... tutto il giorno, sono tesa, ansiosa, inquieta. Osservo gli altri per sapere che cosa pensano di me, mi metto a spiare la minima parola. Ho un bel dire: "Ma questo cosa ti può fare?" è più forte di me... va molto male. Sono nervosa, tesa, accidenti, l'ho già detto! Sono stata da un medico ieri l'altro; mi ha detto che mi mettevo in capo strane idee e che ero nervosa. Belle parole! Mi ha detto di andare a fare delle passeggiate con le mie fantasie, di andare a fare un giro in giardino. Che giardino?... Io sono un giardino intricato, né largo, né accogliente, bloccato in mezzo ai muri. E tuttavia io so che ci sono dei campi dietro il muro...».

«.......».

«Mi sento chiusa, prigioniera di me stessa. Il personaggio che è in me uccide il personaggio che io sono realmente. Immagino bene il giardino che mi rappresento. Non c'è affatto vegetazione; è polveroso, arido. Un albero intristito si trova proprio nel mezzo. Deve partire tutto da quell'albero? Un po' a destra dell'albero, c'è una sorgente; singhiozza, come me. Io singhiozzo nella vita, vado avanti a piccoli colpi... La terra del giardino è molle, umida. Umida... mi fa pensare a una donna e questo... questo mi disgusta... Io detesto di essere donna per questo... Se non ci fossero le mestruazioni l'accetterei... E tuttavia terra umida... (lungo silenzio). Un agricoltore, bello... (la voce si fa estremamente bassa): sì, è bello un agricoltore... (silenzio molto lungo)».

«.......».

«Tristezza, foglie morte, uno spazzino porta via tutto... questo spazzino è la morte o la speranza? È forse l'agricoltore? È lei?».

«Com'è l'albero del giardino?».

«Contorto, è contorto: come me. Io sono contorta, ripiegata verso il suolo, come se portassi il mondo... Credo che si rida sempre di me, che mi si... Io vado lungo i muri... Sempre ho l'impressione che mi guardino... Ho l'impressione di trovarmi accanto a quell'albero risecchito o di cercare di raddrizzarlo... ma niente da fare... Ora vedo un uomo che ride accanto all'albero... è l'agricoltore... Ed ecco improvvisamente l'albero è diritto, pieno di foglie, e pieno di frutti... io sento come una dolcezza infinita... e ora, io vedo la sorgente che scorre lentamente, che irriga la terra...».

Osserviamo questo frammento di seduta. La ragazza "associa" dunque in rapporto al suo "sogno", senza il minimo invito dell'analista. Questo sogno è fatto scattare da una semplice associazione con il giardino di cui ha parlato il suo medico. Vediamo semplicemente i simboli importanti, oltre il giardino con cui la ragazza si identifica.

— *Terra.* All'inizio si tratta di una pura associazione. Essa è "umida"; la ragazza pensa agli organi genitali femminili. Pertanto, ella aveva sempre (inconsciamente) rifiutato il suo ruolo di donna, perché si era identificata con la madre che detestava.

Poi compare un bel simbolo:

— *L'agricoltore.* Egli "fruga" la terra, la semina, ci scava dei solchi, rende la terra *fertile.* Si entra qui nel simbolo della *Terra, donna e madre.* Ricordiamoci ancora che gli strumenti per "lavorare" la terra (vanga, vomere, zappa, ecc.) sono simboli del fallo (perché questi strumenti penetrano nella terra). L'agricoltore qui è colui che feconda.

Col suo tono di voce, con i suoi silenzi, la ragazza dimostra che accetta la possibilità di essere fecondata da un uomo. Anzi, sembra accettare la presenza protettrice dell'uomo: il contadino spazza le foglie morte, le preoccupazioni, i vecchi ricordi, le vecchie tristezze...

— *L'albero*. È contorto: è un'immagine che illustra la situazione interna della ragazza. L'agricoltore appare accanto all'albero. Egli rappresenta l'uomo che "raddrizza" la situazione interiore, e permette all'albero di essere fecondato. L'albero diventa dritto, carico di frutti, *come una madre*([1]). L'albero è qui un simbolo di donna fecondata. Per di più la sorgente diviene un'acqua viva, che si congiunge alla terra per fecondarla.

Un breve frammento di seduta

Si tratta di un uomo di trent'anni, che ha intrapreso un lavoro psicologico perché "timido". Egli ignorava che la sua timidezza non era altro che l'espressione di sentimenti di colpa inconsci. Era stato educato da genitori che gli inculcarono la paura del peccato e del minimo sbaglio. Con una sorveglianza e una prolissità continue, gli impedirono nel corso di venticinque anni, di essere se stesso.

La personalità di quest'uomo era dunque rimasta costretta. La sua sensazione permanente era: «Io ho appena il diritto di esistere. Non esisto che in seguito all'autorizzazione degli altri...». Questa sensazione rimaneva inconscia.

Dopo che il paziente aveva parlato a lungo della sua solitudine, l'analista gli chiese di "visualizzare" questa solitudine, di farla apparire sotto forma di immagini.

«L'immagine della mia solitudine? Sì... vedo benissimo... sono proprio in mezzo a una... una pianura? no... piuttosto, piuttosto di un'immensa distesa di alluminio, che va da ogni parte fino all'orizzonte... fa freddo da urlare... sono proprio solo... nessun soccorso da nessuna parte... (un lunghissimo

---

[1] Qui, l'albero da frutto è accettato con una sensazione di dolcezza. Tuttavia, si veda in seguito, dove un albero da frutto compare ugualmente, ma è considerato con disgusto, rappresentando tuttavia lo stesso simbolo.

silenzio). C'è un aeroplano che passa nel cielo... è come un grande uccello fantastico... è tutto nero... vola basso, si dirige tutto diritto verso di me... si mette in picchiata... Vedo degli uomini con casco e occhiali a bordo; mi guardano, preparano le mitragliatrici... l'aereo picchia sempre... Uccidermi... espiare... (il paziente alza la voce e si mette a gridare): ma che cosa ho fatto perché mi debbano uccidere? Mi vogliono uccidere o sono io che voglio farmi uccidere?».

Questo frammento è evidentemente chiaro, benché vi compaia un simbolo potente. L'*aereo nero* è qui un uccello di castigo e di morte: cioè un simbolo di punizione. Appunto non dobbiamo dimenticare che quell'uomo si sentiva sempre in errore e provava continuamente la sensazione di dover essere punito.

Nell'aereo nero c'erano *uomini con casco e occhiali;* perciò anonimi. Essi rappresentano il castigo che viene "dall'alto". È la "vendetta" che viene dal "cielo", in qualche modo. Arriviamo qui ai simboli di punizione celeste (il fulmine è il più frequente).

Tuttavia, prima, abbiamo parlato dei *dischi volanti*, il cui successo popolare è dovuto al fatto che si spera che siano occupati da esseri superiori, incaricati di "salvare" gli uomini e di condurli verso una "terra promessa". Qui l'aereo nero è un "disco volante all'inverso", se così possiamo dire. Alla fine di questo frammento, si fa luce nondimeno una prima consapevolezza del sentimento di colpa e del bisogno di essere punito:

«Che cosa ho fatto perché mi uccidano? Sono forse io che voglio farmi uccidere?».

Ancora un frammento di seduta

L'abbiamo scelto brevissimo, perché vi compare lo stesso simbolo di una seduta descritta precedentemente, ma sentito in modo diametralmente opposto.

«È un grande frutteto... c'è un grosso albero pieno di rami... carico di mele straordinariamente grosse... non so perché, ma sento un disagio straordinario... quasi un disgusto...».

Perché quella persona (un giovanotto) sente un tale disgusto di fronte a un albero da frutto? Egli associa:

«Quell'albero mi fa pensare... non oso dirlo... a delle

sottane... ho l'impressione trovandomi sotto l'albero, di essere sotto le sottane di una donna... e di commettere una specie di... di essere un "voyeur"?... Quel melo mi fa pensare a una donna incinta, con un petto grandissimo, un grosso ventre... sono soprattutto i frutti che mi disgustano; e tuttavia, sono belli...».

Questo frammento parla da sé. L'albero, carico di frutti, rotondo, fronzuto, rappresenta la donna. Questa donna, nel caso preciso, è la madre del paziente. E il paziente soffre di un *Complesso di Edipo* ([1]). Egli ha rimosso la sua attrazione sessuale verso la madre. Per di più, la madre si era potentemente "attaccata" a lui. Infatti madre e figlio avevano formato una specie di "coppia", contro la quale il paziente si era sempre ribellato... sviluppando una sottomissione perfetta nei confronti della madre.

Un altro frammento di seduta

Siamo di fronte a un paziente (un operaio intelligente, ma senza alcuna cultura simbolica che possa averlo influenzato). Parla della sua solitudine e delle sue paure, e viene invitato a far apparire un'immagine che rappresenti la situazione.

«Dolciastra... glauca... come la luna... come l'acqua... La luna e l'acqua... Non si muove... c'è una barca immobile... non ho voglia di prenderla per andare a vedere dall'altra parte dell'acqua... Forse c'è il sole dall'altra parte?... Dolciastro... niente... Vedo un paesaggio lunare... freddo... bianco... lasciarsi scivolare in quell'acqua... e pertanto quell'acqua non è una promessa?... Niente? possibile?».

Qui noi abbiamo a che fare con un bellissimo simbolo che, negativo all'inizio, diventa alla fine positivo. La *luna* e l'*acqua* sono *qui* un simbolo di morte. Nel paziente c'è un desiderio di suicidio: tentazione di lasciarsi scivolare, di lasciarsi andare nelle profondità immobili, di ritornare al niente. È *un ritorno al "ventre materno"* (di cui abbiamo parlato prima), e che rappresenta la situazione umana di prima della nascita, con la sua felice incoscienza, senza problemi, né difficoltà, né responsabilità.

---

[1] Si veda *Che cosé la psicologia*, p. 188.

Si vede una *barca*. Siamo di fronte al simbolo della *traversata*: l'eroe deve attraversare una distesa d'acqua per arrivare a una nuova vita e alla luce («forse c'è il sole dall'altra parte?»). Dunque è la storia di Giona e di tanti altri. Ma per il momento la barca resta immobile; la traversata non avviene.

Tuttavia il paziente si pone la domanda: «Quest'acqua è una promessa?». Si entra nel simbolismo dell'*acqua di Vita*. Si tratta di un'acqua immobile, certo, ma da cui può scaturire una creazione (come le acque della Genesi che precedettero la nascita della terra). Il paziente lo lascia capire: quell'acqua contiene una quantità di germi, e quei germi possono diventare vita.

Per concludere...

Spesso questo metodo offre grandissimi vantaggi. Ma bisogna arrivare al "sogno" profondamente vissuto. Succede d'altronde frequentemente che il paziente senta il sogno in modo estremamente spinto, fin dentro i suoi muscoli. Egli non recita il suo sogno: lo *vive*. Come si è detto, questo metodo offre numerosi vantaggi: la tensione psicologica si rileva spesso rapidamente, permettendo così un'analisi del profondo più scavata senza che si produca l'angoscia. Questo metodo può dare dunque un tono più forte; e questa forza nuova può essere usata per lavorare di più (non parliamo di ricerca dei ricordi d'infanzia).

Questo metodo permette ugualmente di arrivare a "isolare" certi contenuti inconsci. Esso consiste anche nel lasciarsi andare al proprio inconscio, che possiede una conoscenza superiore dei suoi bisogni più veri, e può guidare alla loro integrazione.

Tutto dipende parimenti dal paziente. Certuni fanno connessioni sulle immagini, come sulle parole. (Si riveda a proposito l'esempio del giardino, un po' prima). Altri hanno bisogno di essere guidati, passo passo, nella loro esplorazione sotterranea. Altri si lasciano veramente "sprofondare" nel loro inconscio, con i pericoli che potrebbe rappresentare se non venissero guidati. Non dimentichiamo che l'inconscio spesso, contiene delle esperienze rimosse che è meglio non affrontare di petto.

Questi pochi esempi sono evidentemente troppo brevi. Sono estratti da frammenti più lunghi, sono ottenuti da un lavoro psicologico prolungato. Essi sono troppo limitati, e non possono dare che un'idea molto vaga della psicoterapia simbolica e delle sue possibilità talvolta immense.

Non dimentichiamo che *un simbolo non è una creazione dello spirito*. Il simbolo è carico d'emozione e d'energia. Esso abita in esseri di carne e sangue. Nella psicoterapia simbolica, le immagini e i simboli diventano delle realtà profondamente provate. Talvolta è straordinario constatare a qual punto un simbolo può far scaturire un'energia considerevole, riguadagnare il tono psichico, far "vedere chiaro", ricostruire e unificare una personalità.

L'inconscio personale

Esso si definisce da solo: è una parte dell'inconscio che si forma secondo le nostre esperienze *individuali* e la nostra *storia personale*. Si capisce immediatamente come l'inconscio personale sia spesso contaminato, malato.

La sua esplorazione approfondita è — evidentemente — essenziale in analisi perché, dalla sua "pulitura", dipende la libertà dell'Io.

In direzione della nevrosi

In *Che cos'è la psicologia*, abbiamo parlato a sufficienza delle rimozioni e dei complessi da non doverci ritornare sopra. Riprendiamo tuttavia alcune nozioni essenziali; consideriamo l'inconscio personale attraverso la visuale psicanalitica; estendiamo poi la nozione di rimozione. Quanto al complesso, rimandiamo ugualmente al libro suddetto; citeremo semplicemente un "caso" che indica fino a che punto bisogna evitare di prendere il sintomo per il complesso stesso.

Il nostro inconscio ci protegge

L'inconscio provoca spesso delle malattie, la più nota delle quali è la nevrosi. Prima di tutto, si deve sapere questo: il ruolo dell'inconscio (l'abbiamo già visto) è di *mantenere l'equilibrio*, o di *ristabilire un equilibrio minacciato*. È allora un deposito delle rimozioni, dei complessi, delle nevrosi? Sì, certamente, ma *non nel senso generalmente inteso*, come noi ci renderemo presto conto.

Un esempio: l'inconscio può provocare la febbre. Ora, se la febbre protegge, può anche passare i limiti: allucinazioni, morte. È così anche della maggior parte dei meccanismi inconsci di *difesa*. Se superano certi limiti, ecco la grande nevrosi, la grande angoscia e, a volte, l'alienazione mentale.

Non dimentichiamo mai che se un uomo è malato, la sua malattia rappresenta sempre un tentativo, fatto dall'organismo, per guarirlo.

E tutto ciò che è "malato" nel nostro inconscio è della stessa categoria.

LA RIMOZIONE

La rimozione è un meccanismo inconscio che impedisce a una pulsione di arrivare alla coscienza.

Freud fornisce (all'incirca) la seguente similitudine: è come se dei personaggi irsuti, poco lavati, nudi nella loro nudità "inconfessabile" (gli istinti), volessero uscire dalla loro oscura cantina (l'Inconscio), per invadere il salone (la coscienza morale) dove una serata mondana è in pieno svolgimento.

Fra le cantine nere e il salone illuminato, nella penombra, c'è un nugolo di guardie: il Super-Io.

L'impulso istintivo e barbuto sale alcuni scalini, si scontra con le forze del Super-Io, deve mostrare le sue carte. Se viene respinto, il troglodita è ricacciato nei suoi abissi, senza altra forma di processo. *Ma* i personaggi che si muovono nel salone *ignorano tutto* ciò che è avvenuto.

In altre parole: la coscienza ignora sempre che c'è stata una rimozione. Si conosce l'esistenza delle rimozioni solo quando i sintomi compaiono in superficie. Per esempio: un'angoscia (provata coscientemente) può essere il sintomo di rimozioni (inconsce).

Perché si produce una rimozione? Perché rimane inconscia? La rimozione agisce su degli impulsi che vengono dall'inconscio. C'è rimozione perché l'impulso minaccia di squilibrare la personalità. *Qual è la minaccia? Chi è minacciato?* Abbiamo parlato degli istinti (v. cap. 12). Ora, gli istinti non conoscono la morale, i tabù, le interdizioni, i permessi. L'inconscio produce istinti, come un carburatore vapori di benzina. È dunque facile capire che, dal momento che un *impulso inconscio* è in forte disaccordo con la *morale inconscia* del Super-Io, "qualche cosa" deve avvenire. Questo "qualche cosa" è la rimozione.

Poiché è provocata da un impulso potente, una rimozione è sempre carica di energia e di emozioni. Ma queste emozioni sono inconsce come la rimozione stessa. L'emozione e quella energia "gravitano" allora intorno alla rimozione, come gli elettroni intorno al nucleo...

Tuttavia, non bisogna immaginare che si rimuova *un* impulso di tanto in tanto. Si rimuove un impulso perché esso rappresenta un pericolo per la personalità. Perché il pericolo scompaia, *bisogna che l'impulso rimanga rimosso*; il che esige una spesa *continua* (e considerevole) di sforzi inconsci. È come se un fiume (l'impulso) si lanciasse senza posa all'assalto di uno sbarramento (il Super-Io) che lo fermasse in ciascun tentativo di scorrere a valle (la coscienza). Dunque, spesa inutile di energia, indebolimento della personalità. Una somma di rimozioni (che si mantengono spesso per tutta la vita) finiscono per affaticare, per inibire, per deprimere. Perché? In quanto la vita quotidiana avrebbe bisogno di questa energia immobilizzata dalle rimozioni interiori. Sarebbe come se una fonte di elettricità dovesse alimentare delle potenti luci invisibili, contemporaneamente a lampadine d'uso domestico, il cui debole rendimento stupirebbe senza una causa comprensibile.

Quando si rimuove una parte della propria personalità...

Sappiamo già che si può rimuovere la propria *Anima* o il proprio *Animus* (la metà della personalità!) e che si possono "proiettare" questo rimozioni con tutte le conseguenze possibili (amore, matrimonio, scelta di una professione, ecc.).

Jung ha esteso ancora di più la nozione di rimozione (scoperta da Freud). Jung ha constatato con l'esperienza che si poteva rimuovere ugualmente una *funzione* della propria personalità.

Che cos'è una funzione? Si potrebbe paragonare la personalità a un cerchio diviso in quattro. Ciascuno di questi "quarti" rappresenterebbe una funzione.

Vedremo così le seguenti funzioni:

il pensiero: è una funzione *cosciente*. Essa stabilisce ciò che è;

la sensazione: è una funzione, contemporaneamente *co-*

sciente e *inconscia*, che ci permette di percepire profondamente la vita;

l'intuizione: funzione *inconscia*, che produce delle "evidenze", senza l'intervento del ragionamento;

il sentimento: funzione secondaria, che si collega con il pensiero e la sensazione. Ci dice quello che sembra adatto per noi.

Si sa (in seguito all'esperienza personale) che gli uomini hanno una funzione *pensiero* più sviluppata, e che le donne hanno un'importante funzione *intuizione* (questo molto schematicamente).

Tuttavia, queste *quattro* funzioni fanno parte di *ogni* personalità: uomo o donna. Si capisce molto bene che una donna che non fosse *che* intuizione (e la cui funzione pensiero fosse inesistente) non sarebbe che una parte di donna. Nello stesso modo, un uomo che non fosse altro *che* pensiero (senza intuizione, per esempio) non sarebbe altro che una squallida macchina calcolatrice.

L'ideale è dunque di arrivare (nel corso del trattamento analitico) a riequilibrare e ad unificare queste quattro funzioni in seno alla personalità.

Ma *accade frequentemente che un'intera funzione sia rimossa.* Immaginiamo un bambino la cui spontaneità è continuamente vessata da un genitore autoritario. Supponiamo che questo bambino, passato un certo tempo, si senta colpevole o stupido ogni volta che è "se stesso" (spontaneo).

Il bambino quindi, a poco a poco, *rimuoverà la parte della sua personalità che gli sembra pericoloso esprimere.*

Egli si dirà: «Se io sono spontaneo, mi trovo contro l'opposizione sprezzante di mio padre (o di mia madre); mi sento colpevole di essere spontaneo; io non sarò più spontaneo; reciter › una parte».

Im,naginiamo che quel fanciullo rimuova la sua funzione "sensazione". Ora, questa funzione deriva dall'istinto. Essa consiste nel "lasciarsi andare", nel "sentire" la vita, nell'essere largamente aperto all'esistenza, nell'essere se stessi.

Se tale funzione è rimossa, un quarto del cerchio sparisce. La personalità è mutilata.

Ma il vuoto deve essere colmato! L'*indebolimento* della personalità si deve compensare con l'*irrobustimento* di un'altra funzione. Un'altra funzione diviene ipertrofica, si gonfia. Per esempio, la funzione "*pensiero*".

Immaginiamo lo stesso fanciullo diventato uomo. La sua funzione "*sensazione*" è rimossa, e la sua funzione "*pensiero*" ipertrofica. Come sarà quest'uomo? Sarà iperrazionale, raziocinatore. Egli non farà leva che sulla ragione ragionante; sarà *privato* della "sensazione" ...e probabilmente dell'intuizione. Egli non ascolterà che l'aritmetica degli aridi ragionamenti e non ascolterà più le sue voci interiori. Quell'uomo sarà dunque diventato incapace di "sentire" qualche cosa. Rifiuterà (inconsciamente) di lasciarsi andare alle sensazioni, alla spontaneità e si obbligherà (senza saperlo) a recitare continuamente una *parte* di padronanza di sé, di perfezione nel pensiero e nel giudizio, di falsa moralità, di falsa virtù, d'intelligenza ad ogni costo, ecc. Inutile dire che avverrà la catastrofe in tutti i campi che esigono spontaneità (la sessualità, i rapporti interpersonali, ecc.).

La scoperta di queste quattro *funzioni* potrebbe sembrare astratta, o essere una "creazione dello spirito". Ma l'osservazione e l'equilibratura di queste quattro funzioni fanno parte del trattamento analitico. Queste funzioni formano la struttura degli esseri viventi. *In analisi, se si riesce a sbloccare l'una o l'altra funzione rimossa, la personalità del paziente si arricchisce e si unifica, come se un albero inaridito riprendesse foglie, frutti e radici.*

Supponiamo ancora un uomo che avesse rimosso *tutta* la sua funzione "*sensazione*"... e tutto ciò che gravita intorno a tale funzione. *Egli rimuove contemporaneamente la parte femminile della sua personalità* (essendo la sensazione e l'intuizione funzioni femminili). *Egli non osa più* essere passivo. *Non osa più* essere arrendevole. *Non osa più* lasciarsi amare... poiché non potrà mai "lasciarsi andare"...

Quando la rimozione si "sblocca"

Che cosa avviene quando, durante il lavoro analitico, na funzione "risale alla superficie"? Avviene prima di tutto il ristabilimento di un equilibrio. Quel che era ipertrofico si "sgonfia". Per esempio (l'uomo di poco fa) smetterà di essere *troppo* razionale e potrà "lasciarsi andare". Noi avremo a che fare con un uomo nuovo che farà assegnamento su due funzioni che si completano meravigliosamente: *il pensiero e la sensazione*. Quell'uomo non si riconosce più. *Intere regioni della vita gli si aprono*, regioni di cui egli non sapeva l'esistenza.

Egli quindi diventa:

1) *sufficientemente maschile* per pensare con chiarezza, con lucidità, per essere virile senza eccessi, per dare ed amare, per guidare e comandare, senza mai essere spaccone, e

2) *sufficientemente femminile* per ricevere, essere docile, godere della vita, lasciarsi andare alle gioie interiori e irrazionali...

Ecco allora, ripetiamo, un mondo nuovo che si rivela. Ma il pericolo rimane quello che già abbiamo visto. Se un uomo ha "scelto" gli amici, la moglie, la professione, gli svaghi, insomma, se ha basato la sua vita su quello che *era*, rischia di trovarsi di fronte tanti elementi che non corrispondono più a quello che *è*. Ma questo è il pericolo insito in ogni analisi, e che spesso viene eliminato con la comprensione e l'intelligenza. Infatti molto raramente esso finisce per dare seri fastidi alle persone e alle cose abitualmente vicine (a meno che non si tratti di un ambiente nevrotico).

IL COMPLESSO

Daremo due definizioni brevi, ma precise:

Definizione di Jung: una nevrosi è una dissociazione della personalità dovuta all'esistenza di complessi.

Definizione di Gerhard Adler: il complesso è una costellazione di conflitti psichici, carichi di energia affettiva.

Il complesso è una personalità inconscia, separata, opposta alla personalità cosciente. Dal momento che il complesso è ricco di energia, questa resta *bloccata*. Se tale energia resta bloccata, la coscienza e la volontà non ne traggono beneficio; anzi, esse devono condurre una lotta sorda contro un nemico invisibile. C'è dunque inibizione, diminuzione di volontà, di concentrazione, mancanza di adattamento alla vita quotidiana, fatica, tensione, sovraccarico di emozioni, ecc.

Ecco perché l'eliminazione dei complessi è tanto importante in psicanalisi. A volte si tratta di un "bagno di energia" di cui il paziente non può avere idea. È un'esperienza fisica *e* psichica (perché l'energia inutilizzata diventa disponibile). Scompaiono delle inibizioni, evidentemente; ma anche delle fatiche o delle limitazioni di lavoro che nessuno riusciva a spiegare. La concentrazione, la vivacità della mente ritornano. Ed è ben comprensibile, dopo tutto, perché la personalità ridiventa totale, liberatasi di un corpo estraneo "che le beveva il sangue".

Ecco un esempio che mostra, partendo da un sintomo *assai frequente*, la discesa verso la situazione di complesso.

Il caso di Paola

Il caso seguente (molto schematizzato) potrebbe applicarsi a numerosi altri sintomi. *A partire da un presunto complesso*, noi vedremo il *Super-Io* (v. cap. 11) lanciare schizzi di veleno, un senso di colpa inconscia tentare di mordere, e il complesso di Edipo comparire infine come ultimo personaggio di una scena drammatica.

Si vedrà che la *manìa* di cui soffriva una ragazza era solo una piccola spina (lancinante, certo, ma localizzata) infilata su una situazione complessuale profonda.

Paola è una ragazza di 26 anni. Vive con i suoi genitori; è molto carina, ma ha una paura terribile del matrimonio, mentre soffre ad un tempo di una "mania" spossante.

«Io vorrei sposarmi, ma ho paura. Non voglio sposarmi perché sono affetta da un "complesso" di manìa. La sera, faccio venti volte il giro della casa per verificare se le porte e le persiane sono chiuse. Non riesco a distogliermene. Ricomincio sempre.. e devo fare uno sforzo terribile per andare a letto. Devo anche usare dei sotterfugi inimmaginabili perché i miei genitori non si accorgano di niente.. questo fatto dura da due anni e tutte le sere... sono sfinita da questa lotta nella quale la mia volontà non può assolutamente niente... Come potrei sposarmi in questa condizione? Crede che sia possibile "eliminare questo complesso?"».

«Non è un complesso. È soltanto un sintomo».

«Allora vuol dire che io ho qualcos'altro, di più profondo?».

«È così. E lo cercheremo».

«Oh sì! Preferirei essere cieca che soffrire di questa *ossessione...*». (Paola lo dice: si tratta di un'ossessione che, come molte ossessioni, si rifà, in questo caso, a un senso di *colpa inconscia*).

«Lei, ha una macchina?».

«Sì. Perché? (aggressiva): chiede degli onorari più alti a chi possiede l'automobile?».

«(sorriso)».

«Mi scusi. Ho sempre l'impressione che il mondo intero mi cerchi e mi sia ostile... come se mi indicassero col dito; ma io non ho fatto niente di male, Sì, ho la macchina».

«Certe manìe si manifestano anche lì, nello stesso modo?».

«Sì, ma meno fortemente... Verifico tutti i giorni, ma mi è difficile non verificare parecchie volte di seguito. Al parcheggio, tiro le portiere come se le volessi rompere per controllare se le ho veramente chiuse bene... Talvolta ritorno indietro, come se temessi di averlo dimenticato, mentre so benissimo di aver chiuso tutto».

«In società come si sente? A suo agio?».

«Oh, no, mai... sempre sostenuta, rigida, *sulla difensiva*... Non arrivo mai ad essere me stessa... ho l'impressione di essere osservata, giudicata...».

(Passiamo immediatamente a un altro frammento di seduta).

«Mio padre è un uomo aggressivo, sicuro di sé, sempre sicuro di sé...».

«Troppo sicuro di sé?».

«(sorriso) Io credo, infatti, che... Voleva che mio fratello continuasse la sua professione; d'altronde, l'ha obbligato...».

«(sorriso) In onore al nome?».

«Sì... in onore al nome. Io non ero buona che per le pentole. Non ero che una ragazza, no! Una ragazza non diventa mica ingegnere! E poi mio padre mi ripeteva con ironia che le ragazze non andavano a cavallo, erano incapaci di fare dei chilometri a piedi, di andare a caccia, di... (singhiozzi). Ero una buona a nulla... tutto quello che facevo andava male, era criticato...».

«.......».

«Mio padre? Non si sapeva mai come comportarsi... Avevo l'impressione che fosse un carceriere a cui bisognava rendere conto... Per evitare i suoi sarcasmi, ero sempre ben vestita, io... (collera) *io non dovevo mai venir meno* all'onore, al dovere, al rispetto dovuto ai maschi onnipotenti; poco mancava che dovessi baciare le loro scarpe prima di lustrarle.

Sempre recitare una parte... sempre sorvegliarsi... *Niente di quello che facevo andava bene*, mai!».

«(piano) Suo padre, non era un debole? suo fratello non era schiacciato, anche lui?».

«Mio padre un...? Ma che cosa dice? Io lo consideravo un oracolo infallibile; era bello e intelligente! Tuttavia, è vero che era triste... credo che non andasse d'accordo con la mamma... ma faceva bene la sua parte... Perché bisogna che i figli paghino in tutte queste storie? Gli psicologi farebbero bene ad interessarsene!».

«(sorriso) Ma se ne occupano».

«Ah? (silenzio) Lo sa? Davanti agli altri, io mi sento differente! Io cerco sempre *un atteggiamento che piaccia agli altri... non sono mai spontanea... mai libera dei miei movimenti...*».

«Ha mai potuto parlare in confidenza con suo padre?».

«No, mai. Non mi sarei azzardata, e non mi avrebbe capito. Si sarebbe trincerato e mi avrebbe sfuggito, guardandomi dall'alto della sua ironia... C'è ancora questo: *niente mi fa paura come la parola "Polizia"...*».

«Perché».

«Non lo so... come se... *se si parla di qualcuno che ha fatto qualcosa di male, ho l'impressione che il discorso riguardi me...*».

Discendiamo

Che cosa vediamo all'inizio? Una manìa di controllare, un'ossessione. E poi? Vediamo delinearsi un *Super-Io* imperioso: *bisogna rendere conto*, *non sbagliare mai*, *sorvegliarsi sempre*, ecc.

Vediamo apparire anche un senso di colpa generalizzato (Paola si comporta *come* se fosse colpevole). «...ho l'impressione che il mondo intero mi sia ostile... come se mi si mostrasse a dito... tuttavia non ho fatto niente di male... ho l'impressione di essere giudicata... niente di quello che facevo andava bene... se parlano di qualcuno che ha fatto qualcosa di male, ho l'impressione che si parli di me...».

Che c'è di cosciente in tutto questo? Niente... a parte i sintomi. Tuttavia, c'è, nell'inconscio di Paola, un'immensa rete di obblighi rigidi (il *Super-Io*). Essa si sente sempre obbligata a "rendere conto"... come una colpevole! A chi? A suo padre e, estensivamente, all'umanità intera e a se stessa (al suo Super-Io). Ella considera gli altri come adulti che la minacciano come una bambina "colpevole" (o almeno come crede di essere, inconsciamente).

E dopo?

Si potrebbe dire che Paola "verifica" cento volte la stessa cosa, *come se dovesse rendere conto in caso di dimenticanza*. Perché *dimenticanza*, per Paola, è come *errore*. Appunto, essere in errore, per Paola, significa essere disprezzata, biasimata, respinta da suo padre. Ella deve dunque rendere conto a suo padre (e agli altri)... ma soprattutto al suo *Super-Io*, che la controlla senza posa come un guardiano interno.

Eccoci lontano dalla "manìa" propriamente detta... poiché quel comportamento "colpevole" *risuona in tutte le azioni della sua vita quotidiana*. In fondo, il Super-Io di Paola le proibisce qualsiasi libertà, qualsiasi spontaneità... *e qualsiasi errore*!

Dopo poco appariva il *complesso di Edipo* ([1]). Si tratta, d'altra parte, piuttosto di una " situazione edipica", nella sua più larga accezione (questa situazione d'altronde proibiva il matrimonio: la manìa non era che un pretesto).

Il padre di Paola? Ella mi ha fatto vedere la sua foto (per "mia informazione", diceva, mentre negli occhi le brillava una fiamma di orgoglio e di ostilità, come la fiamma di una bambina per un maestro amato ed odiato ad un tempo). Un uomo giovane, bello, con le tempie argentee; un'aria sprezzante, molto "Rinascimentale". Un uomo che ha paura, in fondo a se stesso. Ed è questo padre che sarebbe stato necessario curare una ventina d'anni prima...

Il padre è divenuto un dio di bellezza, d'intelligenza, di fascino per Paola. È molto logico. L'amore edipico si svela. La madre di Paola? Inesistente, sempre in viaggio, in disaccordo col marito. Dunque, per Paola, una bella occasione per avere il padre tutto per sé. Ma lei si urta con il fratello, amato dal padre. Si scontra col disprezzo del padre. Il suo amore è frustrato. Questa frustrazione genera l'ostilità, vale a dire l'odio. E quest'odio viene rimosso. Appare il sentimento colpa. Paola, per non farsi respingere dal padre manifestando la sua ostilità, si sottomette. E il circolo vizioso incomincia.

Dopo un certo tempo, Paola dice:

«Come mi sono sentita colpevole e schifosa, il giorno in

---

[1] Si veda il cap. 7 e *Che cos'é la psicologia*, p. 188.

cui, in un lampo d'ira, ho desiderato la morte di mio padre. Questo, perché mi faceva soffrire e mi impediva di essere me stessa...!».

Qui abbiamo (tutto allo stato incosciente):

amore = frustrazione di questo amore = odio = desiderio della morte del padre = colpa = bisogno di farsi perdonare = sottomettersi = non commettere mai il minimo errore = essere sempre in regola = controllare scrupolosamente quello che si fa = manìa (fra l'altro).

Da cui deriva la seguente piramide, da leggere dal basso in alto:

SINTOMO COSCIENTE	VERIFICARE CENTO VOLTE LE PORTE ("MANIA")
	fare attenzione a tutto - ossessione di non commettere errori - ossessione di essere responsabile di tutto;
	divieto di essere "libera" e spontanea, perchè ogni libertà è sanzionata dal disprezzo del padre;
	farsi perdonare, essere in regola ad ogni costo;
INCONSCIO	colpa - sottomissione con forte ostilità;
	frustrazione - odio - desiderio di morte - rimozioni - amore e sessualità verso il padre.

Fermiamoci qui e non percorriamo le tappe del trattamento e della guarigione di Paola, che a poco a poco divenne libera, spontanea, liberata dalla paura... e irriconoscibile. Ma abbiamo visto a quale distanza il "complesso di manìa" si trovasse dalla causa essenziale.

C'era dunque in Paola non un complesso, ma una situazione generalizzata. C'era in lei una personalità separata, inconscia, sempre occupata a proteggersi contro le opinioni degli altri, sempre occupata ad essere in regola. Ci si rende conto del clima ossessivo che questo rappresenta, e dell'energia rimasta bloccata per anni...

14. - L'UOMO NEVROTICO

LA NEVROSI

Nel libro precedente ([1]) abbiamo descritto la nevrosi con le sue principali classificazioni. Ora addentriamoci in una personalità nevrotica.

Prima di tutto, ecco alcune definizioni.

La vecchia definizione classica:

Nevrosi: affezione "nervosa" molto estesa senza base anatomica nota.

Oppure (che si avvicina di più alla realtà profonda):

Una nevrosi è una "rottura" della personalità dovuta all'esistenza di complessi.

O ancora:

Un essere nevrotico è disturbato nelle sue relazioni con se stesso e con gli altri.

Oppure:

Una nevrosi è un tentativo fallito di adattamento alla vita e alla realtà quotidiane (vedremo in cosa questa definizione sia della massima importanza).

O ancora (citiamo qui Jung):

Nella nevrosi, non è un terreno patologico chiuso che si apre davanti al medico, ma un *essere malato*, malato non per difetto di qualche meccanismo, o di qualche centro di infe-

[1] Nel cap. 5 di *Che cos'è la psicologia*, abbiamo dato la *classificazione* e la *descrizione* delle principali nevrosi e dei loro sintomi. Noi le vedremo qui sotto un differente angolo visuale: quello della malattia propriamente detta, come appare nella psicanalisi o in numerose vite.

zione isolato, ma nella *totalità* del suo essere. Non è la nevrosi l'oggetto della terapia, è chi la porta in sé. Una nevrosi cardiaca, per esempio, proviene, come sappiamo, non dal cuore, ma dall'anima sofferente del malato. Essa deriva dalla vita vissuta nel corso di anni e decenni da un essere intero; essa affonda ugualmente le sue radici, oltre che nella vita individuale, nella vita dell'anima di tutto un gruppo: la famiglia, e la stessa società.

Queste definizioni ci fanno avvicinare sempre più al problema; vedremo perché.

La nevrosi sarebbe dunque una *malattia* senza lesioni organiche. Ma la definizione si è allargata.

Generalmente le nevrosi si classificano come *astenia*, *nevrastenia*, *psicastenia*, *ossessione*, *fobia*, *angoscia*, *isterismo* ([1]). Queste classificazioni, sebbene importanti, restringono singolarmente il problema, benché questi stati siano estremamente diffusi e dolorosi. Ma bisogna rendersi conto che i sintomi di ciascuna di queste nevrosi sono molto numerosi. Anzi, alcuni sintomi dell'ossessione si ritrovano nell'angoscia; alcuni sintomi della fobìa si ritrovano nella nevrastenia, ecc. E, ancora troppo spesso, c'è la tendenza ad ammucchiare tutto in un sacco: la "depressione nervosa"; esattamente come, fino a poco tempo fa, si classificavano molte malattie indefinibili col termine di "isterismo".

Bisogna ricordare che *ogni* nevrosi può manifestarsi mediante sintomi fisici o psicologici. Ci sono nevrosi sessuali, digestive, cardio-vascolari, cutanee, polmonari, oftalmologiche, ossessionali, d'angoscia, di fobìa, ecc. Ci sono certe nevrosi profonde che possono manifestarsi simbolicamente... e fisicamente. Un esempio fra mille: forti rimozioni di aggressività e del desiderio di colpire possono trasformarsi in un blocco del braccio destro e della mano destra, con tremiti, impossibilità di scrivere, ecc.

La nevrosi fa parte dunque dello sterminato terreno della medicina psicosomatica, che ha il merito grandissimo di considerare l'uomo come una *totalità*. Essa considera un uomo malato come una personalità che soffre *nella sua interezza*, in qualsiasi punto sia localizzata la malattia.

---

[1] Si veda *Che cos'è la psicologia*, cap. 5.

Nevrotico per il proprio piacere?

Una nevrosi è una malattia come un'altra. Un'ossessione è una malattia pari alla tubercolosi o al raffreddore. Se diciamo a una persona nevrotica: «È nervoso; il suo sistema neurovegetativo è "semplicemente" sregolato, e non c'è che da fare uno sforzo per ristabilirsi», è come nuotare alla superficie di uno stagno senza rendersi conto che l'acqua va fino al fondo. È assurdo.

E non si deve credere che questa mentalità sia scomparsa! Un uomo medio capisce benissimo che si possa soffrire atrocemente di cancro; ma non può immaginare che una nevrosi possa essere ugualmente dolorosa. Non può concepire che è preferibile avere una bella tubercolosi piuttosto che una nevrosi profonda, che rappresenta un tumore psichico permanente e che non lascia respiro. Ma se l'uomo medio sa che nessuna operazione o sforzo velleitario possono eliminare una tubercolosi, crede volentieri che un bel colpo di scopa, tirato con volontà feroce, (che d'altra parte confonde con l'irritazione e la tensione) sia sufficiente ad eliminare una nevrosi. Ma come potrebbero degli sforzi volontari (cioè *coscienti*) eliminare una nevrosi che è *inconscia* (e di cui sono visibili solo i sintomi)?

Infatti l'uomo medio non sa che la nevrosi *è un turbamento profondo dell'intera personalità.* Una nevrosi pervade tutta la personalità, tutti gli atti della vita quotidiana, comunque essi siano.

Va bene, è rassicurante classificare gli esseri umani in piccoli cassetti etichettati. Tizio? È forte, debole, vanitoso, orgoglioso, maniaco, ansioso, pigro, represso, nevrotico, ecc. Molto facile tutto questo: dà un certo senso di sicurezza a chi "classifica" l'altro credendosi migliore o superiore.

Ma se questo è facile e rassicurante, non risolve il problema, anzi al contrario. Perché se una persona nevrotica si scontra con l'incomprensione e con il "giudizio morale" (come se si potesse "giudicare" moralmente una malattia!), questo giudizio proviene spesso da un'altra persona nevrotica... che si proietta (v. cap. 7) sulla prima e, di conseguenza, ha paura di vedere i suoi miseri meccanismi di sicurezza crollare come un castello di carte.

Classificare le nevrosi?

È impossibile. Come dicevamo prima, non si arriva mai a mettere le nevrosi su degli scaffali. Ripetiamolo: *ogni nevrosi* (*sia essa di poca importanza o grave*) *è un turbamento generale e permanente della personalità*. Se una persona "ha dei complessi" (come si dice), questi trapelano in qualsiasi azione, ma si preoccupano di rimanere completamente inconsci. E notiamo incidentalmente che molti sintomi nevrotici si ammantano di vesti sontuose.

«Io soffro di psicastenia. Il minimo sforzo, per me, è una enormità. Tutte le mattine ho paura di andare al lavoro; dopo un'ora, sono talmente spossato che sono incapace di mettere a posto tre idee...».

Psicastenia? Ma certamente. Si parte allora dal sintomo. E si "scava". E ci si imbatte (per esempio) in una personalità intera che non osa affermarsi. Si scopre una persona di cui ogni azione è accompagnata da angoscia più o meno inconscia. Si scopre una persona che non ardisce mai di essere se stessa, né spontanea. Si scopre una persona che non osa mai parlare in pubblico, né contraddire, né opporsi. Il trattamento psicanalitico continua a scavare. Si arriva a un padre despota, a un'infanzia avvelenata dal senso di inferiorità, di colpa, di angoscia. Si giunge a delle notevoli rimozioni di aggressività. Dunque, *si conclude con un'angoscia generalizzata e prepotente di fronte ad ogni affermazione di sé*; angoscia che divora l'energia del paziente, che, sempre più debole, cade nella psicastenia.

Dunque, se i sintomi sono importanti, se si possono contare a decine di migliaia, non sono niente di fronte alla realtà *profonda* di una personalità *che soffre integralmente*.

Ed è questo che vi proponiamo di vedere.

LA NEVROSI È UNA MALATTIA

La nevrosi è una malattia. Deve dunque seguire le stesse leggi della malattia. Questa nozione è importantissima, non solo per la comprensione della nevrosi in generale, ma anche per tutti coloro che ne sono interessati, per i genitori, gli educatori, gli amici, l'ambiente. Lo stesso vale per capire la maniera di affrontare e di trattare la nevrosi.

Una nevrosi è una malattia. *Che genere* di malattia? *Quando* e *perché* si è malati?

Ogni malattia è una reazione dell'organismo. Dunque una reazione *contro* qualche cosa. Contro che cosa? Contro tutto ciò che turba l'equilibrio e il benessere di quell'organismo. Come si è detto, l'organismo cerca sempre *di eliminare* ciò che lo disturba, con un mezzo qualsiasi. La malattia è uno di tali mezzi.

Prendiamo un esempio elementare: *la malattia non è il microbo, ma la reazione dell'organismo contro quel microbo*. Se l'organismo è turbato da un corpo estraneo, non è il corpo estraneo la malattia, ma l'esercito dei globuli bianchi che vanno all'assalto (il pus), ecc.

Da questo punto di vista, *si constata immediatamente che la malattia è un bisogno*. Un bisogno dell'organismo *in determinate circostanze*. *È un tentativo fatto dall'organismo per ristabilire l'equilibrio.*

E nel caso della nevrosi? È esattamente la stessa cosa. *Una nevrosi è una protezione; un tentativo di adattamento alla realtà. Dunque, nel momento in cui si determina, la nevrosi è un bisogno e una necessità.*

Questo cambia tutto! Mentre si domanda: «Da dove viene questa nevrosi?», il medico deve domandarsi ugualmente: «*Perché* questa nevrosi? *Qual è la sua utilità*? Contro che cosa essa *protegge* questa persona? *Perché* la nevrosi si è sviluppata e mantenuta per tanti anni?».

Una malattia che dura

A questo punto le cose si complicano. Nei casi fisici (il pus, per esempio) la malattia cessa di esistere quando è diventata inutile. Questo appare dunque semplicissimo. Ma la nevrosi dura talvolta tutta una vita, quando le circostanze che l'hanno fatta insorgere sono scomparse.

Dunque, se una nevrosi non passa, è perché *le circostanze restano pericolose*. La nevrosi allora assomiglia a un pus, che non solo sarà permanente, ma invaderà l'intera personalità, tutte le azioni, tutta la vita del soggetto. Perché?

Perché la maggior parte dei pericoli diventano inconsci. Si trovano, evidentemente, fuori del controllo dell'Io cosciente.

Le rimozioni e i complessi sono permanenti e si nutrono continuamente di nuove esperienze. Essi formano una personalità separata, e lavorano per proprio conto nella parte più intima della personalità. Ristagnano nell'inconscio, fuori portata dell'intelligenza e della volontà.

Così un uomo va avanti nella vita... ma le rimozioni e i complessi restano sempre uguali, come un personaggio immutabile. Il pericolo esiste sempre; è diventato invisibile; e la nevrosi continua e si sviluppa...

Consideriamo ora degli esempi che mostrano come si mantiene una nevrosi. Questi esempi fanno vedere anche che una nevrosi è un tentativo (fallito) di adattamento alla realtà.

Un caso

«Per diversi anni (dice il Dr. X dopo un certo tempo di analisi) io sono uscito completamente esaurito dalle mie visite. Davo tutto quello che potevo. Mi rendevo vagamente conto che la mia visita avrebbe potuto concludersi in venti minuti; ma io tenevo il paziente per tre quarti d'ora. *Giustificavo* le mie ricette; davo spiegazioni al paziente, discutevo con lui. Credevo sinceramente che si trattasse di un "dare me stesso". Agli amici, facevo grandi discorsi sulla "dedizione" che implica la medicina. I miei pazienti dicevano che ci avrei rimesso la salute, il che significava per loro che ero un grande medico. E io lo credevo».

Cosa succedeva? In ogni modo, questa "dedizione" non corrispondeva alla realtà inconscia. Quel medico soffriva, fra altri, di sentimenti di colpa (inconsci) (v. cap. 15). Egli agiva sempre "*come se*" *fosse colpevole*. Tratteneva a lungo i malati perché non osava terminare rapidamente le consultazioni (per paura che i suoi pazienti lo "giudicassero male"). Aveva l'impressione che ogni malato gli facesse un grande favore, degnandosi di consultarlo. Inconsciamente, egli si diceva: «Io mi sento colpevole e inferiore; io non ho il diritto... devo giustificare tutto quello che faccio... devo farmi perdonare e accettare dagli altri...».

Un altro caso

Ecco un uomo che, a prima vista, sembra di un'ossequiosità mai vista. Osserviamolo davanti al suo capo ufficio, per esempio. La prima cosa che si nota è che quest'uomo ha paura. Ma paura di che? Se gli si domanda, risponderà:

«Ho paura di perdere il posto; io temo il mio capo perché è molto autoritario; sono timido, ecc.».

Ma si può constatare anche che quest'uomo, di fronte ai propri inferiori nella gerarchia, è molto aggressivo e scortese. Visto dal di fuori, si potrebbe addirittura qualificarlo "ignobile". Allora, ci si chiede: quest'uomo è ossequiente?

Sì, esteriormente parlando, lo è. Ma, dentro, cosa gli accade?

Quest'uomo è ossequiente perché ha paura di non esserlo. E cioè? Se non fosse ossequiente, significherebbe che la sua personalità *si opporrebbe normalmente* alla personalità del suo capo. Ci sarebbe, fra lui e il suo capo, una competizione. Ora, la competizione è ciò che più lo angoscia. Perché: chi dice competizione, dice vincitore e vinto. Questo significa anche che, in caso di gara, il suo capo rischia di innervosirsi, di gridare, di rimproverarlo, di criticarlo, di attaccarlo, ecc., cose che non sopporta affatto. Noi abbiamo qui a che fare con l'angoscia di essere respinto. Per non essere attaccato e respinto, quest'uomo si fa piccino piccino, è di una sottomissione esagerata. In una parola: fa di tutto perché nessun biasimo possa essergli mai rivolto. Fa di tutto perché il suo capo dica: «Eccolo un bravo ragazzino che fa veramente tutto il possibile per suo padre!».

Noi vediamo che ogni comportamento nevrotico risponde ad un bisogno. Grazie a questo comportamento nevrotico, la persona si mette al sicuro. Per esempio: il medico (caso n° 1) si rifugiava nella "dedizione"; l'impiegato (caso n° 2) si riparava per mezzo del masochismo che gli evitava di competere. Se quell'impiegato avesse potuto esaminarsi, si sarebbe chiesto:

«Io ho paura del mio capo. Ma, in effetti, ho paura della vita in generale. Sono aggressivo nei confronti dei miei subordinati, il che mi conferma ugualmente che ho paura. Secondo le circostanze, sono irrigidito, gelido, cauto, ossequioso; sono sottomesso di fronte al mio capo, ribelle quando non c'è... Perché? Da cosa mi protegge tutto questo? Mi protegge dalla paura. E quale paura? Che cosa rappresenta il mio capo? L'autorità? Certamente, ma perché ho tanta paura di dispiacere all'autorità?».

Così, a poco a poco, quell'uomo avrebbe potuto discendere in sé e veder chiaro a proprio beneficio, e a beneficio degli altri. Avrebbe visto nello stesso modo che la maggior parte delle sue azioni erano dubbiose, permeate di angoscia, e che una nevrosi divorava tutta la sua personalità.

Noi possiamo dunque ormai dedurre una cosa della massima portata: la maggior parte delle reazioni nevrotiche protegge contro l'angoscia (cosciente o inconscia).

La nevrosi e la psicanalisi

Dopo tutto questo, ci si potrebbe domandare:

«Se la nevrosi è un bisogno, perché cercare di toglierla? E come fare per estirparla, dal momento che il paziente rischia di attaccarcisi come a una ciambella di salvataggio?».

Perché eliminarla? Perché essa distrugge, falsa, devia, cancerizza delle vite intere. Perché essa fa spesso soffrire oltre l'esprimibile. Perché essa fa sprofondare l'essere umano in una solitudine angosciosa. Perché essa separa l'essere umano da sé e dagli altri. Perché essa fende, rompe, sbreccia. E poi... la domanda non ha senso come: perché tentare di eliminare la febbre, dato che la febbre è un bisogno dell'organismo?

Però, non è la febbre che viene guarita, ma ciò che produce la febbre. E la febbre, diventando inutile, se ne va.

Si capisce dunque che è necessario fare di tutto perché la nevrosi cessi di essere un bisogno. Nove volte su dieci, bisogna sopprimere quello che ha provocato la nevrosi: l'angoscia inconscia. Bisogna trovare allora quell'angoscia che affonda le sue radici negli strati più nascosti della personalità. Così, *bisogna che il nevrotico smetta di aver bisogno della sua nevrosi. E la nevrosi, come la febbre diventata inutile, se ne va da sola.*

Veder chiaro

Se abbiamo tanto insistito sul fatto che una nevrosi *è* una malattia, è perché questo concetto è importantissimo. Si tende a credere che una nevrosi sia una specie di "cicatrice". Si tende a credere che "non è poi gran che". Molte persone hanno l'impressione che la volontà possa combattere la nevrosi. È assolutamente falso.

Si crede allo stesso modo che il nevrotico sia privo di energia... perché è incapace di guarire da solo! Prima di tutto come potrebbe guarirsi, per mezzo della ragione e della volontà, qualcosa d'inconscio che sfugge a quella ragione e a quella volontà? Ci si rende conto dell'energia che bisogna spendere, un giorno dopo l'altro, un minuto dopo l'altro, per mantenere le proprie fortezze difensive? Un po' come se una persona mantenesse un forte armamento, di continuo e a detrimento del portafoglio (quindi, in questo caso, a detrimento della salute).

Per molti, la nevrosi sarebbe dunque una specie di "residuo" derivante dal passato, esattamente come una frattura. Si pensa spesso che un bel giorno uno si prende la nevrosi, e poi, ecco fatto. Tutto questo è falso. Una nevrosi salta fuori un giorno, va bene, ma si sviluppa, perché si mantiene. E questo perché la persona ha bisogno di mantenerla, per proteggersi contro delle circostanze che per essa rimangono pericolose.

Invece di dire:

«Ho una nevrosi da quarant'anni, che ho raccattato in qualche posto nella mia infanzia o nella mia adolescenza...».

Si deve dire:

«Sono ormai quarant'anni che mi mantengo inconsciamente una nevrosi».

Vedete che questo cambia completamente la visuale... e la terapia. Speriamo che questo aiuti molte persone a vedere più chiaro nel loro caso. E forse coloro che circondano delle persone nevrotiche comprenderanno meglio il meccanismo profondo della nevrosi (per il maggior beneficio di quelli che ne sono colpiti).

Riassumiamo:

Se c'è:	Ne risulta:
sicurezza interiore	benessere, sicurezza, equilibrio
dubbio interiore	angoscia, protezione contro tale angoscia (nevrosi).

Si guarisce rapidamente una nevrosi?

Tutto dipende evidentemente dalla sua durata e dalla sua profondità. In fondo, ci si deve domandare: un trattamento psicanalitico è breve o lungo? La cosa migliore è citare la riflessione di una persona, riflessione comune a centinaia di altre:

«All'inizio dell'analisi, si ha l'impressione che tutto finirà nel giro di otto giorni. Poi, a poco a poco, ci si rende conto che è *tutto l'intimo, tutta la personalità* che deve essere modificata, che deve cambiare visuale, che deve cambiare il punto di vista delle cose. Ci si rende conto che ciò che fu vero da sempre, non lo è più; e che la verità di oggi sarà menzogna domani... Si vede, a poco a poco, che si è vissuto su sabbie mobili, immaginando che fosse la terra. Si vedono con una certa angoscia le migliaia di azioni intraprese con l'idea che fossero libere e volontarie... È un bel lavoro; un formidabile rivolgimento interno. È tutta una vita che ti ha spinto nel senso sbagliato, che ti ha coperto di mezzi di difesa, che ti ha annientato... E poi ci si sente rinascere a se stesso. Per la prima volta, ci si rende conto di quello che si è. Ora capisco che mi ero lasciato scivolare nella depressione, e che questa depressione era il mio rifugio. Là almeno, non c'erano lotte... Nella depressione, ero come un bambino che si rifugia nelle braccia della madre. Ero in una grotta isolata: e ora che questa nevrosi se ne va io capisco a che punto mi ci attaccavo senza saperlo; capisco anche tutte le resistenze che, involontariamente, opponevo al trattamento... Io comincio a sentirmi libero, ed è un'impressione benedetta che non avrei mai osato di immaginare...».

E per concludere, la stessa persona dice:

«È splendido non aver più paura e poter andare spontaneamente verso gli altri...».

Allora, il gioco non vale forse la candela?

Una malattia dell'Umano

La nevrosi è una *malattia dell'umano*, nel suo senso più vasto e profondo. La nevrosi è una "crisi della crescita". Colpisce uno o un altro individuo, che diviene allora una particolare cristallizzazione dell'eterna angoscia umana...

D'altra parte, la psicanalisi moderna mette l'accento sulle *nevrosi caratteriali* (di cui si sono visti numerosi esempi); sono le nevrosi che non si manifestano con sintomi molto spettacolari di cui sono avidi il cinema e la televisione, ma che provocano un comportamento le cui reazioni (patologiche) si ripetono durante tutta la vita del soggetto. Ed allora la persona reagisce sempre nella stessa maniera (comportamenti stereotipati), perché il suo "carattere" si è formato a mezzo di meccanismi di difesa.

In questo modo, l'Io della persona è alterato in modo "cronico". Il comportamento è rigido... mentre è proprio di un essere sano reagire con diversità e spontaneità nelle innumerevoli situazioni della vita.

Ed ecco l'importante: *la nevrosi arresta, deforma, inibisce la creatività della persona malata.*

E si potrebbe — quasi — dire che una nevrosi (in senso lato) capita solo a quelli che cercano se stessi. Si potrebbe anche dire che, dal momento in cui un essere umano è inceppato nella sua libertà interiore e nello sviluppo della sua autonomia, la nevrosi compare. Ed è allora che essa rappresenta il tentativo disperato di adattamento di cui parlavamo.

Molto evidentemente un uomo nevrotico pensa in modo diverso da un uomo che non lo è. Un uomo, preda di sentimenti d'inferiorità molto forti, non vede il mondo nella stessa maniera di un uomo sicuro di sé. Un uomo che si sente colpevole vede gli altri attraverso dei prismi che li deformano, e "gli altri" diventano automaticamente un pericolo. Una nevrosi, comunque sia, rimane presente in tutti gli atti della personalità umana, a prescindere dalla profondità e dalla potenza della nevrosi stessa. E allora diventa un modo di vivere: l'uomo vive *sulla* nevrosi e *attraverso* la sua nevrosi.

Che cosa accade alla fine della psicanalisi? I prismi inconsci scompaiono. Le circostanze sono viste in un altro modo. L'uomo vive su dei criteri *totalmente differenti* da quelli conosciuti fino allora. Vive secondo altre norme. Invece di sentirsi solo, si sente legato; invece di avere paura, ha fiducia. Invece di sprofondarsi nelle sue compensazioni, inibizioni, rimozioni, complessi, diviene di nuovo autentico. Le facciate che aveva per proteggersi sono crollate. Ha cessato di attaccarsi a degli infantilismi.

Il paziente ha visto a qual punto i meccanismi inconsci... sono inconsci. Il che significa che sfuggono alla volontà cosciente; il che significa anche che invadono la personalità senza chiedere il permesso a nessuno. Si arriva dunque a capire come il paziente che ha terminato la sua psicanalisi cessi di giudicare moralmente gli altri. Egli diviene disponibile;

giunge propriamente a comprendere gli altri. E, soprattutto, smette di giudicare gli altri attraverso se stesso.

Pensiamo nuovamente alla scomparsa del Super-Io patologico (v. cap. 11). Esso provocava false moralità e false virtù. Rappresentava una morale chiusa, una rigidità interiore, un fissarsi ad epoche passate dell'esistenza. Sotto la pressione del Super-Io, l'uomo viveva secondo dei criteri dettati dagli altri (i genitori, gli educatori, la società, le moralità tradizionali, le religioni viste attraverso la paura e la colpa, ecc.). La sua condotta seguiva, senza che egli lo sapesse chiaramente, dei binari inchiodati una volta per tutte. Il suo comportamento rispettava delle leggi arcaiche, provenienti dall'infanzia, e divenute inconsce. Ma egli credeva che la sua condotta fosse libera e decisa da lui stesso!

Al seguito dell'analisi, il Super-Io scoppia, naufraga, diventa polvere. Ed è a questo punto soprattutto, crediamo, che gli "occhi si aprono" e che si vede — con spavento — quanto fosse determinata una condotta ritenuta libera. E tutta la personalità si libera contemporaneamente al Super-Io che cessa di stillare il suo veleno.

15. - L'UOMO COLPEVOLE E L'UOMO ANGOSCIATO

> Io mi sento sempre colpevole,... ma quale errore avrei potuto commettere dal momento che non ero libero?
> E quando io fossi libero, so che non compirei mai un'azione distruttrice.
>
> (*Un paziente*)

L'angoscia e il sentimento di colpa sono fratelli gemelli. Essi sono inestricabilmente legati. L'abbiamo visto attraverso numerosi casi. Sono sempre presenti quando c'è una nevrosi. Essi ne sono alla base. E questo, che la nevrosi sia debole o forte.

Il sentimento di colpa

Ne abbiamo parlato in *Che cos'è la psicologia.* Tuttavia ricordiamo i sintomi principali:

sensazione di essere sempre scorretto;

paura di essere disapprovato, biasimato, criticato;

sensazioni, frequenti o permanenti, di essere respinto;

conforto al momento in cui si ha la sensazione di essere perdonato o accettato;

fare di tutto per avere la sensazione di essere perdonato;

molto spesso, si vive in funzione dell'opinione altrui; disagio e rimuginazioni se questa opinione è sfavorevole; sollievo se tale opinione è favorevole;

sensazioni permanenti di avere da rendere conto, tanto ai propri subordinati che ai propri superiori;

bisogno continuo di giustificarsi;

adozione di comportamenti che mettono al sicuro dalla critica e dal rimprovero;

bisogno di essere ammirato, di ricevere dei segni esteriori d'affetto o di amore;

angoscia o aggressività quando si riceve un consiglio o una critica;

sentimenti di inferiorità, di timidezza; timore, irrigidimento della personalità;

risposte stereotipate alla maggior parte delle circostanze: atteggiamento troppo condiscendente, atteggiamento troppo duro, troppa gentilezza, troppa educazione, sottomissione, ecc.

Molto spesso, il sentimento di colpa è profondamente inconscio. Una persona può presentarne tutti i sintomi, ma non reagirà affatto se gli dicono che soffre di sentimenti di colpa. Tuttavia, essa rileva nel suo comportamento certi sintomi: *inibizioni diverse, timidezza di qualsiasi genere, bisogno angoscioso di far bene, timore, ecc.*

Il sentimento di colpa profondo provoca ugualmente delle ossessioni, delle manie di controllare, che sono molto lontane dalla causa reale (e invisibile). Si veda il caso di Paola al cap. 13.

Inoltre, il sentimento di colpa produce comportamenti diversi. Ed è logico. In seguito al sentimento di colpa, viene l'angoscia. Dunque è normale che la persona faccia *qualsiasi cosa* per non risentirne. *E allora si presentano certi comportamenti, che divengono, molto spesso, dei modi di vivere* (dall'aspetto "brillante" e positivo, come negativo).

Prima di parlare dell'angoscia, vorremmo definire lo scopo di questo capitolo. Vedremo l'angoscia e i sentimenti di colpa attraverso un trattamento analitico, e contemporaneamente nei comportamenti della vita di tutti i giorni. Ciò permetterà a molti di ritrovarcisi, e di conseguenza di vedersi in un certo modo.

Per di più, bisogna dire che l'angoscia non è quello che si crede generalmente. Nella maggior parte dei casi, essa non ha niente a che vedere con le "crisi" di angoscia. Spesso inconscia, essa è come un clima profondo che stagna nella personalità.

L'angoscia

L'angoscia è il lago nero delle nevrosi.

Essa appare più spesso:

quando c'è pericolo interno;

quando c'è conflitto, sia fra la coscienza e l'inconscio, sia nell'inconscio;

quando la persona sopporta un grave dilemma, spesso senza saperlo.

Tuttavia, prima di procedere oltre, diamo uno sguardo generale.

L'ANGOSCIA CLASSICA

Questo genere di angoscia è spesso cosciente. Si tratta di un'emozione, caratterizzata dall'idea di un pericolo imminente, dall'attesa di una catastrofe, può essere fisica o morale. Questa angoscia può essere di varia intensità: essa parte dal disagio morale con idee nere e inquietudini vaghe; all'altro capo della scala, troviamo l'angoscia terrificante.

L'angoscia può caratterizzare da sola una nevrosi: *la nevrosi d'angoscia*, la più nota fra il pubblico. Sarà sufficiente quindi descriverla nelle sue manifestazioni principali. Ma bisogna dire immediatamente che questa nevrosi d'angoscia è la più grande sofferenza fisica, e la più insopportabile. Una persona che soffre di una nevrosi d'angoscia preferirebbe certamente che gli si amputasse l'una e l'altra gamba, piuttosto che continuare questo inumano supplizio.

La nevrosi d'angoscia procede spesso per crisi. Talvolta evolve verso uno stato abituale di smarrimento mentale. Che dicono le persone che soffrono di nevrosi d'angoscia?

«Quando sono angosciato, non sarei capace di fare un passo nemmeno se mi offrissero una fortuna...».

«Mi dico spesso che se le mie crisi di angoscia dovessero durare, non potrei fare a meno di uccidermi».

Le crisi si fanno prevedere o sono improvvise. Il paziente allora teme il peggio:

«È come una catastrofe che atterra sul mio capo, con una tale prepotenza che mi sento annientato. Credo che non potrò più fare niente, che sarò malato per sempre, che perderò il mio lavoro, che diventerò pazzo... E poi, passa come un incubo. Allora ho una sensazione infinita di rivivere...».

Si danno anche delle manifestazioni somatiche:

«Divento rosso, bianco, il corpo mi gronda, ho degli spasmi viscerali, digestivi. La respirazione è molto disturbata. Il cuore mi batte a velocità eccessiva. Spesso mi tremano tutte le membra...». (Si tratta qui di un tremito emotivo; la crisi è spesso seguita da un'astenia generale dovuta allo strapazzo emotivo).

Ma l'angoscia è talvolta più diffusa:

«Io sono sempre teso, nell'attesa di "qualcosa". Che cosa? Tutto e niente. Qualche volta, ho terrore, ho l'impressione che tutto fallisca, che io non sia più buono a niente, che tutti mi giudichino male, che tutti mi portino rancore, ecc.». (In questo caso siamo nell'angoscia legata al sentimento di colpa).

«È come se fossi sempre incalzato da qualcuno o da qualcosa... Come se "uno" sorvegliasse tutte le mie azioni, come se "uno" mi stesse per dire: "Tu non hai il diritto di riposare, non hai il diritto di fermarti, tu devi lavorare senza tregua, tu hai tutte le responsabilità del mondo su di te"...» (qui, il Super-Io è al lavoro).

Notiamo che l'angoscia non ha niente a che vedere con l'intelligenza del soggetto, né con la volontà, né con la sua situazione oggettiva:

«Io mi dico spesso: che cosa mi succederà? È come se un pericolo, vago e possente ad un tempo, ondeggiasse sopra di me... E tuttavia, io sono ricco, ho una bella e solida posizione, non ho praticamente niente da temere dall'avvenire, e la mia salute è buona... Allora, perché questa inquietudine permanente? C'è da impazzire...».

E infatti, è pazzesco; tanto più che *molto raramente l'angoscia è situata in superficie*. Nove volte su dieci, bisogna ricercarne l'origine e la causa nelle profondità inconsce della personalità.

Esistono ugualmente numerosi casi di angoscia localizzati su un oggetto pericoloso.

«Da quando vedo una corda strisciare su una tavola, la paura mi afferra... provo degli impulsi subitanei che mi spingono ad impiccarmi, o a strangolare mio figlio... E tuttavia io so che non lo farò mai. Ma la paura è così forte che devo nascondere la corda».

Oppure:

«Io sento l'angoscia (la persona doveva dire: la fobìa) dei microbi. Qualcuno tossisce a dieci metri da me, corro a lavarmi le mani. Tocco un saliscendi? Non vedo l'ora di lavarmi le mani. Nell'attesa non oso toccarmi il viso né mangiare qualcosa. E la mia angoscia si estende a mio marito. Io mi chiedo sempre: "Se le è lavate le mani?". Allora, di nascosto, uso tutte le astuzie possibili: gli chiedo, per esempio, di andare a prendere il carbone, salvo a buttare nella cassetta della spazzatura quello che resta nel secchio, oppure qualsiasi altro lavoro che lo costringa a lavarsi le mani... È ridicolo, lo so, ma non ci posso fare niente. Farei qualsiasi cosa per sfuggire questa angoscia...».

Questa persona soffre di angoscia, è evidente, ma l'angoscia è solo il sintomo esteriore di profondi sentimenti di colpa.

Ed è così che in numerose *fobìe* o *ossessioni* dello stesso genere, la persona cerca di impiegare dei "rituali magici" contro la sua angoscia (in realtà, contro il suo sentimento di colpa); *per esempio*, essa guarda il Cristo cento volte, al giorno, essa fa dei segni di croce nella tasca, tossisce violentemente per "respingere il pericolo", ecc. Diciamo tuttavia che si tratta di persone che vivono del tutto normalmente, ma che soffrono di una nevrosi più o meno profonda.

D'altra parte, se si pensa ai miliardi di persone che "toccano ferro"...

L'ANGOSCIA DEL PROFONDO

Questa angoscia è sorda, diffusa. Essa è talvolta totalmente inconscia.

Per esempio: il soggetto può provare certe manifestazioni d'angoscia, come: *diarrea, bisogno frequente di orinare, bulimìa, febbrilità, fretta senza motivo, paura improvvisa, palpitazione di cuore senza ragione apparente, traspirazione senza una causa oggettiva, ecc.* Tuttavia, nove volte su dieci, se tali sintomi sono coscienti, l'angoscia di base resta inconscia. La persona non ha la minima sensazione di essere o di essere stato angosciato. Ed è molto normale, se si pensa che questo genere di angoscia proviene da un dilemma profondamente riposto.

Ecco alcuni esempi, presi nella vita di tutti i giorni:

«Quando penso di aver commesso una sciocchezza, "sono a disagio" per delle ore, come per dei giorni. Mi domando: "Gli ho detto arrivederci in modo conveniente? Gli ho stretto la mano, oppure l'ho dimenticato? L'ho salutato abbastanza gentilmente?". Da anni, io sono preda di questi ripensamenti dopo ogni visita importante che faccio... Io divento talmente teso che non resisto a telefonare con un pretesto qualunque; allora sono di una cortesia esemplare. E comincio a rendermi conto che telefono per dimostrare a qual punto sono sottomesso, e come desidero essere confortato, sentendo che il mio interlocutore non ce l'ha assolutamente con me...».

Noi abbiamo in questo caso la classica unione dell'angoscia con dei sentimenti di colpa.

1) L'individuo si sente colpevole.

2) Ha sùbito l'impressione di essere respinto.

3) Scruta e rimugina i più piccoli avvenimenti che possono essere alla base di una critica, di un biasimo, di un cattivo umore del suo interlocutore.

4) Compare l'angoscia.

5) Per sfuggire all'angoscia, l'individuo mostra un comportamento che fa appello alla benevolenza e al perdono.

6) Sentendo che il suo interlocutore non è arrabbiato, l'individuo si sente perdonato.

7) L'angoscia scompare.

E noi troviamo qui un meccanismo ordinario:

1) l'angoscia appare contemporaneamente alla sensazione di un pericolo, di un'incertezza;

2) la persona cerca di proteggersi contro questa angoscia e di ritrovare una sicurezza;

3) impiega un mezzo o un comportamento qualsiasi per recuperare questa sicurezza;

4) ritrovata la sicurezza, la sensazione *cosciente* di angoscia scompare. (Ma evidentemente l'angoscia incosciente continua a sussistere per riapparire alla più piccola occasione).

E, a partire da questo esempio, vediamo altri casi.

Un uomo dice:

«Non c'è niente che io ami di più come l'intesa con tutti. Io sono profondamente felice quando posso riconciliarmi con qualcuno. Io sono senza rancore...».

È vero, o è falso. *Se c'è sentimento di colpa*, *è falso*. Cosa succede? Succede che quell'uomo *non sopporta* di essere in urto con qualcuno. La discordia fa apparire in lui un'angoscia; essa significa: "L'altro è arrabbiato con me e mi respinge". Egli è dunque felice quando si opera la riconciliazione, ma non per le ragioni che dà. *In realtà*, *non è felice*, *è confortato*; perché ha l'impressione di essere "perdonato" dall'altro. Quell'uomo *non può dunque provare rancore*: perché il rancore non farebbe che mantenere un'eventuale discordia, cosa che egli non sopporta (poiché l'angoscia compare immediatamente).

In questo caso, ancora, ci troviamo di fronte all'unione dell'angoscia e dei sentimenti di colpa. *È quest'uomo realmente tollerante?* No: inconsciamente, è profondamente aggressivo, pensa di aver sempre ragione. ecc. Ma *fa il gioco della tolleranza* (senza saperlo). Egli si *mostra* tollerante, perché questa attitudine gli permette di essere "ben visto" e di essere ammirato per il suo "carattere perfetto" (v. in seguito). Così evita di essere criticato... e di conseguenza, si sottrae all'angoscia.

Ecco ancora alcuni esempi, presi fra i più comuni. Essi permetteranno a parecchie persone di prendere coscienza di certi meccanismi già relativamente profondi, e, in ogni caso, estremamente diffusi. D'altronde, in questi esempi, l'angoscia e il sentimento di colpa si daranno ugualmente la mano.

Alcuni dicono...

«Ho una macchina. So che non perde olio. Tuttavia, ogni giorno (e anche due volte al giorno) io controllo il livello. È più forte di me; se non faccio questa operazione, mi sento a disagio durante la marcia. Mi si potrebbe dire che lo faccio per non rovinare il motore, ma sento che non è affatto questo. C'è in me qualcosa che mi dice: "Tu non hai fatto ciò che dovevi fare...».

«Io vivo solo. Ho certe rendite che mi permettono di fare quello che voglio. Posso, dunque, se lo desidero, alzarmi alle dieci del mattino, come alle cinque. Ma, ogni giorno, mi alzo alle sei. Mi è impossibile rimanere di più a letto. Mi sento colpevole se mi riposo di più. Durante il giorno, se prendo qualche istante di riposo, ho l'impressione di far qualcosa di brutto. Ho l'impressione che qualcuno me lo debba poi rimproverare...».

«Se il droghiere all'angolo è di cattivo umore, credo immediatamente che ce l'abbia con me. Mi sento allora a disagio, rimugino, sono distratto. Spesso faccio una telefonata per dare un'ordinazione importante...».

Ripetendo strettamente quello che si è già detto, dividiamo in quattro punti principali questi meccanismi:

1) compare una sensazione di insicurezza, di fronte a questa o quella circostanza viene fuori l'angoscia;

2) un sentimento di colpa localizzato emerge dall'inconscio;

3) la persona fa "qualche cosa" per ritrovare una sensazione di sicurezza;

4) l'angoscia scompare.

Prendiamo l'ultimo caso: quello del signore e del suo droghiere.

1) Il droghiere sembra (o lo è realmente) di cattivo umore; questo cattivo umore "mette in moto" il sentimento di colpa di cui soffre la persona.

2) Si manifesta una incertezza ("Ce l'ha con me il droghiere?"). Segue immediatamente l'angoscia.

3) La persona cercherà dunque di ritrovare la sicurezza: essa telefona al droghiere per fargli un'ordinazione importante. Prima di tutto, perché questa importante ordinazione dovrebbe fargli ottenere la "riconoscenza" del droghiere. In realtà, quel signore cerca la "benevolenza" del Padre... e il droghiere è lontano le mille miglia dal sospettare il suo ruolo simbolico! La persona prova la sensazione di essere "ben vista". Contemporaneamente, il fatto gli permette di controllare, al telefono, se il droghiere non è "più arrabbiato" (= se suo "Padre" non lo castrerà).

4) La persona ha l'impressione di essere perdonata (dal Padre, dall'Autorità); la sicurezza riappare; l'angoscia se ne va.

Noi vediamo qui una cosa molto importante. L'individuo angosciato e colpevole ha bisogno di una protezione immediata contro la sua angoscia e la sua colpa. E qui, sono due punti di grande rilievo:

1) Poiché il sentimento di colpa e l'angoscia sono permanenti, il bisogno di sicurezza *è ugualmente permanente*. Si vede immediatamente che quella persona adotterà, *talvolta durante tutta la vita*, dei comportamenti e dei modi di vivere che gli permetteranno di sfuggire all'angoscia e di non sentirsi colpevole (la paura dell'Autorità sarà proiettata su chiunque...).

2) Se il meccanismo di sicurezza "fallisce", l'angoscia aumenta. Per esempio, se nel corso dell'ordinazione fatta al telefono, il droghiere si fosse dimostrato sgradevole, la persona non avrebbe avuto la sensazione di essere perdonata; e la sua angoscia avrebbe preso proporzioni più vaste.

Bisogna dunque sempre porsi queste importanti domande: Quali sono i meccanismi di sicurezza usati da una certa persona? Su quale sicurezza si fonda l'equilibrio di quella persona? Quali sono i mezzi impiegati per sfuggire all'angoscia?

Riprendiamo ora il caso dell'automobilista che verifica troppo frequentemente l'olio della macchina.

Qual è la sua angoscia? A prima vista, si crederebbe che egli tema di rovinare la macchina. In un secondo momento, ciò non risulta vero. E si potrebbe scomporre questo esempio in quattro punti:

1) Se non controlla l'olio della macchina una volta al giorno, ha l'impressione *di non essere in regola*;

2) Di fronte a questa impressione di non essere in regola, compare l'angoscia;

3) Deve cercare una protezione e una sicurezza contro questa angoscia;

4) Deve perciò verificare e ancora verificare il livello dell'olio della macchina.

A questo punto, poniamoci una domanda: Quell'automobilista verso CHI deve essere in regola? Evidentemente, con qualcosa che si trova *in lui*. E qui si ricade nel *Super-Io*, di cui abbiamo già parlato a lungo nel cap. 11. C'è in questa persona un reticolato di colpa inconscia che lo obbliga a rendere conto sempre a tutti... a cominciare dalla guardia feroce che si trova in lui.

Quell'automobilista è dunque afflitto da una manìa e da un'ossessione (in piccolo). E noi vediamo — una volta di più — che questa manìa non è che un sintomo alla cui base sono sentimenti profondi di colpa.

Quando si chiudono le porte dell'angoscia

Prima di andare più oltre (e dato ciò che abbiamo visto or ora), sarebbe interessante dettagliare certe forme di angoscia molto comuni.

Ricordiamoci che: angoscia = pericolo profondo = conflitto = contrazione = dilemmi inconsci = insicurezza.

Ripetiamo: l'angoscia è spesso inconscia. Essa produce dei meccanismi di sicurezza (spesso ugualmente inconsci, almeno in gran parte).

Nel quadro che seguirà, certamente molte forme di angoscia si sovrappongono. Di queste, alcune saranno d'altronde sviluppate in casi particolari, più oltre. In ogni modo, noi vedremo ugualmente dei casi speciali (concernenti particolarmente il complesso di Edipo e di castrazione), In seguito esamineremo la colpevolezza infantile, punto di partenza delle angosce profonde e permanenti.

Ecco dunque una serie di angosce comuni, e dei mezzi nevrotici di sicurezza impiegati contro queste. Non dimentichiamo, come già detto, che la maggior parte di questi comportamenti invadono tutta la vita, senza che il soggetto — molto spesso — ne abbia la minima coscienza. Evidentemente questo quadro schematizza dei comportamenti spesso intercambiabili.

Forme di angoscia profonda	Difese contro l'angoscia
Avere paura di:	*Fare di tutto per:*
essere respinto essere abbandonato essere tollerato essere criticato essere biasimato essere giudicato male non essere amato sembrare imperfetto sembrare aggressivo	essere ben visto evitare ogni sciocchezza sembrare perfetto sembrare inattaccabile nascondere i più piccoli difetti (o "metterli in mostra" sinceramente per essere ammirato) incantare attirare la benevolenza mostrare una cortesia irreprensibile non essere mai aggressivo, in collera, cattivo non opporsi, nè contrariare mai. mostrarsi buono, tollerante, diplomatico. cercare la sensazione di essere amato, accettato, mai attaccato, sempre perdonato.
non essere il migliore di tutti non essere il primo in tutto	sembrare perfetto, disinvolto, intelligente, modesto, comprensivo, ammirevole, brillante.
aver torto	aver ragione a tutti i costi evitare ogni errore
essere se stesso essere spontaneo	conservare una falsa calma, una falsa disinvoltura; rigidezza o apparenza di menefreghismo esaltare la volontà, la ragione austera disprezzo degli istinti

non essere in regola	seguire la via del "dovere" restare sul "chi va là" mentale davanti agli altri giustificare le proprie azioni, render conto di esse verificare a oltranza certe azioni (manìe, ossessioni) "adescare" gli altri masochismo restringere la vita e i bisogni sottomettersi al parere altrui paura di sollecitare (o orgoglio)
affermarsi	minimizzarsi infatuazione di sè rimanere in stato di inferiorità o di scacco esaltare la modestia essere "timido" cercare la benevolenza e la protezione "scegliere" i posti subalterni
non essere amato	avere prove permanenti e esagêrate di affezione o di amore regolare il proprio comportamento su quello degli altri non affermarsi mai terrore di non piacere
essere castrato (vedere questo punto molto importante il cap. 16)	dongiovannismo, paura delle donne paura dell'autorità essere ben visto da ogni autorità sottomissione aggressiva effeminatezza (per l'uomo) mascolinizzazione (per la donna) bisogno inconscio della sconfitta masochismo e sottomissione all'Autorità omosessùalità latente dominazione aggressiva sugli altri (sadismo) altruismi esagerati, bisogno di sofferenza idealizzata (in realtà: disprezzo degli altri) fare tutto per gli altri, e niente per sè paura di essere "ingannato" e bisogno di "ingannare" gli altri (certi uomini d'affari)

ammirazione dell'aggressività e, talvolta, della malafede
bisogno imperioso di superare gli altri
disprezzo per la debolezza altrui (in realtà: per la propria, proiettata su altri).

Noi vediamo così, osservando questo schema, milioni di vite umane riassunte in poche righe...

Perfetto per paura di essere imperfetto...

Sebbene abbiamo parlato del "perfezionismo" nel volume precedente ([1]), riteniamo necessario riprenderlo sotto tutto un altro punto di vista; si tratta effettivamente di un meccanismo *molto diffuso* di difesa contro l'angoscia. È una difesa sociale: dunque è logico che il perfezionismo sia così comune come i rapporti umani.

Ognuno, normalmente, preferisce essere amato piuttosto che detestato. Ognuno preferisce essere ammesso in un gruppo piuttosto che esserne respinto.

Anzi, la paura di essere solitario, abbandonato, separato dagli altri, è, probabilmente, la più forte che assilla l'essere umano.

A partire da questa angoscia si sviluppa il perfezionismo (si tratta, in fondo, dell'angoscia del bambino che teme di essere abbandonato dai genitori e di ritrovarsi solo in un mondo ostile e pericoloso).

Il sentimento di colpa dà la sensazione profonda di essere "in errore". Da un lato, la persona che soffre di sentimenti di colpa può rivolgere a se stessa i più grandi rimproveri. Ma, d'altra parte, essa non sopporta che altri (anche un amico) metta qualcosa in dubbio di quello che la riguarda. C'è dunque, in questo caso, una grande contraddizione, ben comprensibile d'altronde.

Una persona che soffre di sentimenti di colpa dipende dall'opinione degli altri. Essa vive in funzione dell'opinione degli altri. Essa prova immediatamente angoscia se crede che si abbia di lei un'opinione sfavorevole.

---

[1] Si veda *Che cos'è la psicologia*, p. 80.

Un uomo dice:

«È veramente straordinario che una cattiva opinione su di me mi faccia sprofondare in un tale disagio! E questo, che si tratti di uno dei miei impiegati, come del mio capo. Sento allora che farei qualsiasi sciocchezza per non avere più questa impressione di essere giudicato male».

Un'altra persona dice:

«Io ne ho fatto una malattia, da quando sembra che si metta in dubbio la mia intelligenza».

Ma questa stessa persona, che vede già più chiaramente, dice:

«In fondo, quello che desidero è che mi ammirino. Se non mi ammirano, mi sento ansioso, mentre mi chiedo in che cosa ho demeritato...».

Quest'uomo mette l'accento su un meccanismo importante. In fondo, non desidera di *essere ammirato*! Ma *ha paura di essere disprezzato*. Vedremo perché.

Poiché una persona affetta da sentimenti di colpa ha paura di essere criticata e biasimata, essa evidentemente *farà di tutto* per non esserlo. Essa adotterà un comportamento che la metta al riparo da ogni critica; quindi: dall'angoscia.

La persona cerca allora di *mostrarsi agli altri sotto un aspetto talmente perfetto che diventa inattaccabile*. Inconsciamente, essa si dice: «A nessun costo io voglio essere smascherata. Se mi smascherano, mi vedranno come credo di essere. Se mi vedono come sono, non mi ameranno più e mi respingeranno». E il ragionamento continua: «Devo mostrarmi sotto un aspetto tale che sia impossibile criticarmi». E la persona, poco a poco, sfugge all'angoscia in virtù della sua apparenza di perfezione.

Sono possibili migliaia di forme di perfezionismo. Sono a volte grossolane, a volte estremamente sottili. Per esempio, ci si può mostrare perfettamente colti, perfettamente intelligenti, perfettamente educati, perfettamente gentili (cioè eliminare ogni aggressività che rischierebbe di essere mal vista); ci si può mostrare perfettamente cortesi, perfettamente istruiti (e recitare la commedia se non si è così), molto buoni, modesti, calmi, comprensivi, ecc.

Infine, ci si può dimostrare perfettamente... tutto ciò che si vuole. Lo scopo — ripetevamo: *essere invulnerabile e amato*.

Sottinteso: «Guardate come sono perfetto; dunque, non siatemi contro, amatemi, non mi respingete...».

Certo, si potrebbero moltiplicare gli esempi all'infinito. Il perfezionismo rappresenta un dispositivo di difesa formidabile, a volte. Spesso, è tutta una vita che si costruisce, un minuto dopo l'altro, allo scopo di essere ben visto, *con qualsiasi mezzo*.

Il perfezionismo, a sua volta, è causa di angoscia. La paura di essere criticato o di essere biasimato è permanente; l'angoscia che ne dipende è permanente, nello stesso modo, *e la più piccola crepa nel comportamento può generare delle angosce e dei rimugìnamenti mentali*. Il che significa che la fortezza è continuamente minacciata e che il cemento che tiene i mattoni deve essere rinnovato ogni giorno. E questo costa molta energia. Perché *il perfezionismo produce un affaticamento emotivo tanto più considerevole in quanto incosciente*. In società un individuo perfezionista è sempre in agguato, si sorveglia sempre, non è mai se stesso; egli cerca incessantemente, nel suo inconscio, in qual modo potrebbe presentarsi sotto l'aspetto meno sfavorevole. Conseguentemente, si determina il blocco di ogni spontaneità. La falsa personalità è permanente, con inibizioni, angosce, paure, ecc.

Ripetiamo quindi che il perfezionismo è il dispositivo di difesa più usato, sotto forme diverse, perché protegge contro una prepotente angoscia umana (essere respinto e abbandonato).

D'altra parte, come ogni nevrosi, il perfezionismo non nasce in un sol giorno. Si sviluppa spesso a partire da un'educazione che produce i sentimenti di colpa. E qui, ugualmente, non c'è niente in superficie; la guarigione dipende dalle prese di coscienza che si possono fare durante il lavoro psicanalitico.

Abbiamo già visto diversi casi di perfezionismo. Eccone un altro che, sulla base del perfezionismo, si approfondisce verso il *complesso di Edipo*, il *Masochismo*, l'*Angoscia di castrazione*, situazioni comunissime (in forme assai numerose).

Un «perfetto gregario»

Il signor L., quarantacinquenne, sposato, con un figlio, soffre di sentimenti di inferiorità, di timore paralizzante, di agitazione, di fatica estrema, di angosce.

Egli dice:

«Io sono *sfinito* dal mio lavoro d'ufficio; faccio molte *ore di straordinario, e...*».

«Queste ore di straordinario, sono indispensabili?».

«Oh, guardi, assolutamente! Ho un *posto di fiducia.* Sono *il segretario particolare* del direttore! Ma, evidentemente, questo mi obbliga a tornare molto tardi a casa. Di conseguenza i miei rapporti familiari non vanno sempre troppo bene».

Tuttavia, un fatto sorprende il signor L.:

«Quello che non capisco, è che sono sempre agitato durante il lavoro. Fatica? Mah, non credo; è sempre come se avessi il diavolo alle calcagna. Allora mi disperdo in dieci lavori diversi e non ne finisco nemmeno uno... almeno come vorrei... E poi quest'angoscia quasi continua...».

Cosa risulta fino a questo punto?

Ore di straordinario, sfinimento, agitazione e dispersione, angoscia... vale a dire poco o niente di preciso.

L'analisi comincia normalmente. Il signor L. non salta nessuna seduta, e questo, malgrado il lavoro che lo opprime.

Tuttavia, il signor L. dice:

«Quando comincio qualcosa, lo faccio lealmente e fino in fondo. Io collaboro a fondo. Come all'ufficio: anche se malato, arrivo all'ora solita».

In realtà, il signor L. arriva sempre un quarto d'ora *prima del* suo direttore. Perché tutto sia pronto prima dell'arrivo del personaggio principale? Niente affatto: perché il direttore constati che, ogni giorno, il suo collaboratore è al posto con fedeltà e puntualità perfette. Devozione? Vediamo il seguito.

«Io — dice il signor L. — sono un uomo su cui si può contare».

È vero, ma noi vedremo che i motivi sono falsi. E non è per niente che l'angoscia è sempre presente...

Un giorno il posto di direttore è vacante. Immediatamente il signor L. si arrabatta... ma non per sé. Non per ottenere quel posto, che egli ha tuttavia meritato, ma per un altro candidato di valore.

«Capisce? — dice il signor L. — La mia salute non mi permetteva di diventare direttore generale. Ho preferito che fosse un altro, di cui io sarei rimasto il segretario particolare. Allora, ho appoggiato fino in fondo la sua candidatura...».

Sapremo in seguito che egli appoggiava soprattutto questa candidatura quando il nuovo direttore generale poteva saperlo. Ossequiosità? Adulazione? Niente affatto.

Ecco dunque il nuovo direttore al suo posto; e il signor L. riprende con lo stesso zelo, il suo ruolo di segretario indispensabile, brillante, che fa trovare al direttore la pappa scodellata, ecc.

Un giorno, il signor L., molto irritato, dice (e questo riassume tutto):

«Sa, ho riflettuto molto. Ho cercato di farlo lealmente. Ho capito che io faccio delle ore di straordinario perché non ho il coraggio di andarmene all'orario...».

«E il suo direttore, lui, va via in orario?».

«Sì, sempre. Ma io faccio in modo che sia al corrente del mio lavoro serale. Metto una lettera sulla sua scrivania, o un discorso, o qualcosa del genere... Ma perché non oso andar via in orario?».

«Per la stessa ragione che la fa arrivare un quarto d'ora prima al mattino...».

Che cosa avviene?

L'APPARENTE	L'INCONSCIO
Leale	Mille piccoli "trucchi" perchè si veda che il signor L. è leale e devoto; per esempio quando dice al direttore: "Arrivando *alle sette*, ieri, io...", mentre gli uffici aprono alle *nove* ed egli è arrivato alle *otto e mezzo*. Il signor L. sa che mente, ma non va oltre. Non sa che molto vagamente cerca di "farsi valere"
Gentile	Aggressività rimossa
Modesto	A condizione che si sappia (come per la lealtà); questo gli dà la sensazione di essere ammirato e perciò accettato
Molto "attivo"	Fierezza indipendente e ostile
Oscuro e timido	Si tira indietro per non entrare in gara, si umilia per essere perdonato

Il signor L., un giorno, dice:

«Sono cinque anni che non ho più chiesto aumenti... Mia moglie mi spingeva a farlo, e io le rispondevo che guadagnavo abbastanza per quello che facevo. Ma ora vedo che era una bella finzione! Ancora è molto vago... ma sento *come se non avessi diritto* al mio trattamento (assai alto) e *che non meritassi il mio denaro...* In fondo io lavoro tanto per darmi l'impressione di aver largamente ripagato quanto mi viene offerto alla fine del mese...».

Siamo quindi in un caso di perfezionismo, i cui aspetti sono: essere un collaboratore perfettamente devoto, perfettamente leale, inattaccabile in nessun settore (il che permette al signor L. di sfuggire all'angoscia di essere respinto e all'angoscia della competizione).

Ma, oltre tutto, siamo in un *situazione edipica* (vedremo questo importantissimo problema in seguito). Dimostrandosi a tal punto devoto, a tal punto "uomo di fiducia", il signor L. si pone sotto la benevola protezione del "Padre" (il direttore). Il signor L. è affetto ugualmente da *Angoscia di castrazione* (v. cap. 16). Teme l'Autorità; con il suo atteggiamento, egli cerca di ottenere i favori di quella Autorità (per non essere castrato). Si tratta, in fin dei conti, di un *problema di masochismo* (mettersi al disotto, diminuirsi, svirilizzarsi, evitare la competizione, sottomettersi, ecc.) *sotto delle apparenze brillanti* (lealtà, puntualità, lavoro esemplare, ecc.).

Il signor L. dunque è nel caso del "perfetto soldato" che vedremo dopo, e la cui devozione perfetta alla Patria e ai suoi Capi, nasconde la stessa angoscia di castrazione...

Ma è ugualmente certo che, senza psicanalisi, il signor L. sarebbe rimasto "perfetto subalterno" (sempre più angosciato) fino alla fine della vita...

Il lago nero

Si vede dunque che il problema dell'angoscia e della colpa è importantissimo. L'angoscia e la colpa sono le grandi responsabili dal momento che un essere umano lascia il suo binario (e questo, spesso dall'infanzia). Il problema dell'angoscia è capitale, nello stesso modo, per i genitori, tanto che siano angosciati essi stessi (non c'è niente di più "contagioso" dell'angoscia), quanto perché essi debbano conoscere i grandi meccanismi dell'angoscia nel bambino e nell'adulto. Perché se il numero dei bambini nevrotici è incalcolabile, lo è altrettanto il numero dei genitori. Esiste qui un importante problema di prevenzione e di profilassi.

Ma per questo, bisogna che si diffonda sempre di più la

psicologia del profondo. Non sarà domani, senza dubbio; e ci saranno ancora, nell'attesa, molti vasi umani rotti.

La punta del suo naso è il confine del mondo

Quel che abbiamo detto all'inizio di questo libro rimane vero. Non si troverà qui nessuna "piccola ricetta" per combattere l'angoscia. Poiché l'angoscia non è *mai* un muschio superficiale. Essa si trova sempre nelle parti più riposte della personalità, anche quando si tratta di una crisi di angoscia: non essendo questa altro che la traduzione di un turbamento profondo. Certe tecniche (rilassamento, yoga, ecc.) sono spesso preziose. Non ne parleremo; poiché il nemico si nasconde spesso nel fondo dell'inconscio, ed è di là che deve essere snidato.

Allo stesso modo, quando l'angoscia è forte, il medico prescrive dei tranquillanti. Ha ragione, evidentemente; i tranquillanti sono probabilmente uno dei farmaci più preziosi della chimica moderna.

Si sa che i tranquillanti hanno invaso il mondo. E questo fa dire talvolta che quelli che si riempiono di tranquillanti dimostrano "viltà" di fronte alla vita. È assurdo. Paura davanti all'esistenza, sì; viltà, no. Viltà non significa niente; non è che una parola vuota, la traduzione di un sintomo. Non si può condannare un sintomo. Questo si risolverebbe ad affidare un giudizio al vento. Viltà significa paura e fuga. Ma chi avrebbe, in modo ragionevole, voglia di aver paura e di fuggire? La paura e la fuga significano che c'è una causa e che bisogna cercarla. È come se si condannasse uno a zoppicare perché una gamba è troppo corta.

È molto più logico dire a se stessi: «Ho paura, sono angosciato, e tutti i miei sforzi devono tendere verso la *causa* di questa paura. Scoperta la causa, io non avrò più paura (v. cap. 9)».

Perché si dimentica ancora troppo spesso che il cervello non è che un organo e che ha bene il diritto, anch'esso, di avere interferenze e crisi di funzionamento.

Nel cielo nero della nevrosi, l'angoscia è un mastodonte, spesso invisibile (perché inconscio, ma che agisce, a maggior ragione, più indisturbato) ([1]).

---

[1] Si veda "La medicina psicosomatica" in *Che cos'è la psicologia*, p. 293

L'angoscia presenta diecimila volti; nessuno è chiaro. E quando un essere umano la incontra, si dà alla fuga e cerca di proteggersi. Anche noi l'abbiamo visto. L'essere umano sviluppa allora tutta una serie di false personalità che, a prima vista, possono in certi casi sembrare autentiche e bellisime. Allora è come se un'acqua maligna si nascondesse in un giardino fiorito.

E ci si rassicura nel vedere che la psicanalisi riesce a eliminare la maggior parte delle forme di angoscia.

L'angoscia durante una psicanalisi

Durante una psicanalisi, il paziente si comporta come nella vita quotidiana. Tuttavia, i suoi comportamenti sono accumulati, cristallizzati, sintetizzati, nel corso delle sedute analitiche. Evidentemente durante un'analisi i motivi di angoscia sono estremamente numerosi. In principio il paziente deve mostrarsi come è. Egli deve mettersi a nudo. Deve smettere di recitare una parte e cercare di essere se stesso nell'accezione completa del termine. Si vede che è già un primo motivo di angoscia — talvolta molto forte. In effetti, supponiamo un paziente che soffra dell'angoscia permanente di essere mal visto, di essere mal giudicato, di essere respinto, ecc. Si capisce benissimo che, durante tutta una parte dell'analisi, l'angoscia sarà all'appuntamento. Quel paziente (per esempio) "barerà", cercherà di "ben figurare" col suo analista. Egli passerà accanto a se stesso. Rifiuterà (coscientemente o inconsciamente) di mostrarsi come è. Contemporaneamente apparirà una tensione in lui; tensione prodotta dal desiderio inconscio di mostrarsi come è, e la paura inconscia di essere mal visto. Un altro esempio: l'ostilità che il paziente può sentire verso il suo analista produce spesso forti angosce.

L'angoscia compare nello stesso momento delle resistenze. Essa compare lo stesso, quando dei meccanismi di sicurezza nevrotici sono vicini o raggiunti. E ugualmente quando certi aspetti della personalità del paziente sono messi in luce, aspetti che il paziente preferirebbe non vedere mai.

Ma — in maniera paradossale — l'angoscia compare anche contemporaneamente alle prime guarigioni. L'abbiamo già dimostrato. È una vera "*angoscia della libertà*", il passaggio dallo stadio infantile allo stadio adulto, l'uscita dalla prigione verso la libertà: una libertà sconosciuta, mai incontrata. E si capisce benissimo che l'angoscia si presenti al momento di abbandonare le difese, i rifugi, le grucce, i pregiudizi, i gusci, i vecchi abiti. È allora la stessa angoscia che prenderebbe un adolescente che lasciasse la casa paterna che lo proteggeva, ma restringeva la sua libertà, per fare i suoi primi passi di uomo adulto in una vita libera e relativamente pericolosa.

Le soluzioni più frequenti contro l'angoscia

Contro l'angoscia sono comunemente adottate tre soluzioni:

1) fare di tutto per mantenerla nascosta e cercare di trovare un modo di vita che la faccia dimenticare (cosa già vista e che vedremo ancora); nello stesso ordine di idee, la persona angosciata usa dei tranquillanti, si getta nel lavoro accanito, va al cinema cinque volte la settimana, viaggia, esce, si distrae, beve, ecc. Qui, la parola d'ordine è dunque: fare qualsiasi cosa per impedire che l'angoscia si manifesti;

2) si può cercare di *sublimare* l'angoscia. Per esempio, sotto la pressione dell'angoscia, una persona può lanciarsi in una professione artistica, in attività altruistiche, in grandi esplorazioni, grandi viaggi, ecc. Dunque è sempre difficile, quando si tratta di azioni che sembrano *positive*, di vedere ciò che è realizzato sotto il peso dell'angoscia oppure no;

3) si può estirpare l'angoscia e vuotare il lago avvelenato da essa rappresentato. Ed è qui che entra in gioco la psicanalisi.

Volontà contro angoscia?

In generale, la volontà non può *niente* contro l'angoscia. Tutto quello che si può fare, è cercare di convincersi che non c'è alcuna ragione di essere angosciati. E, nove volte su dieci, questo non serve a niente; l'angoscia continua, esattamente come se non si fosse fatto alcun tentativo contro di essa.

Ed è molto comprensibile. La volontà e lo sforzo (cosciente e volontario) si trovano sul piano *cosciente*. L'angoscia, invece, si trova sul piano *inconscio*. Non è quindi battendo un piede al suolo che si smuoverà un blocco di pietra che si trova a cento metri di profondità. D'altronde, s'incontrano spesso persone angosciate che possiedono una personalità e una volontà fortissime. E tuttavia, queste qualità non la spuntano contro l'angoscia, per le ragioni che abbiamo detto prima.

Bisogna dire dunque, e ripetere cento volte, che l'angoscia si trova in profondità, mai in superficie. Ragion per cui, la psicanalisi è, in generale, il trattamento ideale.

Ma è evidente che, in quanto si crede di poter eliminare le angosce profonde con la volontà, il paziente si trova immerso in uno stato di solitudine, di incomprensione e di ribellione fortissimo poiché le persone intorno a lui — per ignoranza, per balordaggine o incomprensione — lo annoiano con raccomandazioni che gli fanno più male che bene, e che non riescono ad altro che a far sprofondare il paziente in angosce e irritazioni più forti ancora.

Ed è qui che i venditori di illusioni e di "piccoli rimedi" hanno, ancora una volta, buon gioco.

16. - LE GRANDI SORGENTI DELL'ANGOSCIA

Abbiamo già visto quanto sono diversi i tipi di angoscia, e quanto sono numerosi i comportamenti di difesa contro di essa che vengono (malgrado se stessi) adottati. Abbiamo visto ugualmente come gli stessi sintomi possono ritrovarsi nelle nevrosi differenti (niente deve essere considerato in modo rigido, stretto o localizzato). Vediamo ora quali sono i punti principali di formazione dell'angoscia.

La nascita, i primi anni

Siamo di fronte qui a uno dei motori principali della vita umana. Banalmente parlando, ogni uomo cerca la felicità o, almeno, un'esistenza che comporta il minor numero di difficoltà. Nel proprio ideale, quale uomo non ha il desiderio nostalgico di un Paradiso in cui tutto è calore, dolcezza, pace?

D'altra parte, quanti sono gli uomini assillati dalla paura della vita (con tutto il chiudersi in se stessi che questo suppone, come se l'uomo riprendesse, mentalmente, la posizione ripiegata del feto); o dalla paura della morte (con le numerose attività esuberanti per sfuggirle)?

Il fondo del problema è semplice. E il problema dell'adulto rimane quello del bambino: o "ritornare dalla mamma" se la vita è troppo dura; o "separarsi" e "distaccarsi" dalla mamma per condurre una vita personale, libera, autonoma (a condizione che tale autonomia sia autentica e che la vita iperindividuale non diventi una fuga di fronte all'angoscia).

Nel cap. 12, abbiamo visto l'*angoscia della nascita.* La richiamiamo rapidamente: il feto che ha una psiche inconscia, è immerso nel ventre della madre. L'organismo del feto nuota nella beatitudine. Poi arriva il momento della nascita: l'organismo del bambino è proiettato brutalmente in un mondo dalla realtà gigantesca. Ecco l'uscita dal ventre Materno. Il ventre Materno era il Paradiso. La nascita è il paradiso perduto. Immediatamente si presenta al livello inconscio una nostalgia profonda della Madre, dell'Inconscio, della Morte, dell'oscurità calda e dolce in cui tutto era dato senza che niente fosse chiesto. Questo sarà un segno permanente della psiche umana.

Si vede dunque immediatamente l'importanza capitale del *simbolo della Madre*, che può proiettarsi su tutto ciò che dà dolcezza e pace: la Donna, la Terra-Madre, la Patria, la Chiesa, certi paesi lontani, certe città accoglienti, la morte dolce, il sonno, ecc.

Si può dire quindi che tutto comincia dall'ingresso nella vita, perché il suo esordio è nel "trauma della nascita"!

Alla nascita, l'organismo indifeso del neonato riceve dunque un violento shock. Per Rank, si tratta dell'esperienza umana più *angosciosa* che ci sia. Lo si capisce benissimo, perché l'organismo del neonato passa da una situazione estremamente felice a una situazione dolorosa. C'è allora rottura di equilibrio, dolore psichico, angoscia. È nota la disposizione all'angoscia che hanno i bambini. Per Rank essa ha la sua fonte nel trauma della nascita. L'infanzia intera è necessaria per arrivare a superare questo trauma. Per Rank, i nevrotici sono coloro che non hanno potuto portare a termine questo compito con successo, rimasti immersi negli infantilismi, che sono, in fondo, il bisogno persistente di "ritornare dalla mamma".

Ecco il sogno di un paziente

«Avevo litigato con mia moglie; ho lasciato la casa e sono entrato in una chiesa in cui c'era un immenso letto; il baldacchino era di velluto rosso e caldo. La chiesa era scura; c'erano dei gigli che odoravano forte. Mi sono messo nel letto e mi sono addormentato...».

Nella situazione *attuale*, e in seguito alle associazioni di idee di quel paziente, il sogno significa:

— il paziente è stato messo a confronto con le realtà e le responsabilità da adulto (*ha litigato con la moglie*);

— il paziente ha sfuggito quelle realtà da adulto (*ha lasciato la casa*);

— è penetrato in un luogo chiuso, dalle volte scure, in un luogo accogliente; è tornato verso "nostra Madre" la Chiesa che l'ha raccolto nel "suo seno" (*è entrato in una chiesa*);

— il ventre Materno era accogliente, caldo, imbottito (*un immenso letto, un baldacchino di velluto rosso e caldo*);

— egli vi ritrova la sua infanzia; vi ritrova anche l'accoglienza senza condizioni, propria di una madre, che qui diventa una vera "Vergine Maria" (*il giglio*);

— si rifugia nel ventre Materno, si addormente nel grembo della Madre, ridiventa come un feto beatamente felice (*mi sono messo nel letto e mi sono addormentato*).

L'angoscia di abbandono

Noi sappiamo che sentirsi separato, respinto, abbandonato, solitario, è una delle angosce più prepotenti che possano afferrare un essere umano. Noi abbiamo anche visto a qual punto quegli esseri umani fanno di *tutto* per essere accettati, per non essere più separati, per non avere più la sensazione di essere respinti dagli altri.

Qui ugualmente, Rank ha esteso il problema. Egli ha messo fortemente l'accento sulla nascita, che rappresenta una *separazione* dell'organismo del fanciullo dall'unione con l'organismo materno.

La nozione di abbandono è estremamente importante per l'organismo e la psiche umana. Da essa sola sono generate angosce considerevoli.

Perché c'è un mondo fra le situazioni seguenti:

Situazioni normali	Situazioni di angoscia
separarsi *volontariamente* e percorrere la propria strada in modo autonomo (a condizione che questa autonomia sia autentica e non una ribellione o una disperazione);	*sentirsi* separato dagli altri
essere solo;	*sentirsi* solo e abbandonato;
ritirarsi volontariamente e con fermezza.	*sentirsi* respinto dagli altri.

Si vedono così delinearsi le tappe normali dell'evoluzione della personalità:

a) c'è, prima di tutto, separazione dell'organismo del bambino da quello della Madre;

b) il divezzamento costituisce un secondo trauma meno importante in sé;

c) la separazione dalla madre deve divenire psicologica. È la conquista dell'indipendenza che il fanciullo deve compiere a poco a poco. Questa conquista della personalità autonoma è difficile, molto lenta. Infatti, il bambino, poi l'adolescente, sono posseduti dalla tentazione frequente di "regredire" (verso la Madre). Si capisce dunque che *ogni tappa verso l'indipendenza* (*e questo*, *dalla nascita alla morte*) *deve essere concepita come una separazione da una fase anteriore della vita.*

Notiamo, a questo punto, di sfuggita, che molti fanciulli, adolescenti e adulti si sentono *colpevoli* di separarsi dalla loro madre e di "abbandonarla" (su di lei essi proiettano spesso la propria angoscia di essere abbandonati). Allora si presentano dei turbamenti e delle nevrosi, con l'insicurezza e l'angoscia relative. Questo fatto si riscontra frequentemente quando si prende in esame (per esempio) un matrimonio.

Angosciati e colpevoli di esistere...

Ecco una grande sfilata: quella delle persone che vivono con la sensazione costante di essere *poco* e di essere *niente*. È la sfilata delle persone che si sentono appena tollerate, separate dagli altri. Essi hanno l'impressione di non essere al loro posto in nessun luogo. Si sentono colpevoli (e a disagio, angosciati), ogni volta che emettono un giudizio personale, ogni volta che si trovano in opposizione ad altri (inferiori o superiori). Vivono con la sensazione di essere dei bambini in mezzo ad Autorità superiori.

Non possono amare; come potrebbero, dato che credono che nessuno li ami? Si trovano immersi in sentimenti di inferiorità, in un'angoscia sorda e permanente. Essi provano un disagio profondo quando altri li guarda o li ascolta; hanno continuamente la sensazione di essere "ingannati"; spesso non si rassicurano che quando hanno turlupinato gli altri,ecc.

Sono come dei bambini di fronte a genitori onnipotenti; quei genitori sono "gli altri", senza distinzione. E qui siamo in presenza degli eterni sentimenti di colpa e di angoscia che abitano il cuore dell'uomo, ma che un'educazione nevrotica troppo spesso amplifica...

Parole di pazienti

Queste parole collimano perfettamente con quello che abbiamo già visto. Esse sono, evidentemente, l'espressione *localizzata* di sentimenti *generalizzati*, che invadono tutto l'inconscio (e l'esistenza) del soggetto.

L'espressione della colpevolezza e dell'angoscia è praticamente sempre la stessa. Ma noi riferiremo in seguito queste frasi di pazienti alla causa principale: l'educazione data da genitori nevrotici (o piuttosto, *la reazione* del soggetto di fronte a quella educazione). E vedremo ancora una volta l'importanza — dato l'immenso numero di casi possibili — della profilassi dei genitori.

Ecco prima di tutto il vero grido di un paziente, intelligente, che è "riuscito", energico, un grido che riassume molte cose:

«Io vivo come se fossi indegno, colpevole, buono a nulla. Ma se almeno fossi colpevole di qualcosa!».

Allora, *chi* l'ha reso colpevole? *Chi* l'ha obbligato a sentirsi colpevole?

Continuiamo con delle parole che mostrano un bisogno di sconfitta; cioè un bisogno di essere in pace, di non dover più dire a se stesso: «Io non ho il diritto di riuscire, non ho il diritto di essere felice, di essere me stesso, di avere una personalità, ecc....».

Un altro paziente:

«Io non ho mai ascoltato la mia voce. Ho sempre ascoltato la voce degli altri, e comincio solo ora ad accorgermene. Tutta la mia vita si è basata sull'opinione degli altri: "Che diranno di me" è stato l'imperativo di tutta la mia esistenza. Che cosa sono "io"? Che cos'è "essere libero"? Ma era tutto così inconscio!».

Ecco la riflessione molto intelligente di una ragazza che, durante l'infanzia e l'adolescenza, ha adottato la personalità voluta dai suoi genitori:

«Per anni ho cessato di essere intelligente, tanto mi sforzavo di sembrarlo...».

Continuiamo:

«Mi sono tanto sottomesso per adattarmi alla mia paura...».

«Ho sempre recitato la parte che si aspettavano da me...».

«Io mi sono creato un personaggio a cui nessuno avrebbe potuto rimproverare niente...».

«Ho sempre fatto piacere per paura di dispiacere...».

«Ho sempre rimosso la mia spontaneità, la mia personalità, mi sono proibito di lasciarmi andare. Avevo paura, ma dovevo vivere...».

«Mi sono reso conto, per la prima volta nella mia vita, che mi mettevo istintivamente in guardia di fronte ai superiori. Il mio collega ci si divertiva un po' e mi disprezzava... E io mi sono detto: "È parecchio che tu lo fai senza rendertene conto, davanti ai tuoi capi, alle donne, davanti a tutti quelli che incontri?"».

«Io non mi permetto mai di dire no; non oso dire di sì. Dico sempre "forse"; mi preparo sempre delle scappatoie perché non mi si guardi di traverso. L'amante di mia moglie potrebbe tendermi la mano ed io l'accetterei. E, anzi, gli direi probabilmente grazie per essersi degnato di porgermela...».

«Sono sempre l'ultimo a salire in tram. Mi dicevo che non mi piaceva la confusione, che detestavo la scortesia, che amavo la gentilezza sopra tutto. Ma, in fondo, lo faccio perché ho paura. E così, nel corso della mia vita, ho sempre cercato di giustificare "nobilmente" la mia paura...».

«Da otto giorni ho degli imbianchini in casa. Sono molto più giovani di me. Io mi sento obbligato a giustificare ai loro occhi la mia presenza, come tutto quello che gli dico di fare. Come se io fossi un fannullone e loro dei grandi lavoratori. Offro delle sigarette, un bicchiere di vino, anche. Poi mi dispiace che guadagnino poco... Ora vedo fino a che punto cerco di farmi perdonare di essere presente, di esistere...».

« Quando mi fermo a un semaforo col giallo e un automobilista passa al limite del rosso, mi metto a suonare il clacson come un indemoniato. Mi dico che il regolamento è fatto per tutti, e che ogni cosa andrebbe meglio se ognuno lo rispettasse. Ma ora so che la verità è un'altra... Infatti, se tutti rispettassero i regolamenti, se tutti fossero d'accordo, se tutti fossero gentili, se non ci fosse più aggressività, questo mi permetterebbe di non avere più paura...».

«Qualcuno mi ha detto che io strisciavo davanti al mio superiore. Gli sarei saltato alla gola, perché mi credevo un grande lavoratore rispettoso della gerarchia. Ma quando ho fatto sforzi inutili per un mese per cercare di imporre una idea, e il mio capo sembra semplicemente metterla in dubbio, abbandono tutto... Non è affatto vigliaccheria. Io ho fatto la guerra con buone citazioni. Ma non oso mai discutere. Perché?».

«Di fronte ai miei genitori mi sono sempre barcamenato. Ho continuamente adottato un atteggiamento che piacesse loro. Mi sentivo angosciato ogni volta che i miei genitori sembravano dubitare di me. E così; prendendo un atteggiamento che piaceva di più ai miei genitori, sono diventato un eccellente diplomatico... (Il paziente si mette a ridere): vede che la nevrosi serve comunque a qualche cosa! Comportandomi così per tutta la mia esistenza, sono diventato il miglior mediatore nell'officina di mio padre, perché non dico mai di sì, e non dico mai di no... È una fortuna che nessuno si renda conto che agisco così per angoscia!».

«Ogni volta che parlo in un gruppo, non smetto mai di dare delle piccole occhiate in direzione di mia moglie, come se mi dovessi assicurare che lei è d'accordo, che non dico delle sciocchezze, che non le dispiaccio. Ora mi accorgo a che punto io proietto mia madre su mia moglie. Davanti a mia madre non sono mai stato libero. Lei mi diceva continuamente: "Fa' questo, non fare quest'altro; non buttar via quattrini. Sta' attento, fa freddo..." Insomma, stava sempre a opprimermi con raccomandazioni, sofisticaggini, ad impormi le sue angosce e la sua personalità. E io, per tanto tempo, ho rimosso la mia ostilità verso di lei. Sono diventato un bravo ragazzo, un buon figliolo. Dopo che mi sono sposato, ho continuato ad essere un buon figliolo, un buon marito. Tutto per paura e perché non oso mai essere me stesso».

«Per un niente mia madre teneva il broncio per otto giorni... Questo mi procurava delle angosce, con l'impressione di essere abbandonato. Con lei non sapevo mai come contenermi. Mi dicevo: "Come devo essere oggi per non dispiacerle?" Ma quando lei teneva il muso, era sufficiente fare un'azione di carità o di pietà per ritornare in buona armonia con lei; per esempio: andare alla messa, fare l'elemosina a un povero, dire il rosario... Allora mi ci sono messo d'impegno. Sono diventato un ragazzo molto pio, caritatevole, molto dolce, sottomesso. Andavo alla messa tutti i giorni; facendo così avevo l'impressione di essere in regola. Poco a poco ho acquisito la sensazione di essere sicuro solo quando ero sottomesso e umiliato...».

E ora, dopo queste parole di pazienti, vi proponiamo di vedere una fonte importantissima dell'angoscia infantile e adulta.

Dal parassitismo alla personalità

In molte persone affette da nevrosi, importanti problemi concernenti la *Madre* vengono sempre alla luce dalle profondità dell'inconscio. All'inizio, un bambino non è *niente*. È un organismo incosciente che vive su degli istinti. È il parassita della madre; ne dipende interamente. Il bambino non è niente. A poco a poco, diventa "qualche cosa". Acquista una personalità.

Ed è qui che, spesso, comincia tutto. La madre è colei che accoglie, ma che può anche respingere. È colei che ama, ma che può anche non ámare più. È colei che condanna, ma può perdonare (in certe condizioni). Ella possiede la potenza dell'infinito. La Madre è una divinità femminile che dà la vita e l'amore, ma che può riprenderseli ad ogni momento.

Allora si tratta di opporre la propria personalità e quella della madre. Si tratta di imparare a nuotare. Perciò, la Madre non deve essere un'acqua torba. Ora, molte madri sono nevrotiche o ignorano completamente i meccanismi dell'angoscia infantile. Ed è questo che vi proponiamo di vedere.

Maledetto per aver rubato una mela

Prima di tutto bisogna ripetere che sarebbe assurdo cercare dei "responsabili". Nessuno è responsabile delle circostanze, e una madre (o un padre) non ci possono fare niente se le circostanze li hanno *obbligati* a diventare nevrotici. (Come nessuno è responsabile di prendere il tifo o l'influenza).

È troppo facile cercare dei capri espiatori. Un genitore nevrotico è uno stato di fatto e, contemporaneamente, una disgraziata circostanza *che obbliga il fanciullo a "sopravvivere" per mezzo della nevrosi*. L'ideale rimane allora: sapere che uno è nevrotico, accettarlo, e poi fare di tutto per uscirne. Nello stesso tempo, imparare il proprio ruolo profondo (soprattutto in quel che riguarda i genitori); perché questi sono sempre confrontati con ciò che *rappresentano* nell'inconscio del bambino.

Detto questo, ecco una situazione educativa molto diffusa e che produce sempre un misto inestricabile di angoscia e di colpa.

Ricordiamoci una legge: *il bambino non viene formato per mezzo dell'educazione in sé, ma per mezzo delle sue reazioni di fronte a quella educazione.*

Vengono trasmesse al fanciullo delle leggi, degli imperativi, dei permessi, delle proibizioni, davanti alle quali egli reagisce: accetta, rifiuta, si oppone, ammira, compensa, disprezza, imita, cerca di uguagliare o di superare, ecc.

Se la personalità della madre (perché è lei che qui ci interessa), è normale, si danno tutte le occasioni perché le *reazioni* del bambino siano sane e perché la sua personalità si sviluppi armoniosamete. In questo caso, il fanciullo possiede le carte in regola che gli permettono di *diventare* quello che *è*.

Così, sui primissimi anni della vita, regna un personaggio in sé incomparabile: la Madre che dovrebbe essere un Albergo.

Quando l'Albergo è chiuso

A questo punto entra in gioco il concetto stesso dell'educazione, data dalle madri nevrotiche. Queste ultime — a causa della loro stessa nevrosi — hanno l'impressione di essere frustrate, tormentate. Molto spesso, esse trasmettono non una educazione, ma una dominazione. Esse hanno bisogno di imporre il loro modo di vedere. Desiderano dei segni esteriori di sottomissione permanente. Concedono il loro amore a condizioni talvolta draconiane. Impongono ai figli le loro inquietudini, le loro angosce, le loro sensazioni perpetue di pericolo, le loro tirannie, i loro umori, i loro bronci, i loro rancori, i loro risentimenti. Esse sopportano difficilmente che un bambino possieda una propria personalità. Esse provano il bisogno che si *dimostri* di amarle, di essere sottomessi, di essere rispettosi, ecc....

Che si tratti o no di una madre, noi abbiamo a che fare con una donna nevrotica, che subisce un comportamento nevrotico classico.

Ecco il corteo delle madri-tiranne (tiranne di dolcezza e di aggressività), delle madri castratrici, svirilizzanti, spersonalizzanti, ecc.

Riportiamo alcune parole di pazienti, che possono riassumere innumerevoli situazioni:

«Mia madre? Non sapevo cosa fare per piacerle...».

«Di fronte a mia madre, io mi sentivo sempre colpevole...».

«Quando mia madre era presente, il minimo peccatuccio lo sentivo come un grave errore...».

Ricordiamoci che un bambino ha bisogno di amore come del pane. Che ha bisogno prima di tutto di sentirsi accolto *qual è. Ma se questa accoglienza è sottoposta a delle condizioni nevrotiche*, si vede immediatamente che non va più bene.

Se la madre è nevrotica, come reagirà il bambino?

Il bambino si scontrerà con delle contraddizioni profonde. Prima di tutto: la madre non corrisponde al simbolo che il bambino si fa di essa. Invece di avere una madre ideale, una madre che accoglie senza condizioni, il bambino ha a che fare con una madre che ha paura, che ama, poi cessa di amare, che impone l'amore per riprenderselo dopo, ecc. Da questo, reazioni del fanciullo: angoscia, poi reazioni contro questa angoscia.

In ogni modo, il bambino non può *lasciarsi andare "verso sua madre"*. *È evidente.* Egli osserva dei segni esteriori di amore, ma *non si sente* amato. Ed è molto logico, poiché *la nevrosi intacca sempre la capacità di amare.* Ecco allora i falsi amori materni, che, come ho già detto, si presentano sotto l'aspetto di tirannia, di dolcezza esagerata, di angoscia sofisticata, di bisogno di tenere il bambino per sé sola (per la paura inconscia che egli "cresca", per attaccamento sessuale inconscio, ecc.).

Di fronte a questa educazione, il fanciullo reagirà male. Reagirà per *proteggersi*. Si sentirà in uno stato di insicurezza; dovrà allora ricercare una sicurezza *a tutti i costi*.

Per ritrovare sicurezza, il fanciullo può:

a) *fare di tutto per piacere* alla propria madre, e, di conseguenza, evitare ogni azione che potrebbe dispiacerle;

b) *sottomettersi* piedi e mani legate a tutti i voleri, tutte le tirannie e tutti i capricci della madre. È di già un masochismo in piccolo;

c) *rifiutare* l'educazione che gli viene data e sviluppare un comportamento permanente di aggressività, di ipocrisia, di falsa sottomissione, ecc.;

d) *rimuovere* certi impulsi; è evidente che l'ostilità, cioè l'odio, ricompariranno rapidamente. Ora, quel bambino si trova di fronte a una madre-tabù, contro cui è proibito ribellarsi e — anzi — sviluppare dell'ostilità o dell'odio;

e) *sentirsi colpevoli*: si tratta di un comportamento di cui vedremo lo sviluppo nelle pagine seguenti;

f) *rifiutare inconsciamente* che la madre non corrisponde all'idea che egli si fa di lei. Il fanciullo farà di tutto perché sua madre rimanga una "Vergine Maria" invulnerabile; egli avrà la tendenza a considerare che la propria madre ha automaticamente ragione, e lui, torto. Infatti, rifiuterà inconsciamente che sua madre sia una donna nevrotica.

In ogni modo, la personalità del bambino non potrà reagire in maniera normale. Non potrà seguire la propria strada. Quindi, *non dimentichiamo che esiste il rischio della nevrosi da quando una personalità è impedita nel suo sviluppo genuino.* E noi vedremo ora come questo accade più spesso.

Perché tante persone agiscono *come* se fossero colpevoli, *come* se fossero in errore? Colpevoli di che cosa? Perché?

Quelle persone non hanno fatto niente (*oggettivamente*) che sia rimproverabile a tal punto. Ed ecco che esse agiscono come se tutti fossero contro di loro, come se esse dovessero sempre (e ad ognuno) rendere conto delle loro azioni.

Ognuno sa che infondere la paura a un bambino risulta come nascondere un serpente in seno. Ora — nelle situazioni che seguono — si *distilla* la paura, goccia a goccia, giorno per giorno, anno per anno. È una paura sotterranea, spesso inconscia, che raggiunge le fibre più profonde del bambino, poi dell'adolescente, poi dell'adulto.

Cosa succede se un bambino ha l'impressione che la propria madre gli riprenda il suo amore? È la situazione più profondamente angosciosa per lui (anche se non ne ha una sensazione cosciente). L'angoscia che prende più fortemente un bambino deriva dalla sensazione di essere abbandonato; quindi, di perdere ogni sicurezza (non si tratta di abbandono fisico, ma psicologico, infinitamente più profondo e più grave).

Allora, quale paura a questo punto pervade il fanciullo?

La paura di essere solo

Da quando un uomo *si sente* solo o "separato", l'angoscia lo afferra: sia che l'uomo abbia sei mesi o novant'anni. Noi sappiamo che nei nevrotici, per esempio, non c'è niente di più doloroso che tali sentimenti di ripulsa.

Ogni bambino possiede una tendenza *normale* ad imporsi nella vita, a "saggiare" l'esistenza secondo la propria personalità. Anzi, ogni bambino è guidato dal *bisogno di sicurezza e di benessere*. La maggior sicurezza gli è data dall'amore e dalla protezione della madre.

Dunque: *sicurezza essenziale per un bambino*: conservare l'amore della madre. *Sua massima angoscia*: la sensazione di aver perduto questo amore, di essere moralmente respinto.

E questo, come può accadere? Il caso si presenta *quando contrazione di amore da parte della madre*, sul tipo: «Se tu commetti uno sbaglio, se tu manifesti la tua personalità, io non ti amo più» (sottinteso per il bambino: io ti abbandono).

Cosa succede dopo? Logicamente il fanciullo dovrebbe poter dire: «Ho commesso una *mancanza*; devo pagare giustamente; è la legge». Invece, è obbligato a pensare: «Ho commesso un *errore*; per una marachella, mia madre non mi ama più e mi rifiuta».

Ecco ancora qualche frase di pazienti:

«Mia madre mi diceva sempre: "Se tu disobbedisci, non ti amerò più..."».

«Tutte le volte che ero "cattivo", mia madre mi teneva il muso come se fossi un criminale...».

Oppure:

«Se tu fai ancora il cattivo, ti abbandonerò all'angolo di una via, e anche il buon Dio (!); ti verrà a prendere il diavolo (!)...» (aberrante, vero?, ma è così).

Ancora:

«Fino a quindici anni, ho sentito mia madre ripetermi — o almeno i suoi atteggiamenti lo dicevano —: "Hai disobbedito, non ti riparlerò che quando tu mi avrai chiesto perdono..."» (sempre aberrante, no?).

Oppure:

«Oggi dovevo dire buongiorno al nostro vicino; domani

non dovevo più guardarlo. Tutto perché mia madre era incapace di andare d'accordo con qualcuno, si guastava e si riappacificava continuamente. Se dicevo buongiorno al vicino quando lei me lo aveva proibito perché aveva litigato con lui, era una storia che non finiva per diversi giorni. Lo stesso nel caso contrario. Io avevo l'impressione di essere diviso continuamente fra forze contrastanti, e alla fine di non sapere chi ero, né che cosa fosse la mia personalità. E tutto questo con la sensazione di essere sempre in difetto di fronte a mia madre. Io non sopportavo le sue musonerie prolungate; in quei momenti, c'erano in me molte angosce, ma anche molto odio. Io non ero mai me stesso. Dovevo sempre essere come mia madre voleva. E so bene che, malgrado la mia ostilità verso di lei, la sua faccia scura mi angosciava a tal punto che facevo qualsiasi cosa per esserle gradito. Ora mi rendo conto come tutto fosse così profondamente inconscio...».

Da tutto quello che abbiamo visto ora, l'atteggiamento di una madre nevrotica si riassume spesso in questo modo:

«Se tu non fai la parte che io esigo da te, se tu infrangi la mia legge, se non sei quale io voglio che tu sia, se non fai quello che io voglio, io ti abbandonerò. Tu avrai la sensazione di essere moralmente colpevole. Non ti perdonerò e non ti accoglierò di nuovo se non quando tu ti sottometterai un'altra volta alla mia legge».

La conclusione logica è quindi: al momento in cui il fanciullo commette una mancanza (o piuttosto: un errore) si sente moralmente colpevole e minacciato di perdere l'amore della madre; contemporaneamente di perdere qualsiasi sicurezza.

Notiamo di sfuggita che qui ritroviamo la situazione dei primi uomini nominati nelle genesi delle religioni. Ricordiamoci che Adamo commette un lieve errore nei confronti di un Padre onnipotente e che, di conseguenza, trascina la umanità in una mostruosa colpa...

Riassumendo: errore del fanciullo = errore "morale" = essere abbandonato = essere castrato = angoscia.

Rigare diritto...

Generalmente, si tratta di un clima permanente di educazione.

Abbiamo già preso in esame l'aggressività del bambino. Questa aggressività, *normale* in un bambino *normale*, significa semplicemente che una personalità in formazione cerca di imporsi la propria vita.

Che succede a questo punto? Da quando il fanciullo entra in contraddizione con la madre, si sente profondamente *colpevole e angosciato, come se non avesse il diritto di avere una personalità*. Ed è logico perché ogni azione personale, ogni errore, sono condannati come difetti morali e puniti con una cessazione di amore!

In fondo, il bambino si sente colpevole di essere quello che è. *Si sente colpevole di esistere.*

Inconsciamente, si dice:

«Se io sono me stesso, se sono personale, se commetto degli errori o delle mancanze, mi sento abbandonato e angosciato? Dunque, non sarò più me stesso!».

E il bambino cessa di essere se stesso. Mette la sua personalità in tasca e chiude tutto a doppia mandata. Perché non manifestare più la propria personalità è il mezzo migliore per non rischiare errori; in tal caso, di non sentirsi più colpevole.

E la logica continua. Il bambino si mette a recitare una parte. Perché se un fanciullo ama la giustizia oggettiva, se ama pagare giustamente uno sbaglio, rifiuta di sentirsi ingiustamente oppresso come un colpevole morale. Che lo puniscano, sì. Che lo abbandonino nei sentimenti affettivi, no.

Allora, che cosa fa? Poiché è abbandonato, poiché sono adirati con lui, poiché è "colpevole", fa qualsiasi cosa per essere *perdonato* e di nuovo *amato*. Ma bisogna convincersi che questo modo di fare dura in permanenza perché, continuamente, alla minima occasione, egli prova l'angoscia di essere respinto.

Dunque, il fanciullo fa di tutto per non essere mai più in difetto, e per non soffrire più dell'angoscia che ne deriva. Ed è così che elimina la sua genuina personalità e interpreta un personaggio che non è.

Che parte sosterrà? Una qualsiasi, dal momento che ha l'impressione di essere amato.

Si vuole che sia sottomesso? È sottomesso. Si vuole che sia geniale? È geniale. Si vuole che sia cretino? Sarà cretino. Che sia gentile? Lo sarà. Ribelle? Anche ribelle. Idealista?

Lo diventa. Che riesca brillantemente a scuola? Egli è il primo della classe.

Il bambino diviene un camaleonte, un diplomatico. Si barcamena. Serpeggia. Fa di tutto per non opporsi e per non contrariare. Arriva spesso a mentire in ogni occasione (essendo la sua falsa personalità essenzialmente una perpetua menzogna) e ricade in piedi con un virtuosismo consumato.

Ma è evidente che, nel profondo, inconsciamente, tutto questo non "va". Siamo qui in un aspetto del *masochismo*: sottomettersi completamente ad altri, ma conservare in fondo a se stessi un bisogno feroce di indipendenza. E il fanciullo è preso in permanenza in mezzo a due tensioni possenti: chi è lui, realmente, e il personaggio che deve mostrare.

Cosa diventa la spontaneità? Tutto quello che si vuole, ma, in ogni caso, non la si vede più. C'è la paralisi della spontaneità che scompare in un groviglio di angosce...

Comincia quindi una nevrosi profonda, con l'impressione di essere sempre colpevole, sebbene niente lo giustifichi oggettivamente.

E il gioco continua. Supponiamo ora — come accade sempre — che questo duri per anni. Il fanciullo, poi l'adolescente, vedono paralizzarsi sempre di più la loro personalità. La loro aggressività *normale* è rimossa, poiché questa aggressività viene punita con una privazione di amore.

E le cose si complicano ancora. Quanto più il bambino e l'adolescente si sentono spersonalizzati, tanto più diventano *anormalmente* aggressivi e ostili. E tanto più rimuovono tutto in sé. E tanto più si sentono confusamente colpevoli.

A poco a poco, con prepotenza, la morsa della nevrosi si stringe.

Si potrebbero mettere tutte queste situazioni sotto forma di equazione: *essere personale = essere se stesso = pericolo = angoscia = colpa.*

In conseguenza, reazione; cioè nuova equazione: *non siamo più personali = recitiamo una parte = usiamo un atteggiamento che ci impedisca di sentirsi colpevoli e ci dia l'impressione di essere amati.*

Allora c'è la disperata ricerca della sensazione di essere amato, in ogni momento, in qualsiasi luogo, da chiunque.

La spontaneità, l'autenticità, l'autonomia muoiono. L'opinione degli altri diventa un Moloch su cui basarsi costantemente, e con cui bisogna sempre venire a patti. E per concludere, potremmo riassumere queste situazioni in uno schema:

Madre nevrotica	Bambino
falso amore e falsa sicurezza perchè fondate su una nevrosi	bisogno di amore e di sicurezza
minaccia di riprendere l'amore	commette una mancanza o un errore
fine dell'amore	sensazione di essere abbandonato - paura, ostilità, colpa
perdono; di nuovo falso amore e falsa sicurezza	sottomissione per recuperare l'amore.

«Sono incapace di arrabbiarmi con qualcuno...»
(*Il caso di Giacomo*)

«Sono incapace di avercela con chiunque, dice Giacomo. Capisco benissimo che molte persone sono più stupide che cattive. Non mi ricordo di essermi mai arrabbiato, salvo quando ero giovane, contro mia madre. Evidentemente questo modo di vedere ha i suoi inconvenienti! Si lascia fare, si perdona tutto, non si diffida mai... Ma io ho impegnato tutto il mio ideale in questo concetto, perché sono profondamente cristiano: il fatto è appunto che questo mi viene naturale e non mi chiede alcuno sforzo... La sola cosa che mi incoraggia è che io soffro per la cattiveria della gente; ma ne faccio una questione di onore del non adirarmi. Io perdono tutto...».

Tuttavia, malgrado quel "concetto" (autentico, che richiede un'immensa forza interiore), Giacomo soffre di angosce, di sentimenti di inferiorità e di diversi turbamenti che configurano gli attributi delle nevrosi. Tuttavia, visto dall'esterno, egli non sembra aggressivo (*non troppo!*).

Comunque, di fronte ai sentimenti di inferiorità che gli impediscono di progredire nella vita sociale, Giacomo decide di iniziare un'analisi. Molto presto vengono alla luce elementi importanti. Non possiamo, evidentemente, ripeterli tutti, ma eccone qualcuno:

«Mia madre era nevrotica. Io non vedevo quasi mai mio padre: era militare. Mia madre era estremamente nervosa, dispotica... e di una suscettibilità, allora! Quando avevo fatto qualcosa che non le piaceva e andavo da lei, diceva: "Non tornare ad abbracciarmi finché non sarai ridiventato buono!"

Se facevo i miei compiti, le chiedevo di aiutarmi, e le domandavo: "Sei ancora arrabbiata?" Lei mi rispondeva invariabilmente: "Vedremo più tardi, quando ti avrò perdonato!" E questo è cominciato quando avevo dieci anni, fino al mio matrimonio, a ventitrè anni».

«E questo accadeva spesso?».

«Mah... tutte le settimane! Per due o tre giorni ogni volta, venivo respinto da mia madre, fino al giorno in cui finalmente mi perdonava... E diavolo! Mi liberavo di un bel peso! Avevo l'impressione di essere un piccolo mostro, abbandonato da Dio e dagli uomini, buttato come uno "sporco" in un angolo, indegno dell'amore di una madre! E lei non si peritava d'altronde di dirmi: "Dopo tutto quello che ho fatto per te, tu potresti almeno amare tua madre come si deve!"...».

«E poi?».

«Poi... beh, è tutto qui! Io tentennavo, tentavo degli approcci, mi sottomettevo, proprio come una "femminuccia", ecc. In ogni caso, il fatto è che ho dovuto detestarla, a quel tempo, non crede?».

«.....».

«Non crede? Ma io non me ne rendo conto, sa? Un amico mi ha detto, quando avevo diciotto anni: "Tua madre? Una bella carogna. Sai, io l'avrei mandata a fare un giro, con le sue arie da martire incompresa. Non sei altro che un fiacco!" E io mi sono battuto come un cane col mio amico...».

Silenzio.

«Forse perché aveva colto il bersaglio?... Alla fine, *tutto questo è niente, è dimenticato e perdonato*; ma quello che mi preoccupa sono questi "complessi di inferiorità" che mi fanno partire battuto...».

La situazione di Giacomo

Per tredici anni, Giacomo è sottomesso alle voglie "martiri", sadiche e capricciose della madre. È facile calcolare il numero astronomico dei momenti di ribellione, di rimozioni, di odio e di angoscia che si accumularono in questo periodo.

E non aggiungeremo niente sui sentimenti incestuosi inconsci della madre verso il figlio. Notiamo, tuttavia (grosso modo), che la madre aveva tendenze mascoline aggressive. Ella detestava gli uomini... e, inconsciamente, odiava il figlio *perché era un ragazzo*. Ella doveva fare allora in modo che il figlio diventasse una "fanciulla", e non un uomo. Da una parte, quella madre doveva "castrare" il figlio. Dall'altra, si identificava nel figlio, il cui sesso maschile compensava il sesso femminile che ella rimpiangeva di avere. Si potrebbe dire che il membro del figlio diventasse *proprio* appannaggio... a condizione che quel membro le appartenesse totalmente (di conseguenza, umiliazione del figlio, castrazione psichica, proibizione di avere una mentalità virile, ecc.).

Giacomo è, evidentemente, un "non-amato". Rapidamente, la *rottura affettiva* compare tra lui e sua madre (rottura inconscia di cui egli rimuove le manifestazioni... poiché l'angoscia si presenta appena prova la sensazione di essere abbandonato dalla madre). Invece di "rompere", Giacomo deve quindi "rinforzare i legami": sempre per evitare l'angoscia... e a colpi di odio rimosso.

Trasposizione di quello che potrebbe dire Giacomo da adulto:

«Ho perduto, a poco a poco, la mia volontà e la mia personalità. Il mio Io è scomparso, assalito dal Super-Io. Dovevo identificarmi con mia madre per evitare di essere respinto da lei. Ma io odiavo questa identificazione che faceva di me una "femminuccia". Il mio pene diventava un attributo pericoloso: quello di una personalità maschile che mi era proibito dimostrare; in effetti, quella personalità era all'opposto di ciò che mia madre esigeva da me. Dovevo fare di tutto per sfuggire alla sensazione di essere un "figlio indegno", un "rognoso" e altri epiteti che mi perseguitavano quando io osavo — raramente — essere me stesso in modo virile. Ero obbligato ad identificarmi con mia madre, a diventare come lei voleva che fossi, ad abbandonare la mia personalità. Dovevo agire *come se non avessi affatto un pene*: dovevo diventare come una bambina sottomessa. Tutto questo per ottenere qualcosa che somigliava alla sicurezza e alla pace...».

Giacomo ha, evidentemente, sviluppato numerose tendenze alla sottomissione (non dire mai niente, lasciar fare, perdonare tutto). Ugualmente, Giacomo acquista la certezza (inconscia) di non poter essere amato che:

1) essendo ciò che gli altri esigono egli sia;
2) reprimendo ogni tendenza virile.

Siamo qui in un caso già visto: invece di tenere (simbolicamente e mentalmente) il proprio pene all'esterno — come un uomo — lo mette all'interno — come una donna —. Invece di penetrare nella società (come un uomo), si lascia ferire da quella. Sessualmente e socialmente, egli è impotente.

Interviene anche un altro fattore: *la madre non c'è più per perdonarlo!* Cioè: invece di essere amato dalla madre (essendole sottomesso), Giacomo è disprezzato dagli altri (a causa della sua sottomissione). E malgrado questo, egli non osa entrare in competizione...

Va da sé che un'aggressività enorme (e inconscia) pervade la personalità di Giacomo, aggressività che gli sarà di aiuto prezioso nel corso dell'analisi. Notiamo anche, di sfuggita, che Giacomo giustifica il suo comportamento per mezzo di ideali elevati («Ho impegnato tutto il mio ideale in questo concetto, perché sono profondamente cristiano...»). il che dimostra che un'idea di pace ad ogni costo può essere messa al servizio del masochismo, come a quello dell'autenticità.

Le fonti interiori dell'angoscia

Se l'angoscia nasce dalla sensazione profonda di un pericolo, si capisce facilmente che il primo pericolo si trova in noi. In ognuno si aggira un bruto, che respira attraverso gli impulsi primitivi, i più attivi dei quali sono quelli aggressivi. Ricordiamoci che queste pulsioni inconsce esigono una realizzazione immediata, e che ogni ostacolo deve essere eliminato in virtù del principio del "piacere" (v. cap. 12). La via più diretta (per l'inconscio) è di far sparire l'ostacolo, senz'altra forma di processo (è l'"impulso di morte").

Da una parte, le pulsioni del bruto esigono di essere soddisfatte sul momento. D'altra parte, in generale, queste pulsioni si scontrano con le frontiere morali, con i reticolati dei tabù, con le fortezze delle leggi imparate.

Di conseguenza, fragore più o meno brutale fra la pulsione che sale dalle caverne, e il coperchio morale che cerca di tenerla sotto terra. Il pericolo ha fatto la sua comparsa, la contraddizione profonda pure: l'angoscia sgorga come un pantano. E l'angoscia sarà, evidentemente, molto più forte se la pulsione è prepotente e se le leggi morali sono tinte di colpevolezza.

Ecco un esempio (che non si presenta mai in modo così semplice nella realtà).

Supponiamo che un uomo si senta attirato dalla moglie

di un amico. Supponiamo ancora che la coscienza di quest'uomo sia attraversata dall'idea di questo desiderio (questo desiderio può d'altra parte essere totalmente inconscio, come le reazioni che seguiranno). L'uomo, in questo caso, ignorerà tutto ciò che avviene in lui.

La pulsione: "Io desidero una donna" è normale. L'inconscio non si preoccupa affatto che un "altro" possieda già la donna. Per l'inconscio "amico" non significa assolutamente nulla, se non un semplice ostacolo alla realizzazione immediata della pulsione. L'inconscio reagisce quindi semplicemente eliminando l'ostacolo; esattamente come farebbe un bruto primitivo.

Vediamo i tre stadi possibili (in un uomo "civile") attraverso questo esempio:

Primo stadio: la pulsione sessuale verso la donna è seguita immediatamente dal bisogno di eliminare l'ostacolo. Questo bisogno può trasformarsi in un'"impresa di morte" diretta all'amico. La pulsione sessuale e l'impulso di morte incontrano lo sbarramento di un Super-Io forte. Avviene una rimozione. Il tutto può essere completamente inconscio. Può derivarne un'angoscia, ma rimanere (ugualmente) inconscia.

Secondo stadio: la pulsione sessuale fa apparire l'idea: «Se il mio amico morisse, io potrei possedere la donna». Questa pulsione attacca il Super-Io, supera lo sbarramento. Essa raggiunge in seguito la coscienza. L'uomo si sente angosciato e colpevole di fronte a un desiderio che giudica "mostruoso".

Terzo stadio (il più normale): se l'uomo ha eliminato il Super-Io, la pulsione sale senza difficoltà alla coscienza. L'uomo *reprime volontariamente* questa pulsione, incompatibile con la sua morale *individuale*. Non c'è né colpa, né angoscia.

Le reazioni possibili di quest'uomo. Tutto dipende dalla forza della pulsione e dagli ostacoli che le sono opposti. Quest'uomo può sentirsi angosciato, senza sapere perché. Può sentirsi ugualmente colpevole in maniera vaga, di fronte all'amico, e provare il bisogno di essere perdonato. In questo caso, può essere pieno di attenzioni per lui, offrirgli dei regali, essere molto gentile, ecc. (abbiamo visto questo stesso caso). Può provare ugualmente il bisogno di "confessare" la sua "mancanza" al fine di essere "confortato" (= perdonato = non angosciato).

L'AGGRESSIVITÀ E L'ANGOSCIA

L'aggressività e l'ostilità sono delle forti sorgenti d'angoscia. L'aggressività è, frequentemente, come un "boomerang" che torna a colpire il volto di chi l'ha lanciato. Perché?

Se l'aggressività procura dell'angoscia, è perché fa apparire un pericolo. Perché questa aggressività minaccia qualcosa. Ma che cosa minaccia?

Chi dice aggressività, dice ostilità. Questo significa che l'altro può reagire, sia per aggressività, sia per odio, sia per disprezzo, sia per sottomissione, sia per indifferenza, ecc.

In ogni modo, *ostilità significa competizione, con vincitore e vinto.*

Ma se una persona (come si vede spessissimo) ha paura della competizione? Se essa ha paura di essere respinta, disprezzata, abbandonata, criticata, biasimata?

Pensiamo ai quattro casi più comuni:

— una persona ha paura di essere considerata imperfetta: l'aggressività rappresenta per lei un'"imperfezione"; la sua aggressività rischia di farla giudicare male; essa rimuove (o reprime) questa aggressività;

— un bambino (o un adolescente) ha paura di entrare in opposizione aggressiva contro la propria madre (il proprio padre); teme che questa opposizione sia punita con una privazione di amore («Se sono cattivo, non mi ameranno più»);

— una persona aggressiva ha paura dell'aggressività del suo avversario. Essa rafforza la sua ostilità (essa "grida più forte dell'altra");

— l'aggressività viene rimossa per "angoscia di castrazione" (v. in seguito).

Nella maggioranza dei casi, la persona dice a se stessa: «Se sono ostile, vengo minacciato. La mia sicurezza è minacciata. Io rischio di essere respinto».

Così questo individuo rimuove la sua aggressività (al fine di eliminare il pericolo). Invece di *apparire* ostile, fa di tutto per *sembrare* gentile. Notiamo a questo punto che non ha niente a che vedere con l'opaca ipocrisia di salotto, ma che si tratta di un meccanismo inconscio destinato a proteggere dall'angoscia. La persona, d'altronde, *è convinta* di essere gentile, cortese, altruista, di considerare il bene dell'altro prima del proprio (vedi il caso di Gianna Maria, qui sotto). Appare allora il vigoroso conflitto fra la subordinazione e l'indipendenza.

D'altra parte lo si osserva molto spesso nell'analisi, come abbiamo già dimostrato: un paziente inconsciamente aggressivo si mostra di una sottomissione esemplare e di una gentilezza a tutta prova. È dunque una forma di resistenza (v. cap. 4): il paziente resiste, poché lasciar venire alla luce la sua aggressività, rappresenta (nella sua mente) un grave pericolo: essere disprezzato e giudicato, da parte dell'analista.

Il caso di Gianna Maria

Gianna Maria era incapace di lasciare sua madre per più di una mezz'ora. Ella non si permetteva che una passeggiatina nel suo quartiere; ma il cinema, una serata, le vacanze, le erano proibite. Una separazione da sua madre le procurava un'insostenibile angoscia. Diceva:

«Quando lasciavo la casa, m'immaginavo un mucchio di cose: mia madre che cadeva dalle scale, la casa che bruciava, mia madre malata, che moriva senza che io fossi presente, ecc. Quando uscivo per più di mezz'ora, mi prendeva il panico. Io non osavo nemmeno rientrare, mi avvicinavo a casa, la guardavo da lontano per vedere "se non era successo niente". Quando mettevo la chiave nella serratura, l'angoscia cresceva sempre di più. Mi mettevo in ascolto per sentire mia madre andare e venire... Allora mi sembrava a poco a poco di essere confortata...».

Osservando, ascoltando Gianna Maria, ci si accorge che il suo comportamento nei confronti della madre era costituito da una bontà estrema, da un'estrema gentilezza. Gianna Maria era continuamente piena di attenzioni per la madre. Le evitava la minima difficoltà, il minimo lavoro. La più piccola "bua" della madre la faceva cadere, ugualmente, nell'angoscia.

A prima vista, ci si accorge evidentemente che tutto questo è patologico, esagerato. Ma si potrebbe credere che Gianna Maria è rimasta attaccata a sua madre, per un amore eccessivo. Ma, non è così, e la realtà è tutta un'altra. È proprio il contrario...

Chi era la madre di Gianna Maria?

Era una madre che fa sentire in colpa. Una madre che si immusoniva per un niente, che opprimeva la personalità di Gianna Maria, che si adombrava tutte le volte che Gianna Maria esprimeva un parere personale, che faceva qualche azione indipendente, che pensava a un viaggio da sola, ecc. Ma immaginiamoci che queste "vessazioni contro la personalità" duravano, un minuto dopo l'altro, da anni?

Come reagì Gianna Maria? Di fronte a questa spersonalizzazione, di fronte a una madre che la incolpava per un niente, è *evidente* che Gianna Maria doveva *reagire* con una solida aggressività. La madre impediva lo sviluppo della personalità di Gianna Maria. La madre era quindi un fortissimo ostacolo. L'inconscio di Gianna Maria, ad ogni momento, *doveva* reagire "eliminando" la madre. Il che significa: impulso permanente di morte, diretto contro la propria madre.

Questa situazione inconscia durò evidentemente a lungo. Un senso di colpa profondo fece la sua comparsa in Gianna Maria. Inconsciamente, ella pensava: «Dato tutto il male che auguro a mia madre, io sarei colpevole di tutto ciò che le potrebbe capitare di brutto, perché gliel'ho augurato...».

Logicamente, l'aggressività e l'odio avrebbero dovuto palesarsi in Gianna Maria. Ma questa aggressività rappresentava per lei una minaccia; poiché se ogni minima azione personale era punita dalla madre, ci si rende buon conto che l'aggressività sarebbe stata punita con una repulsione totale da parte della madre. Siamo quindi sempre nel medesimo caso: «Se sono cattiva, non sarò più amata».

Era necessario allora che Gianna Maria sfuggisse all'angoscia. Bisognava che facesse scattare, inconsciamente, un dispositivo di sicurezza contro l'angoscia e la colpa che erano in lei. E così Gianna Maria arrivò a tutte le piccole attenzioni per la madre. Ella, così, nascondeva una pistola dietro un mazzo di fiori.

Ma nonostante ciò l'angoscia si trasformava in quei timori che assalivano Gianna Maria ogni volta che ella abbandonava la madre per più di mezz'ora, perché il ragionamento interiore era sempre: «Se trovo mia madre malata o morta, sarà colpa mia, perché gliel'ho augurato».

Allo stesso titolo della parola "complesso", questi vocaboli psicanalitici sono scesi nella strada (con la deformazione che ciò ha comportato). Tuttavia questi termini fanno recuperare innumerevoli vite fallite interiormente, sessualmente, socialmente.

Anzi, questa nozione dimostrerà l'importanza (sessuale e, altrettanto, sociale) del *pene* maschile e dell'*utero* femminile.

È indispensabile stringere il problema; tanto più che la sua conoscenza permette di chiarificare un gran numero di comportamenti a prima vista incomprensibili. Inoltre la comprensione profonda di questi problemi può consentire ai genitori (e agli educatori) di evitare sbagli, frequenti e dannosi. Poiché chi avrebbe, logicamente, voglia di fare del figlio (o della figlia propria) un essere "castrato"?

Abbiamo parlato del complesso di Edipo nel libro precedente([1]) ; ma qui lo riprendiamo sotto un altro punto di vista: quello del senso di colpa e dell'angoscia di cui è fonte principale.

Ma prima di tutto, osserviamo i comportamenti di due essere umani. Non saranno altro che punti di riferimento. Si possono raggruppare, dividere, o presentarsi sotto aspetti che sembrano contraddittori. In ogni modo, provengono da uno stesso punto, che esamineremo in seguito, andando dal particolare al generale.

Osserviamo i comportamenti di un uomo

— difficoltà o impotenza sociale, sessuale; o tutte e due insieme;

— paura delle donne;

— odio contro le donne;

— troppo affettuoso verso le donne;

— paura della sessualità;

— odio per la sessualità;

— paura degli "istinti";

— paura di lasciarsi andare;

— troppa sessualità mai soddisfatta;

---

[1] Si veda *Che cos'é la psicologia*, p. 188.

— masturbazioni, sia solitarie, sia con una compagna;

— paura delle responsabilità virili (con tutte le compensazioni aggressive che questo suppone);

— femminilità (o visibile, o camuffata sotto atteggiamenti "imperiosi");

— millanteria sessuale;

— bisogno di insozzare le donne agli occhi degli altri uomini;

— essere come un "ragazzo affettuoso" nei confronti delle donne;

— sensazione di sicurezza unicamente accanto a donne più mature;

— paura delle donne più anziane;

— paura degli uomini;

— odio per gli uomini;

— competizione aspra con gli uomini;

— paura dell'autorità (con tutte le compensazioni possibili);

— bisogno di essere accettato ed amato dall'autorità (capi, circoli, esercito, ecc.);

— timidezza, aggressività;

— sottomissione continua verso l'autorità;

— ribellione continua contro l'autorità;

— grande diplomazia, grande facilità di barcamenarsi; particolare ingegnosità per "cadere in piedi";

— fortissimo senso di inferiorità;

— senso di colpa diffuso e senza motivo apparente;

— ricerca di sofferenza (ascetismo esagerato, per esempio), spesso giustificata con motivi che, a prima vista, sembrano oggettivi;

— masochismo;

— certe forme di sacrificio e di altruismo;

— appartenenza ad unioni maschili e "fraterne" (esercito, Chiesa, politica, ecc.);

— ricerca inconscia di sconfitta;

— bisogno esagerato di dipendenza
— bisogno esagerato d'indipendenza } con tensione fra queste due necessità;

— omosessualità latente o dichiarata;

— bisogno angoscioso di ricevere dei segni esteriori di affetto;

— certe forme di fobie o di ossessioni;
— timori continui di affermare la propria personalità;
— bisogno esagerato di affermare la propria personalità ad ogni costo, anche per mezzo delle bugìe più grossolane;
— ecc.

Osserviamo i comportamenti di una donna

— donna-bambina, capricciosa, rannicchiata su se stessa;
— troppo "fatale" con gli uomini;
— aggressività, autoritarismo, tirannia latente o dichiarata;
— rifiuto (cosciente o inconscio) della maternità;
— mascolinità (corpo magro, contratto, non sviluppato);
— rifiuto (cosciente o inconscio) di collaborare con il marito; competizione aggressiva con il marito;
— rifiuto di "sottomettersi" all'uomo;
— masturbazioni, sia solitarie, sia con toccamenti del compagno;
— frigidità;
— sottomissione, masochismo morale;
— sentimenti di inferiorità;
— sentimenti di colpa diffusi, senza motivo apparente;
— ricerca di uomini più maturi;
— ricerca di uomini che la "insozzino";
— bisogno eccessivo di dipendenza
— bisogno eccessivo d'indipendenza } con tensione tra queste due necessità;
— omosessualità latente o manifesta;
— paura di affermare la propria personalità;
— bisogno continuo di segni esteriori di affetto e di amore;
— timidezza;
— bisogno angoscioso di essere accolta dagli altri;
— certe forme di sacrificio o di altruismo;
— certe "vocazioni" di apostolato;
— ecc.

Il complesso classico di Edipo

Il complesso di Edipo è fondato sull'*istinto* ([1]). È molto conosciuto (almeno sotto la forma *classica* e *localizzata*); ci contenteremo di richiamarne lo schema.

Il caso del ragazzo: attirato dalla madre, si trova molto presto di fronte un ostacolo gravissimo: il Padre. La gelosia si manifesta nel ragazzo; egli vuole possedere sua madre per se stesso e tende a scacciare (a "eliminare") il Padre. Compaiono l'aggressività e la colpa. Il ragazzo si mette a competere con il Padre. *Se la situazione si armonizza*, egli cerca di imitarlo in modo virile, di uguagliarlo, poi di superarlo. Contemporaneamente, trasforma la sua attrazione verso la madre in una protezione sempre più virile, fino all'età adulta.

Il caso della ragazza: attirata dal padre, ella si dà a competere con la madre, di cui è gelosa, in quanto rivale. Ella si oppone aggressivamente alla madre («Tu sei vecchia... sei incapace di vestirti... tu non piaci agli uomini...»). L'aggressività fa nascere l'angoscia (paura di essere abbandonata dalla Madre) e la colpa. A poco a poco, la ragazza si identifica con la madre in modo sessuologico, e impara così a sedurre. Dopo aver tentato di soppiantarla nelle grazie del padre, essa ne diviene l'amica e dirige la propria seduzione verso gli altri uomini, dopo il compimento di tutte le sue qualità femminili.

L'angoscia di castrazione classica

1. Il termine *classico* di castrazione significa l'asportazione degli organi sessuali maschili. Il che sembrerebbe indicare che una ragazza non può essere "castrata" (vedremo che non è così). Nel ragazzo, l'angoscia di castrazione nasce spesso da parole assurde quando i genitori si accorgono che il giovane si interessa al suo corpo (o pratica la masturbazione): «Se ti tocchi ancora, te "lo" taglieranno». Oppure: «Se fai questo (la masturbazione) ([2]), diventerai come una bambina», ecc.

---

[1] Si veda *Che cos'è la psicologia*, p. 188.

[2] Si veda *Che cos'è la psicologia*, dove l'importantissimo complesso di castrazione è stato diffusamente trattato, come il problema della masturbazione

2. Queste ultime parole fanno supporre che la fanciulla è un ragazzo "meno qualche cosa". Se questa è la mentalità, la fanciulla si considera molto presto un essere castrato, "con una grande ferita in fondo al ventre" (come diceva un giorno una bambina di dieci anni...). La bambina si crede minorata e sviluppa sentimenti di inferiorità.

È in questo modo che *alcune madri* vogliono (mentalmente) appropriarsi del pene del loro figlio. Esse rimpiangono di essere donne, e *rivendicano* un pene... che non hanno. In senso affettivo, esse devono trovarlo altrove; all'occorrenza: dal loro figlio, che diventa per esse il più bell'"ornamento" fallico (sottinteso: mio figlio, sono io; il pene di mio figlio compensa il rimpianto di non averlo, e mi dà l'impressione di possederne uno!). E rimane, beninteso, tutto allo stato inconscio.

Esse magnificano allora il proprio figlio a tutti i venti: è il più bello, il più intelligente, il più forte, il più energico, ecc. Va da sé che ogni donna "che sbircia" il figlio diventa una pericolosa rivale per la coppia "madre-figlio". Nel frattempo, ecco le moine svirilizzanti, l'autoritarismo dolciastro, o la tirannide dichiarata...

E così la castrazione del figlio è pienamente assicurata.

3. Quando il ragazzo è attirato sessualmente verso la madre, teme i fulmini del padre. Teme, nello stesso tempo, che il padre, per punirlo, gli tolga la virilità, lo mutili, lo castri. E questo, tanto più se la mentalità dei genitori arriva al punto. Il ragazzo crede allora che "essere colpevole significhi: rischiare di essere castrato".

In sintesi: prima di tutto, sappiamo che l'angoscia di castrazione (= di mutilazione) è piuttosto normale *in sé*. Perché è logico che l'affettività e la sensibilità si fissano sulle parti del corpo che "simboleggiano" ciò che siamo. *Nel ragazzo*, l'angoscia di castrazione si cristallizzerà sulla concretezza della sua personalità maschile: il suo pene. Nella fanciulla: sulla concretezza della sua personalità femminile: il suo utero.

Poi la parola "castrazione" può essere presa nel senso *fisico* del termine: il ragazzo allora subisce la paura fisica di essere mutilato del pene. Può essere preso nel senso *affettivo*: il ragazzo teme che la sua *personalità* maschile sia mutilata. È il caso in cui i genitori soffocano il giovane, lo "invadono" con una presenza troppo affettuosa, o lo castrano mentalmente con tutte le tirannie possibili. (Vedremo più oltre il caso della donna castrata).

La castrazione (in generale)

Sappiamo ormai che gli organi sessuali hanno un significato fisico, come pure sociale e affettivo.

Per un ragazzo: avere il pene significa che deve essere capace di penetrare, tanto nel senso sessuale che sociale (dimostrare una capacità attiva di penetrazione nella società, dimostrare un'aggressività normale rivolta all'esterno, ecc.).

Per una ragazza: l'utero permette di "aprirsi", sessualmente e socialmente (schiudersi ad altri, avere la capacità di "accogliere", essere *quella in cui* si trova rifugio, ecc.).

Osserviamo a questo punto che l'uomo deve poter ugualmente volgersi all'interno (sviluppando le sue qualità femminili inconsce); del pari, la donna deve sviluppare le sue qualità maschili inconsce, e divenire capace di azione diretta all'esterno. Questi punti molto importanti sono stati trattati prima.

In senso generale, *castrazione* significa dunque: perdere le qualità del proprio sesso; subire una mutilazione (della personalità); essere "interrotto" nelle proprie possibilità naturali.

Per un uomo: cessare di essere "penetrativo" e diventare femminile.

Per una donna: cessare di essere "aperta" al mondo (e all'uomo) e diventare maschile.

Notiamo anche che non bisogna mai fidarsi delle apparenze, in questo settore, meno che in ogni altro! Un uomo, mentalmente castrato, può essere benissimo incapace di inoltrarsi nella società, ma dimostrarsi anche troppo genitale. Questo uomo, mentalmente castrato, può presentare delle apparenze di iper-maschilità, sembrare imperioso e troppo sicuro di sé, avere delle avventure sessuali con numerose donne... allorché nel suo intimo è un essere servile, sottomesso all'autorità e, in fin dei conti, masochista.

Allo stesso modo, una donna mentalmente castrata può presentarsi sotto degli aspetti di avvenenza che nascondono maschilità e bisogno di dominare.

È evidente che in tutti questi casi l'affettività è rimasta bloccata nel passato.

Una regola importante: la castrazione deve essere considerata nel settore *sessuale* e nel settore *affettivo*. Ora l'uno, ora l'altro ha la preponderanza, come noi vedremo.

Riprendiamo ora il complesso localizzato e allarghiamolo.

NEL RAGAZZO

Il ragazzo è attirato verso la propria madre. Desidera averla per sé solo: sia sessualmente, sia affettivamente, sia nell'uno e nell'altro modo contemporaneamente.

Tutto dipende quindi dalle molteplici circostanze che si presentano nell'ambiente familiare.

Supponiamo che un ragazzo dalla potente virilità abbia una madre molto giovane e bella. Si capisce benissimo che quel ragazzo sia (spesso inconsciamente) attirato dalla bella donna che è (contemporaneamente) sua madre. Si capisce che, quando esce con lei, egli ne sia fiero di fronte ai suoi piccoli amici, esattamente come se "accompagnasse" una ragazzina. Se, per di più, il padre è inesistente (debole, effeminato o assente) la sensazione di "fare una bella coppia" con la madre pervaderà tanto più l'inconscio del ragazzo... e la situazione edipica ne uscirà rafforzata.

Poniamo ora che la madre sia già anziana e, per giunta, brutta e deforme. Sembrerebbe quindi che non ci fosse possibilità, per il ragazzo, di essere attirato dalla madre. Ma se la situazione edipica qui non agisce sessualmente, si manifesterà la situazione *affettiva*. Ogni bambino cerca la sicurezza, teme prima di tutto di perdere l'amore e le grazie dei genitori. Se la madre è buona e accogliente, la situazione edipica funzionerà ugualmente.

Sarebbe possibile citare numerose ipotesi. In ogni modo, tutto dipende da come un ragazzo "vive" la situazione edipica. Ricordiamoci, una volta ancora, questo complesso di Edipo: bisogno di ritornare verso la madre, bisogno di avere la pace e la sicurezza.

Ma a questo punto entra in gioco il personaggio del Padre. È normale che il ragazzo provi molto presto un'insicurezza di fronte a questo "capo tribù" che:

1) possiede pieni poteri;

2) ha dei diritti di proprietà sulla madre;

3) rappresenta, nell'inconscio del ragazzo, un maschio potente, un sole, ovvero un Dio.

Le incertezze fanno la loro comparsa nel ragazzo. La nozione di errore morale (desiderio di incesto) diviene sordamente invadente, come la sensazione di colpa («Volevo portare via la mamma a papà, sono il rivale di mio padre nell'amore di mia madre, ecc.»).

Ancora a questo punto, molte cose dipendono dal ragazzo, ma anche dal clima generale della famiglia, dall'intelligenza di ognuno, dai divieti sessuali e affettivi che vi regnano, dai pregiudizi, dal tipo di morale, ecc.

È evidente che se una madre è "adorabilmente buona" e se il padre è un despota, stupido e ingiusto, il ragazzo rischia di attaccarsi alle gonne della madre (che rappresenta la sua unica sicurezza). Un altro sempio: se la madre è bella, ma dura e sprezzante, e se il padre è brillante, bello, ammirato e tiranno, il ragazzo si sentirà, lui misero, respinto da una parte e dall'altra. Si sentirà "punito" dai *due* genitori, per l'"errore" che commette (rubare sua madre a suo padre, con clima profondamente incestuoso). Si sentirà colpevole "come uno sporcaccione". Se la situazione continua, si giungerà a un giovanotto che si dibatte fra angosce di fronte al mondo intero: uomini e donne; con tutti i meccanismi di sicurezza inconsci contro l'angoscia, che vengono di conseguenza.

Ora, ricordiamoci che non ci sono trentasei soluzioni per un ragazzo. Infatti non ce ne sono che due: o realizza la sua funzione di uomo, diventando attivamente penetrante in tutti i sensi del termine; oppure diventa passivo e penetrato con tutte le risonanze sessuali e sociali che ne derivano.

Il ragazzo possiede un Io debole. Nella situazione edipica, teme la punizione del padre; ha paura di essere umiliato, respinto, castigato, castrato da parte del Padre, e di perdere così la sua personalità virile (in senso mentale: è colpito dall'angoscia di perdere il suo pene e ciò che rappresenta).

Nei confronti di questa situazione, possono presentarsi diverse reazioni, di cui una è molto comune: il ragazzo rimuove la sua ostilità verso il padre. Si mette in direzione opposta. Per non essere punito (castrato), si mette a "rigare diritto". Fugge per la tangente. Presenta una "facciata" irreprensibile. Diventa di una cortesia degna delle più grandi lodi. Si fa gentile verso il padre, rispettoso, educato. In una parola, si *femminilizza*, si sottomette, si pone *al di sotto* del padre. E questo, perché non si permette di competere con il padre, di fronte al quale si sente colpevole e dal quale si crede minacciato. Egli si rivolge alla madre. Si presenta la paura della virilità (in questo caso: suo padre).

Se la situazione si allarga, il ragazzo può sviluppare un certo masochismo morale. Da una parte, il ragazzo ha una paura angosciosa del padre: si minimizza, si fa piccino piccino, e si subordina al padre. In questo caso, il padre rischia di riaffacciarsi in ogni autorità. A scuola, al liceo, davanti ai professori, davanti ai compagni più grandi, il ragazzo (poi l'adolescente) fa mostra di una cortesia, di una gentilezza a tutta prova. Si sviluppano i sentimenti di inferiorità. Nello stesso tempo in cui egli *sembra* sottomettersi, rimuove una notevole *aggressività* inconscia.

La parola d'ordine inconscia del ragazzo diviene: non essere mai punito, non essere mai criticato; fare di tutto per evitare di essere castrato (come se dicesse a se stesso: «Dal momento che io corro il rischio di essere mutilato e castrato, io devo fare *come se* non avessi affatto il pene; devo camuffare la mia virilità e non competere mai con un uomo»).

Nasce un'omosessualità latente: il ragazzo si "sottomette" a ogni autorità.

Lo vedremo attraverso alcuni esempi comuni.

L'uomo castrato, nella vita sociale

Abbiamo visto già il caso di un uomo diventato un "perfetto gregario", di una lealtà e di una puntualità esemplari; e questo, al fine di essere "ben visto" da parte dell'autorità (il suo capo). È, in fondo, un caso di angoscia di castrazione: quest'uomo mutila la sua personalità (rimanendo secondo); si mette sotto la benevola protezione di suo Padre (il capo), grazie alla perfezione del suo comportamento; egli evita così il pericolo di essere castrato (con lo sfuggire la competizione e rimanendo nell'ombra del Padre, non rischia di essere cacciato, battuto, umiliato).

Un altro esempio

Ecco un uomo che si arruola nell'*esercito*, perché soffre della medesima angoscia di castrazione. Lì, egli diventa soldato esemplare, perfettamente rispettoso verso i suoi comandanti (in realtà, sottomesso). Sarebbe impossibile rilevare in lui il più piccolo sbaglio. Facendo questo, egli evita qualsiasi competizione e l'errore che ne potrebbe derivare. Con la sua condotta, si assicura la benevolenza e la protezione del Padre (i superiori gallonati). E esistono tutte le occasioni perché quel soldato idealizzi l'Esercito, la "fraternità" delle armi, la Patria e la Bandiera, e sia ricompensato. Sarà probabilmente convinto della veridicità del suo "ideale"... quando non cerca altro che la certezza di non essere castrato.

Uomini che soffrono di angoscia di castrazione possono andare in cerca di *ambienti* in cui la fraternità è di rigore, in cui i membri si considerano "come un sol uomo". Il rigore nella "fraternità" permette loro di sentirsi, proprio qui, sotto l'occhio benevolo del Padre (il gruppo), del quale si assicurano i favori (con una condotta irreprensibile).

E così (non generalizziamo!) dei *gruppi idealizzati* possono rappresentare il Padre quando si verifica un'angoscia di castrazione. Anche qui, *la sottomissione sarà giustificata da un ideale morale*.

Ripetiamo che non bisogna mai generalizzare! Ma un uomo "castrato" può *rinunciare alla sessualità* e alla Donna, col pretesto, per esempio, del voto di castità, di purezza (= di purificazione dei sentimenti di colpa). Così facendo, egli si mette sotto la protezione del Padre (celeste) per non essere castrato da lui (per non essere respinto da Dio il giorno del "giudizio universale").

Poiché i sentimenti di colpa sono intensi in un uomo di questo tipo, egli si sacrificherà per gli altri, farà tutto per gli altri... ma non farà niente per sé (perché i sentimenti di colpa gli danno la sensazione di non aver diritto a niente...).

Quel medesimo uomo avrà qualche volta tendenza a cercare il *sacrificio di sé* e la *sofferenza* (perché si sente colpevole, deve espiare). Anche qui, avrà tendenza a "idealizzare" il suo sacrificio, e a giustificarlo con dei motivi a prima vista seducenti.

Se quell'uomo è sposato, ogni intrusione di un altro uomo nella sua casa sarà sentita come un pericolo immediato. Egli giustificherà tale pericolo con la "gelosia". Ma non è affatto così. Quell'uomo *proietta la Madre* sulla moglie, e *proietta il Padre* sull'uomo che si insinua in casa sua. Egli prova immediatamente l'impressione di essere come un fanciullo fra i genitori, e di essere respinto, diminuito, abbandonato, castrato.

In ogni modo, quell'uomo rimuove i suoi istinti per arrivare alla rimozione di tutta la sua personalità virile. Egli non osa affermarsi e vive nella paura perpetua dell'opinione altrui.

La madre riaffiora nelle donne. La sessualità verso le donne "normali" è rimossa. Quell'uomo non può più lasciarsi andare agli istinti; salvo, talvolta, con donne di basso livello. Quelle donne rappresentano la Madre... ma non c'è un Padre che possa punirlo (il protettore rappresenta un *Padre non pericoloso*, perché è lui che autorizza l'unione con la madre [la prostituta]).

In un uomo castrato, ogni attacco, ogni critica, ogni biasimo, sono avvertiti come mutilazioni e ferite profonde. Dal punto di vista affettivo, gli uomini castrati "rasentano i muri" (anche, talvolta, sotto aspetti falsamente virili). Essi non sono evidentemente coscienti del fatto: tutt'al più credono vagamente di soffrire di "timidezza" o di "complesso di inferiorità".

E, per concludere, l'uomo castrato sprofonda sotto terra al minimo aggrottarsi di ciglia da parte dell'autorità; cerca sempre di idealizzare una realtà che, per lui, rappresenta un pericolo permanente. Certo, egli si fa diplomatico, simulatore e mentitore senza rendersene conto; perché, per non sentirsi colpevole, egli deve, continuamente, assicurarsi la benevola opinione degli altri. Si potrebbe dire che è affetto dal "*complesso del buon figliolo*", cioè: essere gentile e amichevole con tutti; non essere mai aggressivo; far di tutto per assicurarsi la protezione altrui (= l'Autorità, il Padre).

E questo, a volte, sotto delle apparenze così perfette e così brillanti che sembrerebbe impossibile, a prima vista, trovarvi la benché minima incrinatura...

NELLA RAGAZZA

Nella situazione edipica, la ragazza è, nell'insieme, meno minacciata dell'uomo. Tuttavia, accade frequentemente anche che questa situazione "si blocchi" a metà strada. Allora, per la fanciulla, è l'infantilismo sessuale. Nel modo stesso, in questo caso, con cui il ragazzo ha tendenza a femminilizzarsi, la ragazza ha tendenza a *mascolinizzarsi*.

Anche in questo caso, tutto dipende non soltanto dalle reazioni proprie della fanciulla, ma ugualmente da quelle della madre e del padre.

E noi ci troviamo, qui, in una specie di paradosso. Essendo il pene un attributo maschile, si potrebbe credere che l'angoscia di castrazione non esista che nel ragazzo. Ricordiamo che le qualità femminli sono l'*apertura* (nel senso sociale, come nel senso sessuale). La donna è accoglimento; essa è destinata ad essere *penetrata* dall'uomo. Essa è come un vaso che la vita deve riempire. Lo sviluppo dell'utero deve avvenire altrettanto dal punto di vista sessuale, come dal punto di vista — diciamo — simbolico. Infatti, la natura della donna deve, nel suo svilupparsi, acquistare dolcezza e ricettività.

Ora, ricordiamoci pure che *castrazione* è sinonimo di diminuzione o di mutilazione delle possibilità. Ed è in questo caso che noi vediamo la matrice della donna subire il contraccolpo fisico *e* psichico.

Invece di sbocciare, la giovane donna resta magra e risecchita. (Certi padri effeminati, col detestare le donne, fanno di tutto d'altronde perché la figlia rassomigli il più possibile a un ragazzo).

In tutti questi casi, la giovane donna, invece di *aprirsi*, si *chiude*. Gli organi genitali si sviluppano male. Le mestruazioni sono spesso dolorose; a volte, addirittura, scompaiono.

La donna castrata, nella vita sociale

In ogni modo, si arriva all'arresto e alla sconfitta dello sviluppo femminile. Fissatasi a un'epoca affettiva dell'infanzia, la donna si raggrinzisce e si dissecca. Nel matrimonio, essa cerca un uomo effeminato. Considera lo stato maritale come una dominazione e come una gara, condotta con aggressività, contro lo sposo. Essa sviluppa il suo raziocinio e ricaccia le sue sensazioni profonde.

Poiché essa non è "aperta", rifiuta di essere penetrata dall'uomo. Il suo rifiuto si estende alla sfera sociale. Essa diventa mascolina = entrante e dominatrice. Essa "sceglie" delle professioni che corrispondono al piacere di "sfondare" = maschilità. Qui, meno che altrove, non si deve generalizzare: questa scelta può essere perfettamente genuina!

L'*intrusione* può essere sentita come una "penetrazione", una mutilazione, un "far violenza" (alla personalità). Così una paziente diceva: «Quando mia madre apre uno dei miei armadi, io mi irrito come se violasse la parte più intima di me stessa...».

La colpa e l'angoscia sono molto sviluppate. Ecco, allora, il bisogno permanente di essere accettata dagli altri, di non essere respinta, mentre si presentano sempre sentimenti di colpa.

Se la ragazza ha avuto a che fare con una madre mascolina, aggressiva, essa prenderà l'abitudine di incolparsi come causa del male. Ecco allora la nascita del masochismo con il gusto della sofferenza; il figlio si fissa sui genitori. Se la fissazione è per la "madre nemica", appare il gusto della sofferenza, con l'impossibilità di essere felice ed amata. La giovane non può quindi riuscire altrimenti che nell'infelicità...

E allora si vedono frequentemente delle ragazze privarsi del cibo (anoressìa mentale). Il digiuno è, in effetti, un mezzo perfetto di fare penitenza e di punirsi. Altre giovani donne "si rifugiano" nella malattia (tubercolosi polmonare, particolarmente), con tutta la "serenità" nella sofferenza, che ne consegue.

Altre, diventate masochiste, si buttano nelle avventure sessuali, con il bisogno inconscio di espiare. Se ne vedono così di quelle che cercano di distruggere la loro bellezza, di sciuparsi, di umiliarsi, e in definitiva di arrivare al fallimento più completo, se non di diventare "niente", in tutti i sensi della parola...

Morire per sopravvivere

I *sentimenti di colpa*, incontrati abbondantemente in questo libro, trascinano spesso, poco o molto, nella stessa scia, le loro anime dannate: la *sottomissione*, l'*umiliazione di sé*, la *minimizzazione di sé*, la *ricerca della punizione e del castigo*, il *bisogno di sconfitta* e altre sensazioni di disgusto per il proprio Io (beninteso, con le numerose apparenze o compensazioni che possono camuffarle).

Ci imbattiamo a questo punto in un nuovo aspetto del problema: il *masochismo* ([1]). Noi lo abbiamo sfiorato centinaia di volte, studiando certi comportamenti.

Il *masochismo* si aggira intorno ai modi di vita che significano: «Voglio essere amato a qualsiasi prezzo»; si estende alle persone che si diminuiscono per essere accettate dagli altri. E così tutti i sentimenti di colpa profonda rischiano di riversarsi, ad ogni istante, nel largo fossato del masochismo...

Un errore da correggere

Si tratta piuttosto di una limitazione da eliminare. Si crede generalmente, da parte del pubblico, che un individuo masochista presenti, come unico sintomo, la ricerca del piacere sessuale attraverso la sofferenza (essendo battuto, frustato, subendo il disprezzo del compagno, essendo umiliato, ecc.). Da questo fatto, si ha tendenza a credere che i masochisti siano relativamente rari.

Ma il problema del masochismo è tutto diverso, perché:

1) non è necessariamente di natura sessuale, e molti masochisti presentano un comportamento sessuale di aspetto normale;

2) il masochismo è tanto diffuso quanto i sentimenti di colpa, ai quali è attaccato spesso come una sanguisuga;

3) il masochismo è, spessissimo, un modo di pensare e di agire nei confronti degli altri... e di se stessi;

4) è frequentemente una forma di difesa contro l'angoscia profonda.

Osserviamo gli effetti del masochismo

Come per molte cose già viste, i seguenti comportamenti possono raccogliersi, delinearsi, manifestarsi a piccoli tocchi o a larghe macchie: poiché il masochismo si esprime attra-

---

[1] Si veda anche *Che cos'é la psicologia*, dove il masochismo è stato considerato da tutto un altro punto di vista (p. 396).

verso comportamenti sottili, come attraverso sintomi massicci.

Ecco quindi alcuni punti concernenti il masochismo:

a) fare in modo di ottenere dei vantaggi (o degli onori) mettendo l'accento esclusivamente sulle proprie miserie (o difficoltà);

b) avere la sensazione (frequente o continua) di non essere di alcuna importanza agli occhi degli altri, anche se centomila persone provano il contrario, anche se la riuscita personale sembra smentire questa sensazione;

c) accettare *profondamente* (spesso inconsciamente!) di essere respinto e umiliato dagli altri, come se la cosa avvenisse "necessariamente", e a malgrado delle ribellioni e delle manifestazioni di aggressività;

d) provare la sensazione permanente di non essere nulla, di non potere nulla, di non avere diritto a nulla: nessun successo, nessuna felicità, né onori, né ricompense. Quando si verificano questi fatti positivi, considerarli come un errore o una "fortuna" passeggera;

e) aspettare tutto dagli altri e niente da se stesso. Manovrare (in maniera sottile o grossolana) perché altri prenda tutto nelle proprie mani (vale a dire, qui: sia con intrighi vistosi, sia con azioni, parole o atteggiamenti che vanno dalla "polvere negli occhi" a certi virtuosismi scintillanti);

f) sciorinare le proprie disgrazie, non "a piacere" come si crede, ma per impietosire gli altri e provare la sensazione di essere amato. Il fatto può estendersi su una vasta gamma: esagerare le proprie noie, inventare incidenti o impedimenti, trasformare una malattia in cataclisma, praticare l'automutilazione, far nascere e mantenersi (inconsciamente) numerose malattie psicosomatiche (tubercolosi, spasmi, asma, ecc.);

g) attaccarsi a qualsiasi persona che manifesti della simpatia; fare di tutto perché questo attaccamento diventi una pania;

h) sentire una ostilità violenta verso coloro che non riconoscono (o non constatano) la sofferenza masochista. Sottinteso: «Ma cosa devo fare per essere compianto?»;

i) essere profondamente aggressivo sotto apparenze dimesse: è il doppio gioco del bisogno di dipendere e di essere indipendente (vedi oltre);

l) giustificarsi esageratamente di fronte alle proprie azioni. Pensare o dire troppo spesso: «Mi scuso... Mi permetto di...». Minimizzare le proprie azioni o i propri successi, come se "non fossero importanti". Affettare una disinvoltura eccessiva di fronte a sforzi compiuti (ci si riallaccia al *Perfezionismo*, cap. 15);

m) avere profondamente paura di affermarsi, di essere aggressivo, di mettersi in evidenza, di avere successo, di riuscire, di ottenere delle responsabilità che, oggettivamente, uno sarebbe capace di assumersi. Esser preso dal panico appena altri vede o ascolta;

n) vivere "come se" si aspettasse continuamente la catastrofe, il fallimento, i colpi del destino, la punizione, il castigo;

o) tremare interiormente davanti a ogni forma di autorità (si veda quanto detto a proposito dell'*Angoscia di Castrazione*); e dimostrarsi scopertamente troppo cortese, troppo educato, troppo sottomesso di fronte a quella stessa autorità;

p) fare in modo che l'Autorità ritragga gli artigli e diventi benevola (soprattutto con dei mezzi negativi: per esempio esponendo le proprie disgrazie);

q) sentirsi "meglio", perdonato e di nuovo accettato dopo aver subìto dei rimproveri;

r) idealizzare la sofferenza, l'umiltà, l'annientamento, la dedizione di sé, l'altruismo, il proprio sacrificio (almeno sotto certe forme: non generalizzare!);

s) pànico acuto o latente di fronte alla propria aggressività, con eventuali autopunizioni: spasmi, bruschi affaticamenti, cefalee, ecc.;

t) in fin dei conti, attaccarsi intensamente a questa sensazione: «Io non ho nessuna importanza; il mio unico destino è quello di fallire...».

L'abito non fa il monaco

Attraverso questi pochi punti (che sono ben lontani da limitare il problema!) si vede già quanto certe apparenze possono nascondere una realtà completamente diversa. E qui la prudenza si impone in maniera molto profonda. Infatti: certe azioni che sembrano rivelare una "forza d'animo" possono essere masochismo puro... mentre certi atteggiamenti potrebbero essere dichiarati "masochisti", quando invece si fondano su un'interna potenza e una completa realizzazione di sé...

D'altra parte è quello che stiamo per intravedere, esaminando certi modi di vita che "si volgono nell'ambito di" questa o quell'apparenza esteriore.

Nell'ambito dell'impeccabilità

Noi ritroviamo dei comportamenti già osservati: ecco un uomo che presenta una vera perfezione nella modestia, nella bontà, nella tolleranza, nel rispetto degli altri, ecc. È masochismo, o forza d'animo? Se è masochismo, quell'uomo in realtà si pone "al di sotto" degli altri. Con i suoi modi di fare "ammirevoli", cerca di accattivarsi la benevolenza altrui, di cui teme soprattutto il disprezzo. Egli ragiona così: «Dal momento che io non ho alcuna importanza, dal momento che io non sono buono che ad essere respinto e disprezzato, devo fare in modo di essere continuamente ammirato». Così il perfezionismo scivola nel masochismo.

Sebbene li abbiamo già visti, richiamiamoci in mente i comportamenti che gravitano intorno al medesimo asse: l'eccessivo riguardo, gli allettamenti esagerati, la troppa amabilità, il troppo servilismo, ecc. Anche in questi casi, la persona si "subordina" all'altra, sottintendendo: «Guardate come cerco di essere accettabile, chiunque voi siate...».

Nell'ambito della magnanimità

Bisogna — purtroppo — fare una constatazione: tutto ciò che riguarda l'altruismo è spesso sospetto. Ed è molto normale, poiché ogni essere umano cerca, prima di tutto, la sua sicurezza interiore. Ma ricordiamoci che lo può fare con i mezzi più diversi, che vanno dal rinchiudersi in se stesso alle azioni falsamente nobili destinate a "lusingare" gli altri. Ma può trovare la sicurezza attraverso i sentimenti di colpa; allora è simile a un criminale che si sente sollevato quando gli agenti di polizia lo arrestano o è in vista la ghigliottina... Allo stesso modo, il masochista si può sentire "perdonato" (poiché si sente colpevole) sacrificandosi, non riuscendo in qualcosa, compiendo (per gli altri) "pietosi incarichi", ecc.

Il problema allora può andare molto lontano... Un individuo masochista può fare tutto per gli altri perché crede di non avere il diritto di fare qualcosa per se stesso. Egli può "giustificare" le sue azioni con tutti gli ideali possibili. Ma ciononostante il fondamento rimane: «Io non ho il diritto di essere egoista, di riposarmi, di pensare a me, di prendermi delle distrazioni, di dimenticare la miseria del mondo». Anzi, il ragionamento inconscio prosegue: «Io sono colpevole, io mi sento in difetto: devo quindi essere perdonato, espiare, purificarmi...».

Allora si hanno falsi concetti di sacrificio, con tutto ciò che ne deriva: devozione totale ad altri, con disinteresse assoluto di sé... In effetti, è una specie di suicidio inconscio.

Ecco cosa diceva una ragazza masochista; siamo di fronte al bisogno di sconfitta, al desiderio di diventare un relitto, di essere dimenticata e perdonata:

«... Senza energia, inesistente... io non rido mai veramente, non piango mai, non ho amici... non mi amano, non è possibile... voglia di rendermi miserabile tanto da farmi amare... è troppo sciocco, ma non riesco a reagire... Attività, viaggi, studi, vuoto della mia vita... andare al diavolo, sotterrarmi e morire... quando qualcuno mi manifesta simpatia, mi verrebbe da piangere, poi mi ritraggo, mi chiudo come un'ostrica... io penso che lei mi disprezzi... non c'è modo di amarmi... prostituta... vorrei essere prostituta... prostituta, mezzana... fango... rosa appassita... io... Io non sono buona che ad essere battuta, messa nella spazzatura... o a fare l'amore per uno sfruttatore... essere perdonata... fare delle cose belle per gli altri... mi vedo in una prigione... giro intorno... una specie di felicità... mi vedo in un convento, fare le più tristi faccende...».

Una volontà glaciale

Sotto l'apparenza della sottomissione, il masochista nasconde spesso una "fredda determinazione". Un ragazzo, guardando la madre (davanti alla quale era tenero come un agnellino) borbottava continuamente:

«Sì, mamma, no, mamma, ma sì, ma no, tipicì, tipicì, tipicì...».

Che voleva dire quel "tipicì" (o t.p.c.?) Ce lo spiegò, avendo negli occhi un'espressione di risolutezza fieramente sorniona:

«Io faccio tutto quello che lei vuole perché mi lasci in pace. Ma le dico sempre "dentro di me": "Tu puoi correre, tu puoi correre, tu puoi correre!"».

Abbiamo d'altronde osservato il problema studiando il senso di colpa infantile. Di fronte a un genitore, il bambino nasconde la sua vera personalità, e si mette a recitare la parte che si esige da lui. Questo per aver "pace" (= per sentirsi sicuro). Tuttavia, egli conserva, nel suo intimo, la determinazione di fare di testa sua. Diventa così un "umile arrogante".

Il masochista agisce nello stesso modo. Fa qualsiasi cosa per essere amato: si sottomette, si umilia, mendica, racconta le sue disgrazie, è gentile, buono e oscuro. Ma dentro di lui stride sempre una voce: «Io farò tutto ciò che volete: ma *non mi avrete*!».

È così che, nell'analisi, un paziente masochista si sottopone a tutte le regole, compie tutto quello che gli chiede l'analista, ascolta intensamente quello che gli dice il medico... ma difficilmente si muove di un dito. Sottinteso: «Apparentemente tutto quello che vuole; ma dentro di me, niente da fare: lei non mi avrà!» (questo atteggiamento cede al momento in cui l'aggressività nascosta viene portata alla luce).

Due bisogni contradditori

Da una parte, un individuo masochista ha profondamente necessità di essere subordinato (poiché non può fare niente, fondandosi su se stesso). Dall'altra, egli nutre violenti bisogni di indipendenza. Anzi, il masochista detesta gli altri, perché sente fino a qual punto ne dipende.

Si capisce bene che l'angoscia nasce da questa tensione fra bisogni contradditori: dipendere dagli altri per ottenere il loro appoggio completo, e desiderare di liberarsi da quel bisogno. Ma non dimentichiamoci che se quella persona si libera violentemente, e aggressivamente, rischia di vedersi abbandonata... cosa che non sopporta affatto.

E così, chiudendo l'anello dell'angoscia profonda, vediamo a qual punto il masochismo, anch'esso, permette di sfuggire alla paura degli altri, offrendo quella falsa sicurezza che consiste nel minimizzarsi per accrescersi, e nel morire per tentare di sopravvivere...

SOMMARIO

Finito di stampare nell'aprile 2006 presso
il Nuovo Istituto Italiano d'Arti Grafiche - Bergamo
Printed in Italy

RCS Libri

ISBN 88-17-10765-4